OS INDÍCIOS E A PROVA INDICIÁRIA NO DIREITO PROCESSUAL

um estudo necessário

Renato Vaquelli Fazanaro

OS INDÍCIOS E A PROVA INDICIÁRIA NO DIREITO PROCESSUAL

um estudo necessário

2022

EDITORA *Jus*PODIVM

www.editorajuspodivm.com.br

EDITORA *Jus*PODIVM
www.editorajuspodivm.com.br

Rua Canuto Saraiva, 131 – Mooca – CEP: 03113-010 – São Paulo – São Paulo
Tel: (11) 3582.5757
• Contato: https://www.editorajuspodivm.com.br/sac

Diagramação: Equipe *Jus*podivm

Capa: Ana Caquetti

I39 Os indícios e a prova indiciária no Direito Processual: um estudo necessário / Renato Vaquelli Fazanaro – São Paulo: Editora Juspodivm, 2022.
400 p. (Eduardo Espínola / Coordenador Fredie Didier Jr.)

Inclui bibliografia
ISBN: 978-65-5680-821-5

1. Direito Processual Civil. I. Fazanaro, Renato Vaquelli. II. Didier Jr., Fredie. III. Título.

CDD 341.46

"Se o homem só pudesse conhecer pela própria percepção direta, seria bem pobre o campo dos seus conhecimentos; pobre no mundo das ideias, pobre no mundo dos factos [...] existe uma multidão de coisas que se escapam não só à nossa percepção, mas também às dos outros que poderiam referi-las. Deverá o homem renunciar ao conhecimento destas coisas, e permanecer nas trevas? Felizmente, não"[1].

"A vida é pra quem sabe viver/Procure aprender a arte [...]"[2].

1. MALATESTA, Nicola Framarino Dei. **A lógica das provas em matéria criminal**. Tradução: J. Alves de Sá. 2 ed. Lisboa: Clássica Editora, 1927, p. 179-180.

2 LEITE, Rodrigo; MERITI, Serginho. Clareou. *In*: PILARES, Xande de. **Perseverança**. Rio de Janeiro: Universal Music, 2014. 1 CD. Faixa 2.

Para os meus pais (Marcos e Mena) e meu irmão (Fábio), por guiarem meus passos até aqui, e pelos quais renunciaria a tudo.

Para os meus avós (Luiz, Celina, Antônio e Dirce, in memoriam), meus zelosos guardadores.

Para todos os meus verdadeiros amigos, que me viram evoluir e propiciaram grandes momentos juntos na caminhada da vida.

AGRADECIMENTOS

Não é uma tarefa fácil verter em palavras os inúmeros agradecimentos que me vêm à mente. Eis uma singela tentativa.

No "meu" universo jurídico, muitos marcaram o caminho que trilhei na Universidade que *escolhi* para ser minha *alma mater*.

Posso, sem sombra de dúvidas, concentrar os agradecimentos na pessoa da minha querida orientadora, Profª Drª Arlete Inês Aurelli, a quem devo todos os meus passos no Direito Processual Civil, desde os primeiros - como aluno e monitor - até os mais recentes, no Mestrado, como aluno e orientando. Obrigado por ser quem a senhora é, foi e continuará sendo na minha vida acadêmica, e pessoal.

À Profª Drª Nathaly Campitelli Roque, por me encorajar a sair da(s) minha(s) zona(s) de conforto e ampliar meus horizontes acadêmicos, bem como pelos valiosos apontamentos feitos na banca de qualificação.

Ao Prof. Dr. William Santos Ferreira, por me franquear acesso à sua valiosa biblioteca pessoal.

A todos os demais professores que tanto me ensinaram ao longo dos créditos realizados: Cláudio Di Cicco, Patrícia Pizzol, Gilson Miranda, Rogerio Licastro, Beth Lopes e Luiz Alberto Araújo. Em especial, agradeço ao Prof. Dr. João Batista Lopes, que me concedeu o privilégio de participar das minhas bancas e compartilhar o seu invejável conhecimento.

No âmbito profissional, ao estimado Desembargador João Francisco Moreira Viegas e aos "nobres colegas de batalha" do Tribunal de Justiça de São Paulo, que fazem parte da minha rotina (Carol, Cibele, Mari, Paulo e Tânia), pelo apoio e concessões feitas.

Por fim, alheios - mas nem tanto - ao meu *expansivo* universo jurídico, agradeço, também, a todos aqueles para os quais dirigi a dedicatória, pelo apoio irrestrito e - indispensáveis - momentos de descontração propiciados ao longo do árduo período de construção do trabalho. Ainda, à querida Carol, que contribuiu com as artes inseridas no trabalho e com a formulação de alguns exemplos dados.

APRESENTAÇÃO DA COLEÇÃO

A Bahia precisa publicar produção jurídica; a Bahia precisa publicar sua produção jurídica. A Bahia é um celeiro de brilhantes processualistas. O maior de todos, Calmon de Passos, é um dos poucos autores nacionais que discorreram, *ex professo*, sobre todos os institutos fundamentais do direito processual (ação, tese de cátedra; jurisdição, publicado em 1957; processo, Comentários ao CPC, Forense) e continua produzindo, como se vê pela reedição do seu clássico trabalho sobre "nulidades" e o recente livro-tese "Direito, Poder, Justiça e Processo".

Os novos processualistas baianos devem seguir esse exemplo.

Embora baiana, dirigida aos baianos e coordenada por um baiano, essa coleção não deseja ser provinciana. Autores de outros Estados, principalmente aqueles que participam dos cursos de pós-graduação que aqui coordeno, foram convidados a colaborar com o projeto e aceitaram, prontamente. A distribuição da obra, é bom que se diga, também não ficará restrita ao território baiano.

Ainda cabe uma explicação sobre o "homenageado". O Prof. EDUARDO ESPÍNOLA é, certamente, um dos maiores juristas brasileiros do século XX; em minha opinião, o maior civilista brasileiro da primeira metade do século passado. Foi Professor da Faculdade Livre de Direito da Bahia (1902), atual UFBA, que o homenageou atribuindo a uma de suas salas o seu nome, e Ministro do Supremo Tribunal Federal (1931-1945). Autor de obras fundamentais, é dele o projeto do antigo Código de Processo Civil do Estado da Bahia (Lei Estadual n.º 1.121, de 21 de agosto de 1915), considerado por muitos, se não o melhor (para ARRUDA ALVIM, p. ex.), ao menos um dos mais importantes, influentes e bem feitos códigos de processo estaduais vigentes no período da República Velha até 1934, quando passou a União a ter competência exclusiva para legislar sobre processo civil. Caracterizava-se pelo apuro técnico, qualidade que se deve ao seu autor, profundo conhecedor dos progressos científicos em curso na doutrina europeia a partir da segunda metade do século XIX (cf. opiniões de DINAMARCO, ALVARO DE OLIVEIRA, AMARAL SANTOS, FREDERICO MARQUES etc.). A repercussão do código baiano foi muito grande; alguns autores chegam, inclusive, a colocá-lo como o primeiro do período das codificações estaduais, embora antes dele já houvessem sido promulgados os códigos do Rio Grande do Sul (1908), do Maranhão (1909) e do Espírito Santo (1914). É autor do clássico "Código de Processo Civil do Estado da Bahia anotado", de 1916, que em alguns momentos assusta pela atualidade.

Essa homenagem tem o objetivo claro de resgatar a memória deste soteropolitano, que honrou e inaugurou as letras processuais na Bahia.

É para mim uma honra coordenar esse projeto.

Fredie Didier Jr.

APRESENTAÇÃO

Renato Vaquelli Fazanaro foi meu aluno no Curso de Mestrado da PUC, na disciplina Direito Probatório.

Já a partir da primeira aula, deixou clara sua intenção de participar dos debates sobre questões complexas, notadamente as que envolviam a revisitação aos institutos fundamentais do processo civil.

Jovem talentoso e articulado, revelava familiaridade com autores como Echandía, Sentís Melendo e Sabaté chamando atenção pelo raciocínio jurídico e espírito científico.

Demonstrando incomum interesse por questões polêmicas, não se satisfazia com respostas singelas procurando sempre a verticalização da pesquisa para expender sua posição.

Lembro-me de que, na saída de uma aula, ele me disse que pretendia aprofundar a pesquisa em tema pouco prestigiado pela doutrina, a prova indiciária.

Não foi com surpresa, portanto, que, sob orientação segura da professora Arlete Inês Aurelli, apresentou dissertação de mestrado pondo em relevo a importância da prova indiciária para a formação do convencimento do juiz.

A respeito do conteúdo da dissertação melhor dirá sua orientadora, mas não posso deixar de registrar a profunda pesquisa realizada pelo agora mestre, que se inspirou em autores clássicos como Malatesta, Gianturco, Bentham, Mittermayer, Lessona, Carnelutti e outros.

Também merecem registro especial os capítulos em que os indícios são analisados nos planos da existência, validade e eficácia, bem como a exposição sobre a importância da prova indiciária no direito de família, na demonstração da fraude e na tutela inibitória.

Por todas essas razões, o candidato foi aprovado com a nota máxima por banca que tive prazer de integrar na companhia dos ilustres professores Arlete Inês Aurelli (orientadora) e Rogerio Licastro Torres de Mello.

Importa assinalar que, na defesa apresentada, o então mestrando demonstrou plena segurança e sólido conhecimento da teoria geral do processo e, particularmente, da matéria objeto de seu trabalho.

O livro que agora vem a lume enriquece seu currículo, que registra: a) artigos doutrinários sobre temas relevantes como provas atípicas, negócios jurídicos processuais e conceito de fato novo; b) exercício do magistério, como professor auxiliar em Direito Processual Civil, na PUC/SP; c) atuação como assessor do Desembargador Moreira Viegas do TJSP/SP; d) exercício da advocacia como coordenador em área de contencioso estratégico – Antifraude/Recuperação de Crédito; e) indicação à premiação no Congresso Nacional de Iniciação Científica do Sindicato das Entidades Mantenedoras de Ensino Superior (SEMESP), ano de 2014.

Como se vê, ao lado da pesquisa científica, o autor nos oferece o "saber de experiências feito" (Camões) brindando-nos com uma obra que certamente ocupará lugar de realce nas bibliotecas.

Tenho certeza, por isso, de que se trata de contribuição doutrinária ao estudo da prova indiciária que será bem recebida pelos especialistas e operadores do Direito.

João Batista Lopes

PREFÁCIO

Fiquei muito feliz e honrada com o convite para prefaciar a obra "**Os indícios e a prova indiciária no Direito Processual Civil: um estudo necessário**" de autoria de Renato Vaquelli Fazanaro, a ser publicada pela Editora Juspodivm. O livro é fruto da dissertação de mestrado, sob minha orientação, por ele defendida com excelência, de forma segura e brilhante, na PUC/SP, perante banca constituída de renomados e notáveis mestres, como João Batista Lopes e Rogério Licastro Torres de Mello. O presente livro revela que com seriedade, dedicação e afinco nos estudos pode-se gerar excelentes frutos.

A obra trata dos indícios e da prova indiciária, tema esse que é relevante, mas extremamente deficitário, no âmbito do Direito Processual Civil, sendo por isso mesmo necessário o estudo constante do presente livro para o aprimoramento da ciência do direito, conforme o próprio autor ressalta na introdução.

A pesquisa foi desenvolvida com muita profundidade pelo autor, que se preocupou em trazer para o leitor um sólido estudo analítico-reflexivo sobre os índicios, bem como densa análise a respeito do entendimento doutrinário e jurisprudencial sobre o tema, não se furtando a enfrentar os mais intrincados e polêmicos aspectos, trazendo sua posição de forma segura,

Conforme salienta o próprio autor no presente estudo, foi ele "Imbuído do ideal de que a ciência não se constrói com a mera reprodução de ideias alheias, mas, sim, com o desenvolvimento de ideia próprias", o que se revela no presente livro, que é recheado de proposições e de ideias novas.

O autor inicia os estudos constantes da presente obra trazendo premissas propedêuticas necessárias à compreensão do tema, esmiuçando os matizes jurídicos e epistemológicos a ele referentes. Em seguida, no Capítulo 2, o autor se debruça sobre o conceito de verdade, prova e processo, com o objetivo de perquirir suas dimensões no contexto do processo, averiguando quando, em que condições e mediante quais meios pode ser alcançada, bem como sua correlação com a prova judicial. Por outro lado, no Capítulo 3, o autor trata da teoria geral da prova judicial, suas premissas essenciais, como fio condutor para analisar todos os aspectos que se reputam *fundamentais* para realizar o devido enquadramento da prova indiciária, no âmbito da técnica probatória-processual. No Capítulo 4, o autor trata de conceituar e trazer estudo específico sobre os indícios na seara do processo civil, revelando os aspectos teóricos indispensáveis para aferir sua exata conceituação, estrutura, natureza jurídica, raízes históricas, panorama no sistema processual civil vigente, o tratamento recebido no direito comparado e, por fim, os institutos comumente a ela relacionados. No Capítulo 5, por sua vez, o autor aprofunda os estudos sobre os indícios, trazendo aspectos práticos, pelo que, após assentadas todas as premissas de ordem teórica, estarão postos os substratos indispensáveis para se proceder à pesquisa de cunho empírico acerca dos indícios e da prova indiciária no processo civil, sendo escolhidos os quatro subtemas mais recorrentes, e importantes, no que diz respeito ao emprego dos indícios na prática judiciária civil.

Enfim, trata-se de obra necessária para toda a comunidade jurídica, com vistas ao aperfeiçoamento do Direito Processual Civil, pois traz estudo criterioso a respeito dos indícios,

Desta forma, diante da sólida e profunda análise levada a efeito pelo autor, tem-se a certeza de que a presente obra em muito contribui para o aprimoramento do desenvolvimento do direito probatório, e também dota os operadores do direito de munição para o exato entendimento sobre esse importante tema.

Enfim, queremos deixar aqui registrada nossa admiração e congratulações ao autor, bem como à Editora Juspodivm, pela edição da presente obra, que certamente terá justo reconhecimento pelo público.

São Paulo, dezembro de 2021

Arlete Inês Aurelli

SUMÁRIO

CAPÍTULO 3

ABREVIATURAS

Art. Artigo

CF/88 Constituição da República Federativa do Brasil de 1988

CPC/15 Código de Processo Civil de 2015 (Lei nº 13.105, de 16 de março de 2015)

CPC/39 Código de Processo Civil de 1939 (Decreto-Lei nº 1.608, de 18 de setembro de 1939)

CPC/73 Código de Processo Civil de 1973 (Lei nº 5.869, de 11 de janeiro de 1973)

REsp Recurso Especial

STJ Superior Tribunal de Justiça

STF Supremo Tribunal Federal

INTRODUÇÃO

Qualquer alegação, ideia ou teoria que se queira apresentar exige a comprovação dos fatos que a fundamentam, para que se possa verificar seu embasamento e, acima de tudo, sua idoneidade e correção. Em todas as áreas do conhecimento científico, e até mesmo nas mais elementares relações sociais, tal máxima se aplica.

Natural, portanto, que na Ciência do Direito não seja diferente; ao contrário, a *prova dos fatos* reveste-se de importância destacada, porquanto a prestação jurisdicional só tem vez para tutela de interesses concretos surgidos da vida em sociedade e das relações jurídicas nela criadas e desenvolvidas.

Fixa-se a premissa inicial, assim, de que matéria prima com que laboram os tribunais são direitos subjetivos que nascem de *fatos* (*ex facto ius oritur*).

Desde os primórdios, costuma-se conceber a aplicação da lei no caso concreto, grosso modo, a partir de uma "fórmula básica", de caráter *lógico*, em que se tem a norma, os fatos e a conclusão. Em termos genéricos, tem-se que a estrutura da decisão judicial se equipararia a um *silogismo*, cuja premissa maior é constituída pela norma jurídica *geral e abstrata*, a premissa menor pelos fatos e a conclusão formaria o conteúdo da decisão jurisdicional, com a aplicação da norma aos fatos e o consequente atingimento de uma norma *individual e concreta*.

Objetivamente, deve-se aplicar as normas contidas no ordenamento jurídico ao(s) fato(s) alegado(s) em juízo, para então se chegar à conclusão que permita resolver o conflito de interesses levado ao exame do Estado pelo exercício do direito de ação. Com isso, a definição do direito *no caso concreto* exige o confronto entre fatos e normas jurídicas, operação que a doutrina clássica qualifica de "subsunção".

Não obstante as críticas que são feitas ao modelo de subsunção, não se pode nunca perder de vista que as normas jurídicas representam o principal norte a ser seguido quando da apreciação do fato concreto, bem como que aquela não pode ser aplicada sem considerar o alcance que aquele lhe possibilita. A norma jurídica confere relevância ao fato, e este estabelece o âmbito de aplicação daquela.

Dessa forma, percebe-se que a estrutura básica do raciocínio jurídico-processual envolve duas premissas estruturantes: a *norma* e o *fato*, daí porque não se pode falar em direito processual sem se falar na comprovação dos fatos. Não há aplicação da norma sem que tenha fatos que a ela podem ser subsumidos, os quais devem ser demonstrados por intermédio da prova judicial.

A consequência esperada seria que os juristas e operadores do direito se dedicassem, ao menos de forma equivalente, ao estudo de ambas as premissas. Todavia, não é o que ocorreu ao longo dos séculos, e se tem até os dias atuais, a despeito do inegável progresso e do aperfeiçoamento experimentados.

Muito se preocupou, e ainda se preocupa, com as discussões acerca das normas, positivadas ou não, isto é, das leis e princípios que regulam e organizam a vida em sociedade. Viu-se, mundo afora, o nascimento de segmentações do direito público e privado, de teorias sobre as normas etc. Por outro lado, deixou-se ao relento, muitas vezes, os fatos.

Dentre os diversos ramos do Direito, esse problemática se acentua no Direito Privado e, especialmente, na ciência que tem como finalidade institucional servir de instrumento para a sua realização: o Direito Processual Civil. Caracterizada por sua complexidade e extensão singulares, essa área do campo processual é palco de inúmeras discussões e objeto de estudo de milhares de cientistas, que adentram seus meandros a fim de se debruçar sobre seus institutos.

Natural que escapem da apreciação certos temas e tantos outros sejam exaustivamente abordados, de forma a se ter, por um lado, uma concentração de ideias sobre certos assuntos, e déficit sobre outros.

Um desses assuntos deficitários que a cada dia se torna mais relevante e presente na prática judiciária civil diz respeito à utilização dos indícios e da prova indiciária – por uns conhecidos como prova indireta ou confundidos com as presunções simples.

A própria imprecisão conceitual já denuncia a falta de domínio sobre o tema, muito possivelmente por compreender elementos de natureza subjetiva que se prestam a auxiliar à formação do convencimento judicial, no âmbito de um processo criado sob as rédeas do racionalismo formal, cuja observância desmedida obsta a consecução da sua função pacificadora, inclusive o acesso à justiça assegurado pela Constituição.

Especificamente na seara jurídica, a palavra *indício* adquire um rigor técnico, por muitos desconhecidos – ou menosprezado –, para se ter a devida compreensão do seu conceito. Tal desconhecimento deriva da escassez de estudos sobre o tema, em especial no tocante ao seu uso no direito probatório, que é o seu fim precípuo. Em comparação com tantos outros assuntos abrangidos pelo direito probatório, o estudo dos indícios é *mínimo*. Com isso, o tema se reveste até mesmo de uma certa mística na prática forense, acima de tudo no Direito Processual Civil.

E isso se acentua se considerado que, em grande parte das vezes, são oferecidos para o magistrado unicamente elementos *circunstanciais* para julgar o caso, que de modo algum apontam *diretamente* para o fato a provar. Pense-se nas hipóteses envolvendo fraude ou blindagem patrimonial, decerto não existirá um "contrato de fraude", sendo que quem a prepara tenta fazer de maneira que não existam testemunhas. Todavia, em se tratando de comportamento humano que altera a realidade de alguma forma, sempre deixarão "vestígios", "sinais", "marcas" que, conectadas, podem levar ao conhecimento do ato perpetrado.

Trazendo o problema para o Brasil em específico, existe uma espécie de "culturalismo probatório", fruto de uma cultura processual anacrônica e rígida, que valoriza sobremaneira as provas que demonstrem diretamente o fato probando, sem admitir "desvios" no caminho da sua verificação. Dito de outra forma, a legislação, a doutrina e, em menor medida, a jurisprudência, notadamente da área civil, estabeleceram a ideia de que a prova direta é aquela que melhor e, quase que exclusivamente, deve ser produzida para comprovar os fatos alegados no processo, sem dedicar quase nenhuma atenção para a prova indireta, em especial a prova por indícios.

Isso se verifica pela falta de previsão dos indícios no Código de Processo Civil vigente, e no anterior, e, principalmente, de raríssimos trabalhos acadêmicos e obras jurídicas sobre o tema na seara civil. O que se vê, sim, são alguns artigos publicados em revistas e sites especializados, os quais, apesar de bem intencionados, não são dotados do rigor científico próprio de uma pesquisa mais analítica feita em sede acadêmica ou bastante para publicação de uma obra.

Tal dogmatismo quanto às provas no processo civil, como se observa em toda atitude dogmática, é conservadora, desperta receio em desequilibrar as crenças e opiniões já pré-constituídas, de modo a se transformar em *preconceito*.

Pode-se falar, assim, em preconceito contra os indícios no processo civil, na forma acima delineada. E se pensa que os preconceitos devem ser *esclarecidos* (ou orientados, aclarados) e, acima de tudo, *combatidos*.

Nessa conjuntura, identificado tal *problema*, o presente estudo presta-se a *analisar os indícios e a prova indiciária no Direito Processual Civil*, com o objetivo último de, pela forma dissertativa, *demonstrar*, mediante *argumentos*, uma tese, que é a solução proposta para o referido problema.

A tese[1] a ser demonstrada foi construída a partir da análise e interpretação dos resultados colhidos da pesquisa bibliográfica, legal e jurisprudencial realizada, permitindo a elaboração dos argumentos necessários para solucionar o problema acima demonstrado, concernente aos indícios e à prova indiciária no Direito Processual Civil.

Pretendeu-se, em essência, promover um necessário estudo analítico-reflexivo a respeito do aludido tema, que se reveste de imensa relevância e atualidade. Justamente por tal razão, foi feita a opção de enfim se dedicar um trabalho científico exclusivo a seu respeito, não obstante as dificuldades inerentes a se analisar um assunto de escassa abordagem no âmbito acadêmico. Este fato, aliás, represente um *fator de motivação* para o empenho na investigação e na construção das ideias, com vistas a se tornar referência na matéria e ajudar a comunidade acadêmica, e jurídica em geral, a entender melhor o respectivo conteúdo e a sua aplicação prática.

Ressalte-se que o enfoque dado ao estudo é processual-epistemológico, uma vez que o processo não pode renunciar a métodos próprios da teoria do conhecimento: a epistemologia permeia o processo não

1 Vale esclarecer que o sentido de "tese" aqui empregado, diz respeito tão somente ao posicionamento crítico em relação ao que foi apresentado para discussão, o que não se confunde com a acepção de "tese" para fins de doutoramento, com a exigência de originalidade e inovação relativa ao tema abordado.

em sua forma "pura", compreendida como estudo crítico dos métodos e da validade do conhecimento, mas como epistemologia aplicada, isto é, uma *epistemologia jurídica*.

Imbuído do ideal de que a ciência não se constrói com a mera reprodução de ideias alheias, mas, sim, com o desenvolvimento de ideia próprias, buscou-se, ao máximo, abandonar zonas de conforto quando da investigação científica e se adquirir uma autonomia do conhecimento e proposição de ideias novas.

O desenvolvimento do trabalho foi subdivido em cinco etapas, o que justifica a estruturação da dissertação em cinco capítulos de desenvolvimento, conforme brevemente explicado a seguir:

O Capítulo 1 – Premissas propedêuticas necessárias à compreensão do tema, foi destinado às noções fundantes para a exata compreensão do viés com o qual se pretende realizar o presente estudo, colocando e esmiuçando os matizes jurídicos e epistemológicos necessários para o adequado entendimento da prova indiciária e do que se sustentará ao longo do estudo.

No Capítulo 2 – Verdade, prova e processo, o objetivo foi perquirir o que se pode entender por verdade dos fatos no contexto do processo e quando, em que condições e mediante quais meios pode ser alcançada, bem como sua correlação com a prova judicial.

No Capítulo 3 – Teoria geral da prova judicial: premissas essenciais, o fio condutor foi realizar o estudo da teoria geral da prova judicial, analisando com mais vagar todos os aspectos que se reputam *fundamentais*, com o necessário enfoque no processo civil, para então, em ato posterior, realizar o devido enquadramento da prova indiciária no âmbito da técnica probatória-processual.

No Capítulo 4 – Os indícios e o processo civil: aspectos teóricos, finalizada a parte estrutural do trabalho, adentrou-se especificamente no estudo dos indícios e da prova indiciária, apresentando, nesse primeiro momento, os aspectos *teóricos* indispensáveis para aferir sua exata conceituação, estrutura, natureza jurídica, raízes históricas, panorama no sistema processual civil vigente, o tratamento recebido no direito comparado e, por fim, os institutos comumente a ela relacionados.

No Capítulo 5 – Os indícios e o processo civil: aspectos práticos, por derradeiro, assentadas todas as premissas de ordem teórica, estarão postos os substratos indispensáveis para se proceder à pesquisa de cunho empírico acerca dos indícios e da prova indiciária no processo civil, sendo escolhidos os quatro subtemas mais recorrentes, e importantes, no que diz respeito ao emprego dos indícios na prática judiciária civil. Trata-se de uma abordagem deixada por último de forma intencional, pois se acredita que nenhuma análise científica prática seja efetiva sem o conhecimento das respectivas bases teóricas.

Por tais razões, é necessária a realização de um estudo criterioso a respeito do tema, que guarda imenso potencial para levar ao aperfeiçoamento do Direito Processual Civil. E é imbuído desse espírito que se visa ultimar o presente trabalho, atendendo ao patente interesse público envolvido e alcançando da melhor forma os objetivos supramencionados, para então compartilhar com a comunidade acadêmica os resultados obtidos, com os quais se espera colaborar com a evolução e, principalmente, com a inovação da ciência processual.

CAPÍTULO 1

PREMISSAS PROPEDÊUTICAS NECESSÁRIAS À COMPREENSÃO DO TEMA

Antes de mais nada, é preciso esclarecer que, conforme consta dos manuais de elaboração de monografia, um trabalho de cunho acadêmico-científico que se preze deve ser desenvolvido em etapas metodológicas, estruturando-se de forma que os argumentos construídos se concatenem e formem um todo harmônico e coerente, a fim de demonstrar a tese que se propõe para solucionar o problema identificado.

Com isso, os argumentos não podem ser expostos de forma desconexa, mas, sim, guardarem relação lógica e sequencial entre eles, sob pena de se tornar um atropelo ininteligível de ideias.

Daí porque antes de se adentrar na investigação do tema propriamente dito do presente estudo, é indispensável que outros pontos sejam trabalhados. Mesmo que à primeira vista desconectados com aquele numa leitura mais precipitada, ao longo da exposição despontarão como de importância fulcral para que se tenha a devida compreensão do objeto central, que são os indícios e a prova indiciária no processo civil.

Com o desenvolvimento de tais pontos, conclusões serão alcançadas, sendo que o conjunto dessas análises e, principalmente, os apontamentos de maior destaque constituirão as premissas de ordem propedêutica e metodológica que consubstanciarão as bases fundantes do estudo e permearão toda sua extensão.

1.1. SISTEMA PROCESSUAL CIVIL: CONCEITOS E ATRIBUTOS

Para inaugurar os capítulos referentes ao desenvolvimento do presente estudo, deve-se fornecer o ferramental necessário para entender o papel que a *prova* desempenha no *sistema processual*. Em razão da complexidade deste, exige-se prévia análise meticulosa do próprio conceito de *sistema* e dos atributos para sua conformação, com o devido enfoque no Direito Processual Civil.

O estudo da noção de *sistema*[1], da interrelação entre seus componentes, bem como dos atributos necessários para sua conformação, certamente não é exclusividade da ciência jurídica. Ao revés, é do interesse dos mais variados ramos do conhecimento - senão de todos –, e cada um acaba por chegar a um conceito especializado que melhor atenda às suas particularidades.

É certo, em contraste, que se pode verificar uma "espinha dorsal" se analisados os conceitos empregados em cada um, isto é, existe uma ideia geral do que seja um sistema, que é especializada a depender da área de concentração.

Para elucidar, pode-se socorrer do exemplo extraído do ramo da Engenharia Civil, na qual se fala em *sistema construtivo* para identificar o conjunto de materiais, técnicas, componentes e elementos empregados, como um gênero que contempla variadas espécies (alvenaria estrutural, concreto armado, *light steel framing*, wood *frame* etc.) pelos quais as edificações são realizadas[2].

Cite-se, ainda, o exemplo da Medicina e da Biologia, em que se tem uma série de sistemas, cada qual representando um conjunto de órgãos, responsáveis pelo funcionamento dos organismos das espécies, a exemplo dos *sistemas circulatório, reprodutor, excretor, nervoso* etc.

Na Odontologia e na Fonoaudiologia, fala-se em *sistema estomatognático* para designar o conjunto de estruturas bucais que

1 Etimologicamente, o vocábulo deriva do grego *sýstēma* – e do latim *systēma* – e, trazendo o sentido de significa reunião, grupo (NASCENTES, Antenor. **Dicionário etimológico da língua portuguesa**. Tomo I. Rio de Janeiro, 1955, p. 474), exprime o conjunto de regras que devem se aplicar na ordenação de certos fatos, integrantes de certa matéria (DE PLÁCIDO E SILVA. **Vocabulário jurídico**. 31 ed. Rio de Janeiro, Forense, 2014, p. 4096. *E-book*).

2 AGÊNCIA BRASILEIRA DE DESENVOLVIMENTO INDUSTRIAL. **Manual da construção industrializada**: conceitos e etapas: v. 1: estrutura e vedação, 2015. *passim*. Disponível em http://www.abramat.org.br/datafiles/publicacoes/manual-construcao.pdf.

desenvolvem funções comuns, tendo como característica constante a participação da mandíbula (daí o nome de gnática, do grego *gnatos* = mandíbula). Trata-se de sistema com características próprias, todavia depende do funcionamento, ou está intimamente ligado à função, de outros sistemas, tais como o nervoso, o circulatório, o endócrino, e todos em geral, uma vez que não constitui uma unidade separada do resto do organismo, mas se integra estritamente a ele[3].

Por fim, a mais interessante contribuição para o estudo é extraída da área da Administração, no âmbito da qual se estuda a denominada Teoria de Sistema (TS), ramo específico da Teoria Geral de Sistemas (TGS).

Como se depreende de obra[4] que é referência na área, a TGS foi desenvolvida pelo biólogo alemão Ludwig von Bertalanffy[5], em crítica à visão que se tem do mundo dividida em diferentes áreas, como Física, Química, Biologia, Psicologia, Sociologia etc., propugnando que se deve estudar os sistemas globalmente, envolvendo todas as interdependências de suas partes.

Como ressaltado na referida obra, o que interessa, de fato, na TGS, é o ideal de abordagem sistêmica, que passou a dominar as ciências, propiciando uma visão compreensiva, abrangente, holística e gestáltica de um conjunto de coisas complexas dando-lhes uma configuração e identidade total, a revelar o "geral no particular" e indicar as propriedades gerais das organizações de uma maneira global e totalizante, que não são reveladas pelos métodos ordinários de análise científica[6].

Dessas áreas "estranhas" ao campo jurídico, infere-se que a noção de *sistema* remete a um conjunto de elementos (partes, frações)

3 DOUGLAS, Carlos Roberto. **Tratado de fisiologia aplicada às ciências médicas**. 6 ed. Rio de Janeiro: Guanabara Koogan, 2006, p. 816.

4 CHIAVENTO, Idalberto. **Introdução à teoria geral da Administração**: uma visão abrangente da moderna administração das organizações. 7 ed. Rio de Janeiro: Elsevier, 2003, p. 473-476.

5 Os pressupostos básicos da TGS são: "a. Existe uma tendência para a integração das ciências naturais e sociais; b. Essa integração parece orientar-se rumo a uma teoria dos sistemas; c. A teoria dos sistemas constitui o modo mais abrangente de estudar os campos não-físicos do conhecimento científico, como as ciências sociais; d. A teoria dos sistemas desenvolve princípios unificadores que atravessam verticalmente os universos particulares das diversas ciências envolvidas, visando ao objetivo da unidade da ciência; e. A teoria dos sistemas conduz a uma integração na educação científica".

6 CHIAVENTO, Idalberto, *Introdução à teoria geral da Administração*, cit., p. 474-475.

que interagem[7] entre si de forma ordenada, dando origem a um todo harmônico, para a consecução de uma finalidade e, a partir de um referencial, em comum[8].

E esse conceito genérico corresponde aos trazidos pelos dicionaristas, como se pode extrair do Aurélio[9]: "1. conjunto de elementos, entre os quais haja alguma relação [...] 3. Disposição das partes ou dos elementos de um todo, coordenados entre si, e que formam estrutura organizada".

Tantas outras definições, de outras áreas de conhecimento de ou outros dicionários poderiam ser apresentadas, entretanto o que se faz necessário entender é que a noção de sistema engloba sempre duas ideias: pluralidade de elementos e relação organizada[10]. O sistema é composto pela união de uma pluralidade de elementos, cuja *interação* se dá de forma concatenada, formando uma totalidade coesa na busca da finalidade em comum.

Trazendo a noção de sistema para o âmbito particular da Ciência do Direito, o conceito mais conhecido e empregado é o de *sistema jurídico*.

Todavia, essa conclusão é, provavelmente, a única possível de se alcançar quando se fala no tema.

Existem inúmeras concepções de sistema jurídico, bem como dos atributos que o identificam e das suas características[11], informada

---

7 João Batista Lopes (LOPES, João Batista. **Curso de direito processual civil**: processo de conhecimento: v. 1. São Paulo: Editora Atlas, 2006, p. 3) elucida: "a simples reunião ou soma de elementos não é suficiente para formar um sistema: de nada adiantará, por exemplo, juntar as peças do motor de carro se não tiver conhecimento da função de cada uma delas [...] sistema não é apenas a reunião de elementos, mas também as relações que entre eles se estabelecem, ou seja, a *interação*".

8 Tércio Sampaio Ferraz (FERRAZ, Tércio Sampaio. **Conceito de sistema no direito**: uma investigação histórica a partir da obra jusfilosófica de Emil Lask. São Paulo: Revista dos Tribunais, 1976, p. 9) assenta que: "na sua significação mais extensa, o conceito aludia, de modo geral, à ideia de uma totalidade construída, composta de várias partes. Conservando a conotação originária de *conglomerado*, a ela agregou-se o sentido específico de *ordem*, de *organização*".

9 FERREIRA, Aurélio Buarque de Holanda Ferreira. **Minidicionário Aurélio**. 8 ed. Curitiba: Editora Positivo, 2018, p. 703.

10 Tércio Sampaio Ferraz (FERRAZ, Tércio Sampaio. **Teoria da norma jurídica**: ensaio de pragmática da comunicação normativa. 4 ed. Rio de Janeiro: Forense, 2006, p. 140) sintetiza a composição de um sistema em *repertório* (conjunto de objetos e seus atributos) e *estrutura* (as relações entre eles, conforme certas regras).

11 Para uma análise mais detida acerca das diferentes concepções de sistema jurídico, ver. BOBBIO, Norberto. **Teoria do ordenamento jurídico**. 6 ed. Brasília: Editora Universidade de Brasília, 1995, p. 71/74; NEVES, Marcelo. **Teoria da inconstitucionalidade das leis**. São Paulo: Saraiva, 1988, p. 1-8; COSTA, Henrique Araújo. **Reexame de prova em recurso** especial: a súmula 7 do STJ. Brasília: Thesaurus, 2008, p. 146-156.

pelas mais variadas correntes de pensamento e interpretação do fenômeno jurídico, que, por ser essencialmente *cultural*[12], é praticamente impossível enunciar por critérios puramente objetivos os pontos que qualificam um sistema, sem subjetivismos e sem a mínima carga das preferências culturais ou axiológicas de uma comunidade[13].

Pontual é a advertência feita por Tércio Sampaio Ferraz[14], em obra referência sobre o tema: "Há no próprio termo *sistema* uma pluralidade de sentidos que torna a investigação equívoca, se não for esclarecida de antemão".

A título ilustrativo, uns preferem adotar a terminologia "sistema de normas", e não sistema jurídico, mesmo que, ao fim, refiram-se essencialmente à mesma coisa[15].

Retomando, podem ser concebidas uma ampla variedade de abordagens do conceito de sistema jurídico, e dos seus atributos,

---

12 A natureza cultural do fenômeno jurídico fica evidenciada quando se estudam os principais sistemas ao redor do mundo, cada um refletindo a cultura predominante de um país e seus múltiplos fatores sociais, notadamente os decorrentes da religião e da origem histórica. Como demonstra René David (DAVID, René. **Os grandes sistemas do direito contemporâneo.** 4 ed. Tradução: Hermínio A. Carvalho. São Paulo: Martins Fontes, 2002, *passim*), em consagrado ensaio sobre os grandes sistemas do direito contemporâneo, existem cinco grandes sistemas: (i) ocidental ("famílias" romano-germânico e *commom law*); (ii) socialista; (iii) muçulmano; (iv) hindu; (v) do Extremo Oriente (China e Japão); (vi) Da África e de Madagáscar. Para detalhamento da Direito enquanto ciência cultural, ver. REALE, Miguel. **Lições preliminares de direito**. 27 ed. São Paulo: Saraiva, 2004, p 30-32; DINIZ, Maria Helena. **Compêndio de introdução à ciência do direito**. 20 ed. São Paulo: Saraiva, 2009, p. 131-132.

13 Nesse sentido: DINAMARCO, Cândido Rangel. **Instituições de direito processual civil**: v. I. 4 ed. São Paulo: Malheiros, 2004, p. 173.

14 FERRAZ, Tércio Sampaio. **Conceito de sistema no direito**: uma investigação histórica a partir da obra jusfilosófica de Emil Lask. São Paulo: Revista dos Tribunais, 1976, p. 8. No mesmo sentido é Norberto Bobbio (BOBBIO, Norberto. **Teoria do ordenamento jurídico**. 6 ed. Brasília: Editora Universidade de Brasília, 1995, p. 76): "O termo 'sistema' é um daqueles termos de muitos significados, que cada um usa conforme suas próprias conveniências".

15 Tacio Gama (GAMA, Tacio Lacerda. Sistema jurídico – Perspectiva dialógica. **Enciclopédia jurídica da PUC-SP**. Celso Fernandes Campilongo, Alvaro de Azevedo Gonzaga e André Luiz Freire (coord.). Tomo: Teoria Geral e Filosofia do Direito. Celso Fernandes Campilongo, Alvaro de Azevedo Gonzaga, André Luiz Freire (coord. de tomo). 1. ed. São Paulo: Pontifícia Universidade Católica de São Paulo, 2017. Disponível em: https://enciclopediajuridica.pucsp.br/verbete/100/edicao-1/sistema-juridico---perspectiva-dialogica. Acesso em 12 fevereiro 2019) traz interessante distinção feita por uns entre *ordenamento jurídico*, como o texto jurídico bruto em sua totalidade, sem construção racional de sentidos, e *sistema jurídico*, enquanto o texto construído a partir da interpretação descritiva do texto bruto do ordenamento. Todavia, concorda-se com o citado autor, de que a distinção não se justifica e, pior, (des)qualifica de irracionais as decisões proferidas pelos órgãos do dito ordenamento: "sustentamos existir racionalidade e sistematicidade tanto no chamado sistema, que é domínio da Ciência do Direito, quando no direito positivo, que é o campo do ordenamento jurídico. Nessas duas hipóteses, o produto da interpretação varia, pois na Ciência se produzem proposições descritivas e no direito positivo se produzem normas. Em ambos, porém, há esquemas racionais que determinam como se dá a relação entre as proposições".

principalmente pelo *viés filosófico-jurídico*[16]. Ocorre que, por força do enfoque adotado para o presente estudo, eminentemente jurídico-processual, e a importância de se fixar a ideia de sistema para dar sentido ao quanto defendido nas partes seguintes, a realização de uma investigação analítica à luz das variadas correntes, especialmente a filosófica, não se revela *funcional* e pertinente com os objetivos traçados e o problema proposto.

Imbuído de tal espírito, o que realmente importa aqui é análise das notas características e das diretrizes para se conceber os atributos necessários para a conformação do sistema jurídico brasileiro, em especial o sistema processual civil.

Pois bem. Voltando as atenções especifica e objetivamente para o sistema jurídico brasileiro[17], é de destacar, por primeiro, a adesão ao *sistema ocidental*, especificamente à "família" romano-germânica[18], com normas predominantemente escritas, divididas entre princípios e regras[19], tendo como fonte suprema, hierárquica e axiologicamente, a Constituição Federal.

---

16 Claus-Wihelm Canaris (CANARIS, Claus-Wilheim. **Pensamento sistemático e conceito de sistema na ciência do direito.** Tradução: Antônio Menezes Cordeiro. 2 ed. Lisboa: Fundação Calouste Gulbenkian, 1996, p. 10-11) sintetiza as definições de sistema jurídico apresentadas por expoentes da filosofia como Emmanuel Kant, Friedrich Von Savigny, Rudolf Eisler e Julius Binder. Ver, ainda: ABBAGNANO, Nicola. **Dicionário de filosofia.** Tradução: Alfredo Bosi. São Paulo: Martins Fontes, 2007, p. 908-910.

17 Para uma apresentação das marcas características do *pensamento jurídico-processual brasileiro*, que informam o respectivo sistema processual, ver DINAMARCO, Cândido Rangel. **Instituição de direito processual civil**: v. I. 4 ed. São Paulo: Malheiros, 2004, p. 174-177.

18 Acerca da "família" romano-germânica, René David (DAVID, René. **Os grandes sistemas do direito contemporâneo.** 4 ed. Tradução: Hermínio A. Carvalho. São Paulo: Martins Fontes, 2002, p. 24) assevera que teve o seu berço na Europa, formando-se graças aos esforços das universidades europeias, que elaboraram e desenvolveram a partir do século XII, com base em compilações do imperador Justiniano, uma ciência jurídica comum a todos, apropriada às condições do mundo moderno. O autor ressalta que a denominação romano-germânica foi escolhida para homenagear estes esforços comuns, desenvolvidos ao mesmo tempo nas universidades dos países latinos e dos países germânicos, criticando as denominações *continental law* ou *civil law*. Couture (COUTURE, Eduardo J. **Fundamentos del derecho procesal civil**. 3 ed. Buenos Aires: Roque Depalma Editor, 1958, p. 18-22) também faz uma interessante análise sobre a influência do direito processual romano e germânico na civilização ocidental e as ramificações deles decorrentes. Dinamarco (DINAMARCO, Cândido Rangel. **Instituições de direito processual civil**: v. I. 4 ed. São Paulo: Malheiros, 2004, p. 171-172) critica esse agrupamento do direito em famílias, em razão das grandes e disseminadas diferenças existentes entre os sistemas processuais, razão pela qual adota a denominação *modelo processual* para se referir ao sistema processual de cada país, considerado pelo conteúdo específico das normas que o regem, pela concreta conformação dos órgãos que o operam e pelo modo-de-ser dos institutos encadeados em razão desse objetivo.

19 Para uma consagrada e esclarecedora distinção entre princípios e regras, enquanto espécies do gênero normas, ver CANOTILHO, José Joaquim Gomes. **Direito Constitucional**. 6 ed. Coimbra: Almedina, 1993, p. 166-167-168.

Ato contínuo, trata-se de um sistema *dinâmico*[20], estando em constante transformação, na medida em que as normas são promulgadas, subsistem no tempo, atuam, são substituídas por outras ou perdem sua atualidade em decorrência de alterações nas situações normatizadas. Considerar tais normas como integradas em um *sistema* nada mais do que é uma técnica[21], de cunho eminentemente pedagógico, que implica a noção de limite, permitindo determinar uma linha diferencial abstrata para a identificar o que está dentro, o que entra, o que sai e o que permanece fora dos contornos desse conjunto[22].

Como já antecipado, as maiores dificuldades no estudo da noção de sistema residem em saber quais os atributos necessários para sua conformação, e aqui se faz presente uma considerável dissonância doutrinária[23].

Pensa-se que o grande ponto a ser apreendido é que, como em todos os casos, o sistema jurídico somente poderá ser definitivamente aperfeiçoado e funcional se as suas partes componentes estiverem sob perfeita interação para consecução do fim almejado[24].

E existem uma série de "convergências teóricas do positivismo jurídico", a teor do aludido por Almeida e Bittar[25], que funcionam como mecanismo para garantir essa concatenação entre as categorias de elementos do sistema: a interpretação literal (para cercar o arbítrio dos juízes), a unidade sistemática (para eliminar a fragmentação nor-

---

20 Pela doutrina de Luhmann (Luhmann, Niklas. **Complejidad e y modernidade: de la unidad a la diferencia**. Tradução: Josetexo Berian e Jose Maria Blanco. Modrid: Trotta, 1998, *passim*), a unidade do sistema é fruto de construção constante, sendo o Direito um subsistema social autopoiético (*autós* - "por si próprio" - e *poiesis* - "produção" = autoprodução) e que se autorregula.

21 Nesse sentido: "O sistema não é um corpo físico, uma coisa, mas um esquema mental, um conjunto de ideia que se relacionam, formando uma unidade harmônica" (LOPES, João Batista. **Curso de direito processual civil**: processo de conhecimento: v. 1. São Paulo: Editora Atlas, 2006, p. 3).

22 JÚNIOR, Tércio Sampaio Ferraz. **Introdução ao estudo do direito**: técnica, decisão, dominação. 4 ed. São Paulo: Atlas, 2004, p. 178.

23 Tacio Gama (GAMA, Tacio Lacerda. Sistema jurídico – Perspectiva dialógica. Enciclopédia jurídica da PUC-SP. Celso Fernandes Campilongo, Alvaro de Azevedo Gonzaga e André Luiz Freire (coord.). Tomo: Teoria Geral e Filosofia do Direito. Celso Fernandes Campilongo, Alvaro de Azevedo Gonzaga, André Luiz Freire (coord. de tomo). 1. ed. São Paulo: Pontifícia Universidade Católica de São Paulo, 2017. Disponível em: https://enciclopediajuridica.pucsp.br/verbete/100/edicao-1/sistema-juridico---perspectiva-dialogica. Acesso em 12 fevereiro 2019) explica que é sobre o sentido e a consequência desses atributos que os autores de teoria geral do direito se demoram, trazendo uma série de referências bibliográficas para consulta.

24 LOPES, Maria Elizabeth de Castro. **O juiz e o princípio dispositivo**. São Paulo: Revista dos Tribunais, 2006, p. 23.

25 ALMEIDA, Carlos Assis de; BITTAR, Eduardo C. B. **Curso de Filosofia do Direito**. 11 ed. São Paulo: Atlas, 2015, p. 642.

mativa), a coerência estrutural (para escapar à ilogicidade do direito dispersivo), a completude (para garantir a igualdade perante a lei) e a doutrina das fontes do direito com prevalência da legislação (para garantir a supremacia da legalidade).

Daí se extraem três dos mais comuns atributos[26] do sistema jurídico considerados pela grande parte da doutrina:

(i) *unidade*, no tocante à hierarquia entre as normas e a obediência à Norma Fundamental, com a qual se possam, direta ou indiretamente, relacionar todas as demais normas;

(ii) *completude*, no sentido mesmo de *completo*, de se poder extrair do sistema uma norma para regular todos os conflitos havidos na sociedade, sem permitir a existência de lacunas;

(iii) *coerência*, se os elementos componentes representam uma unidade sistemática, em um relacionamento de coerência entre si, evitando ao máximo situações de contradição (antinomias).

Certo, todavia, que tais atributos, notadamente o da completude, despertam uma série de problemas e críticas, muitas vezes sendo até mesmo utópicos, e não se sustentam como suficientes para sintetizar tecnicamente o que um sistema precisa, efetiva e realisticamente, para se aperfeiçoar e funcionar.

Para tanto, podem ser concebidas certas *diretrizes* para estabelecer quais atributos devem estar presentes num sistema aberto[27] e, para esse fim, a doutrina de Watslawich, Beavin e Jackson[28] é a que melhor as apresenta de uma maneira alcançável:

---

26 A partir desta mesma linha de raciocínio, e partindo da mesma perspectiva – a ênfase nas relações estabelecidas entre os elementos do sistema – que Bobbio construirá a sua Teoria do Ordenamento Jurídico.

27 À luz da anotação de Canotilho (CANOTILHO, José Joaquim Gomes. **Direito Constitucional**. 6 ed. Coimbra: Almedina, 1993, p. 165), o sistema jurídico – no caso o português e o brasileiro – é um típico exemplo de sistema *aberto*, uma vez que tem fortes relações de intercâmbio com o meio exterior, ajustando-se à realidade e as diferentes percepções da sociedade sobre verdade e justiça. Ver FERRAZ JR., Tércio Sampaio**. Teoria da norma jurídica**: ensaio de pragmática da comunicação normativa. 4 ed. Rio de Janeiro: Forense, 2006, p. 141.

28 WATSLAWICH, Paul. BEAVIN, Janet Helmick; JACKSON, Don D. **Pragmática da comunicação humana**. Tradução: Álvaro Cabral. São Paulo: Cultrix, 1967, p. 112-115. Os autores utilizam a expressão "propriedades macroscópicas formais" e, inobstante tenham estudado a noção de sistema sob o ponto de vista da comunicação entre os indivíduos, as ideias se aplicam perfeitamente ao *sistema jurídico*, mesmo porque este pode ser considerado um *subsistema comunicacional* (TOMÉ, Fabiana Del Padre. **A prova no direito processual civil**. 3 ed. São Paulo: Noeses, 2011, p 46-48).

(A) globalidade: o sistema é um conjunto complexo de elementos que guardam que se comportam como um todo coeso e inseparável. Daí decorrem dois outros corolários *negativos*:

(i) não somatividade: os elementos não são simplesmente somados uns aos outros (uma "acumulação") sob pena de enfraquecimento do objeto de interesse comum, tendo em vista que a complexidade não pode ser explicada pelos elementos separadamente considerados;

(ii) interação: diz respeito à constante troca de influências, reciprocamente, entre todos os elementos.

(B) retroalimentação (*feedback*): processo pelo qual os elementos aproveitam, *alimentam*, uns aos outros, de forma permanente e circular, alterando o sistema a partir de suas próprias ações;

(C) equifinalidade: em um sistema cujas partes se retroalimentam e que é automodificável, os resultados (alterações de estado, após um período de tempo) podem "brotar" de diferentes origens, sem depender das condições iniciais que ensejaram a sua criação, mas apenas dos seus próprios parâmetros.

No caso do sistema jurídico, tem-se a peculiaridade de que o Direito possui uma *estrutura* tridimensional. Por *estrutura* aqui, entende-se o emprego do termo no âmbito das Ciências Sociais, a luz da doutrina de Miguel Reale[29], para indicar:

> uma ordenação de elementos interdependentes, ligados entre si em razão dos fins que lhe são próprios e, ao mesmo tempo, em razão dos fins inerentes ao todo no qual os elementos componentes se integram. Essa ordenação implica, pois, uma correlação dinâmica entre meios e fins, o que constituiu uma das notas características de toda estrutura de natureza histórica ou cultural.

Tem-se, portanto, a ideia de estrutura como a interdependência ordenada de elementos, conectados entre si pelos seus objetivos específicos comuns, bem como pelo objetivo geral do todo em que estão inseridos.

---

29 REALE, Miguel. **Direito natural e direito positivo**. São Paulo: Revista dos Tribunais, 1984, p. 44.

No âmbito do Direito Positivo, como ocorre no Direito Natural, pode-se verificar que toda experiência jurídica implica uma ordenação normativa de fatos em função de valores. Assim, é equivocado se afirmar que um fato só se torna jurídico após ser qualificado mediante uma norma jurídica concebida *in abstrato*, porquanto antes do momento que o operador do Direito qualifica o fato em função de uma norma jurídica, deve-se lembrar que "essa norma resultou da apreciação de *fatos* segundo *valores* por parte do legislador, *lato sensu* (normas legais), ou da sociedade como tal (costumes jurídicos)".[30]

Fato, valor e norma, portanto, estão ligados de tal forma que se ordenam numa estrutura, denominada por Miguel Reale "estrutura tridimensional do Direito".

No mesmo sentido, colhe-se em obra diversa[31] do autor que:

> A análise fenomenológica da experiência jurídica, confirmada pelos dados históricos sucintamente lembrados, demonstra que a *estrutura* do Direito é tridimensional, visto como o elemento *normativo*, que disciplina os comportamentos individuais e coletivos, pressupõe sempre uma dada *situação de fato*, referida a *valores* determinados.

Ou ainda:

> Uma análise em profundidade dos diversos sentidos da palavra Direito veio demonstrar que eles correspondem a três aspectos básicos, discerníveis em todo e qualquer momento da vida jurídica: um aspecto normativo (o Direito como ordenamento e sua respectiva ciência); um aspecto fático (o Direito como fato, ou em sua efetividade social e histórica) e um aspecto axiológico (o Direito como valor de Justiça)[32].

Presente a compreensão da *estrutura* do Direito, deflui que seus elementos constitutivos se implicam e se exigem reciprocamente. É o que o autor chama de "dialética de implicação-polaridade", segundo a qual o fato, o valor e a norma nesta se correlacionam de tal modo que cada um deles se mantém irredutível ao outro (polaridade), mas se exigindo mutuamente (implicação) o que dá origem à estrutura

30 REALE, Miguel. **Direito natural e direito positivo**. São Paulo: Revista dos Tribunais, 1984, p. 47.

31 REALE, Miguel. **Filosofia do Direito**. 19 ed. São Paulo: Saraiva: 1999, p. 511.

32 REALE, Miguel. **Lições preliminares de direito**. 27 ed. São Paulo: Saraiva, 2004, p. 65.

normativa como momento de realização do Direito. Daí porque ser chamada também "dialética de complementaridade"[33].

Postas tais premissas básicas da teoria pensada por Miguel Reale, pode-se perceber que o autor emprega o termo *estrutura*, em vez de *sistema*, para se referir a conjunto de elementos interdependentes, correlacionados ordenadamente entre si para satisfação de fins inerentes ao todo.

No âmbito jurídico, tal *estrutura* é tridimensional, isto é, composta por três elementos: fato, valor e norma, os quais se implicam e se exigem reciprocamente, configurando referida "dialética de complementaridade". A demonstração das referidas inter-relação e dialetização entre tais aspectos básicos do Direito é, em suma, a "feição nova" dada por Reale ao problema da tridimensionalidade do Direito, sendo a essência da sua teoria[34].

A grande lição que se tira da teoria de Miguel Reale, e se aplica na compreensão do sistema jurídico, é de que os seus elementos não se limitam às normas jurídicas postas *in abstrato*, existindo todo um arcabouço fático-axiológico anterior que alicerçou a sua produção e positivação, de tal sorte que o jurista não trabalho só com as normas ou com leis, mas deve considerar os valores e fatos.

---

33 REALE, Miguel. **Lições preliminares de direito**. 27 ed. São Paulo: Saraiva, 2004, p. 66-67.

34 REALE, Miguel, *Lições preliminares de* direito, cit., p. 65. Conforme afirmado pelo autor "a correlação essencial existente entre os aspectos fático, axiológico e prescritivo do Direito não foi logo claramente percebida pelos juristas e jusfilósofos, os quais, como vimos, foram antes tentados a compreender o fenômeno jurídico à luz de um ou de dois dos elementos discriminados, dando, assim, origem às *teorias reducionistas"* (REALE, Miguel. **Filosofia do Direito**. 19 ed. São Paulo: Saraiva: 1999, p. 511-512). E as doutrinas que perceberam a ligação entre os três aspectos aludidos, "fizeram-no de modo abstrato, isto é, sem se desvincularem integralmente de perspectivas setorizadas, mas apenas procurando compô-las numa visão final e compreensiva, entendida, por sinal, de maneira diversa e até mesmo conflitante", o que chamou de *tridimensionalismo genérico ou abstrato*, citando principalmente Gustav Radbruch. Mais à frente na obra, explica melhor: "Quando se procuram combinar os três pontos de vista unilaterais e, mais precisamente, os resultados decorrentes de estudos levados a cabo separadamente, segundo aqueles pontos de vista, configura-se o que chamamos de *tridimensionalidade genérica do Direito*". Menciona, ainda, a doutrina do *Tridimensionalismo específico* – fazendo menção a Wilhelm Sauer, –, pela qual se teve o "superamento das análises em separado do *fato*, do *valor* e da *norma*, como se se tratasse de gomos ou fatias de uma realidade decomponível; pelo reconhecimento, em suma, de que *é logicamente inadmissível qualquer pesquisa sobre o Direito que não implique a consideração concomitante daqueles três fatores"*.

Assim, as normas enquanto posterior objeto de interpretação, e um dos elementos do sistema jurídico, não podem, *ipso facto*, ser separada dos fatos e valores que a constituíram, vez que surge como integração desses dois elementos, quer para ser declarado objetivamente o vínculo que os une, quer para ser superado um conflito eventualmente existente entre eles. Cabe ao intérprete, pois, refazer o caminho do legislador.

Como destacado por Nathaly Campitelli Roque e Álvaro de Azevedo Gonzaga[35]:

> Miguel Reale assinalou que a relação entre fatos e valores, que implica no surgimento da norma jurídica, não constitui uma síntese conclusiva e final. [...] Por via de consequência, é necessário esclarecer que a norma jurídica é criada para reger atos futuros. Ou seja, a sua criação remonta a um determinado período histórico, com características próprias, no plano político, valorativo e cultural. [...] Daí a necessidade de ser a norma jurídica sempre objeto de interpretação, não como um objeto ideal – como se fosse uma asserção lógico-sintética –, mas sim como um enunciado em necessária correlação com a base fático-axiológica. É a razão pela qual Reale distingue o "normativismo jurídico concreto" do "normativismo puro" de Hans Kelsen.

Portanto, à luz do referido normativismo jurídico concreto, calcado no ideal de dinamismo da experiência jurídica, a norma positivada, resultado da nomogênese jurídica, não conclui ou exaure o processo jurígeno, tendo em vista as exigências *fáticas* e *axiológicas* que ela mesma suscita no seio do ordenamento e no meio social. Isto é, fato, valor e norma continuam interagindo mesmo após a positivação daquela, e o conjunto desses elementos e dessa relação que existe entre eles forma o sistema jurídico.

Entendidos, pois, o conceito genérico, o jurídico em particular, bem como os atributos necessários para a conformação deste, pode-se avançar no cerne da análise objeto do presente item: a conceituação de *sistema processual* civil.

---

35 GONZAGA, Alvaro de Azevedo, ROQUE, Nathaly Campitelli. Tridimensional do Direito, Teoria. **Enciclopédia jurídica da PUC-SP**. Celso Fernandes Campilongo, Alvaro de Azevedo Gonzaga e André Luiz Freire (coord.). Tomo: Teoria Geral e Filosofia do Direito. Celso Fernandes Campilongo, Alvaro de Azevedo Gonzaga, André Luiz Freire (coord. de tomo). 1. ed. São Paulo: Pontifícia Universidade Católica de São Paulo, 2017. Disponível em: https://enciclopediajuridica.pucsp.br/verbete/64/edicao-1/tridimensional-do-direito,-teoria-teoria. Acesso em 01 jun. 2019.

Inicialmente, é curial se destacar o fenômeno chamado de *constitucionalização do processo civil*, pelo qual a ciência do processo civil passou a ser informada e interpretada sempre a partir dos postulados constitucionais[36].

Esse ideal consubstancia o denominado de *modelo constitucional do processo* e se acentuou, sobretudo, com a CF/88, porquanto garantias antes previstas em nível infraconstitucional, ganharam *status* constitucional.

Disso resulta que, conforme João Batista Lopes[37], quando se fala em *sistema processual*, há que se ter em mente o *modelo constitucional do processo*, de tal sorte que a Constituição é o ponto de partida e o ponto de chegada no estudo do processo; ou, ainda, "é necessário estudar o processo com os olhos voltados para a Constituição, que lhe dá as linhas mestras".

Por óbvio, de outra banda, que a Constituição não representa *todo* o sistema processual.

O Código de Processo Civil detém notória posição de destaque, sendo que, ao lado da Carta Magna, constituem o *núcleo duro* do sistema processual civil.

E essa relação umbilical com a Constituição foi reconhecida, no que se pode considerar como a mais destacada alteração promovida em relação ao código revogado, no capítulo I, título único, do livro I do CPC/15, sob a epígrafe de "Normas Fundamentais do Processo Civil". Como se sugere, foi pretendida a positivação expressa do "modelo constitucional do processo"[38-39], reafirmando muitos dos princípios previstos na CF/88 e na legislação infraconstitucional – expressos ou

---

36 Ver DINAMARCO, Cândido Rangel. **Instituições de direito processual civil**: v. I. 4 ed. São Paulo: Malheiros, 2004, p. 178-183.

37 LOPES, João Batista. *In* ASSIS, Carlos Augusto de; LOPES, João Batista. **Tutela Provisória**. Brasília, DF: Gazeta Jurídica, 2018, p. 4.

38 Colhe-se da exposição de motivos do CPC/15 (que "os trabalhos da Comissão se orientaram precipuamente por cinco objetivos: (1) estabelecer expressa e implicitamente verdadeira sintonia fina com a Constituição Federal [...]" (SENADO FEDERAL. **Código de Processo Civil e normas correlatas**. 7 ed. Brasília: Senado Federal, 2015, p. 26. Disponível em https://www2.senado.leg.br/bdsf/bitstream/handle/id/512422/001041135.pdf. Acesso em 12 ago. 2019).

39 Expressão inspirada na obra de Italo Andolina e Giuseppe Vignera, (ANDOLINA, Italo; VIGNERA, Giuseppe. **Il modello costituzionale del processo civile italiano**: corso di lezioni. Giapicchelli, Torino, 1990). O processo há de ser examinado, estudado e compreendido à luz da Constituição e de forma a dar o maior rendimento possível aos seus princípios fundamentais.

implícitos –, a fim de estabelecê-los como normas fundamentais do processo civil[40].

O CPC é, em essência, o grande encarregado da técnica processual, trazendo as disposições específicas sobre o processo civil brasileiro, regulando o seu procedimento e aplicação[41], e servindo como legislação subsidiária e/ou complementar para todas as demais integrantes do sistema.

Além da CF e do CPC, são elementos que constituem o todo orgânico, que é o sistema processual civil, a legislação extravagante que verse sobre processo civil[42], que é vasta, relevando-se para o presente estudo a Lei de Alimentos (Lei nº 5.478/1968), a Lei de Recuperação Judicial e Falência (Lei nº 11.101/2005), o Código de Defesa do Consumidor (Lei nº 8.078/1990).

Arrematando a composição do sistema processual, é indispensável se colocar a doutrina e a jurisprudência dentro dele[43]. Apesar de não

---

40 Sobre o tema, anota Arlete Inês Aurelli (AURELLI, Arlete Inês. Normas fundamentais no código de processo civil brasileiro". **Revista de Processo** 271/2017, p. 19-47, set/2017, p. 19): "Dentro da sistematização levada a efeito pelo legislador há normas que decorrem ou se consubstanciam nos próprios princípios constitucionais, insertos expressamente tanto no artigo 5º quanto em outros dispositivos da Magna Carta, bem como há outras que, previstas infraconstitucionalmente, decorrem implicitamente do modelo constitucional do processo e atendem ao Estado Democrático de Direito".

41 Nesse sentido é a doutrina de João Batista Lopes (LOPES, João Batista. *In* ASSIS, Carlos Augusto de; LOPES, João Batista. **Tutela Provisória**. Brasília, DF: Gazeta Jurídica, 2018, p. 6): "Daí não se conclua, porém, pela suficiência das normas constitucionais para a solução dos problemas processuais. À legislação ordinária está reservado o papel de dispor sobre a técnica processual e as normas procedimentais".

42 Carnelutti (CARNELUTTI, Francesco. **Sistema de Derecho procesal civil**: v. II. Tradução: Niceto Alcalá-Zamora Y Castillo e Santiago Sentís Melendo. Buenos Aires, Uteha Argentina, 1944, p. 57-58) diferencia as normas jurídica instrumentais (com a finalidade de composição *mediata* de um conflito de interesses, atribuindo um poder e impondo correlativamente uma *sujeição*), das normas jurídicas *materiais* (com finalidade de composição imediata de um conflito de interesses, impondo uma *obrigação* e atribuindo – eventualmente – um *direito (subjetivo)*. Sem excluir a possibilidade de normas híbridas, toda aquela que detiver natureza *instrumental* importará para fins de integração do sistema processual razão pela qual o autor assenta que o direito processual deveria se chamar direito instrumental. (*op. cit.*, p. 82). Isso se aplica, por certo, aos tratados e convenções internacionais, uma vez que são fontes legislativas de norma processual (CINTRA, Antonio Carlos de Araújo; DINAMARCO, Cândido Rangel; GRINOVER, Ada Pellegrini: **Teoria geral do processo**. 26 ed. São Paulo: Malheiros, 2010, p. 99).

43 Nesse sentido: LOPES, João Batista. *In* ASSIS, Carlos Augusto de; LOPES, João Batista. **Tutela Provisória**. Brasília, DF: Gazeta Jurídica, 2018, p. 5.

serem "normas jurídicas" propriamente ditas[44], são *fontes do direito*[45] com destacada importância para a nomogênese jurídica, sendo que muitas vezes responsáveis por "perceber" efetivamente, a partir dos tantos exemplos colhidos da prática forense, uma nova exigência fática ocorrida no seio da sociedade que leve à necessidade de alteração de uma norma posta ou, ainda, de positivação de uma nova norma para regular uma situação jurídica presente.

Deve-se aqui retomar a principal lição extraída da teoria tridimensional do Direito de Miguel Reale, no sentido de que as normas que integram o sistema processual não devem ser interpretadas tão somente em função da disposição que contenham, mas se deve levar em consideração os fatos e valores que ensejaram a sua criação, bem como as exigências *fáticas* e *axiológicas* que a norma positivada suscita no seio do ordenamento e no meio social.

Referido autor afirma[46], por tal razão, que a norma jurídica desempenha o papel de *ponte elástica* e flexível entre o complexo fático-axiológico, que condicionou a sua gênese, e os complexos fático-axiológicos a que visa atender, no desenrolar do processo histórico.

Com isso, quando analisadas as normas que compõem o sistema processual para aplicação do direito, podem ocorrer adaptações da proposição normativa, que inspirou a norma jurídica, à nova realidade,

---

44 Especificamente em relação à jurisprudência, o debate tende a ser mais sofisticado acerca da sua natureza de norma jurídica ou não, e demandaria um estudo exclusivo. Isso porque se tem há tempos no ordenamento jurídico as "súmulas vinculantes" e, mais recentemente, os ditos "precedentes vinculantes", previstos no art. 927 do CPC – cuja constitucionalidade é questionada por parte da doutrina. Colocando-se de forma objetiva, pensa-se que, em tais casos, não se pode falar em norma jurídica propriamente dita, como *regra*, porque não se está inserindo no ordenamento jurídico uma norma geral e abstrata que regule originalmente determinada conduta humana, conforme um processo legislativo previamente estabelecido na CF/88, de modo que se limita a pacificar a tese jurídica sobre determinada questão de direito em face da qual, invariavelmente, já há norma positivada, ainda que limitadas a princípios gerais (quando omissa a norma). Para uma análise pormenorizada, ver WAMBIER, Teresa Arruda Alvim; DANTAS, Bruno. **Recurso especial, recurso extraordinário e a nova função dos tribunais superiores no direito brasileiro**. 3 ed. São Paulo: RT, 2016, *passim*; STRECK, Lenio Luiz; ABBOUD, Georges. **O que é isto**: o precedente judicial e as súmulas vinculates?. Porto Alegre: Livraria do Advogado, 2013, *passim*; *CRAMER, Ronaldo*. **Precedentes judiciais**: teoria e dinâmica. Forense: Rio de Janeiro, 2016; *passim*.

45 Fonte do direito, "na linguagem técnico-jurídico, indica a origem ou procedência das normas, isto é, como elas nascem são aprimoradas ao longo do tempo" (LOPES, João Batista. **Curso de direito processual civil**: processo de conhecimento: v. 1. São Paulo: Editora Atlas, 2006, p. 10). Ver MONTORO, Franco. **Introdução à ciência do direito**. 29 ed. São Paulo: Revista dos Tribunais, 2011, p. 358-359. Miguel Reale (REALE, Miguel. **Lições preliminares de direito**. 27 ed. São Paulo: Saraiva, 2004, p. 175-177) não qualifica a doutrina como uma fonte do direito, vez que não se desenvolve numa "estrutura de poder", que é um requisito essencial ao conceito de fonte.

46 REALE, Miguel, **Filosofia do Direito**. 19 ed. São Paulo: Saraiva: 1999, p. 564.

para atender às exigências fáticas e axiológicas contemporâneas. Em resumo, é uma variação semântica que visa otimizar o conteúdo da norma, lapidando seu sentido e alcance, amoldando a letra da lei a uma imprevista *ratio juris*.

E isso toca em muito no tema da prova judicial, haja vista a constante modernização da sociedade como um todo, em especial dos meios de comunicação e interação entre as pessoas, a exigir uma releitura do que se entende por meio de prova, e a respectiva valoração quando do esclarecimento dos fatos alegados em juízo.

Enfim, a Constituição Federal, o Código de Processo Civil e a legislação extravagante que contenha disposições processuais cíveis (como o CDC, Lei de Alimentos, Lei de Plano de Saúde, Lei de Recuperação Judicial e Falência etc.), a jurisprudência dos tribunais acerca de Direito Privado constituem cada qual um elemento cuja soma ordenada integra uma realidade maior[47]: o sistema processual civil brasileiro.

E mais: se consideradas os diplomas processuais, de ordem infraconstitucional, que versem sobre processo penal, bem como a jurisprudência relativa a Direito Penal, estar-se-á diante do sistema processual penal, que pode fornecer elementos para o civil acaso não haja incompatibilidade de ordem material, tendo em vista a teoria geral da prova ser una[48].

Em arremate, a partir das considerações acima expostas, e do almejado para a pesquisa, para se ter a adequada compreensão do emprego do vocábulo nos itens subsequentes e, em última análise, da tese a ser defendida, sistema processual civil pode ser conceituado

---

47 Em alusão à noção de sistema apresentada por Geraldo Ataliba (ATALIBA, Geraldo. **Sistema Constitucional Tributário Brasileiro.** São Paulo, Revista dos Tribunais, 1968, p. 4): "O caráter orgânico das realidades componentes do mundo que nos cerca e o caráter lógico do pensamento humano conduzem o homem a abordar as realidades que pretende estudar, sob critérios unitários, de alta utilidade cientifica e conveniência pedagógica, em tentativa de reconhecimento coerente e harmônico da composição de diversos elementos em um todo unitário, *integrado em uma realidade maior*. A esta composição de elementos, sob perspectiva unitária, se denomina *sistema*". – grifo nosso.

48 Ver item 1.3. Carreira Alvim (ALVIM, J. E. Carreira. **Teoria geral do processo**. 21 ed. Rio de Janeiro: Forense, 2018, p. 68-69) apresenta uma interessante visão sobre a *integração* do sistema processual como um todo: para ele, podem ser concebidos um *macrossistema processual* (civil, penal, trabalhista etc.), o qual mantém estreita relação com um *microssistema* processual (juizados especiais cíveis e criminais) e com um sistema *periférico* (mandado de segurança, ação civil pública, ação popular, *habeas corpus, habeas data* etc.). Tais ramificações do sistema processual devem guardar indispensável entrosamento, inicialmente entre seus próprios elementos, e, em sequência, com os demais, conforme a ordem de proximidade material.

como *o conglomerado composto essencialmente pela CF, CPC, legislação extravagante, jurisprudência e doutrina, considerado em perspectiva ordenada, cujos elementos se inter-relacionam harmonicamente e formam um todo unitário, com a finalidade última de regular a resolução de conflitos de interesses de natureza civil em juízo, e fora dele, pelos meios alternativos previstos em lei.*

1.2. DIREITO FUNDAMENTAL À PROVA

Presente a noção de *sistema processual civil*, destina-se agora o centro das atenções para entender propriamente o papel que a *prova* nele desempenha. Noutras palavras, trata-se de estudar a natureza jurídica[49] do instituto da prova judicial, tema que informa e subjaz todos os demais a serem abordados, em especial o principal, referente aos indícios no processo civil.

Para a devida compreensão do que se pretende sustentar no presente item, deve se ter em mente que o termo "prova" para o direito processual não é unívoco, podendo assumir diferentes acepções, representadas pelo trinômio atividade-meio-resultado.

Como *atividade*, refere-se ao procedimento probatório, aos atos praticados no processo que materializam a ação de provar; como *meio*, aos instrumentos (meio de prova) que introduzem no processo as informações obtidas das fontes de prova; como *resultado*, à valoração e ao esclarecimento obtido com os meios de prova.

Relegando a análise detalhada acerca do *conceito* de prova para o momento oportuno[50], inicialmente é indispensável se demonstrar de que forma essa pluralidade de acepções está correlacionada com a natureza jurídica da prova judicial.

Nessa seara, pode-se formular três acepções: a prova é um *direito*, uma *garantia* ou um *aspecto do contraditório*?

Respondendo diretamente à questão proposta, acredita-se que a prova, se considerada a referida pluralidade do termo, tem uma natureza *tripartida*, podendo assumir as características tanto de direito, de garantia ou, ainda, de aspecto do contraditório.

---

49 Aqui entendida como a *essência*, as notas características, os elementos fundamentais de um determinado instituto jurídico, que consubstanciam a sua composição específica e permitem classificá-lo dentro do universo da ciência jurídica.

50 Ver item 3.2.

A primeira, e mais reconhecida, natureza – e, por tal razão, a que será objeto de análise mais percuciente – é a prova enquanto *direito*, empregado o vocábulo aqui na acepção de "faculdade reconhecida, natural, ou legal, de praticar ou não praticar certos atos"[51] aplicada ao âmbito probatório.

Quando se fala em prova judicial, refere-se ao *direito* de a ter admitida no processo, de a produzir e ser devidamente valorada, bem como de que forma esse direito tem *status* constitucional e a indispensabilidade que seja resguardado para que se tenha um processo justo.

Inicialmente, cabe salientar que o direito à prova não encontra previsão expressa na CF/88[52].

Certo, porém, que, como ocorre com as normas jurídicas, notadamente os princípios, os direitos e as garantias não são apenas aqueles constantes do texto frio das legislações; o mesmo se aplica aos direitos e garantias tidos por *fundamentais*[53] (art. 5º da CF), a teor do previsto claramente no art. 5º, § 2º, da CF/88[54].

É autorizado se dizer, à luz desse dispositivo, que o Poder Constituinte Originário consagrou a fórmula dos *direitos fundamentais*

---

51 Esse é o ensinamento de Paulo Bonavides (BONAVIDES, Paulo. **Curso de direito constitucional**. 15 ed. São Paulo: Malheiros, 2004, p. 528), colhido da obra de Rui Barbosa. Acerca das cinco concepções fundamentais do vocábulo direito (justiça, norma, faculdade, fato social e ciência), ver MONTORO, Franco. **Introdução à ciência do direito**. 29 ed. São Paulo: Revista dos Tribunais, 2011, p. 57-66).

52 Em sentido contrário é o entendimento defendido por Cléber Lúcio de Almeida (ALMEIDA, Cléber Lúcio de. **A prova como direito humano e direito fundamental das partes do processo judicial**. 2011. Tese (Doutorado em Direito) – Faculdade de Direito, Universidade Federal de Minas Gerais, Belo Horizonte, 2011, p. 115), para quem o 5º, LV, da CF, ao estabelecer que às partes no processo judicial é assegurada ampla defesa, com os *meios* a ela inerentes, assegura expressamente o direito à prova, tendo em vista que um dos *meios* de defesa do direito deduzido em juízo é a prova do seu fato constitutivo ou de fato que impede o seu nascimento, ou o extingue, ou o modifica. Sem dúvida o entendimento se mostra coerente se procedida a uma interpretação teleológica do conteúdo da norma, bem como sistemática com o devido processo legal, contraditório e acesso à ordem jurídica justa. Isso não se autoriza dizer, todavia, que se positivou indubitavelmente o direito à prova de forma *expressa*, pois em nenhum momento consta essas palavras, de forma manifesta, explícita, do texto de nenhuma disposição da CF/88.

53 Vale aqui trazer a distinção entre direitos fundamentais e direitos humanos: fundamentais são os direitos do ser humano reconhecidos e *positivados* no âmbito constitucional interno de determinado Estado; já a expressão direitos humanos (também chamado de "direitos do homem" pela corrente jusnaturalista) diz respeito aos documentos de direito internacional, por referir-se aquelas posições jurídicas que se reconhecem ao ser humano como tal, independentemente de sua vinculação com determinada ordem constitucional, tendo, assim, validade universal, para todos os povos e tempos, de tal sorte que revelam um inequívoco caráter supranacional (SARLET, Ingo Wolfgang. **A eficácia dos direitos fundamentais**. 12 ed. Porto Alegre: Livraria do Advogado, 2015, p. 29).

54 "Art. 5º [...]. § 2º. Os direitos e garantias expressos nesta Constituição não excluem outros decorrentes do regime e dos princípios por ela adotados, ou dos tratados internacionais em que a República Federativa do Brasil seja parte"

implícitos[55] oriunda da tradição jurídica da *common law* e prevista especialmente na Emenda IX da Constituição norte-americana, de seguinte redação: "The enumeration in the Constitution of ceitain rights shall not be construed to deny or disparage others retained by the people".

Por outras palavras, vê-se que a Carta de 1988 não estabeleceu a *tipicidade* dos direitos fundamentais, de modo a permitir a abertura material do catálogo constitucional, com o reconhecimento de outros direitos que não foram expressamente positivados como tal, mas que sejam decorrentes do regime e dos princípios constitucionais ou direitos subentendidos nas normas de direitos fundamentais expressamente positivadas, a exemplo do *direito à prova*.

A doutrina especializada[56] define direitos fundamentais como:

> Todas as posições jurídicas concernentes às pessoas (naturais ou jurídicas, consideradas na perspectiva individual ou transindividual) que, do ponto de vista do direito constitucional positivo, foram, expressa ou implicitamente, integradas à constituição e retiradas da esfera de disponibilidade dos poderes constituídos, bem como todas as posições jurídicas que, por seu conteúdo e significado, possam lhes ser equiparadas, tendo, ou não, assento na constituição formal.

E essa *fundamentalidade* do direito à prova é deduzida do devido processo legal (*due process os law*[57]), que pode ser considerado

55 CAMBI, Eduardo. **Direito constitucional à prova no processo civil**. São Paulo: Revista dos Tribunais, 2001, p. 165.

56 Ingo, Marinoni e Mitidiero (MARINONI, Luiz Guilherme; MITIDIERO, Daniel; SARLET, Ingo Wolfgang. **Curso de Direito Constitucional**. 6 ed. São Paulo: Saraiva, 2017, p. 341 *E-book* – grifo nosso). Para uma visão analítica do conceito, ver ALMEIDA, Cléber Lúcio de. **A prova como direito humano e direito fundamental das partes do processo judicial**. 2011. Tese (Doutorado em Direito) – Faculdade de Direito, Universidade Federal de Minas Gerais, Belo Horizonte, 2011, p. 170-175.

57 CÂMARA, Alexandre Freitas. **Lições de direito processual civil**: v. 1. 20 ed. Rio de Janeiro: Lumen Iuris, 2010, p. 35-37) anota que o princípio ora analisado teve origem no Direito Inglês, sendo muito associado à Magna Carta de 1215, que costuma ser considerado a primeira Constituição escrita de que se teve notícia. Ocorre que a Magna Carta não continha previsão expressa da cláusula *due process os law*, mas uma norma que deu origem ao princípio, ao assegurar que "primeiro aos barões, e depois a todo o povo do Reino Unido, que só se poderia submeter alguém a julgamento se este fosse realizado pelos pares daquele que estivesse sendo julgado, e ainda que um súdito do reino só poderia ser submetido as leis de seu país, o que significava dizer que uma pessoa só poderia ser submetida a uma lei que se originasse da sua sociedade, e que por ela fosse tida por razoável". Daí se associar tal cláusula da Magna Carta à expressão expressão *per legem terre*, ou em inglês *the law of the land*, que viria a ser substituída mais tarde pela expressão *due process of law*, traduzida pela doutrina brasileira como "devido processo legal".

o princípio[58] dos princípios no âmbito processual, sendo o grande alicerce constitucional do direito ora estudado[59].

A ideia do devido processo legal (ou devido processo *constitucional*[60]) modernamente é equiparada à de *processo giusto* (ou *equo*), que é garantido expressamente no art. 111 da Constituição italiana[61] e estudado a fundo pela doutrina italiana, com destaque para a obra de Comoglio, Ferri e Taruffo[62]. Funciona, dentre outras coisas, como um "superprincípio", coordenando e delimitando todos os demais que informam tanto o processo como o procedimento[63].

O princípio está singela e objetivamente previsto - de forma *inovadora* no direito pátrio até então – no art. 5º, inciso LIV, da CF/88,

---

58 O devido processo legal consubstancia um verdadeiro princípio tendo em vista se tratar de "mandado de otimização" (ALEXY, Robert. **Teoria dos direitos fundamentais**. 5 ed. Tradução: Virgílio Afonso da Silva. Malheiros: São Paulo, 2008, p. 117) ou, como mais didaticamente apresentado por Celso Antônio Bandeira de Mello (MELLO, Celso Antônio Bandeira de. **Curso de Direito Administrativo**. 27 ed. São Paulo: Malheiros, 2010, p. 53), "mandamento nuclear de um sistema", que se irradia para as demais normas componentes, orientando a sua aplicação e interpretação, vez que servem de alicerce essencial do todo unitário e harmônico. É, ainda, um princípio *fundamental*, porque possui propriamente jurídico-político e forte carga ideológica, e não meramente *informativo*, de conteúdo não ideológico, sendo regras *técnicas* para orientação e aplicação do direito.

59 No mesmo sentido: AURELLI, Arlete Inês; LEITE, Rita de Cássia Curvo. Admissibilidade da 'prova ilícita' em demandas envolvendo interesses de crianças". **Revista de Processo**, vol. 303/2020, p. 259-290, maio/2020, p. 263. Pensa-se que, em menor grau de importância – por isso não serão aqui analisados –, o conteúdo e o alcance dos princípios da inafastabilidade do controle jurisdicional, do contraditório e da ampla defesa também alicerçam o *status* constitucional do direito à prova. (GRINOVER, ADA Pellegrini. **Perícia complexa** – Parecer. Disponível em https://www.paginasdedireito.com.br/index.php/artigos/69-artigos-jan-2008/6142-pericia-complexa--parecer. Acesso em 01 jul. 2020). Eduardo Cambi CAMBI, Eduardo. **Direito constitucional à prova no processo civil**. São Paulo: Revista dos Tribunais, 2001, p. 112-124) bem examina o direito à prova como manifestação essencial da *garantia* constitucional da ação e da defesa, porque "agir e defender-se provando" é uma condição necessária para a atuação dessas garantias.

60 É o caso de Gozaíni (GOZAÍNI, Osvaldo Alfredo. **El debido processo**: estándares de la corte interamericana de derechos humanos. Tomo I. Buenos Aires: Rubinzal Culzoni, 2004, p. 22), que explica em tópico específico para falar sobre "El debido proceso constitucional" em sua obra: "Com o surgimento dos direitos humanos, o direito de ter juízes, de ser ouvido e de ter um processo com todas as garantias, propiciou uma notável evolução no conceito de devido processo legal. De *processo legal* passou a se considerar um *processo constitucional*, com o acréscimo de princípios e pressupostos que se conciliam no argumento de que sem garantias processuais efetivas e precisas não havia possibilidade de desenvolvimento de direitos fundamentais [...] O devido processo constitucional não se concretiza nos enunciados de uma lei, nem nos preceitos de um código; projeta-se mais do que nos direitos, para os deveres jurisdicionais que devem ser preservados com a aspiração de alcançar uma ordem objetiva mais justa" – grifo nosso.

61 "Art. 111. A jurisdição atua-se mediante o justo processo regulado pela lei [...]".

62 COMOGLIO, Luigi Paolo; FERRI, Corrado; TARUFFO, Michele. **Lezioni sul processo civile**. 5 ed. Bologna: Il Mulino, 2011, p. 99-102.

63 Nesse sentido: Humberto Theodoro Júnior (JÚNIOR Humberto Thedoro. O juiz, a prova e o processo justo. *In*: NETO, Olavo de Oliveira; NETO, Elias Marques de Medeiros; LOPES, Ricardo Agusto de Castro (coord.). **A prova no direito processual civil**: estudos em homenagem ao professor João Batista Lopes. São Paulo: Verbatim, 2013, p. 278).

com a seguinte redação: "ninguém será privado da liberdade ou de seus bens sem o devido processo legal".

Muito se enganam, todavia, os desavisados que não dão o devido valor que essa "singela" previsão detém.

O fato de o devido processo legal não estar *definido* e *explicado* na CF/88 em nada interfere na delimitação do seu conteúdo e alcance[64], que são superlativos no ordenamento jurídico pátrio, e igualmente valorizados em grande parte dos ordenamentos estrangeiros.

Enquanto princípio que é, tem caráter prevalentemente axiológico-valorativo, servindo como mandado de otimização abstrato para a correta interpretação e aplicação do ordenamento jurídico, à luz dos valores então vigentes de uma nação.

De forma genérica, o princípio se caracteriza pelo trinômio vida-liberdade-propriedade, isto é, "tem-se o direito de tutela daqueles bens da vida em seu sentido mais amplo e genérico. Tudo o que disser respeito à tutela da vida, liberdade ou propriedade está sob a proteção do *due process of law*"[65].

Assim, o devido processo legal é uma "cláusula em branco", destinada a variar segundo as condições histórico-políticas e econômico-sociais próprias do momento de sua aplicação, podendo ser considerada uma *constitucional tool* ("ferramenta constitucional")[66].

Posto isso, é imperioso destacar que o raio de alcance – em que pese o termo *processo* sugerir o contrário – não se limita ao âmbito processual, alcançando também a ordem material.

---

64 Aliás, o devido processo legal é de penosa conceituação, sendo tarefa árdua sua determinação precisa, como escreve Paulo Lucon, citando a jurisprudência norte-americana: "Como todo e qualquer princípio, a experiência acerca da aplicação da cláusula do devido processo legal demonstra a sua sujeição às variantes histórico-culturais de cada tempo e lugar". Conclui o autor que o devido processo legal, em termos gerais, diz respeito aos princípios da igualdade, da legalidade e da supremacia da Constituição, que são inerentes à democracia moderna. (LUCON, Paulo Henrique dos Santos. **Devido processo legal substancial e efetividade do processo**, p. 6. Disponível em http://lucon.adv.br/2016/wp-content/uploads/2018/07/Devido-processo-legal-substancial.pdf. Acesso em 08 jul. 2020).

65 NERY JR, Nelson. **Princípios do processo civil na Constituição Federal**. 8 ed. São Paulo: Revista dos Tribunais, 2016, p. 108.

66 CAMBI, Eduardo. **Direito constitucional à prova no processo civil**. São Paulo: Revista dos Tribunais, 2001, p. 111.

Daí porque se falar em devido processo legal em dois sentidos:

(i) adjetivo ou processual (*procedural due process*), que visa a resguardar os direitos e garantias no âmbito procedimental, ao longo da sucessão de atos que formam o contexto do processo especificamente;

(ii) material ou substantivo (*substantive due process)*, enquanto instrumento para assegurar os direitos e garantias que não se limitam à esfera meramente procedimental, emergindo daqui os princípios da proporcionalidade e da razoabilidade, nos quais se ponderam os interesses em jogo, visando à justiça do caso concreto e a supremacia das normas, dos princípios e dos valores constitucionais[67].

No mesmo sentido se pode falar, com Eduardo Cambi[68], que o direito ao *processo justo*, o qual é assegurado pelo devido processo legal, deve ser compreendido em uma dúplice direção, garantindo, de um lado, a adequação e a efetividade dos instrumentos processuais disponíveis no curso do processo e, de outro lado, a efetiva e a adequada tutela possível de ser alcançada ao final dele.

Enfim, vê-se que o *devido processo legal* e, por decorrência, o *processo justo*, somente estará plenamente alcançado se as partes tiverem o *direito de provar*, isto é, comprovar a veracidade das suas alegações de fato deduzidas no processo e que servem de base para a aplicação da norma jurídica incidente no caso concreto, a fim de que os fatos que ensejaram o conflito levado à resolução do Estado sejam verificados com a maior proximidade possível à realidade.

Imbuído desse espírito, Dinamarco[69] ensina que:

> A imensa importância da prova na experiência do processo civil erigiu o *direito à prova* em um dos mais respeitados postulados inerentes

---

67 Ver NERY JR, Nelson. **Princípios do processo civil na Constituição Federal**. 8 ed. São Paulo: Revista dos Tribunais, 2016, p. 108-115. Paulo Lucon (LUCON, Paulo Henrique dos Santos. **Devido processo legal substancial e efetividade do processo**. Disponível em http://lucon.adv.br/2016/wp-content/uploads/2018/07/Devido-processo-legal-substancial.pdf. Acesso em 08 jul. 2020, p. 9) assim sintetiza: "Em apertada síntese, o devido processo legal substancial diz respeito à limitação ao exercício do poder e autoriza ao julgador questionar a razoabilidade de determinada lei e a justiça das decisões estatais, estabelecendo o controle material da constitucionalidade e da proporcionalidade".

68 CAMBI, Eduardo. *Direito constitucional à prova no processo civil*, cit., p. 107.

69 DINAMARCO, Cândido Rangel. **Instituições de direito processual civil**: v. III. 4 ed. São Paulo: Malheiros, 2004, p. 47.

à garantia do devido processo legal, a ponto de se constituir em um dos fundamentais pilares do sistema processual contemporâneo.

Por tais razões, a ausência de previsão expressa do direito à prova na CF/88[70] é até mesmo natural, tendo em vista a suficiência da previsão do devido processo legal, o qual basta para, por si só, para entender que existe um direito *subjetivo*[71], *autônomo* e *fundamental* das partes de ter admitida e produzir a prova necessária para comprovação das alegações de fato deduzidas em juízo.

Além disso, o direito à prova não detém status de direito fundamental apenas em razão de ser corolário do devido processo legal e de outros direitos constitucionalmente assegurados (fundamentalidade

---

70 Essa ausência de previsão expressa do direito à prova também é observada nos sistemas processuais da Europa continental, podendo ser elencadas várias razões históricas para tanto, decorrentes do peso da tradição inquisitória: a proeminência da figura do juiz e a subalternidade das partes na tarefa de obtenção do material probatória; o dogma da *verdade* real; a preocupação com a economia processual e, principalmente, a concepção distorcida do *livre convencimento* enquanto liberdade absoluta do juiz atividade instrutória, e não na sua real e histórica dimensão de *valoração* desvinculada de regras legais, mas incidente sobre um material constituído por provas admissíveis e regularmente incorporadas ao processo. Todavia, após a *constitucionalização* das garantias processuais e incorporação daquelas previstas em textos internacionais sobre direitos humanos, especialmente após a II Guerra Mundial, o cenário mudou (FILHO, Antônio Gomes. **O direito à prova no processo penal**. São Paulo: Revista dos Tribunais, 1997, p. 63-64). Predomina, atualmente, o entendimento de que direito à prova tem natureza constitucional, mesmo não havendo previsões expressas nas constituições. Para uma análise mais detalhada, explicitando os exemplos da Espanha, Itália, Alemanha, Portugal e Suíça, ver CAMBI, Eduardo. **Direito constitucional à prova no processo civil**. São Paulo: Revista dos Tribunais, 2001, p. 159-161. Cléber Lúcio de Almeida (ALMEIDA, Cléber Lúcio de. **A prova como direito humano e direito fundamental das partes do processo judicial**. 2011. Tese (Doutorado em Direito) – Faculdade de Direito, Universidade Federal de Minas Gerais, Belo Horizonte, 2011, p. 140) faz uma valiosa compilação de doutrinas nacionais e estrangeiras acerca do reconhecimento da existência do direito à prova. Oportuno mencionar que, na Colômbia, o direito à prova é expressamente previsto em um dos itens do artigo que garante o "devido processo", em alusão ao devido processo legal. Com efeito, o art. 29, *caput*, da Constituição Política dispõe que "o devido processo se aplicará a toda classe de atuação jurisdicional e administrativa" e, no item 4, que a parte tem direito "a apresentar provas e a contrariar as que se produzam contra ela".

71 Segundo André Franco Montoro (MONTORO, Franco. **Introdução à ciência do direito**. 29 ed. São Paulo: Revista dos Tribunais, 2011, p. 62), "A expressão 'direito subjetivo' explica-se e se justifica porque o direito nessa acepção [de faculdade] é realmente um poder do sujeito. É uma faculdade reconhecido ao sujeito ou titular do direito". O autor ainda apresenta duas acepções de direito subjetivo: (i) direito-interesse, que é reconhecido no interesse de seu titular, como o direito à prova; (ii) direito-função, instituído em benefício de outras pessoas, como o pátrio-poder ou o direito de julgar ou de legislar (*op. cit.*, p. 63). Especificamente em relação ao direito *subjetivo* à prova: "[é] um verdadeiro *direito subjetivo* à introdução do material probatório no processo, bem como de participação em todas as fases do procedimento respectivo; direito subjetivo que possui a mesma natureza constitucional e o mesmo fundamento dos direitos de *ação* e de *defesa*: *o direito de ser ouvido em juízo* não significa apenas poder apresentar ao órgão jurisdicional as próprias pretensões, mas também inclui a garantia do exercício de todos os poderes para influir positivamente sobre o convencimento do juiz" (FILHO, Antônio Gomes. **O direito à prova no processo penal**. São Paulo: Revista dos Tribunais, 1997, p. 84).

formal). A sua fundamentalidade também é *material*[72], e decorre da sua *finalidade*, que é criar as condições necessárias para uma existência digna e para a efetiva participação na tomada de decisões no seio do Estado (democracia).

Dito de outra forma, tal direito se extrai do sistema positivo mesmo que não esteja sido inserido expressamente no texto constitucional, uma vez que a consagração na Lei Maior do princípio do devido processo legal é suficiente para que se tenha por assegurados todos os demais princípios constitucionais do direito processual e as consequências processuais que garantiriam aos litigantes o direito a um processo e a uma sentença justa[73].

Essa *suficiência* e *magnitude* do devido processo legal como um gênero que comporta engloba variadas espécies de "prerrogativas" já foi reconhecida pelo STF, no julgamento do Habeas Corpus nº 94.601-1[74], conforme excerto a seguir destacado:

> **O exame** da cláusula **referente** ao "*due process of law*" **permite nela identificar** alguns elementos essenciais à sua configuração **como expressiva** garantia de ordem constitucional, **destacando-se**, dentre eles, por sua inquestionável importância, **as seguintes prerrogativas**: (**a**) **direito** ao processo (**garantia** de acesso ao Poder Judiciário); (**b**) **direito** à citação **e** ao conhecimento prévio do teor da acusação; (**c**) **direito** a um julgamento público e célere, **sem** dilações indevidas; (**d**) **direito** ao contraditório **e** à plenitude de defesa (direito à autodefesa

72 Como escreve Cléber Lúcio de Almeida (ALMEIDA, Cléber Lúcio de. **A prova como direito humano e direito fundamental das partes do processo judicial**. 2011. Tese (Doutorado em Direito) – Faculdade de Direito, Universidade Federal de Minas Gerais, Belo Horizonte, 2011, p. 182), sustentando-se na doutrina de Ingo Wolfgang Sarlet, a verificação da fundamentalidade material dos direitos fundamentais depende da análise do seu conteúdo, se contêm ou não decisões fundamentais sobre a estrutura do Estado e da sociedade, de modo especial, porém, no que diz com à posição nestes ocupada pela pessoa humana. E o direito à prova, por ter como núcleo essencial o direito à participação democrática e útil na construção da decisão que definirá os direitos e as obrigações das partes litigantes, pode se afirmar que se insere entre os direitos fundamentais de participação, no sentido de garantia de participação das partes na construção das decisões judiciais.

73 NERY JR, Nelson. **Princípios do processo civil na Constituição Federal**. 8 ed. São Paulo: Revista dos Tribunais, 2016, p. 79. No mesmo sentido: LOPES, João Batista. **A prova no direito processual civil**. São Paulo: Revista dos Tribunais, 2000, p. 152; AURELLI, Arlete Inês. Normas fundamentais no código de processo civil brasileiro". **Revista de Processo** 271/2017, p. 19-47, set/2017, p. 21; Igualmente Alexandre Freitas Câmara (CÂMARA, Alexandre Freitas. **Lições de direito processual civil**: v. 1. 20 ed. Rio de Janeiro: Lumen Iuris, 2010, p. 35): "Dos princípios constitucionais do Direito Processual, o mais importante, sem sombra de dúvida, é o do devido processo legal. Consagrado no art. 5e, LIV, da Constituição da República, este princípio é, em verdade, causa de todos os demais".

74 HC 94601, Relator(a): CELSO DE MELLO, Segunda Turma, julgado em 04/08/2009, DJe-171 DIVULG 10-09-2009 PUBLIC 11-09-2009 EMENT VOL-02373-02 PP-00240 RTJ VOL-00211-01 PP-00379).

> e à defesa técnica); (e) **direito de não ser** processado e julgado com base em leis "*ex post facto*"; (f) **direito** à igualdade entre as partes; (g) **direito** de não ser processado **com fundamento** em provas **revestidas** de ilicitude; (h) **direito** ao benefício da gratuidade; (i) **direito** à observância do princípio do juiz natural; (j) **direito** ao silêncio (**privilégio** contra a auto-incriminação); (l) **direito à prova**; **e** (m) **direito** de presença **e** de "*participação ativa*" nos atos de interrogatório judicial **dos demais** litisconsortes penais passivos, **quando existentes**[75].

Retomando, agora, a disposição do art. 5º, 2º, da CF, conclui-se que a sua primeira parte permite que o direito à prova seja considerado *constitucional*, sob uma perspectiva implícita e *interior* à Constituição;

Ocorre que a segunda parte do dispositivo abre portas para que o direito à prova seja reconhecido sob a perspectiva implícita e *exterior* à Constituição, a partir da incorporação ao ordenamento jurídico dos direitos fundamentais contemplados "nos tratados internacionais em que a República Federativa do Brasil seja parte".

A grande diferença entre o reconhecimento do direito à prova a partir da abertura hermenêutica presente primeira e na segunda parte do art. 5º, 2º é o *status* que o direito assume. Como visto, sob a perspectiva interior à Constituição, assume *status constitucional*. Já, sob a perspectiva *exterior*, da segunda parte do dispositivo, a depender da forma de aprovação do texto internacional ao ordenamento jurídico pátrio[76], pode assumir *status*[77]:

(i) *constitucional*, se versar sobre *direitos humanos* e *for* aprovado, em cada Casa do Congresso Nacional, em dois turnos, por três quintos dos votos dos respectivos membros (art.

75 Grifos originais.

76 Em relação à incorporação formal dos tratados no ordenamento jurídico pátrio, tem-se os seguintes passos sucessivos: o tratado é celebrado pelo Presidente da República (art. 84, VIII, da Constituição da República) e aprovado (referendo ou "ratificação" lato sensu") por Decreto do Poder Legislativo (arts. 49, I, e 59, VI da Constituição da República), ao que se segue a edição um Decreto do Presidente da República (art. 84, IV, da Constituição da República), pelo qual promulga o texto, publicando-o, em português, em órgão da imprensa oficial.

77 Certo que existem uma série de discussões acerca da natureza jurídica dos tratados e convenções internacionais ao ordenamento jurídico pátrio, especialmente aqueles que tratam de direito humanos e são anteriores à Emenda Constitucional nº 45/2004. Preferiu-se alinhar ao entendimento firmado pelo STF, sob pena de desvirtuar o objeto do estudo, todavia, para uma interessante e detalhada análise sobre tema, ver LENZA, Pedro. **Direito constitucional esquematizado**. 16 ed. São Paulo: Saraiva, 2012, p. 607-613.

5º, § 3º, da CF – incluído pela Emenda Constitucional nº 45, de 2004)[78];

(ii) *supralegal*, se versar sobre *direito humanos* e *não for* aprovado pelo *quórum* qualificado;

(iii) de lei ordinária, se *não* versar sobre direitos humanos.

Interessa ao presente estudo a Convenção Americana de Direitos Humanos (também conhecida por Pacto de São José da Costa Rica), de 22 de novembro de 1969, ratificado pelo Brasil – Decreto 678, de 6 de novembro de 1992 – e incorporado ao ordenamento jurídico pátrio, o qual estabelece, em seu art. 8°, uma série de garantias judiciais das quais pode se extrair o direito à prova[79].

Igualmente é o Pacto Internacional dos Direitos Civis e Políticos, de 16 de dezembro de 1966, ratificado pelo Brasil – Decreto 592, de 6 de julho de 1992, o qual já assegurava a toda pessoa o direito de ser ouvida publicamente e com todas as garantias (art. 14.1*)*, além do direito de "interrogar ou fazer interrogar as testemunhas de acusação e de obter comparecimento e o interrogatório cias testemunhas de defesa nas mesmas condições de que dispõem as de acusação" (art. 14.2, *e)*[80].

Tais diplomas internacionais sobre direitos humanos, à falta do rito exigido pelo art. 5º, § 3º, da CF[81] –, adquiriram *status* de norma

---

78 Cuida-se do *quorum* exigido para a aprovação de emenda constitucional (art. 60, § 2º, da Constituição da República), sendo que, fora desta hipótese, a norma é aprovada por maioria simples (art. 47 da Constituição da República).

79 Cite-se, em especial, o Art. 8º, 2, *f*, que prevê: "direito da defesa de inquirir as testemunhas presentes no tribunal e de obter o comparecimento, como testemunhas ou peritos, de outras pessoas que possam lançar luz sobre os fatos.

80 Eduardo Cambi (CAMBI, Eduardo. **Direito constitucional à prova no processo civil**. São Paulo: Revista dos Tribunais, 2001, p. 168) afirma que esses fundamentos também foram buscados na Europa, para a consagração do direito à prova, a partir da interpretação do art. 6.3, letra d, da Convenção Europeia dos Direitos do Homem (1950) e do art. 19 da Declaração de Direitos e Liberdades Fundamentais (12 de abril de 1989. Além disso, anota que "esses documentos internacionais, quando garantem o direito a ser escutado, remontam a Declaração Universal dos Direitos Humanos, proclamada pela Organização das Nações Unidas em 10 de dezembro de 1948. que no art. 10 assegura que todo "homem tem direito, em plena igualdade, a uma justa e publica audiência por parte de um tribunal independente e imparcial, para decidir de seus direitos e deveres ou do fundamento de qualquer acusação criminal contra ele".

81 Há apenas dois tratados internacionais com *status* de emenda constitucional, porque aprovados pelo rito do art. 5º, § 3º, do CF: (i) a Convenção Internacional sobre os Direitos das Pessoas com Deficiência e seu Protocolo Facultativo – assinados em Nova York, em 30 de março de 2007 –, promulgado pelo Decreto 6.949/2009; (ii) o Tratado de Marraqueche para Facilitar o Acesso a Obras Publicadas às Pessoas Cegas, com Deficiência Visual ou com Outras Dificuldades para Ter Acesso ao Texto Impresso – firmado em Marraqueche, em 27 de junho de 2013 –, promulgado Decreto 9.522/2018.

supralegal, situando-se numa posição intermediária, em termos de hierarquia, entre a Constituição e a legislação ordinária[82].

Importante é a ressalva de que essas regras de direito internacional se aplicam, *em geral*, à esfera penal. Todavia, ver-se-á que no âmbito probatório não existe diferença ontológica entre a esfera penal e civil[83], razão pela qual os direitos e garantias previstos nos textos internacionais devem ser estendidas ao processo civil, inclusive por tutelar bens jurídicos de grande relevância para todos, como a propriedade e até mesmo a liberdade (nos casos de prisão por dívida de pensão alimentícia)[84].

Estabelecido, pois, o direito à prova como subjetivo, autônomo e com assento constitucional, inclusive como um direito fundamental, e *supralegal*, não se pode olvidar do plano da legislação ordinária.

No CPC/15, certamente atentando-se à lacuna no texto constitucional e, ciente da fundamentalidade do direito em questão, foi promovida uma sutil alteração no dispositivo que inaugura o capítulo referente às provas (art. 369), em comparação com o anterior.

Passou-se a prever, de forma expressa, que as partes têm o *direito* de "empregar todos os meios legais, bem como os moralmente legítimos, ainda que não especificados neste Código, para provar a verdade dos fatos em que se funda o pedido ou a defesa e influir eficazmente na convicção do juiz".

Embora sutil sob o aspecto gramatical, o acréscimo da expressão "as partes têm o direito de empregar", antecipando o trecho acima transcrito, traz em si uma imensa carga valorativa.

---

82 Esse entendimento foi fixado no julgamento emblemático, realizado pelo STF, do RE 466.343/SP (Supremo Tribunal Federal. Recurso Extraordinário no 466343 / SP – SÃO PAULO. Relator: Min. Cezar Peluzo. DJ, 3 dez. 2008. Diário da Justiça Eletrônico, 5 jun. 2009), que teve por objeto a análise o Pacto de San José da Costa Rica, quanto à prisão civil do depositário infiel. Conclui-se que: "desde a adesão do Brasil, sem qualquer reserva, ao Pacto Internacional dos Direitos Civis e Políticos (art. 11) e à Convenção Americana sobre Direitos Humanos – Pacto de San José da Costa Rica (art. 7o , 7), ambos no ano de 1992, não há mais base legal para a prisão civil do depositário infiel, pois o caráter especial desses diplomas internacionais sobre direitos humanos lhes reserva lugar específico no ordenamento jurídico, estando abaixo da Constituição, porém acima da legislação interna. O status normativo supralegal dos tratados internacionais de direitos humanos subscritos pelo Brasil, dessa forma, torna inaplicável a legislação infraconstitucional com ele conflitante, seja ela anterior ou posterior ao ato de adesão".

83 Item 1.2.

84 Nesse sentido: CAMBI, Eduardo. **Direito constitucional à prova no processo civil**. São Paulo: Revista dos Tribunais, 2001, p. 168.

Isso porque se positivou, de forma inequívoca, o *direito* à prova na legislação infraconstitucional, não mais cabendo discussão acerca desta natureza da prova e da sua autonomia em relação aos outros direitos e garantias constitucionais (como o direito de ação, de defesa, ao contraditório etc.), dos quais pode ser extraído.

Superada a etapa de identificação topográfica[85] do direito à prova no ordenamento jurídico, e no sistema processual principalmente, pode-se agora perquirir o seu *conteúdo* em específico.

Em linhas gerais, é a *faculdade* dos litigantes de empregar no processo todos os meios probatórios que dispõem – ressalvadas as limitações probatórias previstas expressamente no sistema processual – e sejam necessários para comprovar a verdade acerca dos fatos alegados no processo[86], a fim de influir no convencimento do órgão julgador para o julgamento da causa, englobando cinco momentos distintos: investigação[87], propositura, admissão, produção e, por fim, valoração da prova[88].

Vê-se que o direito à prova, enquanto direito constitucionalmente consagrado que é – a teor do quanto já apontado –, engloba *múltiplas faculdades*, com objeto, conteúdos e destinatários diferentes, podendo ser considerado um "direito pluridimensional", pelo fato de possuir a prova vários momentos no processo e de que em todos eles

---

85 No sentido etimológico da palavra: do grego *topos* (lugar) + *graphein* (descrição) = descrição de um lugar.

86 PICÓ I JUNOY, Joan. **El derecho a la prueba en el proceso civil**. Barcelona: Jose Maria Bosch Ed, 1996, p. 18-19. No mesmo sentido: COMOGLIO, Luigi Paolo; FERRI, Corrado; TARUFFO, Michele. **Lezioni sul processo civile**. 5 ed. Bologna: Il Mulino, 2011, p. 462. Os autores ressaltam, ainda, a importância de que o direito seja garantido modo pleno e antes que o juiz tome a decisão final sobre os fatos.

87 O direito à prova não se limita ao âmbito endoprocessual, devendo ser assegurada a faculdade de investigar, procurar ou colher provas mesmo em momento anterior ao processo. Assim, o *direito à investigação* de provas é condição indispensável para que se possa exercer o direito à prova. O CPC/15, ao que tudo indica, imbuído desse espírito, inovou ao prever (no art. 381, incisos II e III) a produção antecipada de prova, mesmo sem o requisito da urgência, garantindo o que se tem chamado *direito autônomo à prova*, como forma de evitar o litígio ou de conhecer melhor os fatos para propor futura e eventual demanda mais bem instruída. Representa uma aproximação com a *discovery* dos sistemas do *commom law* – especialmente do norte-americano –, procedimento jurídico-probatório por meio do qual os fatos são identificados e as provas são reveladas e verificadas antecipadamente por todas as partes em um primeira fase pré-contenciosa (*pretrial*). Tomando por base essa revelação e o "descobrimento" formal ou informal das provas, as partes selecionam os meios de prova que consideram realmente relevantes e que apresentarão quando do julgamento da causa (*trial*) (TARUFFO. Michele. **A prova**. Tradução: João Gabriel Neto. São Paulo: Marcial Pons, 2014, p. 117-118).

88 FILHO, Antônio Magalhães Gomes. **O direito à prova no processo penal**. São Paulo: Revista dos Tribunais, 1997, p. 88.

se apresentar algo que a parte pode legitimamente exigir dos órgãos jurisdicionais[89].

Por outro lado, a fim de delimitar o seu âmbito de proteção, as principais notas do direito à prova, que consubstanciam seu conteúdo, podem ser assim dispostas, com Luigi Comoglio[90]:

(i) *o direito de deduzir* (*diritto di dedurre*), pelos meios adequados, todas as provas (incluindo aquelas que estão disponíveis para a outra parte ou um terceiro), cuja aquisição e produção ocorra (ou seja propriamente "necessário", se não "indispensável") para provar o fundamento de suas alegações;

(ii) *o direito à prova contrária* (*diritto alla prova contraria*), isto é, o direito de deduzir ou produzir todas as provas (pré-constituídas ou constituendas) hábeis a demonstrar o contrário do que a outra parte alega e pretende provar;

(iii) o *direito de realmente apresentar/produzir todas as provas* (*diritto all'assunzione delle prove*) que foram deduzidas e admitidas (garantido, todavia, o controle seletivo do juiz sobre a admissibilidade, relevância, utilidade ou aplicabilidade de certas regras de exclusão).

O autor italiano, em obra escrita em coautoria com Michele Tarrufo e Corrado Ferri[91] reafirma essas três notas apresentadas e acrescenta uma quarta:

(iv) *o direito à valoração da prova* (*diritto alla valutazione delle prove*) pelo juiz, pois seria incongruente, senão ilusório, reconhecer o direito das partes de deduzir provas e de tê-las incorporadas ao processo, se o juiz tivesse o poder de as desconsiderar para o julgamento da lide, ou as valorasse de forma inadequada (*v.g.* conforme suas impressões pessoais,

89 ALMEIDA, Cléber Lúcio de. **A prova como direito humano e direito fundamental das partes do processo judicial**. 2011. Tese (Doutorado em Direito) – Faculdade de Direito, Universidade Federal de Minas Gerais, Belo Horizonte, 2011, p. 140-141.

90 COMOGLIO, Luigi Paolo. **Le prove civile**. 3 ed. MIlão: UTET, 2010, p. 51. Todas as citações feitas ao longo do presente estudo – sejam diretas ou indiretas – que forem extraídas de obras estrangeiras serão reproduzidas mediante tradução livre dos respectivos termos.

91 COMOGLIO, Luigi Paolo; FERRI, Corrado; TARUFFO, Michele. **Lezioni sul processo civile**. 5 ed. Bologna: Il Mulino, 2011, p. 461/463.

desprezando as máximas de experiência, ou as normas jurídicas como um todo[92]).

Dessa última nota exsurge o dever do juiz de basear a sua decisão nas provas constantes dos autos. E o controle sobre o cumprimento desse dever só pode ocorrer mediante a motivação da sentença, na qual o juiz deve expressar e justificar sua avaliação de todas as provas adquiridas no julgamento. Sob essa ótica, o direito à prova é configurado como o *direito de motivar a valoração das provas.*

E mais: em sistema que aspire à máxima eficiência, quaisquer possíveis meios de prova podem, e devem, comportar utilização no processo, a garantir a formação do mais poderoso arsenal probatório. A eventual exclusão de alguma delas (*rectius*: exclusão de qualquer *meio de prova*) é que, por abrir exceção, precisará ser justificada, caso a caso; e a justificação terá de apoiar-se na necessidade de resguardar valores jurídicos de grau superior, ou pelo menos igual, ao daquele a cuja proteção, *ipso facto,* se renuncia.

Nesse sentido, é imperioso ressaltar a premissa jurídica elementar que nenhum direito é absoluto, o que, *ipso facto*, aplica-se ao direito fundamental à prova. Certo, porém, que ele deve ser amplamente resguardado em todas as esferas da atuação estatal, seja no exercício da função legislativa, executiva e, especialmente, judiciária. Isso significa dizer que todos os obstáculos legislativos ou judiciais que excluem ou limitem a possibilidade de a parte se servir de um meio de prova considerado admissível, relevante e pertinente, entra em conflito com o direito à prova, excepcionando os casos em que conflitar outro direito considerado mais importante no caso concreto, após juízo de ponderação (como nos casos de quebra dos sigilos fiscal, bancário e telefônico, em que o direito à prova muitas vezes sucumbe ao direito à intimidade e privacidade[93])

---

92 João Batista Lopes (LOPES, João Batista. **A prova no direito processual civil**. São Paulo: Rebvista dos Tribunais, 2000, p. 157) fornece os seguintes exemplos: "em acidente de trânsito, conclua [o juiz] pela culpa do réu exclusivamente com base no boletim de ocorrência cuja narração é desmentida pela prova testemunhal concludente; ou, ainda, em ação de separação litigiosa, se louve no princípio da 'verdade sabida' para proclamar a conduta desonrosa de uma das partes. Nessas hipóteses, foi vulnerado o direito à adequada valoração da prova, isto é, a fundamentação adotada pelo juiz é atécnica e ofensiva ao sistema processual'.

93 Ver item 3.5.2.

Dito de outro modo: a descoberta da verdade está subordinada ao direito à prova, de modo que, sendo a alegação pertinente, relevante e controversa, *há* direito *fundamental* à produção da prova, permitindo-se concluir que as normas jurídicas que restringem o uso dos meios de prova devam ser reduzidas a um patamar mínimo.

Com tais considerações, pensa-se ter restado claro que a *prova* pode ser considerada um genuíno *direito*, sendo a acepção mais aclamada pela doutrina em geral.

Não obstante tal fato, como antecipado no início do presente item, não se pode restringir a prova ao *status*/classificação jurídica de direito.

A prova, ainda mais se considerado o trinômio atividade-meio--resultado, é um instituto de tamanha grandeza que envolve também outras classificações jurídicas: como *garantia* e *aspecto do contraditório*.

Para entender a prova como uma *garantia*, há que se ter em mente a distinção entre direitos e garantias.

A doutrina autorizada[94] aponta Rui Barbosa como um dos primeiros a se inquietar e ressaltar a necessária diferenciação que se deve fazer entre direitos e garantias.

Escreveu o autor[95]:

> No texto da lei fundamental, as disposições *meramente declaratórias*, que são as que imprimem existência legal aos direitos reconhecidos, e as disposições assecuratórias, que são as que, em defesa dos direitos, limitam o poder. Aquelas instituem os *direitos*. Estas, as *garantias*.

Extrai-se, portanto, que a distinção entre direitos e garantias passa pela análise do conteúdo jurídico da norma, se *declaratório* ou *assecuratório*.

Os direitos representam os bens e garantias previstos pela norma, seja princípio ou regra, caracterizando-se pelo caráter declaratório ou enunciativo; já as garantias (dos direitos) são instrumentos voltados a fazer valer efetivamente os direitos, isto é, asseguram o seu exer-

---

94 SILVA, José Afonso da. **Curso de direito constitucional positivo**. 9 ed. São Paulo: Malheiros, 1994, p. 169; JÚNIOR, Vidal Serrano Nunes; ARAÚJO, Luiz Alberto David. **Curso de direito constitucional**. 16 ed. São Paulo: Verbatim, 2012, p. 141.

95 BARBOSA, RUY, *Teoria e prática*, p. 121 apud SILVA, *Curso de direito constitucional positivo*, p. 170.

cício e gozo no mundo fático-jurídico, com caráter assecuratório ou instrumental[96].

A propósito, colhe-se da doutrina de Luigi Paolo Comoglio[97] que:

> em geral, se entende por 'garantia' todo instrumento ou remédio técnico-jurídico que seja capaz de converter um direito puramente 'reconhecido' ou 'atribuído' *in abstrato* pela norma em um direito efetivamente 'protegido' em concreto, e por isso suscetível de plena 'atuação' ou 'reintegração' toda vez que resultar violado.

Postas tais premissas, retoma-se a inicialmente aludida acepção da prova enquanto *meio*, ou o ferramental que permite levar ao juiz os elementos capazes de formar seu convencimento acerca dos fatos alegados.

Por essa acepção, as normas que disciplinam a introdução das fontes de prova no processo, sua admissibilidade, produção e valoração, nada mais são do que uma forma de garantir e viabilizar o exercício pleno e efetivo daquele direito à prova, razão pela qual detêm conteúdo eminentemente assecuratório e, por consequência, a prova pode ser enquadrada na natureza jurídica de *garantia*.

Finalmente, o inciso LV do artigo 5º da CRFB assegura o princípio do contraditório, que é, em última análise, a representação última do conflito de interesses, de um processo que é *dialético* e voltado à solução daquele, concebido com estrutura propiciadora de tese (autor), antítese (réu) e síntese (juiz)[98].

---

96 Como anota Jorge Miranda (MIRANDA, Jorge. **Manual de Direito Constitucional**: Tomo. IV: Direito Fundamentais. 3 ed. Coimbra: Editora Coimbra, 1988, p. 89.: "Os direitos representam só por si certos bens, as garantias destinam- se a assegurar a fruição desses bens; os direitos são principais, as garantias são acessórias e, muitas delas, adjetivas (ainda que possam ser objeto de um regime constitucional substantivo); os direitos permitem a realização das pessoas e inserem-se direta e imediatamente, por isso, nas respectivas esferas jurídicas, as garantias só nelas se projetam pelo nexo que possuem com os direitos; na acepção jusracionalista inicial, os direitos *declaram-se*, as garantias *estabelecem-se*".

97 COMOGLIO, Luigi Paolo. Garanzie constituzionali e 'giusto processo' (modelli a confronto). **Revista de processo**, ano 23, n. 90, p. 107-112, abr./jun. 1998, p. 100. Do original: "In generale, si intende per "garanzia" ogni strumento o presidio tecnico-giuridico, il quale sia in grado di far convertire un diritto puramente "riconosciuto", o "attribuito" in astratto dalle norme, in un diritto effettivamente "protetto" in concreto, e quindi suscettibile di piena "attuazione" o "reintegrazione" ogni qual volta risulti violato"

98 FERREIRA, William Santos. **Princípios fundamentais da prova cível**. São Paulo: Revista dos Tribunais, 2014, p. 44.

Aplicado ao âmbito probatório, tal princípio confere a oportunidade de que as partes *se manifestem e produzam provas sobre o direito que afirmam ter*; de que se *manifestem sobre as alegações e sobre o material probatório produzido pela outra parte* e sobre a matéria que o juiz deve conhecer de ofício, antes que seja tomada a decisão[99].

Visa-se, com isso, assegurar que as partes possam "influir eficazmente na convicção do juiz" - na redação do art. 369 do CPC/15 -, deduzindo e produzindo todas as provas (incluindo aquelas que estão disponíveis para a outra parte ou um terceiro), necessárias para demonstrar o fundamento de suas alegações[100]. Em *ultima ratio*, garante-se a oportunidade de colaboração e diálogo na definição das provas, consubstanciando o trinômio informação-reação-participação que representa a concepção moderna do princípio[101].

Destarte, ratifica-se a natureza constitucional do direito à prova e, máxime, a sua ligação umbilical com o contraditório, caracterizando-se a prova como um dos seus aspectos basilares[102], compondo o ferramental necessário para sua efetivação.

Para arrematar o presente item, em termos mais diretos, a natureza jurídica tripartida da prova é compreendida se levado em consideração trinômio *atividade - meio - resultado* que o termo "prova" apresenta no âmbito processual, conforme abaixo sintetizado.

(i) enquanto *atividade*, o prova corresponde ao *direito* subjetivo dos litigantes de participar do procedimento probatório, praticando os atos processuais previstos em lei que garantam a sua integração efetiva ao *iter* probatório;

---

99 WAMBIER, Teresa Arruda Alvim; CONCEIÇÃO, Maria Lúcia Lins; RIBEIRO, Leonardo Ferres da Silva; MELLO, Rogerio Licastro Torres. **Primeiros comentários ao Novo Código de Processo Civil**. São Paulo: 2016, p. 320. *E-book*.

100 COMOGLIO, Luigi Paolo. **Le prove civile**. 3 ed. MIlão: UTET, 2010, p. 51.

101 Cabe aqui salientar que o princípio do contraditório não se equivale, ontologicamente, ao princípio da ampla defesa. Esta pode ser entendida como o contraditório pela perspectiva das atividades das partes, em relação às quais o contraditório é elemento estático, enquanto a ampla defesa, o dinâmico. A ampla defesa, assim, constitui "o fundamento lógico do contraditório, pois de nada adiantaria ciência-oportunidade-consideração judicial [que são assegurados pelo contraditório, em abstrato], se as partes não pudessem *ativamente* diante da informação, realizar [em concreto] atos (meios e recursos) voltados à consideração judicial". (FERREIRA, William Santos. **Princípios fundamentais da prova cível**. São Paulo: Revista dos Tribunais, 2014, p. 44).

102 Nesse sentido: "o direito à prova constituiu um aspecto fundamental do contraditório, pois sua inobservância representa a negação da própria ação e da defesa para a jurisdição, não podendo haver outra fonte de conhecimento para a decisão (BADARÓ, Gustavo Henrique. **Epistemologia judiciária e prova penal**. São Paulo: Revista dos Tribunais, 2019, p. 41).

(ii) enquanto *meio*, a prova é a *garantia* de introduzir no processo os instrumentos contendo as informações extraídas das fontes de prova, isto é, os meios de prova asseguram, materializam, o direito de participar do procedimento probatório;

(iii) enquanto *resultado*, a prova é um aspecto do contraditório (concebido modernamente como ação-reação-participação[103]), pois a *participação* efetiva no procedimento probatório, por intermédio dos meios de prova aportados, garante a possibilidade de influenciar no esclarecimento dos fatos probandos, na formação do convencimento do órgão julgador e até mesmo o controle da valoração a ser feito por ele, a fim de que se atenha aos elementos carreados aos autos e os valores adequadamente, observando a autonomia e imparcialidade que lhe é ínsito. O dever de fundamentação das decisões, como visto, serve como garantia da observância desses atributos do juiz, bem como permite a impugnação das razões de fato e de direito adotadas e o reexame em segundo grau de jurisdição.

A partir de tais considerações, infere-se que a natureza jurídica da prova, considerado o trinômio que consubstancia suas diversas acepções (atividade-meio-resultado), é tripartida, podendo assumir as características de direito, garantia e, igualmente, aspecto do contraditório.

1.3. A SIMBIOSE ENTRE O PROCESSO PENAL E O PROCESSO CIVIL (TEORIA GERAL DO PROCESSO) APLICADA AO ÂMBITO PROBATÓRIO: TEORIA GERAL DA PROVA JUDICIAL

Nas páginas iniciais do seu clássico Tratado das Provas Judiciais, Jeremy Bentham[104] constrói a ideia de que, tanto no âmbito da "lei civil", como no da "lei penal", cabe ao juiz se manifestar se o ponto de

103 LOPES, Maria Elizabeth de Castro. Direito à prova e motivação da sentença. *In*: NETO, Olavo de Oliveira; NETO, Elias Marques de Medeiros; LOPES, Ricardo Agusto de Castro (coord.). **A prova no direito processual civil**: estudos em homenagem ao professor João Batista Lopes. São Paulo: Verbatim, 2013, p. 471.

104 BENTHAM, Jeremías. **Tratado de las Pruebas**. Tomo Primero. Paris: Bossange Freres, 1825, p. 2-4. No original: "el arte de enjuiciar no es en substancia sino el arte de producir las pruebas".

fato que é submetido ao seu juízo é verdadeiro ou não, de modo que a decisão não pode se estribar sobre outra base que não as provas.

Prosseguindo no ensinamento, em ambas as esferas (penal e civil), o *dever* do juiz é obter as provas das partes acerca das alegações de fato, da melhor maneira possível, sopesá-las e decidir, segundo suas forças probatórias. Em arremate, estabelece a conhecida afirmação de que "a arte do processo não é outra senão a arte de administrar as provas"[105].

Referida máxima, apesar de concebida há quase 2 séculos, faz-se ainda vigente.

Ora, o Direito está umbilicalmente ligado ao fato, e sua gênese é assim sintetizada de forma lúdica por Sentís Melendo[106]: "a vida está formada por fatos; discute-se sobre fatos; e deles nasce o direito: *ex facto oritur jus*".

O mesmo autor, na esteira de Bentham, denomina-se *unitarista* em relação ao estudo da prova, na medida em que acredita que ela é a mesma nas esferas penal, civil, trabalhista, administrativa, devendo seu estudo ser feito sem a preocupação de saber se é a prova civil ou penal[107].

E, de fato, não se encontram motivos suficientes para divergir dos referidos autores.

De início, vale pontuar que, a rigor, o direito processual é fundamentalmente *uno*[108], um tronco comum do qual ramifica dois ramos

105 No mesmo sentido é a doutrina de Barbosa Moreira (BARBOSA MOREIRA, José Carlos. processo civil e processo penal: mão e contramão. **Revista de Processo**, vol. 985/2017, p. 385–399, Nov/2017) "não há notícia de ordenamento, antigo ou moderno, em que os pronunciamentos judiciais fiquem pura e simplesmente dispensados de qualquer ligação com os fatos a que dizem respeito e não pressuponham meio algum de formar no espírito do julgador uma representação, mais ou menos fiel, explícita ou implícita, desses fatos. (...) Guardemos, então, a idéia de que, nos julgamentos judiciais, os órgãos incumbidos de decidir não estão simplesmente delirando, ou comprazendo-se num jogo de faz-de-conta, quando supõem que o material probatório colhido lhes dá algum acesso à verdade. A uma verdade, apressemo-nos a ajuntar, certamente imperfeita, limitada, aproximativa, tosca se quiserem, mas verdade em todo caso – algo, enfim, suscetível de ministrar à decisão, base menos assustadora que a mera tentativa de adivinhação ou o ostensivo exercício do arbítrio".

106 MELENDO, Santiago Sentis. **La prueba**: los grandes temas del derecho probatoria. Buenos Aires: Ediciones Jurídicas Europa-America,1978, p. 10/22. Do original: "La vida está formada por hechos; se discute sobre hechos; y de ellos nace el derecho: *ex facto oritur ius*".

107 Nesse sentido Ferrer Beltrán (BELTRÁN, Jordi Ferrer. **Prova e verdade no direito** Tradução: Vitor de Paula Ramos. São Paulo: Revista dos Tribunais, 2017, p. 19): "em minha opinião, não há uma diferença conceitual entre a prova civil, penal, administrativa, laboral etc."

108 Acompanha-se o entendimento capitaneado por Francesco Carnelutti, em conhecido embate que travou com o Eugenio Florian em meados do século passado acerca da unidade do direito processual,

principais, conforme o direito objetivo material em que a pretensão deduzida em juízo se fundamenta: o Direito Processual Civil e o Direito Processual Penal[109].

O primeiro cuida dos conflitos de natureza civil[110] em geral, ou não-penais[111], englobando no seu raio de atuação as relações disciplinadas não apenas pelo Código Civil, mas também pelo Código Comercial, Código Tributário Nacional e, genericamente, todas as normas de caráter não-penal (administrativas, trabalhistas, constitucionais etc.)[112]. Por outro lado, o Direito Processual Penal regula a repressão da prática de crimes e contravenções penais, e a respectiva

---

bem como das provas civis e penais. Na obra Estudios de Derecho Procesal (CARNELUTTI, Francesco. **Estudios de Derecho** Procesal: v. II. Tradução: Santiago Sentís Melendo. Buenos Aires, EJEA, 1952, p. 97-117), o autor bem detalha o seu entendimento acerca do tema, refutando expressamente o quanto esposado pelo referido autor.

109 Diverge a doutrina acerca da existência de apenas uma ciência do direito processual ou duas ciências jurídicas distintas, havendo pelo menos duas correntes na doutrina italiana: a) *unitária*: é a corrente majoritária – e a adotada para o presente estudo –, capitaneada por Francesco Carnelutti e Giovanni Leone, sustentando que o Direito Processual Civil e o Direito Processual Penal são dois ramos distintos de uma *mesma ciência*, que é a ciência do direito processual, não existindo distinção substancial entre ambas; b) *dualista*: corrente minoritária, tendo à frente Eugeni Florian e Vicenzo Manzini, defendendo que o Direito Processual Civil e o Direito Processual Penal são *substancialmente* distintos, constituindo, pois, *duas ciências* jurídicas distintas. Para um estudo mais detalhado, ver ALVIM, J. E. Carreira. **Teoria geral do processo**. 21 ed. Rio de Janeiro: Forense, 2018, p. 61-63.

110 Como estabelece Dinamarco (DINAMARCO, Cândido Rangel. **Instituições de direito processual civil**: v. I. 4 ed. São Paulo: Malheiros, 2004, p. 38/49), a denominação *civil* não corresponde a qualquer ligação enciclopédica do Direito Processual Civil ao Direito Civil e mesmo ao Direito Privado como um todo, uma vez que é o responsável pelo exercício da jurisdição com referência a pretensões fundadas em normas de direito público também (administrativo, tributário, constitucional). Pela doutrina de Barbosa Moreira (BARBOSA MOREIRA, José Carlos. Processo civil e processo penal: mão e contramão. **Revista de Processo**, vol. 985/2017, p. 385–399, Nov/2017, p. 1), por muito tempo se atribuiu ao processo civil um signo privatístico, resumindo a uma "coisa das partes", no sentido de que competia aos litigantes, e só a eles, a iniciativa de provocar o funcionamento da máquina judiciária, bem como de marcar o ritmo em que ele havia de mover-se, a determinação das matérias de que devia ocupar-se o órgão julgador, a escolha dos meios de que este poderia utilizar-se para resolver a contenda. Reserva-se ao juiz o papel de árbitro adstrito à mais rigorosa neutralidade, como atitude de passividade no desenvolvimento do pleito e de indiferença pelo respectivo desfecho.

111 Perfilha-se o entendimento de que direito processual é uno, todavia a classificação em Direito Processual Penal e Direito Processual Civil oferece grande conveniência prática, inexistindo outro adjetivo que representa melhor essa abrangência da matéria não-penal, máxime nos sistemas, como o brasileiro, em que não se tem a justiça administrativa (contencioso administrativo). Não se nega que é uma classificação imperfeita, pois os litígios regidos pelo direito do trabalho ou pelo eleitoral são excluídos do âmbito do processo civil comum, embora conduzidos mediante as regras de "um processo civil *lato* sensu" (DINAMARCO, Cândido Rangel. **Instituições de direito processual civil**: v. 1. 4 ed. São Paulo: Malheiros, 2004, p. 37-38 e 323).

112 Por consequência, Liebman ensina que os limites da jurisdição ordinária civil podem ser indicados apenas negativamente, por exclusão da matéria penal de um lado e das matérias sujeitas às jurisdições especiais administrativas (o que não ocorre no Brasil, uma vez inexistente a jurisdição administrativa) de outro. Isso porque, segundo ele, a jurisdição civil é a *geral* e *normal*, a que pertencem todas as matérias não expressamente excluídas (LIEBMAN, Enrico Tullio. **Manual de Direito Processual Civil**: Vol. 1. Tradução: Cândido Rangel Dinamarco. Rio de Janeiro: Forense, 1984, p. 14).

pretensão punitiva do Estado em geral, englobando os tipos penais previstos no Código Penal, no Código Penal Militar, no Código Eleitoral e na legislação extravagante[113].

Essa simbiose entre o Direito Processual Penal e Civil, com efeito, é reconhecida formalmente nos domínios do direito comparado, podendo-se invocar exemplos de regulamentação unitária, isto é, um só código regula tanto o processo penal quanto o civil: *Codex iuris canonici*, de 1917; Código Processual sueco, de 1942; Código do Panamá e Código de Honduras[114].

No caso brasileiro, pode-se mencionar a própria CF/88, a qual se refere ao direito processual, sem distinção entre penal e civil, ao discriminar - nos arts. 22, inciso I e 24, inciso XI - a competência legislativa da União e dos Estados (concorrente)[115].

Fixada essa premissa, tem-se que, em última análise, o instituto da prova judicial espelha essa nota fundamental da teoria geral do processo, porquanto, sob o aspecto ontológico e substancialmente, é a mesma no processo civil e penal: melhor dizendo, os *princípios* e *conceitos jurídicos fundamentais* que lhe são próprios (o objeto, a finalidade, o destinatário, as classificações/tipos, etc.) se fazem presentes em ambos os ramos: tais conceitos, portanto, tem pretensão universal no âmbito processual-probatório, autorizando se conceber uma unidade geral do instituto da prova judicial.

Especificamente no tocante à finalidade da prova é que se faz a diferenciação mais comum[116] - e totalmente equivocada - em re-

---

113 Nesse sentido: LOPES, João Batista. **Curso de direito processual civil**: processo de conhecimento: v. 1. São Paulo: Editora Atlas, 2006, p. 8. Para uma análise mais detalhada acerca dos caracteres funcionais e estruturais do processo penal, bem como da relação com o processo civil, a ensejar a construção de uma *teoria geral do processo*, ver CARNELUTTI, Francesco. **Instituciones del proceso civil**: v. 1. 5 ed. Tradução: Santiago Sentis Melendo. Buenos Aires: Ediciones Juridicas Europa-America. 1973, p. 54-60.

114 CINTRA, Antonio Carlos de Araújo; DINAMARCO, Cândido Rangel; GRINOVER, Ada Pellegrini: **Teoria geral do processo**. 26 ed. São Paulo: Malheiros, 2010, p. 54.

115 Carreira Alvim (ALVIM, J. E. Carreira. **Teoria geral do processo**. 21 ed. Rio de Janeiro: Forense, 2018, p. 64) destaca que, no âmbito acadêmico, a disciplina de "Teoria Geral do Processo" já é uma realidade na maioria das Escolas de Direito, tanto no Brasil, como na Itália, de modo a tratar "o ensino do direito processual de forma unitária e integrada, relativamente aos aspectos dogmáticos de institutos comuns a todo o direito processual, civil, penal e trabalhista, evitando que o aluno seja colhido com ensinamentos díspares sobre um mesmo instituto".

116 Pode-se citar, ainda, a comumente invocada predominância do caráter *inquisitório* no processo penal, e do caráter *dispositivo* no processo civil. Ocorre que se trata de uma visão ultrapassada - senão maniqueísta - do direito processual, que foi sendo aos poucos desmistificada pela doutrina, e acabou por gerar dispositivos legais a atenuar, ou até mesmo, eliminar o entendimento equivocado

lação aos planos civil e penal. Conforme será abordado em tópico específico[117], associa-se o prova no processo penal com a busca da verdade dita "real" e, por outro lado, no civil à verdade dita "formal", haja vista a gravidade nas consequências de eventual condenação do réu, passível "apenas" de prejuízos exclusivamente patrimoniais no segundo, e de privação da liberdade no segundo.

Ocorre que a verdade é uma só, e as alegações estão em conformidade com ela ou não. O que, pode mudar, sim, é o procedimento pelo qual se busca a comprovação da veracidade das alegações de fato, e os mecanismos postos à disposição.

E, no caso brasileiro, garantida às partes, no processo civil, o *direito* de se valer de todos os meios de prova (art. 369 do CPC/15) – desde que legais e moralmente legítimos –, bem como do juiz de determinar as provas necessárias ao julgamento do mérito (art. 370 do CPC/15), tal ideia se esvazia por completo.

Além disso, não se pode esquecer que o direito processual, *como um todo*, é ramo do direito público (noção publicista do processo), isto é, existe evidente interesse público no processo – tanto no civil, como no penal –, notadamente por disciplinar o exercício do poder estatal enquanto endereçado à solução de conflitos (jurisdição)[118]. Assim, tanto o processo penal e o processo civil, em essência, visam à atuação do direito[119].

---

feito por muitos. Como aponta Eduardo Cambi (CAMBI, Eduardo. **Direito constitucional à prova no processo civil**. São Paulo: Revista dos Tribunais, 200, p. 86): "Contemporaneamente, os dois ramos do direito processual buscam contrapostos elementos de reforma: enquanto no processo civil procura-se relativizar o princípio dispositivo, para que se conceda maiores poderes instrutórios ao juiz, no processo penal pretende-se apagar a sua histórica marca inquisitória, atribuindo maior liberdade probatória para as partes [...] as linhas da reforma do processo civil estão voltadas a minimização dos efeitos do princípio dispositivo, retomando a preocupação publicista pela descoberta da verdade e, por isso, preocupada em, por exemplo, superar a enumeração taxativa dos meios de prova, pela consagração do princípio da atipicidade; aumentar os poderes instrutórios exercitáveis de ofício pelo juiz: e abandonar os efeitos probatórios vinculantes inerentes ao sistema da prova legal. Por outro lado, a reforma do processo penal pretende caminhar em outra direção, tornando a verdade material menos importante do que era, restringindo, por exemplo, os poderes instrutórios do juiz* e adotando métodos consensuais de solução do processo-crime (como, por exemplo, a transação penal prevista no art. 76 da Lei 9.099/95)". No mesmo sentido: BARBOSA MOREIRA, José Carlos. Processo civil e processo penal: mão e contramão. **Revista de Processo**, vol. 985/2017, p. 385-399, Nov/2017, p. 4-5.

117 Item 2.

118 DINAMARCO, Cândido Rangel. **Instituições de direito processual civil**: v. I. 4 ed. São Paulo: Malheiros, 2004, p. 48-49. Ver CAMBI, Eduardo. **Direito constitucional à prova no processo civil**. São Paulo: Revista dos Tribunais, 2001, p. 91-93.

119 Nesse sentido afirma Carnelutti (CARNELUTTI, Francesco. **Estudios de Derecho Procesal**: v. II. Tradução: Santiago Sentís Melendo. Buenos Aires, EJEA, 1952, p. 99): ": "se o juiz condene o devedor

Pensar o contrário é reviver a fase metodológica mais arcaica do direito processual, chamada *praxismo*[120] ou *sincretismo*[121], em que o direito processual (ou melhor, o então direito "adjetivo"[122]) era um mero apêndice do direito material, (ou que o Direito Processual Civil é um apêndice do Direito Civil, e o Processual Penal do Direito Penal).

Ora, há muito o direito processual adquiriu autonomia e independência científica no campo da dogmática jurídica, em relação ao direito material e, por consequência, a relação jurídica processual da relação jurídica de direito material.

Daí porque, quando se estuda a prova judicial *sob o viés epistemológico*, não há razão bastante para que se distinga os ramos de conhecimento: ao revés, autoriza-se se falar em uma teoria geral da prova judicial, ou um *Direito Probatório*[123], como preferem uns.

---

a pagar ou condene o ladrão às galés, significa sempre aos olhos do jurista uma só coisa: que as normas jurídicas são aplicadas"".

120 Como assenta Marco Jobim (JOBIM, Marco Félix. **Cultura, escolas e fases metodológicas do processo**. 4 ed. Porto Alegre: Livraria do Advogado, 2018, p. 142-143), tal fase pode ser conhecida de diferentes formas, dentre elas: (i) praxista; (ii) sincretista; (iii) imanestista; (direito judiciário civil; (v) procedimentalista.

121 A teor da doutrina (CINTRA, Antonio Carlos de Araújo; DINAMARCO, Cândido Rangel; GRINOVER, Ada Pellegrini: **Teoria geral do processo**. 26 ed. São Paulo: Malheiros, 2010, p. 48), tal fase (por eles denominada de sincretismo) prevaleceu até meados do século passado, até quando os alemães começaram a especular a natureza jurídica da ação no tempo moderno e acerca da própria natureza jurídica do processo.

122 Como registrado por Alexandre Câmara (CÂMARA, Alexandre Freitas. **Lições de direito processual civil**: v. 1. 20 ed. Rio de Janeiro: Lumen Iuris, 2010, p. 8): "Essas denominações, hoje inteiramente ultrapassadas, e equivocadas do ponto de vista científico, devendo ser repudiadas diante do grau de desenvolvimento alcançado pelos estudos processuais, continuam – infelizmente – a ser empregadas por alguns autores e, principalmente, por muitos operadores do Direito, como advogados e magistrados. Tal linguagem, porém, deve ser banida, por ser absolutamente divorciada da precisão científica já alcançada".

123 Com Echandía (ECHANDIA, Hernando Davis. **Teoria general de la prueba judicial**: t. I. 3 ed. Buenos Aires: Editor Alberti, 1976, p. 15-16), pensa-se que a denominação Direito Probatório não é a mais adequada para se usar ao se referir à teoria geral da prova judicial, porquanto aquela é mais genérica, englobando também as provas produzidas extrajudicialmente, que podem sofrer sensíveis alterações em relação ao plano judicial. E, por versar sobre as provas no âmbito estritamente processual, preferiu-se adotar expressão "Teoria Geral da Prova Judicial" em vez de "Direito Probatório" nesta parte específica do estudo, sem prejuízo desta última constar das partes posteriores ou de citações empregadas, mesmo porque é um gênero que engloba também as provas em espécie. Nesse sentido: CÂMARA, Alexandre Freitas. **Lições de direito processual civil**: v. 1. 20 ed. Rio de Janeiro: Lumen Iuris, 2010, p. 401. Reproduz-se, ainda, o alerta de José Favela (FAVELA, José Ovalle. La teoría general de la prueba. **Revista de la Facultad de Derecho de México**, núms. 93-94, jan. jun. 1974, p 273-302, p. 287-288), de que, com o emprego da expressão Direito Probatório, não se reclama a existência de um novo ramo do direito em geral, com autonomia e independência em relação ao direito processual: o agrupamento das normas relativas à prova sob a denominação "direito probatório" se dá em razão de um critério de especialização, para propiciar um tratamento mais sistemático ao seu estudo, sem que se pense tratar de uma disciplina autônoma.

É certo, porém, que a regulamentação das provas, do procedimento e da forma de atuação dos sujeitos processual, difere conforme cada ordenamento jurídico, e conforme cada jurisdição (penal e civil), por política legislativa, tendo regras diversas sobre admissão, produção, ônus da prova, valoração etc.

Como é bem pontuado por Francesco Carnelutti[124], ao refutar a doutrina de Eugenio Florian de que as provas penal e civil se distinguem íntima e substancialmente:

> Se se quiser colocar uma antítese no campo das provas entre os tipos de processo, poderíamos definir um [processo civil] como o reino do documento e o outro [processo penal] como o reino das testemunhas [...] isso não significa, porém, que a prova documental não sirva ao processo penal; e que, quando ocorre, não seja a mesma que a prova documental no processo civil; assim como quem trata da prova em matéria penal possa se eximir de expor a teoria do documento, e sobretudo de considera-lo como uma das formas de prova histórica, em antítese com a prova testemunhal.

Tais diferenças não bastam, entretanto, para que o estudo, especialmente epistemológico, sobre a teoria geral, bem como o que se considerada provado, seja divorciado ou específico para cada um, considerando que se referem a detalhes do procedimento ou disposições peculiares, que também ter campo entre os diversos tipos de procedimentos civis.

Noutras palavras, não se pretende a unidade legislativa, mas tão somente a condensação científica de caráter metodológico, como ocorre com a própria teoria geral do processo, a fim de elaborar e coordenar, em conjunto, os grandes conceitos, os grandes princípios, as grandes estruturas da prova judicial[125].

---

124 CARNELUTTI, Francesco. **Estudios de Derecho Procesal**: v. II. Tradução: Santiago Sentís Melendo. Buenos Aires, EJEA, 1952, 1952, p. 101. No original: "Si se quisiera poner una antíteses en el campo de las pruebas entre los dos tipos de proceso, podríamos definir al uno como el reino del documento y al otro como el reino des testigo. [...] pero esto no significa que el documento no opere en el proceso penal; y que, cuando lo hace, no sea lo mismo que el documento en el proceso civil; así como que, por tanto, quien trata de las pruebas en materia penal, pueda eximirse de exponer la teoría del documento, y sobre todo de considerarlo como una de las dos formas de la prueba histórica, en antítesis con el testigo".

125 DINAMARCO, Cândido Rangel. **Instituições de direito processual civil**: v. I. 4 ed. São Paulo: Malheiros, 2004, p; 51. Eduardo Cambi (CAMBI, Eduardo. **Direito constitucional à prova no processo civil**. São Paulo: Revista dos Tribunais, 2001, p. 88) sintetiza: "a tentativa de aproximação do regime probatório no processo civil e no processo penal, ainda que não possibilite a construção de uma

Em conclusão, pode-se afirmar que, assim como a jurisdição (ou o exercício da função jurisdicional, propriamente dita, como expressão do poder estatal soberano) e o próprio direito processual como um todo são unos e apenas se especializam em diferentes ramos, existe uma teoria geral da prova judicial aplicável a todos os ramos do Direito (ou "processos"), sem que por isso, como alerta Echandía[126], desconsidere-se as diferenças próprias de cada um, principalmente entre o penal e o civil.

E esse é o ideal que permeará o presente estudo, no qual se lançará mão de inúmeras premissas mais comumente atribuídas ao direito processual penal, incluindo previsões legislativas e ensinamentos doutrinários, notadamente na parte relativa à prova indiciária, aplicando-as ao Direito Processual Civil.

Isso se justifica pelo fato de o sistema processual civil e até mesmo a *cultura probatória* brasileira não estarem devidamente estruturados para se entender - ou conscientizados sobre - o papel dos indícios, e do respectivo potencial probatório, no âmbito processual civil, o que acaba por acarretar a escassez de doutrina e jurisprudência sobre a matéria em específico.

1.4. A BUSCA DA VERDADE DOS FATOS NO PROCESSO: APRESENTAÇÃO DO PROBLEMA E PREMISSAS EPISTEMOLÓGICAS

Busca-se a obtenção da *verdade* dos fatos *no* processo?

O resultado da prestação da tutela jurisdicional, que, em regra, culmina em uma decisão final acerca da controvérsia posta à solução e pressupõe a comprovação dos fatos alegados em juízo, por intermédio da prova judicial, deve guardar correlação com a *verdade dos fatos* ocorridos no mundo fenomênico[127] que deram origem ao conflito de interesses?

---

base comum do direito probatório, parece ser uma perspectiva evolucionista na medida em que, com o aprendizado mútuo (principalmente pela análise dos respectivos erros e acertos), cada um dos ramos processuais encontrara as linhas adequadas para as suas respectivas reformas".

126 ECHANDIA, Hernando Davis. **Teoria general de la prueba judicial**: t. I. 3 ed. Buenos Aires: Editor Alberti, 1976, p. 18.

127 Aqui se emprega "mundo fenomênico", "mundo empírico", "mundo sensível" sem distinções de ordem filosóficas, com o intuito de se referir à realidade concreta das coisas e dos fatos, acessível aos homens.

Tal indagação, e as que dela derivam, representa um dos *problemas* do presente estudo e a respectiva resposta um dos seus *objetivos*, e será trabalhada ao longo desta parte propedêutica, em que será apresentado o problema, e da seguinte, especificamente a sua correção com o processo e a prova judicial.

Pensa-se que, para responder tal indagação, primeiro se deve tentar delimitar a "essência" da verdade, que é o objeto deste item em específico.

Alude-se à *"essência"* da verdade, porque delimitar um *conceito* exato de verdade (*Quid est veritas?*) é tarefa árdua, quiçá impossível, e própria da especulação filosófica, especialmente da metafísica[128], que conta, inclusive, com inúmeras teorias que se contrastam ao longo dos séculos e, em última análise, fogem às pretensões do presente estudo, por não ser esse o enfoque que se buscar dar à pesquisa (e sim um eminentemente epistemológico-processual)[129].

A dificuldade é evidenciada quando se percebe que a noção de "verdade" é extremamente básica na nossa língua, sendo árduo se enfrentar qualquer discussão ou investigação teórica sem empregá-la. Até mesmo quando se analisa as próprias teorias da verdade, é quase inevitável, tendo em vista que questionar uma teoria é questionar a sua veracidade e, igualmente, aceitar uma teoria é aceitar sua veracidade[130].

Com isso, busca-se a *"essência"* da verdade, entre aspas mesmo, aqui entendida como os seus traços fundamentais, as notas características, o caminho metodológico que se deve observar para chegar

---

128 Metafisica é uma subdivisão da filosofia que versa sobre o que transcende a física, que existe mas não é perceptível pelos sentidos, ultrapassando o campo do empírico. Sucintamente, a "metafísica é a investigação filosófica que gira em torno da pergunta "O que é?" (CHUAÍ Marilena. **Convite à filosofia**. São Paulo: Ática, 2000 p. 263). Todavia, importante ressaltar que o fato de a verdade ser inexperimentável não se confunde com a sua incognoscibilidade: o metafísico é passível de conhecimento, ainda que não empírico. (TOMÉ, Fabiana Del Padre. **A prova no direito processual civil**. 3 ed. São Paulo: Noeses, 2011, p. 11-12).

129 Como apontado por Miguel Reale (REALE, Miguel. **Introdução à filosofia**. 4 ed. São Paulo: Saraiva, 2007, p. 76): "Podemos distinguir vários conceitos de verdade, como, por exemplo, a de correspondência, a revelada, a de evidência, a de conformidade a uma regra ou conceito, a baseada na coerência, ou na utilidade etc., observando que tais critérios não se excluem, mas freqüentemente se correlacionam". Para estudo sobre as diversas teorias, ver ABBAGNANO, Nicola. **Dicionário de filosofia**. Tradução: Alfredo Bosi. São Paulo: Martins Fontes, 2007, p. 994-999; KIRKHAM, R. L. Teorias da verdade: uma introdução crítica. São Leopoldo: Unisinos, 2003; LYNCH, Michael P. **The nature of thuth**: classic anda contemporany perspectives. Massachusetts: The MIT Press, 2001; HAACK, Susan. **Filosofia das lógicas.** Tradução: Cezar Augusto Mortari e Luiz Henrique de Araújo Dutra. São Paulo: Unesp, 2002, p 127-185.

130 LYNCH, Michael P. *The nature of thuth*, cit., p. 2.

mais perto de uma verdade *alcançável*, com base em uma abordagem simples e direta, porém ordenada.

Não se busca atingir o inatingível, isto é, ser pretensioso a ponto de tentar solucionar as milenares discussões metafísicas e apresentar qual é a *essência da verdade* sob esta ótica[131], ainda mais se consideradas as ditas pretensões do estudo. O que se quer, ao fim, é tão somente firmar as premissas, que serão adotadas e desenvolvidas ao longo do estudo, do que se pode compreender por verdade do "mundo sensível"[132], e aplicá-la ao campo jurídico-probatório.

Como se proceder, então, para alcançar esse objetivo? Qual método empregar para determinar a *"essência"* da verdade?

Em primeiro lugar, vale se conhecer a etimologia da palavra verdade, a qual advém do latim *veritas* (*-tate*) e remete à precisão, ao rigor e à exatidão de um relato, no qual se diz com detalhes o que aconteceu[133].

A verdade, então, seria aferida a partir de um enunciado, uma alegação, que retrate fielmente os fatos tal como aconteceram, referindo-se à *linguagem* e não às próprias coisas ou fatos, ou à sua qualidade, tendo como critério a coerência interna das ideias que o formam.

Marilena Chauí[134] esclarece que:

> O verdadeiro e o falso estão menos no ato de ver (com os olhos do corpo ou com os olhos do espírito) e mais no ato de dizer. Por isso, a pergunta dos filósofos, agora, é exatamente contrária à anterior, ou seja, pergunta-se: Como a verdade é possível?

Apresentada a etimologia da palavra e firmada a premissa inicial de que pertence ao universo da linguagem, pode se averiguar, em complemento, a carga semântica da palavra, encontrada nos dicionários.

---

131 A essência das coisas ("Qual é a essência daquilo que existe?"), ao lado da existência ("O que existe?"), aliás, são os temas principais da metafísica, "que investiga os fundamentos, as causas e o ser íntimo de todas as coisas, indagando por que existem e por que são o que são". (CHUAÍ Marilena. **Convite à filosofia**. São Paulo: Ática, 2000, p. 263).

132 Aqui se refere à consabida distinção platônica entre o *mundo sensível* e o *mundo inteligível*. O primeiro seria o "mundo das coisas" ou do "Não-Ser", uma cópia imperfeita ou "sombra" (como faz alusão no seu Mito da Caverna) do segundo, o "mundo das ideias" ou das essências verdadeiras ("mundo do Ser"). (CHUAÍ Marilena. *Convite à filosofia*, cit., p. 269-270).

133 Cite-se, ainda, as concepções de verdade advinda do grego (*aletheia* – não-oculto, não-escondido, não-dissimulado) e do hebraico (*emunah* – confiança).

134 CHUAÍ Marilena. *Convite à filosofia*, cit., p. 127.

O dicionário da língua portuguesa Michaelis apresenta a verdade como "o que está de acordo com os fatos ou a realidade"[135]. No mesmo sentido é o Dicionário Aurélio[136]: "conformidade com o real".

A ideia de verdade como conformidade ou correspondência com a realidade se faz presente também na antológica obra jurídica de Nicola Malatesta[137], para quem "a verdade, em geral, é a conformidade da noção ideológica com a realidade".

Vê-se, aqui, em última análise, a consagração da mais antiga e conhecida, dentre as aquelas mencionadas teorias filosóficas da verdade, denominada "teoria da correspondência", o que torna imprescindível o seu enfrentamento.

Pois bem. A gênese da teoria remonta à obra *Metafísica* de Aristóteles, consubstanciada na célebre formulação "Falso é dizer que o que é, não é, ou que o que não é, é; verdadeiro é dizer que o que é, é, e o que não é, não é" [138]. A verdade seria a *adaequatio rei et intellectus*, isto é, a adequação, enquanto conformidade, entre o pensamento formulado e a realidade.

É certo que a teoria sofreu variações de alcance e sentido ao longo dos tempos por diversos filósofos, mas seu pressuposto básico é de que a verdade de um enunciado exige sua fiel correspondência aos fatos ou estados de coisas no mundo fenomênico (realidade).

Se analisarmos o que essa teoria propugna, a *verdade* como *correspondência com a realidade*, de plano vem à tona um problema de ordem geral e facilmente constatável: a realidade não é estática e una, pode sofrer influências diversas, objetivas e, principalmente, subjetivas, e se alterar, conforme o contexto a partir do qual é analisada, dependendo do meio social, do tempo histórico e das vivências do sujeito cognoscente[139].

---

135 VERDADE. *In* Dicionário Michaelis. Disponível em http://michaelis.uol.com.br/busca?r=0&f=0&t=0&palavra=verdade

136 FERREIRA, Aurélio Buarque de Holanda. **Mini Aurélio**: o dicionário da língua portuguesa. 8 ed. Curitiba: Positivo, 2010, p. 778.

137 MALATESTA, Nicola Framarino Dei. **A lógica das provas em matéria criminal.** Tradução: de J. Alves de Sá. Lisboa: Livraria Clássica Editora, 1927, p. 21. Em complemento, para o autor, verdade e certeza se distinguem na medida em que esta é a crença na percepção daquela, de modo que a certeza nada mais é do que um mero estado subjetivo de espírito.

138 ARISTÓTELES. **Metafísica.** Tradução: Leonel Vallandro. Porto Alegre: Globo, 1969, p. 107.

139 Como apontando por Aurora Carvalho (CARVALHO, Aurora Tomazini De. **Teoria geral do Direito**: o Constructivismo Lógico-Semântico. 2009. Tese (Doutorado em Direito) – Faculdade de Direito, Pontifícia Universidade Católica de São Paulo, São Paulo, 2009, p. 28), a "realidade" não possui um

Exemplificando, pela "realidade" de algumas pessoas, uma fruta parcialmente deteriorada é lixo e, pela de outras, é comida; para uns, é verdade que um terno de R$ 1.000,00 é barato; pela realidade de outras, um terno de R$ 500,00 é caro; para uns, a terra é plana, para outros, redonda.

Pode-se ir além e fixar que compreensão da realidade é tão árdua quanto conceituar a verdade, a teor do assentado por Gregorio Robles[140]:

> nunca se chega a compreender totalmente uma realidade. Para demonstrar a correção desta afirmação, basta pensar que sequer compreendemos totalmente a nós mesmos, ainda que estejamos *tão próximos*; seguramente também não podemos compreender totalmente os demais, nem a realidade humana e social que nos cerca.

Piero Calamandrei[141] fornece um valioso exemplo:

> Ponham dois pintores diante de uma mesma paisagem, um ao lado do outro, cada um com seu cavalete, e voltem uma hora depois para ver o que cada um traçou em sua tela. Verão duas paisagens absolutamente diferentes, a ponto de parecer impossível que o modelo tenha sido o mesmo. Dir-se-ia, nesse caso, que um dos dois traiu a verdade?

Em resumo, o que é verdade para uns, pode não ser para outros; o que era considerado verdade até ontem, pode não ser hoje, e tampouco o será amanhã.

Exsurge daí a seguinte a indagação: como garantir a *verdade* se a realidade não é uma só? Poderia, então, se dizer que a *realidade* seria o contexto que refletisse um determinando lugar e momento de forma *verdadeira*, na acepção comum da palavra.

---

conceito determinado, vez que "a realidade não passa de uma interpretação, ou seja, de um sentido atribuído aos dados brutos que nos são sensorialmente perceptíveis. Não captamos a realidade, tal qual ela é, por meio da experiência sensorial (visão, tato, audição, paladar e olfato), mas a construímos atribuindo significado aos elementos sensoriais que se nos apresentam". Em sentido contrário, ver RAMOS, Vitor de Paula. **Ônus da prova**: do ônus ao dever de provar. 2 ed. São Paulo: Revista dos Tribunais, 2018, p. 28-29.

140 ROBLES, Gregorio. **O direito como texto**: quatro estudos de teoria comunicacional do direito. Tradução: Roberto Barbosa Alves. Barueri: Manole, 2005, p. 50

141 CALAMANDREI, Piero. **Eles, os juízes, vistos por um advogado**. Tradução: Eduardo Brandão]. São Paulo: Martins Fontes, 1997, p. 125.

Duas conclusões seriam autorizadas: (i) a ideia de realidade e verdade encerram uma petição de princípio[142] (argumento circular) e a verdade nunca não pode ser alcançada em nenhuma circunstância, porquanto a conclusão do que ela seja exige o conhecimento do princípio no qual ela se baseia (realidade); (ii) não existe uma única *verdade* (*verdade absoluta, Verdade com V maiúsculo etc.*) atingível no plano físico, tendo em vista que, se a verdade é correspondência com a realidade, e esta é dinâmica, a verdade também seria dinâmica, de modo a não existir uma verdade apenas; sendo *relativa*, portanto.

Certamente a segunda opção se mostra a correta: a verdade absoluta é inalcançável no plano físico, sensível, razão pela qual o ser humano há que se contentar em atingir, pelos sentidos, verdades *relativas*.

A partir de tais considerações, revela-se a insuficiência da teoria da correspondência, em sua concepção originária e racionalmente considerada, para responder à questão "o que é verdade?".

Ocorre que, como apontado por Miguel Reale[143], a teoria da correspondência não é sustentada apenas por filósofos adeptos de uma compreensão ontológica ou ôntica do processo cognoscitivo; é também aceita por lógicos contemporâneos, muito embora sob perspectiva diversa, de natureza puramente *semântica*.

Aqui releva mencionar Alfred Tarski[144] e sua "teoria semântica da verdade", pela qual conclui, sinteticamente: "Um enunciado é verdadeiro se é confirmado por todos os objetos, caso contrário é falso"; ou, então: "uma asserção é verdadeira se, e apenas se, corresponder aos fatos". Cite-se o tradicional exemplo que consubstancia a sua teoria: "o enunciado/alegação "a neve é branca" é verdade se, e somente se, a neve é branca".

Tarski desvincula esse seu critério de qualquer pressuposto de ordem filosófica, de tal sorte que sua teoria não se liga ao tema metafísico da existência de uma correspondência ontológica entre a tese

---

142 Ver JUNIOR, Gofredo Telles. **Tratado da consequência**: curso de lógica formal. 6 ed. São Paulo. Juareza de Oliveira, 2003, p. 212/321.

143 REALE, Miguel. **Introdução à filosofia**. 4 ed. São Paulo: Saraiva, 2007, p. 76.

144 TARSKI, Alfred. **La concepción semântica de la verdade y los fundamentos de la semântica**. Buenos Aires: Nueva Visión, 1972. Para o estudo aprofundado sobre a teoria de Tarski, ver HAACK, Susan. **Filosofia das lógicas.** Tradução: Cezar Augusto Mortari e Luiz Henrique de Araújo Dutra. São Paulo: Unesp, 2002, p. 143-176.

da qual é predicada a verdade e a realidade da qual ela diz respeito. Limita-se, em essência, a elucidar, de maneira unívoca e precisa, o significado do termo 'verdadeiro' como predicado metalinguístico de um enunciado, não sendo uma definição real, mas uma definição nominal[145].

Tem-se delineada, desse modo, uma versão da verdade por correspondência que se afigura epistemologicamente moderna e metodologicamente adequada, por se importar apenas com o aspecto semântico, evitando o caminho sinuoso da metafísica[146]. Em que pese tal correção, não basta para se ter um conceito perfeito e acabado de verdade, mas é um excelente ponto de partida para a continuidade da análise sob o ponto de vista epistemológico.

Ingressa-se, assim, no campo da epistemologia[147] (teoria do conhecimento científico ou "ciência da ciência"[148]), que fornece ricos subsídios para a delimitação de uma "essência" da *verdade*. Nesta seara não se indaga o que é verdade (*Quid est veritas?*), mas, sim, se "algo é verdadeiro ou não"[149].

E quando se especula a *veracidade* de algo nada mais se faz do que adquirir *conhecimento* sobre esse *algo*, isto é, tem-se um *objeto*

---

145 Na esteira dos comentários de Gustavo Badaró sobre a teoria (BADARÓ, Gustavo Henrique. **Epistemologia judiciária e prova penal**. São Paulo: Revista dos Tribunais, 2019, p. 87, nota de rodapé nº 17).

146 TARUFFO, Michele. **La Prueba de los hechos**. Tradução: Jordi Ferrer Beltrán. 2 ed. Madrid: Editoral Trotta, 2005, p. 170.

147 Verifica-se uma forte divergência doutrinária acerca da correspondência entre *epistemologia* e *gnoseologia* (para uma abordagem analítica sobre o uso das palavras nas línguas estrangeiras, ver ABBAGNANO, Nicola. **Dicionário de filosofia**. Tradução: Alfredo Bosi. São Paulo: Martins Fontes, 2007, p. 183.). Na doutrina brasileira, tem-se Maria Helena Diniz (DINIZ, Maria Helena. **Compêndio de introdução à ciência do direito**. 20 ed. São Paulo: Saraiva, 2009, p. 6), para a qual as palavras não se confundem, porque aquela advém do grego *epistéme*, que significa ciência e *logos*, ou seja, estudo. Já o termo *gnoseologia* é oriundo do grego *gnosis* que indica conhecimento, sendo a parte integrante da filosofia que estuda crítica e reflexivamente a origem, a natureza, o alcance, os limites e o valor da faculdade humana de conhecimento e os critérios que condicionam a sua validade e possibilidade. Assim, a gnoseologia é a teoria do conhecimento em geral e não apenas do saber científico, que caracteriza a epistemologia. Miguel Reale (REALE, Miguel. **Introdução à filosofia**. 4 ed. São Paulo: Saraiva, 2007, p. 24), por outro lado, diz não ter "nada a dizer contra" o uso da palavra Epistemologia como sinônimo de Gnoseologia, todavia reserva o termo *Gnoseologia* para indicar a teoria do conhecimento *do ponto de vista do sujeito cognoscente em geral*, empregando *Epistemologia* para o estudo do conhecimento relativo ao campo de pesquisa de cada ramo das ciências. No presente trabalho, será adotado o uso da palavra *epistemologia* tão somente, para se referir a teoria particular do conhecimento da ciência, especialmente a do Direito. Para um escorço sobre a história da *epistemologia*, ver HESSEN, Johannes. **Teoria do conhecimento**. Tradução: João Vergílio Gallerani Cuter. São Paulo: Martins Fontes, 2000, p. 15-16.

148 REALE, Miguel. *Introdução à filosofia*, cit., p. 24.

149 REALE, Miguel. **Introdução à filosofia**. 4 ed. São Paulo: Saraiva, 2007, p. 76

a ser apreendido intelectualmente por um sujeito cognoscente. A verdade se mostra, portanto, como um *componente* do conhecimento

Por isso se falar em *conhecimento* da verdade dos fatos, e não da verdade destes propriamente dita, tendo em vista que não podem ser qualificados em verdadeiros ou falsos, mas apenas existentes ou inexistentes no mundo fenomênico[150].

O próprio conhecimento significa saber distinguir as *alegações* (ou proposições, afirmações, asserções, enunciados etc.[151]) verdadeiras das falsas, alegações estas caracterizadas por descreverem fatos ou estados de coisas.

Com isso, o *objeto do conhecimento* é a *verdade das alegações* que descrevem os fatos do mundo fenomênico, e não a verdade dos fatos propriamente ditos, porquanto esta não comporta gradação: os fatos ocorreram ou não, não podendo ser qualificados em verdadeiros ou falsos. Os fatos não são verdadeiros ou falsos, o enunciado/alegação a elas referentes é que se sujeitam a essa espécie de valoração[152].

Por exemplo, é sabido que o Brasil é um país cujo território está situado no subcontinente denominado América do Sul. Assim, a afirmação "o Brasil está situado na Europa" é falsa, e a afirmação "O Brasil está situado na América do Sul" é verdadeira. Ou ainda, sabendo-se que a seleção brasileira de futebol masculino é detentora de 5 títulos mundiais, a afirmação "o Brasil é tricampeão mundial" é falsa, vez que o *fato* é que o Brasil é pentacampeão.

Em sendo a verdade um *conceito* absoluto (ou existe relação de correspondência, com identidade total, ou inexiste tal condição, não se podendo falar em verdade[153]), que independente do estado epistemológico do sujeito cognoscente, resta claro que a as limitações cognitivas existentes, de qualquer ordem, são para atingir o *conhecimento* verdadeiro, e não a verdade em si dos fatos enunciados.

---

150 Aqui se insere a chamada *veritistic dimension* (dimensão veritística), no termo empregado por Alvin Goldman (GOLDMAN, Alvin I. **Knowledge in a Social World**. Oxford: Oxford Universit Press, 1999, p. 5), ao se referir à orientação da epistemologia para o conhecimento da verdade.

151 Que serão aqui empregados como termos equivalentes, apesar da distinção que se possa fazer entre elas, especialmente entre enunciado e proposição. Ver CARVALHO, Aurora Tomazini De. **Teoria geral do Direito**: o Constructivismo Lógico-Semântico. 2009. Tese (Doutorado em Direito) – Faculdade de Direito, Pontifícia Universidade Católica de São Paulo, São Paulo, 2009, p. 145.

152 TOMÉ, Fabiana Del Padre. **A prova no direito processual civil**. 3 ed. São Paulo: Noeses, 2011, p. 03.

153 BADARÓ, Gustavo Henrique. **Epistemologia judiciária e prova penal**. São Paulo: Revista dos Tribunais, 2019, p. 91.

Chega-se, aqui, a uma premissa epistemológica essencial do estudo, que é a ideia, não de verdade propriamente dita, mas de conhecimento da verdade.

O *problema* anteriormente apresentado sofre uma mutação e passa a ser os critérios e limites a partir dos quais o conhecimento que corresponde à realidade empírica pode ser alcançado e, em que medida, pode ser considerado verdadeiro.

De início, à luz das considerações anteriores, pensa-se que é possível se falar em conhecimento verdadeiro, afastando-se as correntes céticas que defendem, de forma veemente, tratar-se de tarefa impossível, em postura denominada por Alvin Goldman[154] de *veriphobia* (fobia da verdade, ou do conhecimento verdadeiro), que impede qualquer tentativa de se empregar o conceito de verdade no estudo de fenômenos epistemológicos.

E aqui também deve se ressaltar que não se ignora os avanços decorrentes do *linguistic turn* ou "giro linguístico"[155], em especial o papel de intermediação entre a linguagem e a realidade, todavia isso não autoriza o rompimento total entre o conhecimento da verdade e a realidade. A realidade externa *existe* e constitui o padrão de medida, o critério de referência que determina a verdade ou a falsidade dos enunciados fáticos, em função existência ou inexistência do evento que descrevem, em especial no âmbito processual[156].

Mais uma vez se retornaria ao aludido problema da verdade e da realidade. Qual seria a solução possível, então?

Visto que a não se pode conceber uma Verdade com V maiúsculo, inquestionável, ou universal no sentido de correspondência absoluta com a realidade empírica, bem como que a investigação da verdade *possível*[157] se limita às proposições descritivas de fatos ou estados

154 GOLDMAN, Alvin I. **Knowledge in a Social World**. Oxford: Oxford Universit Press, 1999, p. 7. O autor associa a *veriphobia* a "um profundo ceticismo ou um completo repúdio da verdade como um critério viável para o estudo dos fenômenos epistêmicos".

155 Para uma análise aprofundada, ver STRECK, Lenio Luiz. **Hermenêutica jurídica e(m) crise**: uma exploração hermenêutica da construção do Direito. Porto Alegre, Livraria do Advogado, 1999, p. 137/154.

156 BADARÓ, Gustavo Henrique. Editorial dossiê "Prova penal: fundamentos epistemológicos e jurídicos". **Revista Brasileira de Direito Processual Penal**, Porto Alegre, vol. 4, n. 1, p. 43-80, jan./abr. 2018, p. 48; TARUFFO, Michele. **Uma simples verdade**: o juiz e a construção dos fatos. Tradução: Vitor de Paula Ramos. São Paulo: Marcial Pons, 2012, p. 100

157 E essa possibilidade foi amplamente abordada nos últimos por filósofos, como Williams e Lynch, bem como epistemólogos, como Haack, Goldman e Norris, que dedicaram artigos e livros à verdade

de coisas, remanesce um último ponto a ser esclarecido: como se apurar, de forma confiável, a verdade racionalmente cognoscível e demonstrável do teor da proposição, isto é, quando se tem uma "margem de segurança" idônea para atestar sua veracidade?

A melhor solução se afigura como sendo aquela defendida originariamente por John Dewey[158], conhecida como abordagem ou concepção *sistêmica* ou *verificacionista* da verdade, pela qual a verdade de uma proposição exige a sua "assertibilidade garantida"[159], ou a existência de justificativas/razões suficientes a comprovar o que se diz em relação ao evento, tendo-a por verificado da forma tal qual enunciada.

Aliás, o próprio *conhecimento*[160] exige um sistema de referência - um modelo, um ponto de partida, que informa o conhecimento sobre algo e atribui credibilidade ao conteúdo conhecido, consistindo num conjunto de premissas que acaba por determinar aquilo que se conhece - sobre algo, tendo em vista que o conhecer se estabelece por meio de relações associativas, condicionadas pelo horizonte cultural do sujeito cognoscente e determinadas pelas coordenadas de tempo e espaço em que são processadas[161].

---

e à racionalidade dos métodos para obtê-la (Taruffo, *Uma simples verdade*, cit., p. 101).

158 DEWEY, John. **Logic: The Theory of Inquiry**. New York: Holt, Rinehart and Winston, 1960, p. 9.

159 Traduzido livremente do inglês "warranted assertibility". Para um enfrentamento crítico à abordagem, ver GOLDMAN, Alvin I. **Knowledge in a Social World**. Oxford: Oxford Universit Press, 1999, p. 44.

160 Entendido aqui como a apreensão intelectual de um objeto pelo sujeito cognoscente (conhecimento em sentido amplo), na forma de juízo (uma das modalidades do pensamento) quando, então, pode ser submetido a critérios de confirmação ou infirmação (conhecimento em sentido estrito ou racioanalizado). (CARVALHO, Aurora Tomazini De. **Teoria geral do Direito**: o Constructivismo Lógico-Semântico. 2009. Tese (Doutorado em Direito) – Faculdade de Direito, Pontifícia Universidade Católica de São Paulo, São Paulo, 2009, p. 23). No mesmo sentido: DINIZ, Maria Helena. **Compêndio de introdução à ciência do direito**. 20 ed. São Paulo: Saraiva, 2009, p. 13.

161 CARVALHO, Aurora Tomazini De. *Teoria geral do Direito*: o Constructivismo Lógico-Semântico, cit., p. 32-33. A autora extrai um valioso exemplo citado na obra de Paulo de Barros Carvalho e imaginado por Einstein: "um trem muito comprido (5.400.000 km) caminhando numa velocidade constante, em movimento retilíneo e uniforme (240.000 km/s), que tivesse uma lâmpada bem no centro e duas portas, uma dianteira e outra traseira e que se abririam, automaticamente, assim que os raios de luz emitidos pela lâmpada as atingissem. Com operações aritméticas simples EINSTEN demonstrou que um viajante deste trem, veria as portas se abrirem simultaneamente, nove minutos depois de ver a lâmpada acender-se e que um lavrador, parado fora do trem, ainda que observasse a lâmpada se acender no mesmo instante que o viajante, veria a porta traseira abrir-se cinco segundos após e a porta dianteira somente quarenta e cinco segundos depois. O evento observado pelo viajante e pelo lavrador seria exatamente o mesmo, mas como o lavrador não estaria dentro do trem e, portanto, seu sistema de referência não seria o mesmo do viajante, para ele, o fato das portas se abrirem seria sucessivo, enquanto que para o viajante seria simultâneo. Mas, qual destes fatos é o verdadeiro? O que se poderia dizer sobre a abertura das portas do trem? É simultânea ou sucessiva?

E todo sistema de referência, assim como a própria realidade, é mutável, sofrendo alterações em potencial a todo momento. Com isso, cada pessoa dispõe de uma forma particular de conhecimento em conformidade com um sistema de referências adotado e condicionado por seus horizontes culturais, e tudo pode ser alterado em razão da mudança de referencial, até mesmo a experiência sensorial: "Em razão disso, não há que se falar em verdades absolutas, próprias de um objeto, porque o mesmo dado experimental comporta inúmeras interpretações", sendo a verdade sempre *relativa*[162].

Consideradas todas as premissas colocadas, é possível se extrair os seguintes traços característicos da *verdade*, ou sua "*essência*": (i) a verdade está inserida no universo da linguagem; (ii) a verdade varia conforme a realidade em que os fatos estão inseridos no mundo fenomênico, sendo sempre *relativa* no plano físico, e não *absoluta*; (iii) o que se pode atingir é o *conhecimento* da verdade, a partir das proposições que descrevem os fatos e as coisas, e não os fatos e as coisas propriamente ditos; (iv) para se apurar a verdade de uma proposição, é necessário que se tenham razões suficientes para se crer que os fatos se verificaram no mundo fenomênico conforme enunciado.

É possível, em conclusão, determinar a "*essência*" da verdade dizendo: a verdade *possível* é aquela das *proposições* que descrevem coisas ou fatos, e está em constante mutação, devendo ser analisada casuisticamente à luz das justificativas para se verificar se os fatos ocorreram no mundo fenomênico conforme enunciado.

Atinge-se, portanto, a uma *redefinição* da verdade. Redefinição no sentido de um novo uso para o vocábulo, que não inova totalmente a definição lexical (que se reporta ao uso comum, tradicional e constante de correspondência com a realidade), mas o aperfeiçoa.

A resposta, novamente, é: depende. Primeiro temos que saber qual o sistema de referência adotado na formulação do fato, pois conforme o referencial a resposta é diferente.".

162 CARVALHO, Aurora Tomazini De. **Teoria geral do Direito**: o Constructivismo Lógico-Semântico. 2009. Tese (Doutorado em Direito) – Faculdade de Direito, Pontifícia Universidade Católica de São Paulo, São Paulo, 2009, p. 34. A autora exemplifica: "Vejamos o caso do som, por exemplo: tudo que escutamos, não passa, fisicamente, de ondas interpretadas por nosso sistema auditivo. O som (como algo construído mentalmente) não está no mundo, que é silencioso, ele está dentro de nós, é o sentido que atribuímos às modificações físicas, percebidas por nossos ouvidos, decorrentes da propagação de uma onda. O mesmo acontece com a visão, por meio da qual interpretamos as ondas de luz, com o paladar, o olfato e tato. E, nestes termos, tudo é relativo".

E, como ensinado por Tércio Sampaio Ferraz[163], as redefinições não são certas ou erradas, mas funcionais ou não, a depender do objetivo de quem define.

163 FERRAZ JR., Tércio Sampaio. **Introdução ao estudo do direito**: técnica, decisão, dominação. 4 ed. São Paulo: Atlas, 2004, p. 36-37.

CAPÍTULO 2

VERDADE, PROVA E PROCESSO

O processo[1] deve ser entendido como um *método*[2] em que se permite a obtenção de *conhecimento* ou, de forma reduzida, um *método de cognição*[3].

Sobre o tema, Piero Calamandrei[4] afirma que o processo, enquanto instrumento de razão, e não como estéril e árido jogo de força e habilidade, é:

> um método de cognição, ou seja, de conhecimento da verdade [...] não as verdades últimas e supremas que fogem aos homens pequenos, senão a verdade humilde e diária, aquela a respeito da qual se discute nos debates judiciais.

---

1 O vocábulo processo, conforme doutrina de João Batista Lopes (LOPES, João Batista. **Curso de direito processual civil**: processo de conhecimento: v. 1. São Paulo: Editora Atlas, 2006, p. 1), deve ser entendido sob o aspecto estritamente técnico ("complexo de atos coordenados logicamente para a solução de conflitos de interesses e atuação das normas do sistema jurídico") associado à sua função social (a proteção aos direitos, em caráter preventivo e reparatório, além de beneficiar seus titulares, repercute na sociedade e é necessária para a garantia da paz pública). Ainda em relação ao aspecto técnico, Alexandre Freitas Câmara (CÂMARA, Alexandre Freitas. **Lições de direito processual civil**: v. 1. 20 ed. Rio de Janeiro: Lumen Iuris, 2010, p. 144) propõe o seguinte conceito, ao qual se filia e que complementa o apresentado anteriormente, compatibilizando duas consagradas doutrinas (de Elio Fazzalari e Oskar Bülow): "procedimento em contraditório, animado pela relação jurídica".

2 Método aqui entendido como "a garantia de veracidade de um conhecimento" (DINIZ, Maria Helena. **Compêndio de introdução à ciência do direito**. 20 ed. São Paulo: Saraiva, 2009, p. 18), a partir de um procedimento de regras pré-definidas, que permite um resultado rigorosamente verificado.

3 O vocábulo cognição se equipara, em sentido e etimologicamente, ao vocábulo conhecimento (do latim, *cognitio*).

4 CALAMANDREI, Piero. **Direito Processual Civil**: v. III. Tradução: Luiz Abezia e Sandra Drina Fernanazdez Barbiery. Campinas: Bookseller, 1999, p. 184-185. Comoglio, Ferri e Taruffo (COMOGLIO, Luigi Paolo; FERRI, Corrado; TARUFFO, Michele. **Lezioni sul processo civile**. 5 ed. Bologna: Il Mulino, 2011, p. 15) também enxergam o processo como um *método*, dentre outros existentes (como a conciliação, a mediação e a arbitragem) *para resolver controvérsias*. Carnelutti (CARNELUTTI, Francesco. **Instituciones del proceso civil**: v. 1. 5 ed. Tradução: Santiago Sentis Melendo. Buenos Aires: Ediciones Juridicas Europa-America. 1973, p. 22), por sua vez, entende o processo como *"um método para a formação ou para a aplicação do direito"*.

O ensinamento do jurista italiano pode ser decomposto em duas partes, que consubstanciam o que se pretende demonstrar com o presente item: a correlação existente entre prova, verdade e processo.

A primeira parte diz respeito ao processo enquanto método de conhecimento ou cognição.

Nesse ponto surge um questionamento preliminar a ser feito: o que se deve entender por *conhecimento*?

Conhecer é trazer para o *sujeito cognoscente algo* que se põe como *objeto*[5], podendo o conhecimento ser concebido como uma "técnica para a verificação" desse objeto:

> Por *técnica de verificação* deve-se entender qualquer procedimento que possibilite a descrição, o cálculo ou a previsão controlável de um objeto; e por *objeto* deve-se entender qualquer entidade, fato, coisa, realidade ou propriedade[6].

A par dessas premissas, entende-se que o conhecimento *no processo*[7] tem por:

---

5 DINIZ, Maria Helena. **Compêndio de introdução à ciência do direito**. 20 ed. São Paulo: Saraiva, 2009, p. 13.

6 ABBAGNANO, Nicola. **Dicionário de filosofia**. Tradução: Alfredo Bosi. São Paulo: Martins Fontes, 2007, p. 174, grifo nosso.

7 Com a adoção do *sincretismo processual*, ainda no CPC/73, pela Lei nº 11.232/2005, e mantido no CPC/15, não subsiste mais a distinção entre processo de conhecimento e processo de execução (se fundado em título executivo judicial), sendo consolidado todo o rito procedimental em apenas um processo, que se subdivide, via de regra, em duas fases: (i) de conhecimento (ou *declaratório em sentido amplo)*, cuja finalidade é o reconhecimento ou proclamação do direito no caso concreto para solucionar a situação conflituosa (LOPES, João Batista. **Curso de direito processual civil**: processo de conhecimento: v. 1. São Paulo: Editora Atlas, 2006, p. 2); (ii) de execução ou "cumprimento de sentença", que consiste na prática de atos coativos para se concretizar o julgado e satisfazer o direito reconhecido na fase anterior.

(i) ***objeto***[8]: a *pretensão*[9] deduzida em juízo pela parte autora (por intermédio do ato denominado *demanda*[10]) ao provimento declaratório denominado sentença de mérito, que será, em regra, alvo da resposta ofertada pela parte ré. Ambas as partes assentam suas razões por intermédio de alegações e as comprovam pelas provas, para que o *sujeito cognoscente* tome contato com a realidade do caso concreto e investigue a veracidade das alegações de fato, enquadrando-as nos respectivos princípios e regras jurídicas, e esteja em condições de formar seu convencimento e decidir a causa que lhe é submetida a julgamento[11];

(ii) ***sujeito cognoscente***: o órgão julgador, responsável por captar, analisar e valorar as provas produzidas pelas partes, com o objetivo de se aparelhar para formar um juízo de valor acerca da pretensão do autor, formulando positiva ou negativamente a regra jurídica especial do caso concreto;

---

8 Sobre as diversas correntes doutrinárias acerca do objeto do processo, e a sua correlação com o *meritum causae*, ver CÂMARA, Alexandre Freitas. **Lições de direito processual civil**: v. 1. 20 ed. Rio de Janeiro: Lumen Iuris, 2010, p. 234-238. Recomenda-se, ainda, a consulta ao clássico trabalho de Dinamarco: DINAMARCO, Cândido Rangel. O conceito de mérito em processo civil. **Revista de Processo** vol. 34/1984, p. 20-46, Abr-Jun/1984.

9 Adota-se o conceito de Carnelutti (CARNELUTTI, Francesco. **Instituciones del proceso civil**: v. 1. 5 ed. Tradução: Santiago Sentis Melendo. Buenos Aires: Ediciones Juridicas Europa-America. 1973, p. 28/31), de que a pretensão é um *ato* pelo qual se exige a *subordinação de um interesse alheio ao interesse próprio*. Tal conceito é seguido, dentre outros, por Moacyr Amaral Santos (SANTOS, Moacyr Amaral. **Primeiras linhas de direito processual civil**: v.1. 12 ed. São Paulo, Saraiva,1985, p. 9) e Dinamarco e Lopes (DINAMARCO, Candido Rangel; LOPES, Bruno Vasconcelos Carrilho. **Teoria Geral do Novo Processo Civil**. 2 ed. São Paulo: Malheiros, 2017, p. 171). *Pretensão* que advém da relação jurídica de direito material, mas que é trazida ao processo pela demanda e revelada pelo *pedido* da parte autora, razão pela qual se deve considerar a sua natureza processual. Oportuna é a afirmação de Alexandre Freitas Câmara (CÂMARA, Alexandre Freitas. **Lições de direito processual civil**: v. 1, cit., p. 237): "Tem-se, pois, por objeto do processo a pretensão processual, assim entendida a exigência do demandante no sentido de obter um atuar ou um fazer, ou, com mais precisão, a intenção manifestada pelo demandante de obtenção de um provimento capaz de lhe assegurar tutela jurisdicional. Julgar o mérito e julgar esta pretensão, manifestada em juízo através de um pedido, razão pela qual se fala, tradicionalmente, em procedência ou improcedência do pedido, expressões utilizadas nas sentenças que definem o objeto do processo, conforme tenha sido tal definição favorável ou desfavorável ao demandante".

10 É o ato de pedir a tutela jurisdicional, que tem por conteúdo uma pretensão de quem o realiza (DINAMARCO, Candido Rangel; LOPES, Bruno Vasconcelos Carrilho. **Teoria Geral do Novo Processo Civil**. 2 ed. São Paulo: Malheiros, 2017, p. 171), não se confundindo com *ação*, que é um direito.

11 CAMBI, Eduardo. **A prova civil**: admissibilidade e relevância. São Paulo: Revista dos Tribunais, 2006, p. 17.

concluirá pela procedência, quando acolher a pretensão do autor; pela improcedência, quando a rejeitar[12].

Ato contínuo, para que o provimento final seja favorável ao autor é indispensável que a sua pretensão esteja amparada pelo direito material e por fatos e provas capazes de convencer o juiz de que o Direito está ao seu lado.

Ocorre que, na sucessão encadeada dos atos que compõem o processo, que deve correr em contraditório, podem surgir *questões*, isto é, pontos duvidosos/controvertidos decorrentes das alegações *de fato* e *de direito* deduzidas pelas partes[13]. Fala-se, então, em *questões de fato*, correspondentes à dúvida quanto a uma assertiva de fato contida nas razões de alguma das partes; e *questões de direito*, que correspondem à dúvida quanto à pertinência de alguma norma ao caso concreto, à interpretação de textos, legitimidade perante norma hierarquicamente superior[14].

De tal sorte, constitui objeto *do conhecimento do juiz* toda o plexo de questões que no processo surgirem, venham de onde vierem, e das quais dependa a admissibilidade e o teor do julgamento do mérito: o réu suscita questões ao responder, o autor na réplica ou depois, ambos a todo momento no contraditório do processo, dúvidas são levantadas de ofício pelo juiz *etc.*- e de todas essas questões o juiz conhece e sobre elas se pronuncia no momento procedimental adequado[15].

Encontra-se delineada, assim, a distinção entre *o objeto do processo* – que é colocado estritamente pela demanda inicial e relevância alguma tem a maneira como se comporta o demandado depois (ressalvado o

12 DINAMARCO, Candido Rangel; LOPES, Bruno Vasconcelos Carrilho. **Teoria Geral do Novo Processo Civil**, cit., p. 328

13 Alexandre Freitas Câmara (CÂMARA, Alexandre Freitas. **Lições de direito processual civil**: v. 1. 20 ed. Rio de Janeiro: Lumen Iuris, 2010, p. 235) elucida: "Como é aceito pela melhor doutrina, as partes, ao longo do processo, vão trazendo a juízo suas razões, e cada uma destas razoes corresponde a um ponto. Ponto é, pois, cada uma das alegações produzidas pela parte. Toda vez que sobre um ponto instaura-se controvérsia, surge uma questão. Questão, pois, nada mais e do que um ponto controvertido".

14 DINAMARCO, Cândido Rangel. O conceito de mérito em processo civil. **Revista de Processo** vol. 34/1984, p. 20-46, Abr-Jun/1984, p. 33 e ss. Para Humberto Theodoro Júnior (JÚNIOR, Humberto Theodoro. **Curso de Direito Processual Civil**: v. 1. 56 ed. Rio de Janeiro: Forense, 2015, p. 1419. *E-book*): "Na *quaestio facti* discutem-se os eventos naturais ou as ações humanas de que originaram os direitos e as obrigações cuja atuação se pretende alcançar no processo. Indaga-se sobre a verdade, ou não, dos fatos alegados pelas partes. Na *quaestio iuris* trava-se discussão apenas sobre a lei ou a norma jurídica cuja aplicação se reclama para compor o conflito".

15 DINAMARCO, Candido Rangel; LOPES, Bruno Vasconcelos Carrilho. **Teoria Geral do Novo Processo Civil**. 2 ed. São Paulo: Malheiros, 2017, p. 171.

caso excepcional da reconvenção) – e o *objeto do conhecimento* – toda a massa de questões que no processo surgirem – do juiz.

Especificamente em relação ao segundo, em resumo, o conhecimento obtido no processo será a respeito das *questões* surgidas ao longo da marcha processual, a partir das alegações deduzidas pelas partes (*objeto*); e o conhecimento formado permitirá a respectiva valoração das provas apresentadas e a consequente aplicação do direito pelo órgão julgador (*sujeito cognoscente*).

Esse exercício intelectual realizado pelo órgão julgador, presente em todas as fases do processo, embora se revele predominante na *fase* cognitiva[16], é denominado tecnicamente de *cognição*, que é conceituada pela doutrina especializada como sendo:

> prevalentemente um ato de inteligência, consistente em considerar, analisar e valorar as alegações e as provas produzidas pelas partes vale dizer, as questões de fato e as de direito que são deduzidas no processo e cujo resultado é o alicerce, o fundamento do *judicium*, do julgamento do objeto litigioso do processo[17].

Portanto, o conhecimento ao qual o juiz chegará será o resultado da investigação feita ao longo do rito processual, pelo qual as partes deduzem suas alegações e apresentam os meios hábeis a comprová-las.

---

16 Como assevera Dinamarco (DINAMARCO, Cândido Rangel. **Instituições de direito processual civil**: v. III. 4 ed. São Paulo: Malheiros, 2004, p. 31), no processo de execução (título extrajudicial) ou na fase executiva, há *demanda* e algum grau de conhecimento, mas não existe o julgamento da pretensão do exequente, limitando-se à própria execução, sua admissibilidade, ao título executivo etc., jamais à existência de crédito. Por fugir do escopo do presente estudo, apenas se alude à regra geral do procedimento comum de conhecimento, não analisando os procedimentos ditos "especiais", que contam com rito procedimental diverso, tampouco se esmiúça a natureza jurídico-processual da "liquidação de sentença". Apenas se ressalta que a expressão "processo de execução" guarda correção técnica quando se refere ao procedimento de execução fundada em título extrajudicial, na forma do art. 771 e seguintes do CPC/15

17 WATANABE, Kazuo. **Da cognição no processo civil**. 3 ed. São Paulo: Perfil, 2005, p. 67. Para o autor, a cognição pode ser considerada sob a ótica *horizontal* (amplitude, extensão), situação em que diz respeito às questões que podem ser objeto da atividade cognitiva (a cognição, sob este enfoque, pode ser plena ou limitada), e *vertical* (profundidade), hipótese em que poderá ser exauriente ou completa e sumária ou incompleta, constituindo "importante técnica de adequação do *processo* à natureza do direito ou à peculiaridade da pretensão a ser tutelada", sendo ressaltado que "deve haver adequação da intensidade do juízo de probabilidade ao momento procedimental da avaliação, à natureza do direito alegado, à espécie dos fatos afirmados, à especificidade do caso concreto". (op. cit., p. 127-138). Para uma profunda análise da *cognição*, ver a obra em seu inteiro teor, bem como CÂMARA, Alexandre Freitas. O objeto da cognicao no processo civil. *In*: **Livro de estudos jurídicos**, vol. XI, James Tubenchlak e Ricardo Bustamante (coord). Niteroi. IEJ, 1995.

Vale ressaltar que as *questões de direito* prescindem de prova, em regra[18], porquanto incumbe ao juiz o conhecimento do ordenamento jurídico, a fim de aplicar corretamente a norma aos fatos (*iuria novit curia, Da mihi factum, dabo tibi ius*). Por tal motivo, a sua análise foge ao escopo do presente trabalho.

Por outro lado, as questões de fato exigem a produção de prova e a valoração destas pelo órgão julgador. E os instrumentos responsáveis por cumprir essa função de subsidiar o *conhecimento* do juiz acerca da ocorrência ou inocorrência de tais fatos no mundo fenomênico são os *meios de prova*.

Pode-se conceber a prova judicial, então, como uma espécie de *ponte* que liga, de um lado, os fatos que motivaram a prestação da tutela jurisdicional e, do outro, o resultado que dela se espera, isto é, o proferimento de uma decisão definitiva que põe fim ao conflito de interesses surgido no seio da sociedade. Noutras palavras, a prova judicial é o meio de *comunicação* entre a realidade empírica e a esfera jurídico-processual, permitindo que se demonstre nesta última a ocorrência - ou não - da primeira.

Tendo em mente a noção apresentada, o *conhecimento*, em relação às questões de fato, é a *técnica* para verificação da veracidade das alegações de fato deduzidas pelas partes, que serão objeto de prova.

Nesse sentido é a doutrina de Miguel Reale[19]: "no fundo, 'questão de fato' equivale à 'questão atinente à prova do fato que se deu' [...] ao fato na sua existência (sobre se o fato *F* efetivamente se deu e se o mesmo apresenta, à luz das provas produzidas pelas partes, a configuração C)".

Em última análise, o que se viabiliza pelo processo é o *conhecimento* da verdade das alegações de fato, e não da verdade dos fatos *ocorridos*.

Pode-se, com isso, conceber-se uma acepção técnica do termo *conhecimento* no âmbito processual própria do método científico, no sentido de um corpo de "asserções garantidas", ou seja, uma ordem de constatações logicamente relacionadas entre si, apresentando a coerência interna do pensamento consigo mesmo, com seu objeto

---

18 Ver item 3.3.

19 REALE, Miguel. **Lições preliminares de direito**. 27 ed. São Paulo: Saraiva, 2004, p. 210

e com as diversas operações implicadas na tarefa cognoscitiva, um saber metodicamente fundado, demonstrado e *sistematizado*; não se trata, assim, de seu uso ordinário ou vulgar, no qual o conhecimento deriva é causal e deriva da vida cotidiana, sendo um saber independente de processo metodologicamente ordenado de investigação, sem possibilidade de verificação ou confirmação[20].

Esse conhecimento obtido poderá ser *reconstruído, e controlado*, a partir das alegações, das questões formadas e das provas produzidas, isto é, poderá se ter uma *verificação* se analisada as bases que o sustentam.

Apresentadas tais considerações, pensa-se ter enfrentada adequadamente a primeira parte daquele ensinamento inicialmente transcrito de Piero Calamandrei. Pode-se ingressar na segunda parte agora, que consiste em saber qual é aquela "verdade humilde e diária".

O núcleo do problema *não* é, pois, a pergunta: o processo deve ou pode se dirigir a determinar *verdade dos fatos*? É, a rigor, a seguinte: o que se pode entender por verdade dos fatos no âmbito do processo e quando, em que condições e mediante quais meios pode ser alcançada?[21].

Cuida-se, então, de um problema eminentemente epistemológico, e que diz respeito às características e modalidade de conhecimento de um fato, mesmo que seja no contexto de um contexto de experiência específico, caracterizado por regras e requisitos institucionais específicos.

De início se deve fixar a premissa que sintetiza o quanto até aqui exposto, de que, quando se fala na *busca da "verdade dos fatos" no processo, refere-se à a busca de um conhecimento verdadeiro sobre os enunciados fáticos.*

Essa é a leitura que deve se fazer da disposição inaugural – e fulcral – do capítulo sobre provas do CPC/15 (art. 369), da qual se

---

20 DINIZ, Maria Helena. **Compêndio de introdução à ciência do direito**. 20 ed. São Paulo: Saraiva, 2009, p. 18.

21 TARUFFO. Michele. **La Prueba de los hechos**. Tradução: Jordi Ferrer Beltrán. 2 ed. Madrid: Editoral Trotta, 2005, p. 186. No mesmo sentido Arruda Alvim (ARRUDA ALVIM. **Curso de direito processual civil**: v. I. São Paulo: Revista dos Tribunais, 1972, p. 205): "O problema da prova, no direito processual civil, não se apresenta sob o prisma teórico de indagação exaustiva da verdade, mas sim, coloca-se como problema teórico conducente a se conseguir o que, dentro da teoria da prova, seja definido e havido juridicamente como verdade".

infere que "provar a verdade dos fatos" é a *função última* do emprego dos meios probatórios pelas partes. Esta ideia de que se deve buscar com as provas judiciais a "verdade dos fatos" ocorridos no mundo fenomênico é esposada por grande parte da doutrina e jurisprudência mais superficiais.

Ocorre que a investigação científico-processual decerto não se limita às primeiras impressões decorrentes da interpretação isolada do texto legal. Com isso, aplicam-se aqui aquelas indagações e problemas havidos no estudo da verdade na parte anterior do trabalho. Afinal, qual verdade se busca no processo, como ela pode ser encontrada e verificada?

Como ocorre no campo da Filosofia e da epistemologia, a questão é altamente espinhosa e produz complicações significativas e incertezas na definição do papel da prova no processo. Segundo Taruffo[22], isso ocorre por conta de duas razões principais:

(i) a primeira é a relação que se estabelece entre a ideia de uma verdade "judicial" especial e uma verdade diversa (não judicial), que se dá somente fora do processo. Discute-se a identidade entre as concepções de verdade, ou se a verdade do processo é realmente particular ou especial.

A saída encontrada pelos juristas em geral é fazer a distinção entre verdade "formal" ou "relativa" (ou também judicial, processual) e verdade "material", "real" ou "absoluta" (histórica, empírica ou simplesmente verdade). Como ponderado por Maria Elizabeth Queijo[23]:

> As diferenças apontadas situam-se no plano da investigação: a verdade material relacionada à investigação dos fatos sem limites legais, por quaisquer meios disponíveis, abrangendo todas as informações que venham ao conhecimento do juiz, independentemente de sua forma de obtenção. Por seu turno, a verdade formal é definida como verdade mais contida quanto aos meios de investigação dos fatos, regrada, obtida dentro dos parâmetros legais. Nesse contexto, a verdade material [...] tenderia a aproximar-se da realidade efetivamente ocorrida; enquanto a verdade formal seria representada por uma verdade contida, mais

22 TARUFFO. Michele. **La Prueba de los hechos**. Tradução: Jordi Ferrer Beltrán. 2 ed. Madrid: Editoral Trotta, 2005, p. 23-27.

23 QUEIJO, Maria Elizabeth. **O direito de não produzir prova contra si mesmo**: o princípio do *nemo tenetur se detegere* e suas consequências no processo penal. 2 ed. São Paulo: Saraiva, 2012 p. 46.

restrita e mais distante da realidade fenomênica, embora produzida dentro dos parâmetros legais.

Tem-se também, em grande medida, aqueles que preferem dizer que a verdade *material* é própria do processo penal, em razão da indisponibilidade dos direitos discutidos associada à gravidade da condenação (privação da liberdade), que garantiria uma livre investigação das provas; enquanto o processo civil se limita à verdade *formal*, haja vista que, em regra, os direitos em jogo são disponíveis, sendo os prejuízos "meramente" patrimoniais, tendo-se adstrição ao princípio dispositivo[24].

Essa dicotomia entre as "verdades" almejadas no processo penal e civil decorre de uma cultura arcaica, arraigada em ideais ultrapassados que enxergavam o processo civil como "coisa das partes", no qual os meios valiam mais que os fins, e destituído de interesse público, o que hoje não mais prevalece, em virtude do reconhecimento do caráter publicista do processo como um todo e da ampliação significativa dos poderes instrutórios do juiz.

Além disso, a distinção entre verdade formal e material é inaceitável por uma série de razões que a doutrina menos superficial tem posto em evidência há tempos[25], especialmente por não se conceber uma distinção ontológica entre elas.

---

24 Citem-se: CINTRA, Antônio Carlos de Araújo. DINAMARCO, Cândido Rangel; GRINOVER, Ada Pellegrini: **Teoria geral do processo**. 26 ed. São Paulo: Malheiros, 2010, p. 71; FLORIAN, Eugenio. **Delle prove penali**. Milano: Vallardi, 1924, t.1, p. 1-2; ALMEIDA, Joaquim Canuto Mendes de. **Princípios fundamentais do processo penal**. São Paulo: Revista dos Tribunais, 1973, p. 106. João de Castro Mendes (MENDES, João de Castro. **Do conceito de prova em proceso civil**. Lisboa: Ática, 1961, p. 394-395) identifica essa doutrina como *teoria do paralelismo de funções* jurídico-processuais da verdade material e formal, que pode ser sintetizada na máxima de que "a verdade material é o fim da atividade probatória em processo penal, a verdade formal é o fim da prova em processo civil". O autor identifica, em oposição, a *teoria do dualismo das funções processuais* da verdade material e formal, segundo a qual "Em qualquer processo, a verdade material é o fim ideal que se procura alcançar [...]. Em qualquer processo, a verdade formal é resultado prático que se atinge [...]. Quer dizer: a verdade material é a função ou fim da atividade probatória; a verdade formal é o resultado probatório".

25 Cite-se, a título de exemplo, a doutrina de ECHANDIA (*Teoria*, t. I, p. 252-253), para quem é absurdo falar de verdade real (ou material) e formal (ou jurídica), porque só existe uma verdade, corroborando a já mencionada doutrina de Carnelutti, "a verdade é como água: ou é pura ou não é verdade" (CARNELUTTI, Francesco. **A prova civil**. Tradução: Amilcare Carletti]. São Paulo: Leud, 2002, p. 53). Igualmente: BARBOSA MOREIRA, José Carlos. Processo civil e processo penal: mão e contramão mão e contramão. **Revista de Processo**, vol. 985/2017, p. 385–399, Nov/2017, p. 3-5); GASCÓN ABELLÁN, Marina. Sobre la posibilidad de formular estándares de prueba objetivos. Doxa – Cuadernos de Filosofía del Derecho, v. 28, p. 127-139, 2005, p. 128-129; MENDES, João de Castro. **Do conceito de prova em proceso civil**. Lisboa: Ática, 1961, p. 391-402. Este último refuta veemente a ideia na seguinte passagem, cuja reprodução é oportuna: "o conceito de verdade formal deveria ser banido

A própria estrutura lógica da verdade por correspondência ("x" é uma sentença verdadeira se e somente se "p") não permite a criação de "verdades" distintas, em que a estrutura da verdade formal quebraria a correspondência objetiva entre representação e fato representado, pois a validade do raciocínio se desloca da correspondência entre "x" e "p" para a autoridade de quem emana a declaração[26].

Na mesma toada, mais insustentável ainda é a distinção "endoprocessual" entre verdade entre formal e material aplicada aos processos penal e civil. Isso porque, conforme apontado por Parra Quijano[27], nenhum ordenamento jurídico sensato prometeria aos seus jurisdicionados um processo em que, apesar de todas as dificuldades e desgastes que implica, somente buscaria uma verdade formal e, no outro, a verdade real.

Cumpre destacar, ademais, que não raro no processo civil se trata de questões relativas à sobrevivência de alguém, a assegurar a dignidade da pessoa humana, a manutenção de uma empresa, a se coibir (tutela inibitória) danos físicos e psicológicos gravíssimos, especialmente no direito de família[28]. A teor do afirmado por Barbosa Moreira[29]:

> nem todas as condenações criminais se traduzem na imposição de pena privativa da liberdade – e nas hipóteses de multa é igualmente o patrimônio do condenado que sofre. Por outro lado, podem ser gravíssimos para a pessoa do réu, e às vezes não só para ela, os corolários não patrimoniais de uma condenação civil, digamos no âmbito do direito de família: pense-se, v.g., na sentença que destitui alguém do pátrio poder.

---

da ciência jurídica. Com efeito, o termo tende insidiosamente a fazer admitir, desempenhando funções e papéis científicos reservados à verdade em si, uma realidade que verdade não pode ser. E dizer que o processo civil tem como fim – coincidente com o resultado – a verdade formal, é afirmar, por outras palavras, que através de um certo número de meios e atividades reguladas na lei se tende para alcançar – e necessariamente se alcança – aquilo que se obtenha por esses meios e atividades. Trata-se de uma simples tautologia, um lapalicismo mascarado de afirmação científica, e que representa uma construção meramente verbal do fenômeno probatório".

26 TARSKI, Alfred. On the Concept of Truth in Formal Languages. 2 ed. **Em Logic, Semantics, Metamathematics**: Papers from 1923 to 1938, 152-278. London: Oxford University Press, 1983,. p. 155.

27 PARRA QUIJANO, Jairo. **Manual de Derecho Probatorio**. 16 ed. Bogotá: Librería Ediciones Del Professional, 2007, p. 159.

28 FERREIRA, William Santos. **Princípios fundamentais da prova cível**. São Paulo: Revista dos Tribunais, 2014, p. 281.

29 BARBOSA MOREIRA, José Carlos. Processo civil e processo penal: mão e contramão. **Revista de Processo**, vol. 985/2017, p. 385-399, Nov/2017, p. 4-5.

O autor vai além e destaca que:

> A evolução mais recente denota clara mudança de perspectiva. De um lado, acentua-se, no processo civil, a propensão a aprimorar os mecanismos da prova e, com isso, propiciar uma correspondência mais exata entre a fundamentação in facto da sentença e a realidade histórica [...] Já o processo penal, em mais de um aspecto, dá a nítida impressão de caminhar antes no sentido oposto.

Ora, como visto na parte anterior do presente estudo, mesmo no campo da Filosofia e da epistemologia, não se pode chegar a uma verdade absoluta, em razão da impossibilidade de se delimitar, de forma genérica, a realidade a que os fatos se referem.

Não se olvidando de que a verdade "do processo" tem, sim, algumas peculiaridades decorrentes do contexto em que é formada, isto é, por intermédio dos meios de prova e com limitações trazidas pelas regras e limites que regem o procedimento probatório, isso não basta para se conceber uma verdade "formal" e uma verdade "material", tendo em vista que a verdade *tout court*, em geral, é impassível de ser absoluta.

Noutras palavras, dentro ou fora do processo, a busca da verdade encontra problemas, porquanto é de alguma forma sempre "contextual", sendo que a verdade dos fatos no processo é apenas uma variante específica desse problema mais geral.

Enfim, há que se firmar de uma vez por todas a ideia de que "não há diferença epistêmica substancial entre a verdade judicial e a verdade não judicial"[30]

(ii) a segunda razão se refere ao papel que é atribuído à verdade dos fatos na teoria do processo.

Costuma-se resolver a questão afirmando que é totalmente estranho ao processo, enquanto instrumento de resolução de conflitos, a busca e determinação da verdade dos fatos, de modo que a única verdade que importa é aquela estabelecida pelo juiz na sentença, porquanto fora dela não há nenhuma outra verdade que interessa ao Estado, à administração da justiça ou às partes. Enfim, mascara-se o

30 TARUFFO. Michele. **A prova**. Tradução: João Gabriel Neto. São Paulo: Marcial Pons, 2014, p. 24.

problema excluindo-se a verdade do conjunto de objetivos do processo em geral e do processo civil em particular.

Taruffo[31] assevera que tal ideia encerra uma contradição evidente que surge entre a *teoria da prova*, pela qual a função desta última é a busca da "verdade dos fatos", e a *teoria geral do processo*, no âmbito da qual, ao revés, costuma-se dizer que a função do processo não é determinar a verdade dos fatos. Neste caso, fica em aberto a explicação acerca da função das provas no processo, tendo em vista que essas produzem, em teoria, resultados que a ele não interessam.

Desse modo, a definição de prova permanece duvidosa, assim como a forma de entender a estrutura da decisão judicial, que resta indeterminada ante a ausência de especificação sobre qual é a relação entre a decisão e os fatos, isto é, se se pude ou não ou, se se deve ou não visar a reconstruir os fatos com o máximo de veracidade possível.

Apresentadas as duas principais razões que tornam tormentosa a exposição sobre o papel da prova no processo, verifica-se que não existe formas simples e aceitáveis de enfrentar o tema, devendo-se desconfiar dessas teorias reducionistas e superficiais que há muito impregnam a cultura processual.

Utilizando uma certeira expressão da língua espanhola, o problema está "mal planteado", no sentido de que está posto, ou apresentado, de forma equivocada e toma por bases premissas infundadas. A análise a ser feita decerto deve ser mais cuidadosa e principalmente, sistematizada com apoio na epistemologia jurídica, o que se passa a fazer.

Inicialmente, deve-se estabelecer que não se trata de conjecturar verdades *absolutas*, mas determinar qual a verdade *possível* que se pode concretamente determinar no processo, ou, buscar aquela "essência da verdade", tal como visto anteriormente.

Indo mais a fundo, especificamente no campo da epistemologia jurídica, em especial a parte relativa ao conhecimento do processo civil, a investigação tem por objetivo verificar se pode se aplicar aquela "essência da verdade," isto é, chegar as mesmas conclusões obtidas no campo da epistemologia geral.

31 TARUFFO. Michele. **La Prueba de los hechos**. Tradução: Jordi Ferrer Beltrán. 2 ed. Madrid: Editoral Trotta, 2005, p. 26.

Ainda, é certo que o potencial para a busca da verdade possível depende do modelo de processo civil adotado pelos ordenamentos: em se tendo um regramento processual que limite fortemente o emprego dos meios de prova e tenha muitas provas legais ou tarifadas, o potencial é *mínimo*; por outro lado, se o regramento previr a admissibilidade de todas as provas relevantes e estejam sujeitas à livre apreciação do juiz, o potencial é *máximo*[32].

Constatada, portanto, a tormentosa relação existente entre o processo, a prova e a verdade, e a ausência de sistematização metodológica na respectiva análise no âmbito doutrinário, procedeu-se à detida pesquisa sobre o tema, da qual foi possível extrair três "fios da meada", ou principais premissas básicas para aquela que se reputa a adequada compreensão acerca do problema apresentado.

Cuidam-se de premissas complementares e igualmente necessárias para que se tenha a devida noção da interligação que se pode estabelecer entre o processo, a prova e a verdade, que decerto não esgotam o amplo leque de abordagens que se pode fazer do tema, mas visam a transmitir o que há mais de pertinente.

2.1. BUSCA-SE COMPROVAR A VERACIDADE DAS ALEGAÇÕES DE FATOS, NÃO DOS PRÓPRIOS FATOS

A atividade jurisdicional busca o *acertamento* dos fatos deduzidos em juízo.

Como visto nos capítulos precedentes, antes de serem expostos em juízo, os fatos ocorreram – ou não – no mundo fenomênico, de tal sorte que representam o gatilho para o início da prestação jurisdicional.

Foi apresentada a lição da epistemologia em geral, que se aplica ao plano jurídico e o processual em particular, de que a existência dos fatos em si mesmo é própria do mundo fenomênico, não sendo suscetíveis de gradação entre verdadeiros ou falsos[33]. Todavia, caso se *alegue* a ocorrência de tais fatos, ter-se-á uma *alegação de fato*[34],

32 TARUFFO. Michele. **La Prueba de los hechos**. Tradução: Jordi Ferrer Beltrán. 2 ed. Madrid: Editoral Trotta, 2005, p. 47.

33 Nesse sentido: "Os fatos já ocorreram e é impossível averiguar-se a verdade voltando no tempo" (NERY JR, Nelson; NERY, Rosa Maria de Andrade. **Comentários ao Código de Processo Civil.** 3 ed. São Paulo: Revista dos Tribunais, 2018, p. 974 *E-book*).

34 Seguindo essa linha, Taruffo (TARUFFO. Michele. **A prova**. Tradução: João Gabriel Neto. São Paulo: Marcial Pons, 2014, p. 262). afirma que a "alegação de um fato consiste na formulação de um enun-

que poderá, esta sim, estar ou não conforme os eventos ocorridos no mundo fenomênico, de tal sorte que devem ser provadas as *alegações de fatos* e não os fatos em si mesmo considerados[35].

Isso se dá porquanto os fatos não se incorporam ao processo tal qual ocorridos no mundo fenomênico, ou a realidade empírica ou material, tendo em vista que, em regra, já ocorreram, de modo que pertencem ao tempo passado[36].

Além disso, é certo que o fato não chega "intacto", conforme a realidade, ao processo, sendo recepcionado já com uma interpretação resultante do tratamento que lhe é dado pelo sujeito processual que o alega[37].

Consoante certeira observação de Ferrer Beltrán[38], não é raro encontrar na doutrina e na jurisprudência a tese de que o que se prova no processo são *fatos*, o que algumas vezes se dá por meras razões de simplicidade expositiva. Todavia, trate-se de uma forma "ruim" de apresentar o problema, considerando que os fatos não podem ser provados em si mesmos. Para ilustrar, cita a doutrina de Serra Dominguez, de que não se pode provar uma mesa, nem um contrato, nem uma obrigação; o que se pode provar, sim, é o enunciado que afirma a existência de uma mesa em minha sala, não a própria mesa; o enunciado que afirma (ou nega) a existência de um contrato etc.

---

ciado descritivo daquele fato realizado por uma parte em um de seus atos".

35 Nesse sentido: MELENDO, Santiago Sentis. **La prueba**: los grandes temas del derecho probatoria. Buenos Aires: Ediciones Jurídicas Europa-America,1978, p. 38; COUTURE, Eduardo J. **Fundamentos del derecho procesal civil**. 3 ed. Buenos Aires: Roque Depalma Editor, 1958, p. 217-218; TARUFFO. Michele. **La Prueba de los hechos**. Tradução: Jordi Ferrer Beltrán. 2 ed. Madrid: Editoral Trotta, 2005, p. 114; CINTRA, Antonio Carlos de Araújo; DINAMARCO, Cândido Rangel; GRINOVER, Ada Pellegrini: **Teoria geral do processo**. 26 ed. São Paulo: Malheiros, 2010, p. 349; DINAMARCO, Cândido Rangel. **Instituições de direito processual civil**: v. III. 4 ed. São Paulo: Malheiros, 2004, p. 58-59; BADARÓ, Gustavo Henrique. **Epistemologia judiciária e prova penal**. São Paulo: Revista dos Tribunais, 2019, p. 71; CÂMARA, Alexandre Freitas. **Lições de direito processual civil**: v. 1. 20 ed. Rio de Janeiro: Lumen Iuris, 2010,, p. 404; KNIJNIK, Danilo. **A prova nos juízos cível, penal e tributário**. Rio de Janeiro: Forense, 2007, p. 14; FERRER BELTRÁN, Jordi. **Prova e verdade no direito**. Tradução: Vitor de Paula Ramos. São Paulo: Revista dos Tribunais: 2017, p. 74; ARENHART, Sérgio Cruz; MARINONI, Luiz Guilherme. **Prova e convicção**. 4 ed. São Paulo: Revista dos Tribunais, 2018, p. 117-118.

36 Em que pese a grande maioria das alegações versar sobre fatos pretéritos, é possível que versem sobre presentes (*v.g.* ações possessória em caso de turbação, nas quais se pede a manutenção da posse) e até mesmo futuros (casos de tutela inibitória, em que se tem ameaça a direito, tendo escopo preventivo, portanto, a exemplo da proibição de publicação de biografia com informações falsas sobre determinado artista), o que não se pode ignorar. Ver item 3.2.4.

37 PEREIRA, Patrícia Silva. **Prova indiciária no âmbito do processo penal**: admissibilidade e valoração. Coimbra: Almedina, 2017, p. 19.

38 BELTRÁN, Jordi Ferrer. **Prova e verdade no direito** Tradução: Vitor de Paula Ramos. São Paulo: Revista dos Tribunais, 2017, p. 74.

Especificamente no que diz respeito à alegação de fato, trata-se de um ato linguístico por intermédio do qual uma parte *alega* que um fato se verificou de determinado modo no mundo fenomênico. Pela terminologia de John Searle[39], trate-se de uma assertiva com função meramente *ilocutória*, já que o autor *afirma* algo, que, sob a ótica epistêmica, é um enunciado hipotético, podendo ser verdadeiro ou falso em si, e o é até que se profira decisão definitiva[40].

A contestação consiste, por sua vez, em um ato linguístico cujo autor afirma que o enunciado alegado pela outra parte não é verdadeiro. Muda-se, por outro lado, a função ilocutória do novo ato linguístico, visto que seu escopo é o de afirmar que aquele enunciado é falso.

Um dos "fios da meada" para se compreender a questão, portanto, é ter em mente que no processo, especialmente na seara probatória, "o fato" *é o que se diz* sobre um fato, é a alegação ou declaração do fato, e não o objeto empírico que é enunciado[41]. Nos dizeres de João de Castro Mendes[42]:

> Quando se falam que se provam *factos*, está-se conscientemente ou inconscientemente a empregar a palavra *facto* para designara a afirmação que sobre ele recai. *Facto* e *afirmação* (*do facto*) são termos sinônimos ou equivalentes na linguagem jurídica, legal ou doutrinária.

No ordenamento jurídico alemão, a título de exemplo, tem-se a previsão expressão no § 286 do Z.P.O. (*Zivilprozessordnung* – Código de Processo Civil), promulgado em 05 de dezembro de 2005, que assim dispõe:

> § 286 – Livre apreciação das provas. (1) O tribunal, levando em consideração o inteiro conteúdo das audiências e os resultados obtidos com as provas produzidas, resolverá segundo sua livre convicção se uma alegação de fato deverá ser considerada **verdadeira ou falsa**. Na

39 Função ilocutória, ou ilocucionária, pela doutrina de John Searle sobre os Atos de Fala (SEARLE, John R. **Mente, linguagem e** sociedade: filosofia no mundo real. Tradução: F. Rangel]. Rocco: Rio de Janeiro, 2000. p. 84-86) é o potencial que um ato de fala (afirmação, negação, pergunta etc.) tem de satisfazer a intenção de quem o proferiu (*falante*) em relação ao seu *ouvinte*. No caso de uma alegação de fato (ato ilocucionário) em um processo judicial, a intenção é de comprovar a sua veracidade e obter um julgamento favorável.

40 TARUFFO. Michele. **A prova**. Tradução: João Gabriel Neto. São Paulo: Marcial Pons, 2014, p. 263-264.

41 TARUFFO. Michele. **La Prueba de los hechos**. Tradução: Jordi Ferrer Beltrán. 2 ed. Madrid: Editoral Trotta, 2005, p. 114.

42 MENDES, João de Castro. **Do conceito de prova em processo civil**. Lisboa: Ática, 1961, p. 531.

sentença se indicarão todos os fundamentos e motivos da convicção do tribunal[43].

A todas as passagens do CPC/15, especialmente àquelas relativas à prova judicial, deve-se aplicar tal ideia.

Vale ressaltar que o código, em 4 oportunidades, traz essa ideia positivada, quando usa "fatos alegados" e não apenas "fato(s)", nos seguintes arts.: (i) art. 128, III[44]; (ii) art. 307, *caput*[45]; (iii) art. 319, VI[46]; (iv) art. 972[47].

A simples alegação de um fato, por si só, não importa *a priori* para o julgamento da causa. Somente após a parte reconduzir tal fato a um suporte fático legal, atribuindo a esse uma qualificação jurídica, o fato alegado torna-se "constitutivo" de uma situação jurídica, integrando, por exemplo, a *causa petendi* da demanda.

Assim, o objeto da prova judicial são as alegações – ou o conjunto delas – do que ocorreu faticamente e, por consequência, a "verdade" a ser apurada, na prática (pelos meios probatórios), é acerca dessa alegação, sendo esta a interpretação humana de um evento ocorrido no mundo fenomênico.

---

43 Grifo nosso. No original: ""§ 286 Freie Beweiswürdigung. (1) Das Gericht hat unter Berücksichtigung des gesamten Inhalts der Verhandlungen und des Ergebnisses einer etwaigen Beweisaufnahme nach freier Überzeugung zu entscheiden, ob eine tatsächliche Behauptung für wahr oder für nicht wahr zu erachten sei. In dem Urteil sind die Gründe anzugeben, die für die richterliche Überzeugung leitend gewesen sind [...]". Disponível em https://www.gesetze-im-internet.de/zpo/. Acesso em 07 abril 2020. Grifo nosso.

44 Art. 128. Feita a denunciação pelo réu: [...] III – se o denunciado confessar os *fatos alegados* pelo autor na ação principal, o denunciante poderá prosseguir com sua defesa ou, aderindo a tal reconhecimento, pedir apenas a procedência da ação de regresso. – grifo nosso.

45 Art. 307. Não sendo contestado o pedido, os *fatos alegados* pelo autor presumir-se-ão aceitos pelo réu como ocorridos, caso em que o juiz decidirá dentro de 5 (cinco) dias.

46 Art. 319. A petição inicial indicará: [...] VI – as provas com que o autor pretende demonstrar a verdade dos *fatos alegados*;

47 Art. 972. Se os *fatos alegados* pelas partes dependerem de prova, o relator poderá delegar a competência ao órgão que proferiu a decisão rescindenda, fixando prazo de 1 (um) a 3 (três) meses para a devolução dos autos.

2.2. A VERDADE POSSÍVEL NO PROCESSO: ASPECTOS OBJETIVO E SUBJETIVO

2.2.1. A verdade objetiva

Como se verificou no âmbito epistemológico de ordem geral[48], um dos problemas centrais para estudo da *verdade* diz respeito à (im) possibilidade de se atingir uma verdade *absoluta* dos fatos.

Viu-se que a verdade *absoluta* é uma ideia que pertence aos domínios da religião e da metafísica[49], daí porque se falar, à luz da concepção originária da teoria da correspondência, que a "verdade não significa completa correspondência a algo. Sempre será possível maior proximidade dela"[50].

Verdade *alcançável* pelos homens, portanto, decotada do plano transcendental ou metafísico, é a verdade *relativa*, no sentido de que é impossível se atingir um conhecimento que corresponda totalmente à realidade dos acontecimentos enunciados[51].

No âmbito do processo, essa nota característica da *"essência"* da verdade também se aplica.

Não poderia ser diferente, tendo em vista que o processo envolve o acertamento de fatos, e não existe uma verdade "judicial" diversa de uma outra espécie de verdade.

Existe, portanto, uma verdade *possível*[52] que pode ser alcançada no processo, devendo-se apenas fazer um aclaramento terminológico de qual seria essa "verdade". É o único significado epistemologicamente

---

48 Item 1.4.

49 Nesse sentido pontua Taruffo (TARUFFO, Michele. Verità e probabilità nella prova dei fatti. **Revista de Processo**, vol. 154, Dez/2007 p. 207-222): "Na cultura de hoje, falamos de verdades absolutas apenas em algumas metafísicas e em algumas religiões fundamentalistas. Nem mesmo a ciência, na verdade, fala mais de verdades absolutas, e na vida cotidiana só alguém que está irremediavelmente doente com a presunção pode afirmar que suas verdades são absolutas".

50 GIL, Fernando. **Provas**. Lisboa: Imprensa Nacional, 1979, p. 69.

51 BADARÓ, Gustavo Henrique. **Epistemologia judiciária e prova penal**. São Paulo: Revista dos Tribunais, 2019, p. 123.

52 Nesse sentido, a doutrina ensina que: "a tendência atual inclina-se, decididamente, no sentido de libertar o juiz de cadeias formalísticas, tanto na avaliação da prova quanto na investigação dos fatos da causa, facilitando a formação de sua convicção com a verdade *possível*, própria da condição humana" (OLIVEIRA, Carlos Alberto Álvaro de. **Do formalismo no processo civil**: proposta de um formalismo-valorativo. 3 ed. São Paulo: Saraiva, 2009, p. 117-178).

sensato que o vocábulo pode assumir no processo (assim como em tantas outros áreas do conhecimento).

Como dito por Taruffo[53]: "toda verdade está em algum sentido 'carregada de contexto', mas isso não exclui a possibilidade de sustentar que, em um dado contexto, uma 'verdade' possa ser buscada".

O "contexto" do processo é representado pelos inúmeros "empecilhos" que dificultam a consecução da verdade, consubstanciados nas regras legais relativas à obtenção, admissão, produção e avaliação dos elementos probatórios, podendo se citar a proibição de provas ilícitas, a vedação de que o juiz se utilize de seus conhecimentos privados, as formalidades exigidas para a introdução das provas, a observância do contraditório, na exigência de que certos fatos sejam provados por determinados meios etc.[54]

Dessa forma, é possível se falar em "verdade dos fatos" ou "certeza" no processo, desde que entendido *em termos relativos*: "é claro que a verdadeira descoberta de fatos é possível, desde que o termo "verdadeiro" tenha um significado epistemologicamente aceitável"[55].

Chega-se à conclusão, portanto, que a busca da verdade dos fatos é possível no processo, mas apenas se levar em consideração o correto significado epistemológico de verdade: a verdade *relativa*, a única alcançável dentro ou fora do âmbito judicial.

Indo mais a fundo no tema, a verdade *possível*, em linhas gerais, é aquela que emerge, de forma *objetiva*, das "demonstrações"[56] da veracidade das alegações de fato deduzidas pelas partes, feita por intermédio dos meios de provas (elementos cognoscitivos) aportados aos autos, nominados ou não[57].

---

53 TARUFFO, Michele. **A prova**. Tradução: João Gabriel Neto. São Paulo: Marcial Pons, 2014, p. 24.

54 FILHO, Antônio Gomes. **O direito à prova no processo penal**. São Paulo: Revista dos Tribunais, 1997, p. 43-44.

55 TARUFFO. Michele. **La Prueba de los hechos**. Tradução: Jordi Ferrer Beltrán. 2 ed. Madrid: Editoral Trotta, 2005, p. 179.

56 A ideia de prova como *demonstração*, em que pese usual na legislação, doutrina e jurisprudência, deve ser evitada, tendo em vista que remete à ideia de demonstração matemática, aquela própria das ciências exatas, e que é estranha ao campo jurídico, especialmente ao raciocínio probatório. Feito esse alerta, não se pode chegar ao extremo oposto de se achar que a prova não tem função demonstrativa alguma, sob pena de se aceitar exclusivamente sua função retórica. A solução mais adequada é compreender que a *demonstração* feita no âmbito probatório não é matemática, mas a partir de argumentos racionais justificáveis e controláveis (ARENHART, Sérgio Cruz; MARINONI, Luiz Guilherme. **Prova e convicção**. 4 ed. São Paulo: Revista dos Tribunais, 2018, p. 319-320).

57 Nesse sentido: "No processo, e também fora dele, a referência à verdade relativa é feita corretamente, em sentido *objetivo*, ou seja, para indicar que a proposição factual em questão é verdadeira

Exemplificando: em uma ação de resolução contratual cumulado com indenização por danos morais, juntaram-se aos autos fotos atuais indicando que a unidade imobiliária comprada não está finalizada, não se comprovou a existência de um termo de entrega de chaves e o próprio réu invoca motivos de força maior para justificar o inadimplemento contratual. A verdade *possível* que se pode extrair é que a empresa ré não cumpriu com suas obrigações, uma vez que atrasou a data de entrega do imóvel comprado na planta.

Noutras palavras, no processo, a "realidade" que se busca uma relação de conformidade seria aquela resultante das provas produzidas, podendo se corroborar o raciocínio a que chegou para alcançá-la[58]. Bastante esclarecedora é a conclusão de José de Faria Costa[59] de que:

> a verdade que se alcança no momento da aplicação da norma (...) é tão-só uma verdade intra-sistemática processualmente válida. Não é a verdade ontológica. Não é a verdade do juízo existencial. Não é a verdade sequer do juízo histórico. É a verdade que as regras processuais permitem (...).".

Em síntese, acredita-se que o conceito de verdade *possível* – que, aliás, permeará toda a extensão do presente estudo – pode ser assim formulado: *as conclusões ou inferências acerca das alegações de fato para o julgamento da causa, extraíveis objetivamente da produção probatória realizada no processo pelos sujeitos da relação jurídica processual, no exercício do direito que lhes é assegurado de empregar todos os meios de prova admissíveis pelo sistema processual civil, a partir das regras procedimentais sistematizadas no CPC/15.*

---

em relação à quantidade e qualidade das informações que a confirmam. Em linguagem jurídica, pode-se dizer que a apuração dos fatos em juízo é verdadeira em relação à quantidade e qualidade das provas que as confirmam". (TARUFFO, Michele. **La veritá nel processo**. Revista de Processo, vl. 235/2014, p. 51-67, Set/2014, p. 5).

58 Por uns chamada de verdade processual, a exemplo de Daniel Lagier (GONZÁLES LAGIER, Hechos y argumentos la inferência probatória. In ***Quaestio*** **facti**. Ensayos sobre prueba, causalidade y acción. México D. F: Fontamara, 2013, p. 70), para quem "um enunciado X é uma verdade processual quando, através dos meios processuais previstos no Direito, com suas exigências e limitações, um órgão judicial chegou ao convencimento de que é altamente provável que esse enunciado descreva um fato realmente ocorrido".

59 COSTA, José de Faria. **Linhas de Direito Penal e de Filosofia: alguns cruzamentos reflexivos**. Coimbra: Coimbra Editora, 2005, p. 98-99.

A verdade de uma alegação de fato é, ressalte-se, *objetiva* e dependente única e exclusivamente da demonstração da existência do acontecimento no mundo externo, objeto, portanto, de provas.

Refere-se à verdade *objetiva* com a ideia de que ela não deve ser fruto do mero convencimento pessoal do julgador ou mesmo de sua persuasão independentemente de dados objetivos: ainda que não seja absoluta, trata-se de uma verdade *objetiva*, no sentido de que o parâmetro da correspondência do conhecimento é a realidade dos fatos empiricamente constatável[60], não dependendo de sujeitos.

Daí porque, ante tal objetividade, a verdade adotada pelo juiz como razão de decidir, sob as rédeas da persuasão racional, há que ser *verificável*, isto é, passível de se alcançar se reproduzidos o *iter* lógico do convencimento do juiz (caminhos mentais e procedimentais[61]) para tomar a decisão final; como uma espécie de *método* científico de verificação de hipóteses, a permitir um saber metodicamente fundado, demonstrado e sistematizado.

Em que pese *relativa*, a verdade alcançada no processo – e em todas as outras áreas do conhecimento ou da vivência humana – é aquele que regerá a relação jurídica de direito material e será considerada para resolver o conflito de interesses levado à apreciação do Estado-juiz. Sendo assim, a relatividade não impede, ao revés, contribuiu e é perfeitamente suficiente para a consecução dos objetivos a que se destina: atribuir justiça à tutela jurisdicional.

Por fim, é imperioso ressaltar que o problema da verdade na determinação dos fatos em juízo não se confunde, em nada, com a regulação da eficácia das provas: a regulação *legal* da eficácia das provas (especificamente em relação às *provas* ditas "legais"[62]) está na contramão da determinação dos fatos em termos de verdade, porquanto impõe ao juiz que julgue os fatos com base em parâmetros

---

60 BADARÓ, Gustavo Henrique. **Epistemologia judiciária e prova penal**. São Paulo: Revista dos Tribunais, 2019, p. 123.

61 Por isso se fala que a decisão judicial é legitimada pelo procedimento que a antecede. (ARENHART, Sérgio Cruz; MARINONI, Luiz Guilherme. **Prova e convicção**. 4 ed. São Paulo: Revista dos Tribunais, 2018, p. 63). Chiovenda (CHIOVENDA, Giuseppe. **Instituições de Direito Processual Civil**: v. III, 4 ed. Campinas: Bookseller, 2009, p. 230) anota que: ""antes de decidir a demanda, realiza o juiz uma série de atividades intelectuais com o objetivo de se aparelhar para julgar se a demanda é fundada ou infundada e, pois, para declarar existente ou não existente a vontade concreta de lei, de que se cogita".

62 Aquelas em que a lei já pré-concebe o valor da prova, não deixando qualquer margem valorativa. Ver item 3.6.1.

distintos daqueles que afetam a aproximação com a realidade. A verdade "legal" é "legal", mas não é verdade: não é verdade *relativa* e tampouco *absoluta*. Sua incontestabilidade se deve a razões jurídicas e não epistemológicas[63].

2.2.2. O aspecto subjetivo da busca da verdade: possibilidade, probabilidade ou certeza?

Pari passu com a busca *objetiva* da verdade *possível*, que consubstancia o quanto exposto até agora acerca do tema, tem-se o aspecto *subjetivo* da verdade.

Trate-se daquele referente aos "estados de espírito" ou "estados da alma" no tocante ao conhecimento da realidade, da *crença* a respeito de como os fatos se deram no mundo fenomênico[64].

Em relação a esse aspecto *subjetivo* da verdade, tem-se a *certeza* como a crença na obtenção da *verdade*. Como elucidado por Muñoz Sabaté[65], "o que chamamos objetivamente de verdade, subjetivamente chamamos de certeza".

A verdade em si considerada, é *objetiva*; o que é *subjetiva*, sim, é o juízo de certeza que se pode fazer acerca da percepção da verdade. Este juízo pode ser caracterizado por um grau de convencimento de um indivíduo quanto ao acontecimento ou não de um determinado fato. É, pois, o estado psíquico de alguém quanto à existência de um evento concreto.

Com isso, fixa-se uma primeira premissa de que verdade e certeza *não* se confundem.

Tanto o é sob o aspecto conceitual que, no plano empírico, pode-se constatar a existência de *um* sem o acompanhamento do *outro*: de um lado, pode haver um evento no mundo fenomênico (verdade objetiva) independentemente do convencimento de determinada pessoa (certeza – estado subjetivo): há, pois, verdade sem certeza.

---

63 TARUFFO. Michele. **La Prueba de los hechos.** Tradução: Jordi Ferrer Beltrán. 2 ed. Madrid: Editoral Trotta, 2005, p. 182.

64 Como apontado na obra de Malatesta, a *verdade*, "em geral, é a conformidade da noção ideológica com a realidade", e a *certeza*, "a crença na percepção desta verdade", um estado subjetivo, portanto (MALATESTA, Nicola Framarino Dei. **A lógica das provas em matéria criminal.** Tradução: de J. Alves de Sá. Lisboa: Livraria Clássica Editora, 1927. p. 21).

65 MUÑOZ SABATÉ, Luis. **Tecnica probatória**: estudios sobre las dificultades de prueba en el proceso. Barcelona: Editorial Praxis, 1967, p. 60.

Taruffo[66] ilustra: "a Terra tinha forma quase esférica mesmo quando ninguém estava certo disso (aliás, mesmo quando muitos estavam certos de fosse plan+a)".

Por outro lado, muitas vezes se tem certeza sobre um fato, sem que este tenha se verificado – ou se possa comprovar minimamente que o tenha – no mundo fenomênico (o que comumente ocorre nas questões envolvendo a fé ou causas sobrenaturais em geral, como a percepção de espíritos, a visão de seres extraterrestres etc.). Aqui, então, há certeza (aspecto subjetivo), sem verdade (aspecto objetivo).

Pode-se verificar que, em última análise, a certeza implica uma escolha, como concluiu Carnelutti[67], o qual assumiu ter inicialmente se equivocado ao longo dos anos, traduzindo a derivação etimológica do latim *cernere* como "ver", quando o mais adequado seria "escolher", traduzido do italiano como "ver", "discernir". Oportuna é a reflexão do autor: "A certeza, eu escrevo agora, implica uma escolha; e isso, provavelmente, foi o passo decisivo para compreender não só o verdadeiro valor do seu conceito, mas também o drama do processo".

Pela pioneira doutrina de Malatesta[68], especificamente acerca dos "estados de espírito" em relação ao conhecimento de determinado fato, vislumbra-se a existência de três, cujas concepções se aplicam ao juízo formado pelo juiz no tocante aos fatos alegados no processo, sendo os dois primeiros (ignorância e certeza), a seguir apresentados, os extremos da tríade que contam com o terceiro (dúvida) como intermediário:

(i) a *ignorância*, extremo em que não se tem qualquer conhecimento em relação aos fatos;

(ii) a *certeza*, o outro extremo, no qual se tem "o conhecimento afirmativo, triunfante";

(iii) a *dúvida*, estado intermediário entre os dois extremos e complexo, em que se fazem presentes *motivos* (ou *razões*) afirmativas e negativas em oposição acerca de uma alegação,

66 TARUFFO. Michele. **Uma simples verdade**: o juiz e a construção dos fatos. Tradução: Vitor de Paula Ramos. São Paulo: Marcial Pons, 2012, p. 108.

67 CARNELUTTI, Francesco. Verità, dubbio, certezza. **Rivista di diritto procesuale**, 1965, p. 5-9, p. 5.

68 Também referido por ECHANDIA, Hernando Davis. **Teoria general de la prueba judicial**: t. I. 3 ed. Buenos Aires: Editor Alberti, 1976, p. 317; FERREIRA, William Santos. **Princípios fundamentais da prova cível**. São Paulo: Revista dos Tribunais, 2014, p. 280; SANTOS, Moacyr Amaral. **Prova judiciária no cível e no comercial**: vol. 1. São Paulo: Max Limonad, 1968, p. 12-13.

podendo se subdividir em 3 outros estados: (a) *credibilidade*, quando os motivos negativos e afirmativos se equivalem; (b) *probabilidade*, graduável em verossímil (probabilidade fraca), provável (probabilidade média) e probabilíssimo (probabilidade forte), quando as razões afirmativas são superior às negativas; (c) *improbabilidade*, quando as razões negativas superam as afirmativas.

Tal relação entre os estados de espírito pode ser assim esquematizada:

ESCALA DOS ESTADOS DE ESPÍRITO EM RELAÇÃO AO CONHECIMENTO DOS FATOS

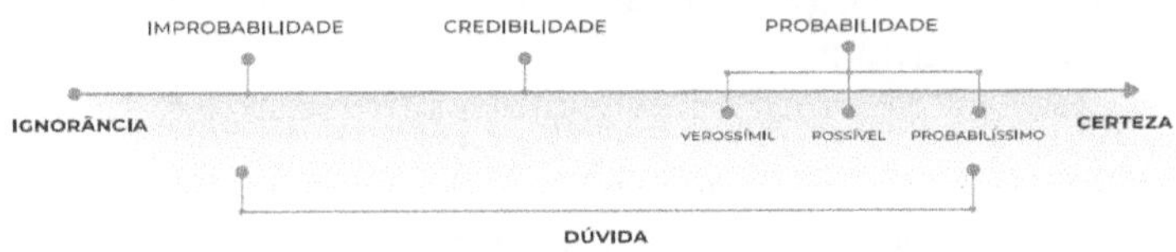

Indo mais a fundo, prossegue o autor dizendo que a certeza é um juízo *preliminar* que deriva normalmente da verdade objetiva, mas, acima de tudo, é um estado da alma que pode, por vezes, devido à imperfeição humana, não corresponder à verdade. Com isso, quando se pensar estar *certo*, afirmam-se as grandes, mas não absolutas, relações de conformidade entre o pensamento próprio e a verdade objetiva; não faz senão afirmar preliminarmente a suficiência dos motivos em favor da verdade. Daí porque entende que a certeza, enquanto juízo preliminar, exige um juízo *subsequente*, que tem a função de legitimar essa certeza e o aperfeiçoar, denominado *convencimento racional* e, sendo este necessário para *julgar*, chama de *convencimento judicial*[69].

69 Malatesta (MALATESTA, Nicola Framarino Dei. **A lógica das provas em matéria criminal.** Tradução: de J. Alves de Sá. Lisboa: Livraria Clássica Editora, 1927, p. 50-51). Conforme explica: "Mas esta afirmação preliminar, em que consiste a certeza, nem sempre arrasta consigo o assentimento seguro e definitivo da vontade; e sucede por vezes estarmos intelectualmente certos, sem que estejamos moral e seguramente convencidos da verdade. Quando isto sucede, para termos este convencimento seguro, são novamente avaliados e pesados os motivos que determinaram a certeza, para que ela não se desvaneça, mas se confirme. Neste assentimento seguro e definitivo da vontade que, esclarecida pela razão, rejeita definitivamente as possibilidades contrárias, faço consistir no *convencimento racional*, que, como e necessário para julgar, chamo também *convencimento* judicial. A *certeza* é a afirmação preliminar da verdade, significando que a noção ideológica se apresenta como verdadeira; O *convencimento* é a afirmação *necessária* da posse da certeza, significando que a certeza é *legitima*, e que o espírito não admite dúvidas sobre aquela verdade. O *convencimento racional*, em suma, não é senão um juízo sucessivo, determinador e aperfeiçoador do primeiro, que

Nesse ponto, chega-se ao importante ponto, que se fixa como premissa do presente estudo: a expressão *convencimento judicial* (que nada mais é do que o convencimento racional aplicado ao ato de julgar), deve ser entendido sob a perspectiva gnoseológica (em relação *sujeito cognoscente em geral*[70]) e não da mera linguagem "comum". Isso porque esta associa cegamente *convencimento* à *convicção*, como sendo *menos* que certeza em relação ao estado de espírito. Por isso se falar inicialmente em convencimento, e não convicção judicial, justamente para evitar tal associação precipitada.

Porém agora, entendida a correta carga semântica da expressão "convencimento judicial", como sendo "certeza + fator legitimante", pode-se entender o estado de espírito *convicto* como *certo* ao nível máximo de persuasão.

Ainda que não se possa buscar na perspectiva gnoseológica a verdade absoluta dos fatos ocorridos no mundo fenomênico, não se dispensa a necessidade do juiz de buscar o *convencimento racional* a respeito dos fatos alegados que se alega em juízo para julgar o mérito.

Esse *convencimento racional* impõe ao juiz o dever de estar *convicto* da verdade *possível* antes de proferir um juízo decisivo, mesmo porque "estar convicto da verdade não é o mesmo que encontrar a verdade e, quando se requer a convicção de verdade, não se nega a possibilidade de que 'as coisas não tenham acontecido assim'"[71].

Cabe ao julgador refazer seus caminhos intelectuais que constituíram o *iter* lógico de convencimento, que constituem a sua cognição, a fim de extirpar todas as chances de erros possíveis, sopesando as razões negativas e afirmativas de cada fato alegado, para então *ratificar* aquele juízo preliminar e proferir uma decisão[72].

---

constitui a certeza: a certeza é a crença da verdade; o convencimento, por sua vez, é a opinião da certeza, como legitima".

70 A teor da afirmação de Miguel Reale (REALE, Miguel. **Introdução à filosofia**. 4 ed. São Paulo: Saraiva, 2007, p. 25), a *Gnoseologia* é a teoria do conhecimento *do ponto de vista do sujeito cognoscente em geral*, sendo a *Epistemologia* para o estudo do conhecimento relativo ao campo de pesquisa de cada ramo das ciências.

71 MARINONI, **Antecipação de tutela**. 11 ed. São Paulo: Revista dos Tribunais, 2011, p. 167; ARENHART, Sérgio Cruz; MARINONI, Luiz Guilherme. **Prova e convicção**. 4 ed. São Paulo: Revista dos Tribunais, 2018, p. 98/107..

72 SANTOS, Moacyr Amaral. **Prova judiciária no cível e no comercial**: v. I. São Paulo: Max Limonad, 1968, p. 15.

Isso decorre do fato de que o convencimento do juiz deve ser *natural*, isto é, formado a partir do contato direto do juiz com os meios de prova e da ação genuínas deles; quando estiver o juiz livre de prévia fixação legal do valor das provas (critério das provas legais); e não *artificial*, quando produzido por razões estranhas à sua natureza intrínseca e própria, a exemplo do temperamento, dos hábitos, das inclinações e dos preconceitos e prejuízos do juiz.

Socorre-se novamente da doutrina de Malatesta[73] por ser bastante esclarecedora nesse ponto:

> o convencimento não deve estar fundado em apreciações subjetivas do juiz, mas deve ser tal, que se os fatos e provas submetidos a seu conhecimento forem apresentados ao juízo desinteressado de qualquer outro cidadão racional, deveriam produzir, também neste, a mesma convicção que produziram no juiz. Esse requisito, que creio muito importante, é o que eu chamo caráter social do convencimento.

Em sendo a certeza fruto de um procedimento lógico-cognitivo de convencimento de um indivíduo quanto à ocorrência ou não de um fato, a credibilidade dessa certeza se funda primordialmente na aceitabilidade desse desenvolvimento lógico, razão pela qual não é aceitável a "certeza" fundada em fatores sobrenaturais ou oriunda de métodos que trazem em si uma carga de desconfiança quanto à sua seriedade[74].

E isso se aplica, igualmente, à atividade jurisdicional, na medida em que o juiz não pode julgar com base em suas meras "convicções" ou "certezas" *pessoais*, seja de ordem moral, religiosa, ideológica, político-partidária etc.; enfim, é vedado se deixar influenciar por elementos de prova que não integram o conjunto probatório em análise,

---

73 MALATESTA, Nicola Framarino Dei. **A lógica das provas em matéria criminal.** Tradução: de J. Alves de Sá. Lisboa: Livraria Clássica Editora, 1927, p. 55-56. Para o autor "nesta condição social, que é uma espécie de objetivação da certeza, radica a melhor determinação do convencimento judicial, determinação que a impede de converter-se, de modo mais ou menos hipócrita, em arbitrariedade do juiz [...]. A garantia concreta e prática da condição social está no controle que a sociedade pode exercer sobre o conceito do juiz, reprovando-o como oposto ou aprovando-o como conforme com o seu próprio [...]. A motivação da decisão é o meio prático que torna possível o controle da sociedade mediante exame posterior ao que fez o juiz" (*Op. cit.*, p 56-58)."

74 RIGUETTI, Gabriel Felipe Roqueto. Processo e verdade: brevíssimas considerações sobre funções e conceitos. **Revista de processo**. vol. 250/2015, p. 61-90, Dez/2015, p. 16.

sob pena de grande insegurança jurídica e até mesmo de violação a deveres funcionais e ilegalidades manifestas[75].

Em resumo, no processo a *certeza* surge com as alegações de fato deduzidas pelas partes e a valoração racional das respectivas provas considerando o conjunto probatório, sendo o *juízo preliminar*. Há que existir um *juízo subsequente*, de *verificação* do juízo de certeza pelo juiz através da reprodução do *iter* lógico que percorreu para chegar até ele, que conferirá a legitimidade e segurança àquele juízo preliminar, formando o *convencimento judicial*.

Esclarecida a noção de convencimento racional e de que forma ele se aplica ao processo decisório, passa a se debruçar no tema da certeza propriamente dita, as complicações que ele apresenta, bem como sua correlação com a possibilidade e probabilidade.

Inicialmente impende trazer à tona o entendimento de Malatesta[76] de que a certeza teria campo ainda que tenha motivos divergentes do que se pretende provar, desde que esses motivos possam ser repudiados racionalmente, ou reputados racionalmente indignos, de modo que não bastam para infirmar a conclusão que se chega a partir do conjunto dos motivos convergentes.

O autor tenta, assim, graduar a certeza, flexibilizá-la excluindo os motivos divergentes que não são suficientes, a critério do julgador, para infirmar os motivos convergentes. Noutras palavras, admite a possibilidade de a *crença* não ter plena correspondência (subjetiva) do plano ideológico com a realidade.

Todavia, aqui ousa-se discordar da doutrina do autor, devendo ser feitas algumas observações e complementações.

Fixe-se, de início, que a certeza é tal qual a verdade, insuscetível de gradação e, como apontado por Moacyr Amaral Santos[77]:

---

75 RIGUETTI, Gabriel Felipe Roqueto. *Processo e verdade*, cit., p. 27-28. O autor traz interessante exemplo ocorrido na Bolívia, de um magistrado integrante da Corte Constitucional que extrai a "certeza" para proferir seus julgamentos de procedimentos sobrenaturais, baseando-se em crenças nitidamente pessoais. Segundo a mídia, "Gualberto Cusi, magistrado da Corte Constitucional, revelou a uma emissora de televisão de seu país como resolve casos difíceis. "Quando o caso é complexo, jogo um punhado de folhas de coca em uma manta", explica. Dependendo de como elas caem, revela-se o veredicto. "Na coca, sai!", disse". Disponível em https://internacional.estadao.com.br/noticias/geral,a-justica-da-coca-na-bolivia-imp-,849944. Acesso em 01. Abril. 2020.

76 MALATESTA, Nicola Framarino Dei. **A lógica das provas em matéria criminal.** Tradução: de J. Alves de Sá. Lisboa: Livraria Clássica Editora, 1927, p. 50/57-61.

77 SANTOS, Moacyr Amaral. **Prova judiciária no cível e no comercial**: v. I. São Paulo: Max Limonad, 1968, p. 67.

> Crença da verdade, que é, a certeza tem que ser como a verdade – uma só. 'A certeza é estado de uma inteligência que afirma a existência ou inexistência de um fato, que uma proposição é verdadeira ou falsa [...] a *meia certeza* é uma antinomia nos termos, perdoável na retórica do vulgo, mas que não deve ter cabimento na linguagem severa da ciência».

Viu-se que verdade é uma só e, *em termos absolutos*, é impassível de ser alcançada em razão da incapacidade ínsita aos seres humanos, por ser de ordem metafísica. Daí porque se falou na verdade *possível*, sob o aspecto objetivo.

Sob o aspecto *subjetivo*, as questões metafísicas não entram em jogo para interferir no *estado de espírito* acerca do conhecimento da verdade, de modo que a certeza é plenamente alcançável, mas em relação àquela verdade *possível*.

Melhor dizendo, seja dentro ou fora do processo, não se pode alcançar uma certeza *em termos absolutos*, ou um convencimento livre de qualquer suspeita acerca da ocorrência de determinando fato no mundo fenomênico conforme foi enunciado.

Seja um homem ou uma mulher qualquer em uma discussão acerca de política, futebol, religião etc., ou o juiz na atividade cognitiva que exerce no processo, a crença na certeza total se mostra até mesmo algo pernicioso, que deve ser evitado[78].

Trazendo-se para o âmbito processual, a certeza, enquanto uma *crença*, jamais será absoluta em relação à efetiva ocorrência dos fatos, mas deve ser em *à luz* de razões suficientes para se crer que os fatos se verificaram no mundo fenomênico conforme alegado.

Isto é, não pode se falar em "quase" certeza, que é o que se afigura quando se admite a existência de motivos negativos, mesmo que

---

78 Nas palavras de Lynch (LYNCH, Michael P. **True to life**: why truth matter. Massachusetts: The MIT Press, 2004, p. 29): "A ideia de que o valor de perseguir a verdade se apoia na possibilidade de certeza é simplesmente um mito. Estar certo de uma crença é ter essa crença como imune à dúvida. [...]. Queremos que a detetive esteja certa de suas conclusões, mas não exigimos que ela esteja absolutamente certa, ou certa além de qualquer dúvida possível. [...] estar menos certo do que absolutamente certo de que algo é verdadeiro é tipicamente certeza suficiente. Nós podemos, portanto, perseguir o que é verdade sem tentar almejar a certeza absoluta [...]. A certeza é o privilégio do fanático. O homem mais perigoso é aquele que está certo, absolutamente certo, que a sua maneira é a maneira correta. Uma vez que você se sente absolutamente incapaz de estar errado, você se sente justificado em não ouvir perguntas, ou a considerar o outro lado. Você está simplesmente certo, qualquer um que discorde de você está simplesmente errado. Isto é dogmatismo".

possam ser desconsiderados. Eles ainda existirão e, por isso, devem ser considerados no campo da *probabilidade*, que, pela própria doutrina de Malatesta, é a prevalência dos motivos convergentes.

Enfim, somente a verdade pode ser relativa, que é aquela extraível das provas ou razões suficientes, e certeza não, esta tem que ser uma só, baseada na verdade alcançável.

E, para se ter certeza, a rigor, não se pode ter qualquer espécie de obstáculos mentais que digam o contrário do que se crer acreditar, não se pode fazer gradações ou "concessões".

Acaso se tenha um único motivo contrário, não se terá mais certeza, mas probabilidade. Tudo que representar "grau" de certeza, integrará o campo da probabilidade.

Nesse sentido Mittermaier[79] afirma:

> Dá-se a probabilidade quando a razão, apoiando-se em graves motivos, considera um fato verdadeiro, sem que, entretanto os motivos sérios em contrário estejam completamente aniquilados [...] a certeza não pode existir senão quando tiverem desparecido todos os motivos tirados das peças do processo, que tenderem a fazer considerar a acusação baseada talvez em uma impossibilidade, ou que vierem dar um resultado positivamente contrário ao que deram o outros motivos.

Por outro lado, se entendida a certeza *em termos relativos*, pode-se falar, sim, em certeza no processo, quando o espírito não tiver dúvidas acerca dos fatos, ressalvando-se que essa certeza não será em *termos absolutos*.

Melhor dizendo: o juiz pode até estar plenamente convencido acerca dos eventos do mundo fenomênico, podendo demonstrar sua crença a partir de provas, isto é, ter "certeza absoluta". Ocorre que essa certeza total não pode ser considerada *em termos absolutos*, porquanto não estará imune a erros.

A "certeza absoluta" (substantivo certeza + adjetivo absoluta) é possível apenas se considerado estritamente o aspecto subjetivo do

---

79 MITTERMAIER, C.J. A. **Tratado da prova em matéria criminal**. 5 ed. Campinas: Bookseler, 2008, p. 87. O autor complementa que os motivos *possivelmente* existentes, que não estejam nos autos, não devem ser levados em consideração, bastando a existência de motivos suficientes que sustentem a certeza".

julgador em relação aos fatos, desvinculando-o do aspecto objetivo da verdade, que sempre será relativa.

Deve-se falar preferencialmente, então, em *impossibilidade* de se alcançar a "certeza em termos absolutos", e *possibilidade* de se alcançar a "certeza em termos relativos".

Echandía[80] assenta, com total razão, que não existem métodos ou regras que descartem por completo, ou reduzem a zero, o risco de erro judicial, mas apenas para diminuí-lo e, para corroborar, transcreve a afirmação de Carnelutti de que "o processo talvez não seja mais que um sistema de precaução contra o erro". Com isso, passível de erro sempre, tem-se mais um motivo pelo qual não se pode cogitar uma certeza em termos absolutos no processo.

Cite-se, a título de exemplo, uma demanda envolvendo um contrato forjado, com a assinatura falsificada pela parte autora. Se a parte ré for coagida a não arguir a falsidade, o juiz formará seu convencimento a partir dessa prova falsa[81], e certamente terá *certeza* sobre a celebração do negócio jurídico. Todavia, por força da coação, o negócio nunca existiu no mundo fenomênico, e não corresponderá à verdade, portanto.

Daí porque, aliás, ser indispensável o sistema dispor de mecanismos capaz de neutralizar e corrigir os possíveis erros, dentre os quais se releva o duplo grau de jurisdição, os embargos de declaração, a revogabilidade das tutelas provisórias, a *querelas nulitatis*, a ação rescisória etc.

Encerrando esse ponto, pode-se estabelecer sinteticamente que: *na seara probatória, levado um fato à prova, ou ele está ou não provado;*

---

80 ECHANDIA, Hernando Davis. **Teoria general de la prueba judicial**: t. I. 3 ed. Buenos Aires: Editor Alberti, 1976, p. 331. No mesmo sentido: DINAMARCO, Cândido Rangel. **Instituições de direito processual civil**: v. I. 4 ed. São Paulo: Malheiros, 2004, p. 142: "O risco de errar é inerente a qualquer processo e a *obsessão pela verdade é utópica*. Ainda quando se prescindisse por completo do valor celeridade e se exacerbassem as salvaguardas para a completa segurança contra o erro, ainda assim o acerto não seria uma certeza absoluta [...] Variam muito a natureza dos riscos ocorrentes no processo e a sede em que ameaçam a qualidade de seus trabalhos. Pode haver erro *in procedendo* ou *in judicando*. Pode haver erro na admissão ou inadmissão da prova, erro na sua produção, erro na sua *avaliação*, erro na interpretação do direito [...] Não há como reduzir o risco *a zero*".

81 William Santos Ferreira anota (FERREIRA, William Santos. **Princípios fundamentais da prova cível**. São Paulo: Revista dos Tribunais, 2014, p. 113): "prova falsa é o resultado da "fabricação" de uma prova, em que a descoberta da falsificação *pode* indicar um fato não demonstrado (não necessariamente inexistente), se outras provas não existirem".

existe ou não certeza da existência ou inexistência desse fato no mundo fenomênico, a partir da veracidade da alegação da qual é objeto.

Por consequência, se a prova produzida for inconclusiva ou insuficiente para afastar toda razão de outra espécie sobre a alegação - considerando que a certeza pode se tanto para considerar verdadeira (somente razões positivas ou convergentes) ou falsa (somente razões negativas ou divergentes) a alegação de fato –, a certeza não terá sido alcançada como "estado de espírito" a respeito do conhecimento dos fatos.

Enfrentada, e refutada, a ideia de Malatesta de que a certeza é possível ainda que concorram motivos divergentes, pensa-se que essa incoerência entre as premissas do autor decorreu do fato de juridicizar - assim como tantos o fazem - termos que *não são próprios* do direito, tampouco assumem carga semântica diversa quando empregados no universo jurídico como um todo.

O significado de *ignorância*, *possível*, *provável* e *certo*, e as respectivas propriedades ou condições de cada um (ignorado, possibilidade, probabilidade e certeza) são próprios da língua corrente.

Entra-se agora na análise dos verbetes dos dicionários.

Ignorância, no que toca ao presente estudo, pelo dicionário Aurélio[82], é a falta de saber. Esse "estado do espírito" não exige exame, sendo nada mais que a falta de conhecimento em absoluto sobre um fato.

O cerne do problema reside no conceito de *probabilidade*. Pelo mesmo dicionário[83], probabilidade é a qualidade de *provável*, que, por sua vez, é *o que se pode provar*; que parece verdadeiro, verossímil, com base em indícios convincentes, mas sem prova definitiva; que se pode, com motivos razoáveis, esperar que aconteça (fato, acontecimento).

Acerca do conceito de probabilidade trazido pelo dicionário, exsurgem relevantes inferências, que dialogam diretamente com o tema da verdade no processo, ora abordado.

(i) *probabilidade* está relacionado com *provável*, de modo que não se vincula com possível (o que pode vir a acontecer

82 FERREIRA, Aurélio Buarque de Holanda. **Mini Aurélio**: o dicionário da língua portuguesa. 8 ed. Curitiba: Positivo, 2010, p. 407.

83 FERREIRA, Aurélio Buarque de Holanda. *Minidicionário Aurélio*, cit., p. 612/620.

apenas, sem provas[84]) ou *certo* (exato, infalível, que não há erro)[85];

(ii) *provável* é o que se pode provar, ou seja, o que é passível de demonstração por provas;

(iii) *provável* está relacionado com *verossímil*, no sentido de parecer verdadeiro, ter aparência de verdade;

(iv) *provável* é um fato ou acontecimento que se pode esperar ou prever que aconteça de acordo com os padrões de razoabilidade.

Confrontando todas as inferências e as sistematizando em um só enunciado, pode-se sintetizar a probabilidade como sendo o que pode demonstrar por intermédio de provas, mas não o suficiente para se ter certeza, de modo a se ter fundadas razões de que seja verdade ou que possa vir a acontecer, no caso de fato ou acontecimento futuro.

Transportando tal inferência geral para o âmbito jurídico-probatório, verifica-se uma correlação com o quanto até aqui exposto acerca da verdade no processo.

Um "fato provado", para adquirir essa qualidade, precisa ser nada mais do que um fato provável, ou que se pode demonstrar por intermédio de provas, mas não o suficiente para se ter certeza *em termos absolutos*, resultando em fundadas razões de que seja verdade ou que possa vir a acontecer, no caso de fato ou acontecimento futuro, justificando a formação de um convencimento racional.

Noutras palavras, as alegações de fato deduzidas pelas partes, sobre as quais recaem as provas, são objeto de verificação e, se consideradas provadas, por concorrem elementos de prova suficientes a seu favor, serão aceitas como verdadeiras, mas sem implicar a certeza em termos absolutos de que o fato alegado tenha efetivamente ocorrido no mundo fenomênico.

Em última análise e a rigor, pela atividade probatória, não se é capaz de assegurar a certeza total, em termos absolutos, acerca da verdade da alegação de fático, mesmo se considerado como provado, apenas determinado "grau" de certeza, que nada mais é do que probabilidade.

---

84 FERREIRA, Aurélio Buarque de Holanda. *Minidicionário Aurélio*, cit., p. 601.

85 FERREIRA, Aurélio Buarque de Holanda. *Minidicionário Aurélio*, cit., p. 156.

Por outro lado, se entendida a verdade objetiva como a verdade possível, em termos relativos, como visto, estar-se-á autorizado falar em certeza, igualmente em termos relativos, sendo aquela que se forma no espírito do julgador quando tiver afastado todos os motivos divergentes acerca da hipótese eleita.

Mesmo que seja possível se falar em certeza no processo, portanto, o grande ponto é que ela não é estritamente necessária para se ter julgamento adequado, *basta a probabilidade dita suficiente ou prevalente*, formada a partir do convencimento racional.

Nos dizeres de Marina Gascón Abellán[86]:

> Pelos motivos expostos, não se pode presumir que os resultados da prova garantam certeza absoluta, mas apenas um certo "grau de certeza", ou probabilidade, sobre a verdade do enunciado provado. Em suma, os resultados alcançados na prova de um enunciado só podem ser expressos em termos de probabilidade [...] no sentido estrito o máximo que se pode dizer é que a prova conclui com uma *hipótese*, uma afirmação que aceitamos como verdadeira, embora não saibamos se é ou não, e que o grau de probabilidade irá fornecer um bom critério para a sua justificação

No mesmo sentido é a doutrina de Dinamarco[87]:

> Como a certeza absoluta é sempre inatingível, precisa o operador do sistema [processual] conformar-se com a probabilidade, cabendo-lhe a criteriosa avaliação da probabilidade *suficiente.*

Partilhando do mesmo entendimento, Ferrajoli[88] diz que a verdade "*processual*" é uma verdade aproximativa, em relação aos fatos, tendo

---

86 GASCÓN ABELLÁN, Marina. Sobre la posibilidad de formular estándares de prueba objetivos. Doxa – Cuadernos de Filosofía del Derecho, v. 28, p. 127-139, 2005, p. 128-129. No original: "Por las razones señaladas no puede suponerse que los resultados de la prueba garanticen la certeza absoluta, sino sólo un cierto "grado de certeza", o de probabilidad, sobre la verdad del enunciado probado. En definitiva, los resultados alcanzados en la prueba de un enunciado sólo pueden expresarse en términos de probabilidad. [...] en sentido estricto lo más que puede decirse es que la prueba concluye con una *hipótesis*, un enunciado que aceptamos como verdadero aunque no sabemos si lo es o no, y que *el grado de probabilidad suministrará un buen criterio para su justificación*".

87 DINAMARCO, Cândido Rangel. **Instituição de direito processual civil**: v. III. 4 ed. São Paulo: Malheiros, 2004, p. 143. Igualmente: ZANETI JÚNIOR, Hermes. O problema da verdade no processo civil: modelos de prova e de procedimento probatório. **Revista de Processo**, v. 116, p. 338, São Paulo, jul-ago/2004.

88 FERRAJOLI, Luigi. **Diritto e ragione**. Millano: Giuffré, 1992, p. 24.

em vista não ser passível de verificação ordenada, como ocorre em outras ciências, como as exatas e biológicas. Assim, apresenta caráter probabilístico, objetivando aproximar-se, na maior medida possível, da realidade ocorrida[89].

Igualmente Comoglio, Ferri e Taruffo[90], para os quais:

> pode ser feita referência, também com o objetivo de eliminar qualquer arbitrariedade subjetiva do juiz, ao critério de "mais provável que não" ou da "probabilidade prevalecente", com base na qual o juiz deve basear sua decisão final na versão do fatos equipados com um grau de confirmação lógica que é ao mesmo tempo superior à confirmação de que a prova adquirida atribuiu a qualquer outra hipótese sobre os fatos e que possui um grau de confirmação superior ao da hipótese recíproca negada sobre os mesmos fatos.

William Santos Ferreira conclui que julgar é, com base em tais premissas:

> a crença de ter alcançado o razoável no plano fático, a alta probabilidade da correção no que tange ao esclarecimento do *thema decindendum*, para declarar a demonstração da ocorrência ou a inocorrência do fato diante dos meios disponíveis, resultado suficiente para, sem exagero, excluir o contrário[91];

Em arremate na análise desse convencimento probabilístico, pode-se adequar a já representada escala dos estados de espírito, feita a partir da concepção de Malatesta, ao quanto aqui defendido e estabelecer uma *escala de conhecimento acerca das alegações de fatos*,

---

89 No mesmo sentido: UBERTIS, Giulio. **La ricerca dela verità giudiziale.** *In*: **La conoscenza del fatto nel processo penale**. Milano: Giuffré, 1992, p. 5; DINAMARCO, Cândido Rangel. **Instrumentalidade do processo**. 9 ed. São Paulo: Malheiros, 2001, p. 238-239; BEDAQUE, José Roberto dos Santos. **Poderes instrutórios do juiz**. 2 ed. São Paulo: Revista dos Tribunais, 1994, p. 13-14; FERREIRA, William Santos. **Princípios fundamentais da prova cível**. São Paulo: Revista dos Tribunais, 2014; BADARÓ, Gustavo Henrique. **Epistemologia judiciária e prova penal**. São Paulo: Revista dos Tribunais, 2019, p. 124.

90 COMOGLIO, Luigi Paolo; FERRI, Corrado; TARUFFO, Michele. **Lezioni sul processo civile**. 5 ed. Bologna: Il Mulino, 2011, p. 479. No original: "si può far riferimento, anche allo scopo di eliminare ogni arbítrio soggettivo del giudice, al criterio del "più probable che no", o della "probabilità prevalente", in funzione del quale il giudice dovrà fondare la sua decisione finale sulla versione dei fatti che resulta dotata di un grado di conferma lógica che sia al contempo superiore allá conferma che le prove acquisite hanno attribuito a qualunque altra ipotesi sui fatti, e abbia um grado di conferma superiore a quello della reciproca ipotesi negativa sugli stessi fatti".

91 William Santos. **Princípios fundamentais da prova cível**. São Paulo: Revista dos Tribunais, 2014, p. 283.

com dois extremos e alguns *graus* (ou medidas de conhecimento) que se situam entre eles.

Em um desses extremos está a *ignorância* (ou desconhecimento) e, no outro, a *certeza em termos absolutos*, isto é, a crença no conhecimento da verdade absoluta, ou a correspondência absoluta de uma alegação fática com o estado de coisas no mundo fenomênico[92].

Representa-se, assim, o caminho ascendente que o espírito humano percorre na busca do conhecimento de um objeto dado (da ignorância à certeza)[93].

Entre esses extremos, existem, portanto, diversos *graus de conhecimento*, que representam a aproximação que se tem com o estado teórico de correspondência absoluta. Parte-se do grau 0 (nenhuma correspondência, isto é, não se tem qualquer elemento que comprove a alegação de fato) e se vai aumentando a aproximação na medida em que vão sendo fornecidos elementos de prova a favor da hipótese de que a alegação corresponde ao ocorrido no mundo fenomênico[94].

Para que se possa falar em *probabilidade suficiente*, é necessária a prevalência positiva de elementos de prova acerca de uma alegação de fato – ou o conjunto delas –, em oposição à prevalência negativa, de modo a corroborar, de forma racional e verificável, que a alegação é verdadeira e a hipótese nela contida deve ser adotada para julgamento do mérito.

Esse é, pois, o grau de conhecimento (ou de corroboração) *mínimo* para justificar a adoção de uma certa hipótese em detrimento de outra quando da solução final da causa.

---

92 Vale pontuar que a verdade absoluta continua sendo inalcançável, todavia é o norte que deve guiar o convencimento judicial, um ponto de referência teórico ou valor tendencial que não pode ser concretamente realizado. Taruffo (TARUFFO. Michele. **La Prueba de los hechos**. Tradução: Jordi Ferrer Beltrán. 2 ed. Madrid: Editoral Trotta, 2005, p. 179-182) elucida: "a verdade como correspondência absoluta de uma descrição com o estado das coisas do mundo real não é possível com procedimentos cognitivos concretos, pois é apenas um valor-limite teórico da verdade da descrição [...] o problema da possibilidade de conhecer a verdade absoluta não é relevante por si só para o processo. Por outro lado, a hipótese teórica da verdade absoluta como correspondência absoluta entre determinação judicial e fatos do mundo real é, pois serve para apoiar conceitualmente uma perspectiva na qual surge o problema de determinar fatos se coloca racionalmente em termos de modalidades e técnicas para obter a melhor verdade relativa, ou seja, a aproximação mais próxima da determinação dos fatos à realidade". No mesmo sentido: FERRAJOLI, Luigi. **Diritto e ragione**. Millano: Giuffré, 1992, p. 24).

93 MALATESTA, Nicola Framarino Dei. **A lógica das provas em matéria criminal.** Tradução: de J. Alves de Sá. Lisboa: Livraria Clássica Editora, 1927, p. 20.

94 Nesse sentido: TARUFFO. Michele. **La Prueba de los hechos**. Tradução: Jordi Ferrer Beltrán. 2 ed. Madrid: Editoral Trotta, 2005, p. 180.

Representa-se essa escala da seguinte forma:

ESCALA DE CONHECIMENTO ACERCA DAS ALEGAÇÕES DE FATO

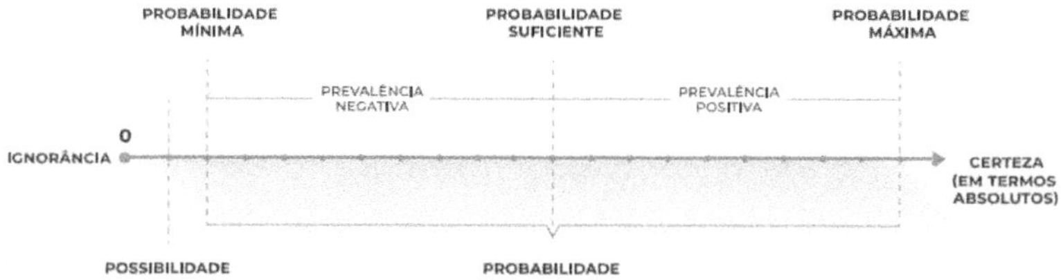

É certo que o esquema é meramente ilustrativo e deve ser interpretado com temperamentos, tendo em vista que o *julgar* envolve diversos aspectos psicológicos e o próprio direito não é uma ciência exata.

Pode-se dizer, sim, que o juiz deve buscar para o julgamento da causa o esclarecimento dos fatos na maior correspondência possível com a realidade empírica, sempre adotando como norte o valor teórico da verdade absoluta, para se ter a *melhor* verdade relativa, ou a *máxima probabilidade* no acertamento dos fatos.

Pelo esquema apresentado, e à luz do quanto até aqui exposto nesse item, o juiz deve, em essência, buscar sempre o polo extremo da certeza, mas não se espera que a atinja, basta que envide esforços para que se tenha um conhecimento racional e verificável pautada pela probabilidade prevalente, formada a partir da *preponderância de elementos de prova suficientes (preponderância positiva* para justificar a hipótese adotada.

O "nível" de esclarecimento dos fatos ocorridos no mundo fenomênico é aferido, então, em função de sua aproximação com o valor teórico de correspondência absoluta com a realidade (apesar do problema de precisar em concreto quando a determinação é precisa), à luz das provas produzidas, e não em funções de critérios outros.

É dizer: pressupõe-se uma medida de avaliação da apuração do fato (a realidade empírica) que é, de certa forma, *externa* e está destinada a prevalecer – senão a excluir completamente – os critérios *internos* ao processo, como a adoção de um modelo processual indiferente à verdade dos fatos, uso de critérios formais de prova, prevalência da disponibilidade das partes ou, no outro extremo, arbítrio do juiz sobre as provas.

Com isso se pode falar, de forma epistemologicamente correta, de verdade (relativa) dos fatos como correspondência à realidade, sem se mascarar o problema com soluções triviais como "verdade material" e "verdade formal" ou cair em círculos viciosos, como afastar a busca da verdade do conjunto de objetivos do processo e associá-la tão somente aos objetivos da prova.

2.2.2.1. Verossimilhança e probabilidade: um aclaramento necessário

Dada a aludida impossibilidade de se obter a verdade absoluta no aspecto *objetivo*, buscam-se no âmbito judicial, em especial, outras formas de se classificar o conhecimento que é possível se atingir no que tange ao aspecto *subjetivo*, isto é, a crença na percepção da verdade em relação aos fatos da causa.

E aqui se faz terreno fértil para uma série de impropriedades conceituais, fruto da imprecisão que circunda especialmente o significado dos termos *possibilidade*, *verossimilhança* e *probabilidade*, em especial as duas últimas, nas abordagens mais superficiais e acríticas, cometidas pela doutrina, jurisprudência e, até mesmo a legislação, ao associarem tais termos ao conhecimento da verdade sem a devida adequação semântica e epistemológica.

Como visto[95], tais palavras não são próprias do universo jurídico, tampouco assumem carga semântica diversa quando empregadas em relação às acepções não jurídicas (como ocorre com as palavras "ação", "recurso", "juízo", "questão" etc.). A solução para se estabelecer a distinção correta está no próprio dicionário do vernáculo, não sendo necessários contorcionismos teórico-jurídicos para tanto.

Possível é o que pode vir a acontecer; *verossímil* é o que tem aparência de verdade, *provável* é o que se pode provar; por fim, *certo* equivale a exato, infalível.

Referidos contorcionismos se afiguram presentes na distinção proposta por Malatesta[96], que gradua a probabilidade em: mínima

---

95 Item 2.2.2.

96 MALATESTA, Nicola Framarino Dei. **A lógica das provas em matéria criminal.** Tradução: de J. Alves de Sá. Lisboa: Livraria Clássica Editora, 1927, p. 66-67.

(verossímil), média (provável) e máxima (probabilíssimo). Para ele, então, o verossímil seria um grau de probabilidade, mais fraco que o provável e que o "probabilíssimo" (ao que se pode entender, algo tido como "muito provável").

De outro lado, Piero Calamandrei[97], em seu consagrado estudo sobre verdade e verossimilhança, reconhece que é difícil se chegar a uma precisa diferença entre as noções de *possibilidade*, *verossimilhança* e *probabilidade*, sendo as definições apresentadas muitas vezes imprecisas e demasiado subjetivas, utilizadas como sinônimos.

Para o autor:

> *Possível* é o que pode ser verdadeiro; verossímil é o que tem aparência de ser verdadeiro. Provável seria, etimologicamente, o que se pode provar por verdadeiro", pelo que, [...] se tomamos como termos de referência a comprovação da verdade, se pode dizer que *essas três qualificações (possível, verossímil e provável) constituem, nessa ordem, uma gradual aproximação, uma progressiva acentuação, em direção ao reconhecimento do que é verdadeiro*. [...] estas diferenças não têm uma precisa correspondência no vocabulário dos juristas: no máximo, se tomamos como termo de referência comprovação da verdade, se pode dizer que essas três qualificações (possível, verossímil e provável) constituem, nessa ordem, uma gradual aproximação, uma progressiva acentuação, em direção ao reconhecimento do que é verdadeiro.

Pelo que diz o autor italiano, a distinção entre os termos não seria de *ordem ontológica*, portanto, mas de *ordem qualitativa*, na medida em que representam diferentes *graus de aproximação da verdade*. Ou, como se parece mais adequado, graus de aproximação do conhecimento da verdade.

E a distinção entre os termos é espinhosa ao ponto de o próprio autor, livre de qualquer suspeita quanto ao seu brilhantismo jurídico, incorrer em um equívoco no desenvolvimento da sua argumentação, conforme identificado por Taruffo[98], em contribuição fundamental

---

97 CALAMANDREI, Piero. **Direito Processual Civil**: v. III. Tradução: Luiz Abezia e Sandra Drina Fernanazdez Barbiery. Campinas: Bookseller, 1999, p. 276. Conforme nota dos tradutores, as páginas 269 a 299 contém um ensaio denominado "Verdade e Verossimilitude no Processo Civil", publicado nos *Studi in onore di Giuseppe Valere*, vol. I, Milano, Giuffrè, 1955; reproduzido em *Rivista di diritto processuale*, ano X (1955), 1º parte, ppp. 164-192; e em *Studi sul processo civile*, vol. VI, pp. 111-139.

98 TARUFFO. Michele. **La Prueba de los hechos**. Tradução: Jordi Ferrer Beltrán. 2 ed. Madrid: Editoral Trotta, 2005, p. 187; TARUFFO. Michele. **Uma simples verdade**: o juiz e a construção dos fatos.

sobre o tema, analisando-o à luz do método científico e do rigor técnico que lhe é pertinente.

Este autor assenta que é um erro entender em termos de verossimilhança o que se afirma acerca da probabilidade, e a primeira – e principal – constatação que se deve realizar é que Calamandrei – e a doutrina italiana que o segue – se fundou em um equívoco *conceitual* na análise do conceito de verossimilhança, ao traduzir o vocábulo alemão *Wahrscheinlichkeit.*

Prossegue o autor explicando que a confusão conceitual se dá pela introdução de uma ambiguidade sistemática não resolvida em torno do termo "verossimilhança". Com efeito, dois significados diferentes são unificados em um só: a) de acordo com o primeiro, verossimilhança refere-se a algo que tem "a aparência de ser verdade", afeta à alegação do fato e é uma valoração *independente* e *preliminar* sobre o procedimento probatório; b) no segundo sentido, a verossimilhança *equivale* à probabilidade, sendo ambos empregados no processo como um "substituto da verdade".

Apesar de ambos os significados figurarem no uso corrente do termo verossimilhança, é indispensável se ter em mente que são *diferentes* e, portanto, não podem ser usados conjunta e alternativamente, como se não houvesse diferença entre eles, em um contexto que afirma ser cientificamente aceitável.

Ao revés do que Calamandrei parece acreditar, não se trata de meras nuances psicológicas que são substancialmente dispensáveis; esses são conceitos diferentes que não deixam de ser devido ao fato de que algum idioma, como o alemão, os designa adotando o mesmo termo.

Delineada a clareza no nível epistemológico entre os conceitos, e que a verossimilhança de uma asserção não pode ser redirecionada para sua probabilidade (ou para sua verdade possível), inexiste razão para não usar a mesma clareza quando o mesmo problema surge no contexto da análise de algum fenômeno processual.

A verossimilhança representa um simples *grau representantivo* de uma alegação sobre a realidade, a qual seria necessaria para a "aparência de verdade" da alegação ser estabelecida. Por outro lado,

---

Tradução: Vitor de Paula Ramos. São Paulo: Marcial Pons, 2012, p. 111-114.

se a realidade é conhecida, não se tem mais utilidade em falar de sua verossimilhança.

Deixado de lado o plano epistemológico e seus meandros mais complexos, ainda se percebe que o juízo de verossimilhança pode ser formulado de maneira sensata tendo, por um lado, uma *alegação* e, por outro, uma *hipótese* (frequentemente fundada em alguma concepção da "ordem normal das coisas") sobre a eventualidade de uma realidade semelhante ao objeto representado.

Vista sob essa ótica, a referência do juízo de verossimilhança pode não ser a realidade, mas uma hipótese formulada sobre ela e usada como parâmetro para avaliar se uma afirmação é ou não verossímil. E isso nada tem a ver com a veracidade da afirmação ou sua probabilidade, considerando que essas qualificações não se referem à relação de 'proximidade' ou 'representatividade' de uma afirmação em relação à realidade, mas à existência de razões para sustentar que a afirmação é verdadeira[99].

Por exemplo, a *alegação* "nos dias úteis, a estação de metrô da Sé estará cheia às 18h" pode ser verossímil se adotada a *hipótese* de que geralmente nesse horário as pessoas que trabalham no entorno encerram seus expedientes e usam o transporte público para retornar as suas residências ("ordem normal das coisas").

É totalmente aceitável, pois, que uma afirmação verossímil não seja provável ou não totalmente verdadeira, se não for dotada de elementos que justifiquem um julgamento racional sobre sua aceitabilidade; por outro lado, se há provas contra ela, a afirmação ainda é verossímil, mas é falsa (ou provavelmente falsa).

Ainda no exemplo anterior, no período em que se teve o estado mais rígido de quarentena insituído em virtude da pandemia causado pelo Sars-Cov-2 (causador da Covid-19) na cidade de São Paulo, a

99 Por tal razão não se é aconselhado se falar em juízo de verossimilhança no processo, tendo em vista que esse "não fornece qualquer elemento de cognição sobre a veracidade ou falsidade de um enunciado"; a probabilidade, sim, "diz respeito à existência de razões válidas para sustentar-se que um enunciado é verdadeiro ou falso". (TARUFFO. Michele. **Uma simples verdade**: o juiz e a construção dos fatos. Tradução: Vitor de Paula Ramos. São Paulo: Marcial Pons, 2012, p. 113). No mesmo sentido Eduardo Cambi (CAMBI, Eduardo. **Direito constitucional à prova no processo civil**. São Paulo: Revista dos Tribunais, 2001, p. 58): "O juízo de verossimilhança e formulado com base no conhecimento que o juiz tem. antes da produção da prova, estando baseado na mera alegação do fato c fundado em uma *máxima da experiencia,* isto e. na frequência com que fatos do tipo daquele alegado acontecem na realidade".

estação da Sé não estava com o fluxo habitual de pessoas, por conta do isolamento social imposto e o trabalho remoto de parte da população. Assim, a alegação que antes era verossímil passou a ser improvável, ante a concorrência de elementos de prova que atestam o estado de quarentena (v.g. o decreto da autoridade competente que o instituiu) e as determinações oficiais de isolamento social (as portarias dos órgãos de saúde governamentais).

Em vez disso, pode acontecer que uma afirmação inverossímil seja verdadeira, ou pelo menos provavelmente verdadeira; isso ocorre quando elementos suficientes de juízo são adquiridos para considerar (em um grau mais ou menos alto) que ela é aceitável. Em resumo: o fato inverossímil pode se provar verdadeiro se as provas confirmarem sua existência.

O fio da meada é entender que as qualificações de verdade e probabilidade, especialmente desta, referem-se à existência de elementos de prova que justificam a crença na veracidade da afirmação, seu grau de fundamentação, e não à "semelhança com a verdade", razão pela qual se deve refutar a ideia de verossimilhança é sinônimo de probabilidade, o que também implica que a verossimilhança não pode ser sinônimo de "baixa probabilidade" ou "alta probabilidade", muito menos ambos ao mesmo tempo.

Encerrando a análise específica da contribuição de Taruffo[100] sobre o tema, reproduz-se uma esclarecedora ponderação sua:

> o uso da ideia de verossimilhança é inútil e prejudicial: é inútil, pois não é necessário chamar de verossimilhança o que é devidamente definido em termos de verdade/probabilidade; é prejudicial, pois o uso indevido do conceito de plausibilidade cria confusões insignificantes.

Apresentada a valiosa contribuição de Taruffo, à qual se filia inteiramente, acrescenta-se que, caso no Brasil, tanto pela língua como pelo ordenamento jurídico, ao revés do caso alemão, não há que se cogitar da confusão conceitual entre verossimilhança e probabilidade.

100 TARUFFO, Michele. **La Prueba de los hechos**. Tradução: Jordi Ferrer Beltrán. 2 ed. Madrid: Editoral Trotta, 2005, p. 188. No original: "el recurso a la idea de verosimilitud es inútil y dañino: es inútil, ya que no es necesario llamar verosimilitud a aquello que se define adecuadamente en términos de verdad/probabilidad; es dañino, ya que el uso incorrecto del concepto de verosimilitud genera confusiones no despreciables".

Isso porque, como se infere do conceito trazido no próprio dicionário da língua[101], a verossimilhança, enquanto mera aparência de verdade, é anterior[102] e *desvinculada da verificação das provas*, servindo "para designar aquele aspecto da afirmação sobre um fato segundo o qual se pode dizer que corresponde a uma hipótese plausível de acordo com a ordem 'normal' das coisas, em uma situação em que a afirmação não tenha sido submetida à verificação probatória ou demonstrativa"[103].

Já a probabilidade, exige provas para ser alcançada, razões para sustentar que a afirmação é verdadeira, e não uma simples relação de 'proximidade' ou 'representatividade' em relação à realidade.

Verossimilhança, assim, não expressa *conhecimento* ou graus de conhecimento, uma vez que estes são fornecidos pelos elementos de prova acerca da alegação sobre o fato, enquanto aquela prescinde de tais elementos, sendo relevante no processo, com seu grau de aplicação, apenas em momentos anteriores à aquisição das provas[104.]

Acrescente-se o fato de que, não obstante se tenha uma etapa própria tanto (etapa instrutória), certas provas devem ser *produzidas* ou aportadas desde logo com a petição inicial (fase postulatória), quando se revestir de natureza de *prova constituída*, como a documental[105].

Em pedido de tutela provisória, por exemplo, na qual se tem o exercício de cognição sumária, é inviável se pensar na sua concessão sem que se tenha aportado provas suficientes que permitam formar um juízo de probabilidade sobre a veracidade das alegações de fato

---

101 É certo que alguns dicionários acabam por equiparar o verossímil ao provável na definição dos significados secundários do verbete, como o próprio Aurélio (FERREIRA, Aurélio Buarque de Holanda. **Mini Aurélio**: o dicionário da língua portuguesa. 8 ed. Curitiba: Positivo, 2010, p. 779), mas na ampla maioria o significado principal é no sentido de "aparência de verdade".

102 No mesmo sentido Ubertis (UBERTIS, Giulio. **La ricerca dela verità giudiziale.** *In*: **La conoscenza del fatto nel processo penale**. Milano: Giuffré, 1992, p. 17) explica que o conceito de verossimilhança é anterior à colheita das provas; já o de probabilidade refere-se à existência de elementos probatórios que motivam o convencimento acerca da verdade.

103 TARUFFO. Michele. **La Prueba de los hechos**. Tradução: Jordi Ferrer Beltrán. 2 ed. Madrid: Editoral Trotta, 2005, p. 188.

104 Igualmente Eduardo Cambi (CAMBI, Eduardo. **Direito constitucional à prova no processo civil**. São Paulo: Revista dos Tribunais, 2001, p. 59), para quem a verossimilhança "*não depende de qualquer elemento de prova* nem sequer diz respeito a previsão do resultado da prova ou do seu êxito *ex ante* (antes de ser produzida). [...] não se pode afirmar que a verossimilhança e uma *sub-rogação* da verdade. Caso contrário, se os conceitos de verossimilhança c de verdade fossem sinônimos, tudo o que pudesse ser considerado normal, pelo senso comum, deveria ser considerado verdadeiro".

105 Nesse sentido: BARBOSA MOREIRA, José Carlos. **Novo Processo Civil brasileiro**: exposição sistemática do procedimento. 29 ed. Rio de Janeiro: Forense, 2012, p. 6/55-56.

que a sustentam, e demonstrem a respectiva ocorrência - ou não - no mundo fenomênico.

Indo além, não se pode conceder uma tutela de urgência de natureza antecipada para realização de uma cirurgia sem que comprove a gravidade do quadro clínico do requente; igualmente é incabível a remoção de um conteúdo do perfil de uma determinada rede social sem que se comprove a postagem ofensiva ao requerente e a autoria; ou, ainda, inviável a paralisação da obra de um empreendimento se não concorrer elemento indicadores do perigo iminente que este apresenta aos vizinhos.

Daí porque é mais adequado epistemologicamente se adotar a *probabilidade*, e não a verossimilhança, como critério para a tomada de decisões sobre fatos no processo, uma vez fundada em *provas*, e não na "mera ordem normal das coisas"[106].

A discussão sobre o conceito de verossimilhança e probabilidade, ademais, não se afigura relevante e útil sob o aspecto prático, tendo em vista que foi suprimida qualquer menção a verossimilhança como parâmetro para tomada de decisão, como havia no CPC/73[107] em sede de cognição sumária, em que se que autorizava a antecipação dos efeitos da tutela pretendida no pedido inicial, caso o juiz se convencesse da *verossimilhança* da alegação a partir de *prova inequívoca*[108].

Ora, nada mais se exigia do que a *probabilidade* da alegação, na forma como vista, tendo em mente a exigência de prova "inequívo-

106 "A probabilidade fornece informações sobre a veracidade ou falsidade de um enunciado, ao passo que a verossimilhança diz respeito somente à eventual "normalidade" daquilo que o enunciado descreve". (TARUFFO. Michele. **Uma simples verdade**: o juiz e a construção dos fatos. Tradução: Vitor de Paula Ramos. São Paulo: Marcial Pons, 2012, p. 113).

107 Art. 273. O juiz poderá, a requerimento da parte, antecipar, total ou parcialmente, os efeitos da tutela pretendida no pedido inicial, desde que, existindo prova inequívoca, se convença da verossimilhança da alegação e (...).

108 É evidente a contradição no teor do dispositivo, especialmente a decorrente dos conceitos de prova inequívoca e verossimilhança: ou se exige a mera verossimilhança (enquanto aparência de verdade sem necessidade de prova, ou se exige prova inequívoca (que aclara as questões de fato sem deixar margens para equívocos). Sobre o dispositivo, vale transcrever a doutrina de Eduardo Cambi (CAMBI, Eduardo. **Direito constitucional à prova no processo civil**. São Paulo: Revista dos Tribunais, 2001, p. 64): "Quando o legislador exige *prova inequívoca,* para que o juiz forme sua convicção, está se referindo a um juízo de probabilidade, não bastando a mera verossimilhança de que o autor tenha razão. Caso contrário, para a concessão da tutela antecipada, não seria necessária a existência de provas".

ca" para comprová-la, razão pela qual o CPC/15 adotou a expressão: "*probabilidade* do direito" no correspondente art. 300[109].

Cabe aqui apontar uma impropriedade contida no texto do CPC/15, ao se referir a probabilidade *do direito*, tendo em vista que *provável* é o que se pode provar e o direito (salvo raras exceções) não se prova. Com isso, a expressa correta seria "probabilidade da alegação de fato" ou, para guardar coerência com outros dispositivos do Código[110], "probabilidade dos fatos alegados".

De qualquer forma, sendo esta a redação, a interpretação mais correta a ser feita é probabilidade do direito no sentido de concorrência de prova suficiente para formar o juízo de valor provisório de que a parte é titular do direito material invocado, a partir das provas até então aportadas aos autos.

Em suma, seja pelo aspecto teórico, quanto pelo prático, é infundado se falar em verossimilhança, ou juízo de verossimilhança, para se aferir o convencimento judicial acerca das alegações de fato deduzidas no processo, independente do grau de cognição.

2.2.2.2. Juízo de certeza e juízo de probabilidade

Esclarecida a necessária diferenciação que se deve fazer entre certeza, probabilidade e verossimilhança, remanesce um derradeiro ponto fundamental no âmbito da análise do aspecto subjetivo da verdade.

Viu-se que o emprego do vocábulo verossimilhança há que ser evitado no processo, dando-se preferência para os vocábulos certeza - em termos relativos - e probabilidade.

Entendidas a certeza e a probabilidade como *níveis de conhecimento* da verdade, sob o aspecto subjetivo, pode-se falar, portanto, em juízo de certeza e juízo de probabilidade.

Por *juízo* ora se leva em consideração a acepção do vocábulo que corresponde à atividade de avaliação ponderada de hipóteses formu-

---

109 A probabilidade, mas de "provimento de recurso", e não "do direito", aparece como critério para tomada de decisão também nos arts. 995, parágrafo único (concessão de efeito suspensivo nos recursos em geral), no art. 1.012, § 4º (concessão de efeito suspensivo *ope iudicis* no recurso de apelação nos casos em que ele não se dá *ope legis*) e no art. 1.026, § 1º (concessão de efeito suspensivo em embargos de declaração).

110 Art. 307, *caput*; art. 319, inciso VI; art. art. 972; art. 128, inciso III.

ladas a respeito de fatos ou coisas. Especificamente, no processo, é o resultado da atividade cognitiva, isto é, do convencimento racional obtido acerca da veracidade das alegações deduzidas pelas partes e a ocorrência – ou não – dos fatos que constituem seu objeto.

Posto isso, o juízo de certeza leva em conta a falibilidade do processo para descobrir a verdade e, a partir disso, o juiz chega à sua convicção da verdade *possível*. É aquela empregada ao final do processo, no julgamento do mérito, em sede de cognição *exauriente*. Esse juízo de certeza que justifica a formação da coisa julgada, manto que reveste de imutabilidade e indiscutibilidade o conteúdo desta decisão.

O juízo de probabilidade, por sua vez, em *sentido estrito*, somente tem campo em casos excepcionais que deve se contentar com a "mera" probabilidade, sendo regra apenas nos juízos de cognição sumária, como nas tutelas de urgência, em razão da ausência de contraditório efetivo e a devida produção probatória. Aqui, o provimento a ser proferido afirma apenas que é *provável* a existência do direito, a partir dos meios de prova até então aportados aos autos, sendo campo fértil para a prova indiciária, que apontam para tal conclusão a maioria dos fatores postos sob o exame do juiz[111].

Esse é o entendimento que se extrai da obra de Calamandrei[112], para quem o trabalho que a parte deve realizar para conseguir do órgão julgador o juízo definitivo a respeito da verdade se desdobra em dois momentos: por primeiro, os fatos são *alegados* e, num segundo momento, são *provados*. No primeiro momento, tem-se o juízo de probabilidade (ou verossimilhança, como ele afirma); no segundo, um juízo de verdade (certeza), mesmo que, em última análise, reduza-se a um juízo de probabilidade. O juízo de verdade é, então, o resultado de uma comparação entre a representação dos fatos fornecida pela parte (alegação) e as representações oferecidas pelas provas (demonstração).

É certo, todavia, que, sob a perspectiva gnoseológica, tanto o juízo de certeza (crença na percepção da verdade) como o juízo de

111 CÂMARA, Alexandre Freitas. **Lições de direito processual civil**: v. 1. 20 ed. Rio de Janeiro: Lumen Iuris, 2010, p. 289-290. Decerto tal provimento, de natureza provisória, é incapaz de ser alcançado pela imutabilidade e indiscutibilidade decorrentes da autoridade de coisa julgada material, quando muito se tem a estabilização da tutela antecipada prevista e regulada no art. 304 do CPC/15 (Para análise mais aprofundada acerca da estabilização da tutela antecipada, ver ASSIS, Carlos Augusto de; LOPES, João Batista. **Tutela Provisória**. Brasília, DF: Gazeta Jurídica, 2018, p. 157-163).

112 CALAMANDREI, Piero. **Direito Processual Civil**: v. III. Tradução: Luiz Abezia e Sandra Drina Fernanazdez Barbiery. Campinas: Bookseller, 1999, p. 277-278.

probabilidade resultam apenas em *probabilidade*, haja vista a impossibilidade de atingimento da verdade absoluta e, por consequência, da certeza em termos absolutos. Por isso se falar em juízo de probabilidade em *sentido amplo*, em oposição ao juízo de probabilidade em *sentido estrito*, aquele que rege as decisões na fase inicial do processo.

Nesse sentido, em razão da intangibilidade da verdade absoluta no processo e, por consequência da certeza absoluta, o que se obterá é, no máximo, um juízo de probabilidade, uma verdade provável. Esse juízo de probabilidade é alçado à certeza com o trânsito em julgado da decisão, erigindo-se em um patamar de "certeza jurídica"[113].

Em conclusão, a tomada de decisões no processo sempre dá a partir de *juízos de probabilidade*, sendo que na cognição sumária será menor porque terá menos provas e participação das partes; já em sede de cognição exauriente, o juízo deverá se pautar pela probabilidade máxima, equiparada ao juízo de certeza, tendo em vista a maior qualidade e quantidade das provas e participação das partes.

2.3. VERDADE COMO VALOR DA ATIVIDADE PROBATÓRIA

Scja no âmbito penal ou civil/não-penal, a descoberta da verdade não é o fim último, tampouco único do processo *ou* da prova judicial, e não deve ser perseguida a qualquer preço[114].

Disso decorre que, a teor do quanto assinalado por Gustavo Badaró, com fulcro na doutrina de José Frederico Marques, *não* há que se adotar o "princípio de que os fins justificam os meios, para assim legitimar-se a procura da verdade através de qualquer fonte probatória"[115].

Todavia, o oposto também não é correto.

---

113 Nesse sentido: ZANETI JÚNIOR, Hermes. O problema da verdade no processo civil: modelos de prova e de procedimento probatório. **Revista de Processo**, v. 116, p. 338, São Paulo, jul-ago/2004, p. 4.

114 Eduardo Cambi (CAMBI, Eduardo. **Direito constitucional à prova no processo civil**. São Paulo: Revista dos Tribunais, 2001, p. 69): "A verdade a ser buscada no processo não pode ser um Fim em si mesma, porque isso incentivaria comportamentos obsessivos que seriam nocivos ao sistema processual, já que estimulariam a burocracia e alimentariam o formalismo [...]. Entretanto, a impossibilidade de obter a verdade absoluta não deve implicar a exclusão da busca da verdade entre os objetivos do processo. Como, através do processo, pode-se dar conta de um conhecimento parcial, não total, pode-se buscar critérios racionais c relativos para a verdade a ser concretamente acertada em juízo".

115 BADARÓ, Gustavo Henrique. **Epistemologia judiciária e prova penal**. São Paulo: Revista dos Tribunais, 2019, p. 128.

Não se deve ter uma aversão à verdade no processo, tratá-la como algo pernicioso e que retardaria o correto andamento da marcha processual e a prestação jurisdicional, sob o pretexto da máxima eficiência, como se verifica em algumas correntes que defendem o modelo dispositivo do processo e o tratam como "coisa das partes", não cabendo ao juiz envidar esforços para se ter uma "terceira hipótese"[116].

Um processo despreocupado com a verdade se torna um simples jogo retórico de articulações de afirmações e negações, com base em uma "realidade virtual válida apenas e tão-somente para aquele feito, despreocupada em relacionar-se e interagir com o mundo empírico"[117].

Pelo o que se apresentou até agora, acredita-se ter restado claro que não é isso o que se prega no presente estudo. Longe disso.

Em primeiro lugar, racionalmente considerando, caso a verdade fosse – como sustentam uns – indiferente para a administração da justiça e a tomada de decisões no processo, a atividade probatória seria plenamente dispensável, constituindo uma inutilidade.

O que se prega é que não se deve abandonar a verdade; ao revés, deve-se entender a apuração adequada da verdade dos fatos da causa como uma das *condições necessárias* – ao lado da correção do procedimento instituído para chegar à decisão ("justo processo") e da interpretação adequada da norma aplicável à hipótese – para que se fale em precisão, legitimidade e justiça da decisão[118]. Esse é o entendimento defendido por Taruffo[119]:

> a verdade dos fatos [...] é necessária seja em si mesma (visto que, efetivamente, uma decisão tomada com base em uma versão falsa não

116 Essa aversão à verdade ilustra o que William Twining (*apud* RAMOS, Vitor de Paula. **Ônus da prova**: do ônus ao dever de provar. 2 ed. São Paulo: Revista dos Tribunais, 2018, p. 30/32.) chama de "perfeccionista desapontado", a caracterizar os céticos defensores da ideia de que a verdade não tem qualquer importância para o direito, em razão da impossibilidade de se alcançar a verdade absoluta.

117 AMARAL, Guilherme Rizzo do Amaral. Verdade, justiça e dignidade da legislação: breve ensaio sobre a efetividade do processo, inspirado no pensamento de John Rawls e de Jeremy Waldron. *In* KNIJNIK, Danilo (coord.) **Prova Judiciária**: estudos sobre o novo direito probatório. Porto Alegre: Livraria do Advogado, 2007, p. 133.

118 TARUFFO. Michele. **A prova**. Tradução: João Gabriel Neto. São Paulo: Marcial Pons, 2014, p. 257-258. No mesmo sentido, de que a descoberta da verdade é uma das condições necessárias, mas não a principal, tampouco o fim último do processo: BADARÓ, Gustavo Henrique. **Epistemologia judiciária e prova penal**. São Paulo: Revista dos Tribunais, 2019, p. 127.

119 TARUFFO. Michele. **Uma simples verdade**: o juiz e a construção dos fatos. Tradução: Vitor de Paula Ramos. São Paulo: Marcial Pons, 2012, p. 142-143. No mesmo sentido: RAMOS, Vitor de Paula. **Ônus da prova**: do ônus ao dever de provar. 2 ed. São Paulo: Revista dos Tribunais, 2018, p. 44-45.

> pode ser considerada justa), seja porque [...] uma apuração verdadeira dos fatos constitui premissa necessária a aplicação correta da lei que regula o caso [...] demonstrado que a apuração da verdade dos fatos é *possível*, bem como que tal apuração é *necessária*.

Igualmente é a doutrina de Calamandrei[120]: "a finalidade do processo não é somente a busca da verdade: a finalidade do processo é algo mais, é a justiça, da qual a determinação da verdade é somente uma premissa".

A elucidação da verdade dos fatos é necessária para que o devido processo legal, e todas as garantias dele decorrentes, expresse, de forma efetiva, a função que lhe é própria. Ou, se adotada a expressão empregada no Direito italiano, a busca da verdade é um pressuposto necessário para que se alcance o "*justo processo*", como previsto no art. 111 da respectiva Constituição[121].

Daí porque a decisão tomada no processo será *justa* na medida em que o sistema probatório seja orientado a apurar a veracidade dos fatos relevantes para a decisão, e injusta na medida em que imponha obstáculos ou limite imotivadamente essa elucidação.

No mesmo sentido, José Carlos Barbosa Moreira[122] enxerga uma relação direta entre o rendimento dos mecanismos probatórios e a justiça da decisão:

> Leve-se em conta que, com poucas exceções, só por meio das provas tem o juiz acesso ao conhecimento dos fatos, e facilmente se concluirá que, ao menos em princípio, a probabilidade de atingir-se uma decisão justa cresce na razão direta do rendimento dos mecanismos probatórios. Quanto mais abundante e mais seguros subsídios se puder obter das provas, tanto menor a margem de erro a que ficará sujeito o órgão judicial, na hora de sentenciar.

---

120 CALAMANDREI, Piero. **Direito Processual Civil**: v. III Tradução: Luiz Abezia e Sandra Drina Fernanazdez Barbiery. Campinas: Bookseller, 1999, p. 185.

121 De seguinte redação: "Art. 111. A jurisdição atua-se mediante o justo processo regulado pela lei". [...]. Disponível em https://www.senato.it/application/xmanager/projects/leg18/file/repository/relazioni/libreria/novita/XVII/COST_PORTOGHESE.pdf.

122 MOREIRA, José Carlos Barbosa. Alguns problemas atuais da prova civil. In: **Doutrinas Essenciais de Processo Civil**, vol. 4, Revista dos Tribunais, p. 131, Out. 2011.

À luz dessa ideia de justiça da decisão, com foco no seu conteúdo e na sua qualidade, Taruffo[123] apresenta a *função* ou *concepção epistêmica da prova*, em que a descoberta da verdade das narrativas dos fatos é condição necessária da justiça da decisão, e como objetivo necessário do processo.

Pela função epistêmica, portanto, a prova serve e, para esse fim é usada, como um instrumento de conhecimento em que o juiz se baseia para descobrir e estabelecer a verdade das alegações de fato que são objeto da sua decisão. Em outros termos, a prova fornece ao juiz os dados cognitivos, cujas informações servem para formular essa decisão.

Indo mais a fundo, a relatividade da verdade possível no processo *não* leva ao abandono da relação entre prova e verdade; tal relação apenas deixa de ser *ontológica* ou *conceitual*, em que a verdade se confunde com própria razão de ser da prova e é pressuposto para se considerar provada uma alegação de fato (prova como *resultado*), para ser *teleológica*[124], na medida em que não atribui à verdade qualquer papel na *definição* ou razão de ser da prova, mas a considera o objetivo último da *atividade probatória* (prova como *atividade*), isto é, cuja finalidade principal é obter o conhecimento da verdade sobre os fatos ocorridos[125].

Com efeito, podem ser aportados inúmeros meios de prova, inclusive com grande valor qualitativo, a apontar a prevalência de razões convergentes para uma dada hipótese, todavia isso não garante a obtenção do seu fim: a verdade *objetiva*.

Daí se conclui que a verdade não se confunde ou interfere no *conceito*, ou a razão de ser da prova, entendida como *meio*; a busca da verdade se faz presente, sim, no âmbito da *atividade de provar*, no

123 Ver TARUFFO, Michele. Il concetto di "prova" nel diritto processuale. **Revista de Processo**. vol. 229/2014, p. 75-87, Mar/2014. Tal concepção se opõe às concepções ritualística (o processo nada mais é que um tipo de representação teatral, na medida em que visa tão somente a persuadir o "público") e retórica (processo como um conjunto de narrações relativas contrapostas sobre os fatos da causa e termina com a vitória do narrador mais eficaz, sendo que a narrativa mais persuasiva é determinada essencialmente pela eficácia persuasiva das provas que a fundamentam, independentemente de a decisão ser justa ou injusta, correspondente ou não à verdade dos fatos).

124 KNIJNIK, Danilo. **A prova nos juízos cível, penal e tributário**. Rio de Janeiro: Forense, 2007, p. 14. No mesmo sentido: BELTRÁN, Jordi Ferrer. **Prova e verdade no direito** Tradução: Vitor de Paula Ramos. São Paulo: Revista dos Tribunais, 2017, p. 75-77; RAMOS, Vitor de Paula. **Ônus da prova**: do ônus ao dever de provar. 2 ed. São Paulo: Revista dos Tribunais, 2018, p. 35.

125 BELTRÁN, Jordi Ferrer. *Prova e verdade no direito*, cit., p. 59.

procedimento probatório, servindo como um farol de guia ou, como elucida Muñoz Sabaté[126]:

> excluir o conceito de verdade do fim prático que se propõe a prova nunca significará que renunciamos de obtê-la, da mesma forma que em nossas aspirações particulares visamos ao mais alto e depois permanecemos com certas realizações menores. Além disso, o juiz deve fazer com a verdade a mesma coisa que o navegante: seguir em direção à estrela polar que servirá como norte, mesmo que ele nunca pense em atracar na costa.

Assim, pode-se considerar que a verdade consubstancia um *valor*[127] essencial, no sentido de "qualidade que faz estimável alguém ou algo"[128], que permeia toda a atividade probatória, de modo que o juiz deve preocupar-se com a correta averiguação dos fatos quando da sua condução[129], sem que isso se constitua no fim último do pro-

---

126 MUÑOZ SABATÉ, Luis. **Tecnica probatória**: estudios sobre las dificultades de prueba en el proceso. Barcelona: Editorial Praxis, 1967, p. 60. No original "Excluir el concepto de la verdad del fin práctico que se propone la prueba no significará nunca que renunciemos a obtenerla, de la misma forma que en nuestras aspiraciones particulares apuntamos a lo más alto para quedarnos luego con ciertos logros menores. Más aún: el juez debe hacer con la verdad lo mismo que hace el navegante: enfilar proa hacia la estrella polar que le servirá de norte aunque jamás piense en amarrar a su vera".

127 Para uma análise mais detida acerca da verdade como valor, seja no âmbito social ou da administração da justiça, ver TARUFFO. Michele. **Uma simples verdade**: o juiz e a construção dos fatos. Tradução: Vitor de Paula Ramos. São Paulo: Marcial Pons, 2012, p. 115.

128 FERREIRA, Aurélio Buarque de Holanda. **Mini Aurélio**: o dicionário da língua portuguesa. 8 ed. Curitiba: Positivo, 2010, p. 772. Conforme ensina Miguel Reale (REALE, Miguel. **Introdução à filosofia**. 4 ed. São Paulo: Saraiva, 2007, p. 81-82), a definição do que seja "valor", assim como ocorre com "ser" é impossível "segundo as exigências lógico-formais de gênero próximo e de diferença específica". Se fosse legítimo o propósito de uma definição rigorosa, do valor se poderia dizer apenas que vale, isto é: "o seu 'ser' é o 'valer'. Da mesma forma que dizemos que 'ser é o que é', temos que dizer que o 'valor é o que vale'. Por que isto? Porque ser e valer são duas categorias fundamentais, duas posições primordiais do espírito perante a realidade. Ou vemos as coisas enquanto elas são, ou as vemos enquanto valem; e, porque valem, devem ser. Não existe terceira posição equivalente".

129 Cf. FILHO, Antônio Gomes. **O direito à prova no processo penal**. São Paulo: Revista dos Tribunais, 1997, p. 53-57. A respeito, Carnelutti (CARNELUTTI, Francesco. **A prova civil**. Tradução: Amilcare Carletti. São Paulo: Leud, 2002, p. 80-81): "que num número maior ou menor de casos esse escopo falhe e que, malgrado isto, os fatos resultantes do processo utilizado, *sejam considerados como verdadeiros*, ou, mais exatamente, *sejam colocados na sentença mesmo não sendo verdadeiros*, impede certamente de considerar a verdade (material) como o resultado constante do processo probatório e por isso como a sua nota essencial, mas não absolutamente como o *escopo* que aquele processo se propõe alcançar e que, correlativamente, determina a sua estrutura (...) o processo probatório nada mais é, em suma, *do que fato estrutural, que um processo típico ou médio de pesquisa da verdade dos fatos controvertidos*, o qual parece apto a alcançar o escopo (a verdade) na maior parte dos casos". Sob uma ótica diversa, porém em concordância com a ideia aqui defendida, William Santos Ferreira (FERREIRA, William Santos. **Princípios fundamentais da prova cível**. São Paulo: Revista dos Tribunais, 2014, p. 281): "No processo não se busca "a verdade", mas são empregados meios capazes de dar condições para formação do convencimento judicial acerca dos fatos, na medida exata do possível

cesso ou da prova, enquanto resultado, tampouco se confunda com o conceito desta.

Some-se a isso o fato de que não existe no sistema processual forma segura de se eliminar, por completo, a possibilidade de erro judicial na investigação dos fatos e na apreciação da prova, razão pela qual não se exclui jamais o temor de que o contrário seja certo - fato que ocorre em todas as ciências[130] -, não obstante a decisão final deva levar em conta a probabilidade máxima extraível dos elementos de valoração aportados aos autos e apreciados racionalmente, que indicam o *resultado da prova* e qual das partes tem maiores chances de ter um julgamento favorável.

O processo deve ser calibrado, por intermédio dos meios de prova, para sempre alcançar uma decisão que apresenta o maior grau de corroboração da hipótese adota, que corresponda o máximo à realidade empírica dos fatos. Em relação ao juiz em específico, existe um dever de honestidade de "acentuar o esforço para se chegar o mais perto possível dessa meta inalcançável"[131].

Por tal razão se deve ser assegurada a ampla participação, e colaboração, das partes - e do próprio juízo - na atividade probatória, com o pleno acesso a todos os instrumentos disponíveis para a reconstrução dos fatos, a fim de que o valor da verdade seja, ao máximo, observado e se tenha um processo democrático.

Tanto é que se faz indispensável a existência de mecanismos de controle das decisões judiciais, como o duplo grau de jurisdição, a impetração de Mandado de Segurança nos casos previsto na lei, ajuizamento de ação rescisória etc.

Somente assim se pode garantir que preste a tutela jurisdicional a favor de quem melhor lhe convencer da existência dos fatos que serão considerados para a tomada da decisão, e não julgue a seu bel prazer ou conforme sua convicção íntima, afugentando qualquer

---

e razoável para permitir um julgamento. Em poucas palavras, na sentença a verdade não é a meta, mas expectativa, ou, tecnicamente, a *máxima probabilidade*".

130 ECHANDIA, Hernando Davis. **Teoria general de la prueba judicial**: t. I. 3 ed. Buenos Aires: Editor Alberti, 1976, p. 256; MUÑOZ SABATÉ, Luis. **Tecnica probatória**: estudios sobre las dificultades de prueba en el proceso. Barcelona: Editorial Praxis, 1967, p. 62.

131 CALAMANDREI, Piero. Verità e verosimiglianza nel processo civile. **Rivista di Diritto Processuale Civile**, Padova, CEDAM, v. 10, p. 164-192, 1955, p. 190.

possibilidade de arbitrariedade e, principalmente, de prevenção ou minoração de erros, tendo em vista a falibilidade ínsita a qualquer ser humano, ainda mais em um ambiente contextualizado como o do processo.

TEORIA GERAL DA PROVA JUDICIAL: PREMISSAS ESSENCIAIS[1]

3.1. NOÇÕES GERAIS

Nas páginas iniciais do seu clássico Manual de Direito Processual Civil[2], Liebman escreve:

> *julgar* é valorar um fato do passado como justo ou injusto, como lícito ou ilícito, segundo o critério de julgamento fornecido pelo direito vigente, enunciando, em consequência, a regra jurídica concreta destinada a valer como disciplina do caso [*fattispecie*] em exame ("Caio deve mil a Tício", "Semprônio é condenado é reclusão").

Depreende-se que os fatos ocorridos no mundo fenomênico são o gatilho para o início do exercício da função jurisdicional, porquanto são aqueles que deram origem ao conflito de interesses e que, para sua resolução - pelo *método* do processo - devem ser comprovados ao longo do rito procedimental próprio.

Essa comprovação de desenrola desde a petição inicial até o último ato decisório praticado no processo, na forma de um procedimento ou *iter probatório*.

---

1 Apesar de se defender anteriormente a existência de uma teoria *una* da prova judicial, é certo que os procedimentos são diversos para o processo civil e para o processo penal. E, tendo em vista, as pretensões do estudo, dar-se-á, quando necessário, enfoque ao processo civil, isto é, ao procedimento previsto para os conflitos de natureza civil em geral, ou não-penais.

2 LIEBMAN, Enrico Tullio. **Manual de Direito Processual Civil**: Vol. 1. Tradução: Cândido Rangel Dinamarco. Rio de Janeiro: Forense, 1984, p. 4. Grifos originais.

Na petição inicial[3], a parte autora deduz as alegações de fato e indica – ou deveria indicar[4] – as provas que pretende produzir para comprová-las e, simultaneamente, já apresenta as provas *pré-constituídas*[5], que serão objeto de valoração em sede de cognição sumária, caso requerida a concessão de alguma tutela provisória. Ultrapassada essa fase, chama-se o réu para se defender e este, igualmente, indica as provas que pretende produzir, aportando as que já podem ser juntadas imediatamente ao processo.

---

3 Adotou-se para elucidar a questão o procedimento comum na sua forma mais simples e habitual, sem se considerar "os acidentes de percurso" que podem ocorrer, como o indeferimento da petição inicial, julgamento de improcedência liminar, estabilização da tutela antecipada, revelia, reconvenção etc.

4 O momento processual, pela regra extraída da lei, para a *indicação* de provas é a fase postulatória, isto é, na petição inicial pelo autor (art. 319, inciso IV, CPC) e na contestação, pelo réu (art. 336, CPC). Na praxe forense, todavia, é comum se ter um "despacho para especificação de provas", o qual reforça o direito à prova e evita prejuízos à consecução dos direitos em juízo em razão de múltiplos fatores, de modo que deve ser prestigiado. Comoglio, Ferri e Taruffo (COMOGLIO, Luigi Paolo; FERRI, Corrado; TARUFFO, Michele. **Lezioni sul processo civile**. 5 ed. Bologna: Il Mulino, 2011, p. 471) utilizam a expressão "atos introdutórios" para se referir aos momentos de indicação das provas e acrescentam a válida observação, também aplicável ao sistema brasileiro, de que a lei não prevê a nulidade do ato introdutório, tampouco perda das partes da faculdade indicarem provas em momentos subsequentes. No mesmo sentido Dinamarco (DINAMARCO, Cândido Rangel. **Instituições de direito processual civil**: v. III. 4 ed. São Paulo: Malheiros, 2004, p. 90) anota que tal determinação – assim como a prevista no art. 348 do CPC – não prevalece no dia a dia do processo civil, pelos modos que o legislador projetou, sendo que, em relação "protesto a ser feito petição inicial", adota a expressão *"ridícula inutilidade"*, à qual juiz e tribunais não dão atenção alguma, porquanto consideram vital apenas o efetivo requerimento de prova a ser feito depois de oferecida a contestação pelo réu. Para uma análise minuciosa dos momentos adequados de se produzir prova dentro do processo, ver ZAMPAR JÚNIOR, José Américo. **Produção de provas em sede recursal**. 2018. Dissertação (Mestrado em Direito Processual Civil), PUC/SP, São Paulo, p. 208-210.

5 Aquelas que podem ser aportadas imediatamente ao processo – sendo submetidas ao contraditório a partir do ingresso nos autos –, porque já se aperfeiçoaram, e produzidas previamente e fora dos autos, como a prova documental por excelência. Opõem-se a elas as *provas constituendas* ou *a constituir* (dicotomia que leva em consideração a *modalidade de introdução* e a *formação da prova* no processo), que se produzem no curso do processo, exigindo a atividade processual das partes, em contraditório prévio, para se aperfeiçoar, como a prova testemunhal e pericial. Badaró (BADARÓ, Gustavo Henrique. **Epistemologia judiciária e prova penal**. São Paulo: Revista dos Tribunais, 2019, p. 197-200) esclarece que as provas *pré-constituídas* não são *produzidas em contraditório* – como ocorre com as *constituendas* –, mas apenas *submetidas ao contraditório*, cuja importância não será para a formação da prova, mas para sua valoração. Ver CARNELUTTI, Francesco. **Sistema de Derecho procesal civil**: v. IV. Tradução. Niceto Alcalá-Zamora Y Castillo e Santiago Sentís Melendo. Buenos Aires, Uteha Argentina, 1944, p. 182-183; COMOGLIO, Luigi Paolo; FERRI, Corrado; TARUFFO, Michele. **Lezioni sul processo civile**. 5 ed. Bologna: Il Mulino, 2011, p. 473; CAMBI, Eduardo. **Direito constitucional à prova no processo civil**. São Paulo: Revista dos Tribunais, 2001, p. 152-153. Arruda Alvim (ARRUDA ALVIM. **Curso de direito processual civil**: v. I. São Paulo: Revista dos Tribunais, 1972) esclarece que "Geralmente, a prova é proposta, *ao depois é* admitida *e, em seguida, é* realizada. No caso do documento, proposição e produção, coincidem no tempo".

Superados esses momentos, e não sendo caso de extinção, julgamento antecipado total ou parcial do mérito, o juiz deverá proceder ao saneamento e à organização do processo, momento em que delimitará as questões de fato sobre as quais recairá a atividade probatória e especificará os meios de prova admitidos.

Em seguida, ter-se-á a produção desses meios admitidos, com todas as garantias inerentes ao devido processo legal, para, então, o juiz realizar a valoração – ponto culminante da atividade probatória –, sopesando as hipóteses e, ao fim, decidir o mérito, extraindo a regra geral e abstrata, prevista no ordenamento jurídico, para resolver a controvérsia, apontando os motivos que serviram de base para formar seu convencimento e escolher uma das hipóteses apresentadas.

Desse quadro exposto, o *iter probatório* pode ser sumarizado em seis etapas[6]: (i) requerimento ou proposição; (ii) admissão; (iii) produção (provas constituídas) ou realização/assunção[7] (constituendas), ou apenas aportação; (iv) valoração; (v) decisão, que pressupõe a motivação[8]; sendo erigidas ao patamar de etapas fundamentais a *admissibilidade*, a *produção* e a *valoração* dos meios de prova.

E, quando estudada a fundo, afastando-se dos lugares comuns que se verificam nas abordagens mais superficiais, a temática da prova é uma das mais complicadas e confusas da teoria geral do processo[9], reunindo uma infinidade de problemas.

---

6 Gustavo Badaró (BADARÓ, Gustavo Henrique. **Epistemologia judiciária e prova penal**. São Paulo: Revista dos Tribunais, 2019, p. 141) prefere denominar de "contextos", inspirado nos contextos de descoberta e de justificação próprios do método epistemológico-científico.

7 Denominação empregada por Carnelutti (CARNELUTTI, Francesco. **Sistema de Derecho procesal civil**: v. IV. Tradução. Niceto Alcalá-Zamora Y Castillo e Santiago Sentís Melendo. Buenos Aires, Uteha Argentina, 1944, p. 265-268).

8 Adota-se no presente estudo "motivação" e "fundamentação" das decisões judiciais de forma indistinta, por não se vislumbrar rigor técnico suficiente para justificar uma distinção. Essencialmente, ambas as expressões remetem ao *dever* do juiz de consignar as razões que o levaram a formar seu convencimento sobre as questões levadas a sua apreciação, a fim de comprovar sua imparcialidade e obediência aos elementos constantes dos autos, tanto para controle endoprocessual das partes e órgãos superiores, como para fins extraprocessuais, de conhecimento e possibilidade de acesso da sociedade como um todo.

9 TARUFFO. Michele. **La Prueba de los hechos**. Tradução: Jordi Ferrer Beltrán. 2 ed. Madrid: Editoral Trotta, 2005, p. 22.

Os problemas de ordem *geral* da prova, todavia, podem ser sistematizados em algumas indagações, tal como pensadas inicialmente por Eduardo Couture[10] e complementadas por Sentis Melendo[11], relevando-se as seguintes para fins do presente estudo:

a) O que é a prova?; b) o que se prova?; c) quem prova?; d) com que se prova?; e) para quem se prova?; f) que valor tem a prova?[12]

Isto é, a primeira indagação diz respeito ao *conceito* de prova; a segunda ao *objeto* da prova; a terceira à carga/*ônus* da prova; a quarta às *fontes* e os *meios de prova;* a quinta ao *destinatário* da prova; a última à *valoração* da prova[13].

Certo que todos esses problemas gerais do direito probatório são de indispensável análise, mas também é certo que se proliferam estudos aprofundados – e de ampla notoriedade – sobre eles, de modo que se abordará aqueles que se afiguram fulcrais para se fixar como premissas ao desenvolvimento do presente estudo (*o que* é a prova; *o que* se prova; *quem* prova; *para quem* se prova; *com que* se prova; *valor* da prova).

Nessa parte preambular do capítulo, ademais, é oportuno ponderar que toda a investigação a ser aqui empreendida toca diretamente ao campo da epistemologia jurídica, cuja preocupação central é compreender o que é a prova, como ela é estruturada e o que a faz melhor ou pior, mais forte ou mais fraca[14].

---

10 Originalmente: "Desde el punto de vista de este libro, los problemas de la prueba consisten en saber *qué es* la prueba; *qué* se prueba; *quién* prueba; *cómo* se prueba; *qué valor* tiene la prueba producida. En otros términos: el primero de esos temas plantea el problema del *concepto* de la prueba; el segundo, el *objeto* de la prueba; el tercero, la *carga* de la prueba; el cuarto, el *procedimiento* probatorio: el último, la *valoración* de la prueba" (COUTURE, Eduardo J. **Fundamentos del derecho procesal civil**. 3 ed. Buenos Aires: Roque Depalma Editor, 1958, p. 216).

11 Originalmente: "*con qué* se prueba; *para quién* se prueba, y *con cuáles garantías* se prueba" (MELENDO, Santiago Sentis. **La prueba**: los grandes temas del derecho probatoria. Buenos Aires: Ediciones Jurídicas Europa-America,1978, p. 10).

12 As demais indagações são: como se prova?; com quais garantias se prova?

13 Dinamarco e Lopes (DINAMARCO, Cândido Rangel; LOPES, Bruno Vasconcelos Carrilho. **Teoria Geral do Novo Processo Civil**. 2 ed. São Paulo: Malheiros, 2017, p. 182) resumem o conteúdo do direito probatório de forma correlata: "O direito probatório tem por conteúdo a identificação das alegações passíveis de demonstração por via da prova *(objeto da prova)*, a distribuição do encargo de realizá-la e as consequências da falta de prova suficiente *(ônus da prova)*, a definição dos elementos exteriores sobre os quais a atividade probatória incidirá *(fontes de prova)*, as atividades processuais destinadas à comprovação das alegações *(meios de prova)* e a disciplina do valor das provas e do modo como devem ser apreciadas *(valoração da prova)*".

14 BADARÓ, Gustavo Henrique. **Epistemologia judiciária e prova penal**. São Paulo: Revista dos Tribunais, 2019, p. 134.

Isso porque a epistemologia jurídica é fundamental no campo judicial por fornecer os instrumentos de *controle* das decisões judiciais, no tocante ao conhecimento acerca dos fatos, especialmente para obtenção e a valoração das provas produzidas no processo, com base nas quais se proferirá decisão.

Por fim, como se viu na parte anterior do estudo, a prova, a verdade e processo têm um relacionamento que se desenvolve em um âmbito de explicações probabilísticas, abrindo campo para hipóteses a serem avaliadas e selecionadas. Assim, a escolha da hipótese tida como provada pelo órgão julgador deve fruto da aplicação de regras e métodos que sejam lógica e racionalmente controláveis, isto é, a inferência probatória deve ter um referencial empírico identificável, passível de comprovação e refutação das alegações fáticas por meios das provas e contraprovas[15].

3.2. O QUE É A PROVA – CONCEITO DE PROVA JUDICIAL

Ao revés do que se viu com o vocábulo *verdade*, é possível se chegar a um conceito do vocábulo *prova*[16], sem que seja necessários grandes esforços filosóficos, ou mesmo epistemológicos. Todavia, por incidir sobre o vocábulo o fenômeno da polissemia, há que se ter certos cuidados.

Inicialmente, já no aspecto etimológico, a polissemia se faz presente: *prova* tem advém do latim *probatio*, no sentido de ensaio, verificação, inspeção, exame etc., e deriva do verbo *probare (probo, as, are)*: ensaiar, verificar, examinar, demonstrar etc.[17]

---

15 Como anotado por Gustavo Badaró (BADARÓ, Gustavo Henrique. **Epistemologia judiciária e prova penal**. São Paulo: Revista dos Tribunais, 2019, p. 135-136): "O que se pretende com um modelo processual concebido a partir de uma epistemologia judiciária é propor um método racional de decisão sobre o juízo de fato e, com isso, ampliar as possibilidades de seu controle. [...] Admitido que a prova é um mecanismo para o conhecimento da verdade, a liberdade em sua valoração deve seguir parâmetros racionais, que permitem um controle intersubjetivo do ato decisório, apto a verificar o erro ou o acerto quanto ao juízo de fato. É possível afirmar que, num modelo cognitivista de exercício de poder, prova e valoração são termos inseparáveis".

16 Válida aqui é a observação feita por Taruffo (TARUFFO. Michele. Il concetto di "prova" nel diritto processuale. **Revista de Processo**. vol. 229/2014, p. 75-87, Mar/2014, p. 1): "Na linguagem comum, muitas vezes falamos de um "conceito de prova" no singular por razões de simplicidade, mas devemos observar imediatamente que o termo realmente designa um conjunto complexo de significados que também são muito diferentes um do outro, tanto na linguagem atual quanto na linguagem técnica. legal. Não é um conceito, portanto, mas uma família de conceitos cujos membros apresentam várias características semelhantes, mas também diferenças relevantes".

17 SANTOS, Moacyr Amaral, **Prova judiciária no cível e no comercial**: v. I. São Paulo: Max Limonad, 1968, p. 11.

No campo semântico, existem várias acepções ou sentidos, caracterizando a plurissignificação do vocábulo. Em essência, pode-se dividir no sentido comum/ordinário[18] e no sentido jurídico, bem como no sentido objetivo e sentido subjetivo.

Especificamente quanto ao sentido jurídico, é importante, ainda, tecer-se algumas considerações a respeito do tempo dos fatos que serão objeto de prova.

3.2.1. Sentido comum/ordinário

O sentido comum é aquele presente na vida prática cotidiana[19], extraído dos significados gerais trazidos nos dicionários de língua portuguesa - isto é, que não próprios de determinados campos de conhecimento -, como se depreende do Aurélio[20]: "1. Aquilo que atesta a veracidade ou a autenticidade de algo. 2. Ato que atesta uma intenção ou sentimento [...]". O verbo provar, por sua vez: "1. Estabelecer a verdade, a realidade. 2. Demonstrar, comprovar. [...]".

De tais acepções do sentido comum, é possível se verificar a existência de um ponto nuclear, compartilhado por todas elas: o vocábulo é empregado para denotar o que possa servir ao convencimento de outrem acerca da veracidade de algo[21].

Moacyr Amaral Santos[22] anota que a prova é "um meio utilizado para persuadir o espírito de uma verdade"; no mesmo sentido Ma-

---

18 No mesmo sentido: SILVA, Ovídio Araújo Baptista da. **Curso de processo civil**: v. 1. São Paulo: Revista dos Tribunais, 2001, p. 337. A divisão adotada entre os sentidos ordinário e jurídico é um corte metodológico feito com o intuito de não alongar e desvirtuar a presente a análise, sendo certo que a figura da prova não é exclusiva do Ciência do Direito, dizendo respeito a inúmeras outras disciplinas, tanto em ciências exatas como em ciências humanas, podendo assumir vários aspectos. Ver TOMÉ, Fabiana Del Padre. **A prova no direito processual civil**. 3 ed. São Paulo: Noeses, 2011, p. 73-74. Daí porque o ideal seria se subdividir em sentido comum e sentido técnico, este variando segundo a ciência a que se aplique (ECHANDIA, Hernando Davis. **Teoria general de la prueba judicial**: t. I. 3 ed. Buenos Aires: Editor Alberti, 1976, p. 9).

19 Na mesma linha acima apresentada, Echandía (ECHANDIA, Hernando Davis. **Teoria general de la prueba judicial**: t. I. 3 ed. Buenos Aires: Editor Alberti, 1976, p. 9) aponta que a noção de prova transcende o campo jurídico, estendendo-se para todas as ciências que integram o saber humano e, inclusive, a vida prática cotidiana: "nada escapa da necessidade de provar, de convencer-se da realidade ou da verdade de algo".

20 FERREIRA, Aurélio Buarque de Holanda. **Minidicionário Aurélio**. 8 ed. Curitiba: Editora Positivo, 2018, p. 620.

21 TOMÉ, Fabiana Del Padre. **A prova no direito processual civil**. 3 ed. São Paulo: Noeses, 2011, p. 75.

22 SANTOS, Moacyr Amaral. **Prova judiciária no cível e no comercial**: v. I. São Paulo: Max Limonad, 1968, p. 12. O autor fornece exemplos: prova-se a resistência do ferro, a potência de uma alavanca, o grau alcóolico do vinho.

latesta[23], para quem a prova é "o meio objectivo pelo qual o espírito humano se apodera da verdade"[24].

Sem destoar, Couture[25] entende que, em sua acepção comum, a prova é a ação e o efeito de provar, e provar é demonstrar de algum modo a certeza de um fato ou a verdade de uma afirmação.

3.2.2. Sentido jurídico[26]

O cenário não é simplificado e, na verdade, torna-se mais complicado, quando se passa da linguagem comum para a linguagem técnica, isto é, as maneiras pelas quais os juristas e, em particular os processualistas, usam o termo "prova"[27]: não existe um sentido *jurídico* unívoco, tanto é que Paulo de Barros Carvalho fez uma compilação de 58 (cinquenta e oito) possibilidades significativas[28].

Com isso, é contraproducente se pretender atribuir um único sentido exato ao termo no âmbito jurídico, tampouco reputar como "ideal" ou correta uma dada acepção, mesmo porque "o conceito de prova varia segundo o instante em que se a considere, podendo referir-se a aspectos relacionados à sua fonte, aos enunciados probatórios ou à sua valoração"[29].

---

23 MALATESTA, Nicola Framarino Dei. **A lógica das provas em matéria criminal.** Tradução: de J. Alves de Sá. Lisboa: Livraria Clássica Editora, 1927, p. 19.

24 Verdade aqui entendida em termos relativos, conforme detalhado na parte anterior do estudo e pelo próprio autor.

25 COUTURE, Eduardo J. **Fundamentos del derecho procesal civil**. 3 ed. Buenos Aires: Roque Depalma Editor, 1958, p. 215.

26 Além dos autores aqui mencionados, ver sobre o tema os clássicos: LESSONA, Carlos. **Teoría general de la prueba em derecho civil**: t. I, Madrid: Hijos de Res, 1906, p. 43-46; BENTHAM, Jeremías. **Tratado de las Pruebas**. Tomo Primero. Paris: Bossange Freres, 1825, p. 19-23. Para uma compilação acerca do conceito de prova judicial apresentado pelos autores clássicos, ver ECHANDIA, Hernando Davis. **Teoria general de la prueba judicial**: t. I. 3 ed. Buenos Aires: Editor Alberti, 1976, p. 20-28.

27 Importante ressalva é feita, de forma dura, por Dinamarco (DINAMARCO, Cândido Rangel. **Vocabulário do processo civil**. 2 ed. São Paulo: Malheiros, 2014, p. 227-228) quanto ao emprego da palavra *evidência* no lugar de *prova*. Segundo ele, é uma "acintosa profanação ao vernáculo e às tradições vocabulares ligadas ao linguajar jurídico romano. Iludidos por um falso cognato, ou *pitfall*, esses maus tradutores prestam um perverso desserviço e influenciam profissionais igualmente mal preparados, por não saberem que o vocábulo *evidence*, da língua inglesa, significa *prova* e não *evidência*". Completa esclarecendo que *evidência* é "ausência de qualquer possível dúvida acerca de um fato ou de uma afirmação. É um grau elevadíssimo de *certeza*; já *prova* fiz respeito às "atividades ou elementos destinados a demonstrar a veracidade de uma alegação, ou a ocorrência ou inocorrência de um fato".

28 Conforme apontado por Fabiana Tomé (TOMÉ, Fabiana Del Padre. **A prova no direito processual civil**, cit., p. 75), a qual traz lista completa em sua obra.

29 TOMÉ, Fabiana Del Padre. *A prova no direito processual civil*, cit., p. 77.

Não obstante tal empecilho, algumas balizas podem postas para se chegar a um conceito satisfatório e epistemologicamente adequado.

A primeira dela é que, inerente ao sentido *jurídico* de prova, está o fato de que, no campo do Direito, diferentemente do ocorre no sentido ordinário, não se admite todo e qualquer meio de convencer alguém da ocorrência de tais ou quais fatos: a prova judicial está ligada à segurança que deve existir no processo e, em maior escala, que o próprio ordenamento jurídico assegura. Daí porque existe uma regulamentação especial para que a prova produza efeitos no campo do Direito. É o que Arruda Alvim denomina de "noção rigorosa do conceito de prova" [30].

Esclarecido isso, em sentido jurídico, especificamente em sentido *jurídico processual*, pode-se conceber a prova, na esteira da doutrina de Couture[31], como um método de *averiguação* (a fim de encontrar algo incerto) e um método de *comprovação* (a fim de demonstrar algo que se afirma como certo). Tomada em seu sentido estritamente processual, a prova é, por consequência, um *meio de verificação* das alegações que as partes formulam em juízo, podendo se resumir o conceito a *método jurídico de verificação das alegações das deduzidas partes* no processo[32].

Especificamente quanto aos sentidos inerentes ao conceito jurídico de prova do termo *prova, a* classificação mais aceita na doutrina, e a que se afigura mais adequada epistemologicamente, é aquela pela qual o termo é representado pelo trinômio *atividade-meio-resultado*[33].

30 ARRUDA ALVIM. **Curso de direito processual civil**: v. II. São Paulo: Revista dos Tribunais, 1972, p. 213-214.

31 COUTURE, Eduardo J. **Fundamentos del derecho procesal civil**. 3 ed. Buenos Aires: Roque Depalma Editor, 1958, p. 217-219.

32 Da mesma forma: MELENDO, Santiago Sentis. **La prueba**: los grandes temas del derecho probatoria. Buenos Aires: Ediciones Jurídicas Europa-America,1978, p. 144.

33 No mesmo sentido: MENDES, João de Castro. **Do conceito de prova em processo civil**. Lisboa: Ática, 1961, p. 51/280; TARUFFO. Michele. **La Prueba de los hechos**. Tradução: Jordi Ferrer Beltrán. 2 ed. Madrid: Editoral Trotta, 2005, p. 448-451; PISANI, Andréa Proto. **Lezioni di diritto processuale civile**. 4. ed. Napoli: Jovene Editore, 2002, p. 404; SANTOS, Moacyr Amaral, **Prova judiciária no cível e no comercial**: v. I. São Paulo: Max Limonad, 1968, p. 11-12; ARRUDA ALVIM. **Curso de direito processual civil**: v. I. São Paulo: Revista dos Tribunais, 1972, p. 211; FILHO, Antônio Gomes. **O direito à prova no processo penal**. São Paulo: Revista dos Tribunais, 1997, p. 43-44; FERREIRA, William Santos. **Princípios fundamentais da prova cível**. São Paulo: Revista dos Tribunais, 2014, p. 54; SILVA, Ovídio Araújo Baptista da. **Curso de processo civil**: v. 1. São Paulo: Revista dos Tribunais, 2001, p. 337-338; CAMBI, Eduardo. **Direito constitucional à prova no processo civil**. São Paulo: Revista dos Tribunais, 2001, p. 48-49. Taruffo (TARUFFO. Michele. Il concetto di "prova" nel diritto processuale. **Revista de Processo**. vol. 229/2014, p. 75-87, Mar/2014, p. 2) ressalta que essa subdivisão é feita com alguma

Como *atividade*, refere-se às atitudes das partes (*ação de provar*), e do próprio juiz com o fito de esclarecimento dos fatos alegados, equivalendo ao procedimento ou *iter* probatório; como *meio*, tem-se os instrumentos que introduzem as fontes de provas nos autos, isto é, os *meios* de prova; como *resultado*, toca à valoração a ser feita pelo juiz e as inferências extraídas dos elementos de prova aportados aos autos, que levam à apuração da existência - ou não - dos fatos alegados e da veracidade das respectivas alegações, com o efetivo aclaramento da questão de fato e a exigência de motivação da decisão; em resumo, diz respeito ao *conhecimento* adquirido acerca dos fatos alegados[34].

A título elucidativo, o CPC/15 contempla as três acepções do termo: no art. 357, § 6º, art. 369, art. 379 etc., o vocábulo *prova* é empregado como sinônimo de *atividade*; no art. 306, art. 319, art. 370 etc., como *meio*; no art. 371, art. 405, art. 415 etc., como *resultado*.

Pode-se apontar, também, que a polissemia do termo é própria dos sistemas de *civil law* (ou seja, os sistemas jurídicos europeus continentais, bem como os sistemas jurídicos latino-americanos e alguns sistemas legais asiáticos), sendo que o termo "*prova*" encontra equivalência perfeita em outras línguas (como *preuve*, *prueba*, *proba*, *Beweis* etc.), ainda que significando um conjunto complexo de fenômenos[35]. Por outro lado, nos sistemas de *commom law*, existe a distinção entre *evidence* (elemento ou meio de prova) e *proof* (prova como resultado) que retiram polissemia da acepção jurídica do vocábulo, presente nos sistemas de *civil law* europeus[36] e, como se viu, no sistema brasileiro.

A prova como resultado (*proof*), especificamente, representa o seu caráter subjetivo, com a verificação, pelo juiz, da ocorrência ou não do fato alegado e da veracidade da respectiva alegação. Para tanto, o juiz forma em sua mente uma espécie de imagem, uma fotografia, do que efetivamente ocorreu, a partir dos elementos probatórios amealhados.

---

aproximação, e sem levar em conta inúmeras variantes terminológicas que são encontradas na doutrina processual italiana como na de outros países.

34 CAMBI, Eduardo. **Direito constitucional à prova no processo civil**. São Paulo: Revista dos Tribunais, 2001, p. 49.

35 TARUFFO. Michele TARUFFO. Michele. Il concetto di "prova" nel diritto processuale. **Revista de Processo**. vol. 229/2014, p. 75-87, Mar/2014, p. 77.

36 TARUFFO. Michele. **A prova**. Tradução: João Gabriel Neto. São Paulo: Marcial Pons, 2014, p. 33. O autor elucida: "os equivalentes de *evidence* usualmente denominam-se *mezzo di prova*, *moyen de preuve* ou *mesure d'instruction*, *médio* ou *fuente de prueba* e *Beweimittel*, e, em tais casos, *prova*, *preuve*, *prueba* e *Beweis* são mais propriamente usados como sinônimos de *proof*".

Tal "fotografia" é obtida, portanto, a partir da reconstrução histórica realizada a partir dos elementos constantes dos autos. Daí porque Echandia[37] dizer que o método[38] judicial probatório é um dos vários compreendidos no gênero método reconstrutivo, e mencionar a conhecida equiparação entre o juiz e o historiador com relação à atividade cognoscitiva exercida na verificação dos fatos[39].

Aqui, todavia, reside uma antiga espécie de crença de grande parte dos doutrinadores, que será melhor explicada, e devidamente combatida, no item específico adiante[40].

Destarte, em que pese o problema da espinhosa polissemia do termo prova no âmbito jurídico, pensa-se que, a partir das balizas aqui postas, pode-se chegar ao seguinte conceito de prova judicial, considerando a respetiva noção tripartida: *conjunto dos instrumentos (prova como meio) admitidos pelo sistema processual (idôneos) e atividades (prova como meio) de verificação das alegações de fatos no processo, a partir dos quais se extraem elementos suficientes para justificar a veracidade - ou não - de tais alegações e, por consequência, à ocorrência ou inocorrência dos fatos necessários ao julgamento da causa (prova como resultado), ou, resumidamente, conhecer a realidade fática subjacente ao conflito de interesses a fim de resolvê-lo, aplicando a norma jurídica cabível à hipótese*[41].

---

37 ECHANDIA, Hernando Davis. **Teoria general de la prueba judicial**: t. I. 3 ed. Buenos Aires: Editor Alberti, 1976, p. 12.

38 Método, aqui, significa a conduta do saber, "o conjunto de procedimentos ou de meios de pesquisas que o intérprete conscientemente adota para um determinado objeto" (ROSITO, Francisco. **Direito probatório: as máximas de experiência em juízo**. Porto Alegre: Livraria do Advogado, 2007, p. 19).

39 ROSITO, Francisco. *Direito probatório*, cit., p. 23-24: "a base fundamental dessa comparação está na circunstância de que ambos se deparam com o problema de reconstruir um fato singular do passado, não repetível e não diretamente conhecido, de maneira que ambos precisam valer-se de provas que permitam o conhecimento indireto daquele fato".

40 Ver item 3.2.4

41 João de Castro Mendes (MENDES, João de Castro. **Do conceito de prova em processo civil**. Lisboa: Ática, 1961, p. 741), após realizar uma análise extremamente minuciosa de todos os aspectos que envolvem o tema, chega-se à seguinte definição ("no sentido rigoroso e próprio do termo"): "Prova é o pressuposto da decisão jurisdicional que consiste na formação através do processo no espírito do julgador da convicção de que certa alegação singular de facto é justificadamente aceitável como fundamento da mesma decisão". Com ressalvas à primeira parte da definição, que se farão claras ao longo do presente estudo, o autor perfilha a premissa aqui defendida de que a prova judicial visa à obtenção da certeza em termos relativos - não absolutos - no sentido de ser suficiente, ou aceitável, para justificar a escolha de uma determinada hipótese extraível do conjunto das alegações das partes.

3.2.3. Sentidos objetivo e subjetivo

Dentro do espectro de abrangência do sentido jurídico da prova, coexistem outros dois, os quais dizem respeito aos aspectos *subjetivo* e *objetivo*, à semelhança do que ocorre com a busca da verdade, como visto anteriormente[42].

O primeiro toca ao *convencimento* obtido pelo destinatário da prova acerca da ocorrência ou inocorrência dos fatos que interessam à solução da causa ("estado de espírito" ou "estado da alma"[43]) e, por consequência, da veracidade das respetivas alegações (prova como resultado).

Já o segundo, desvincula-se do plano "interior" do destinatário da prova, e se aplica ao plano "exterior", consubstanciando os instrumentos hábeis (prova como meio – os documentos, as testemunhas, a perícia etc.) a comprovar a existência ou inexistência de tais fatos, ou melhor, a dar subsídios para a formação do convencimento no espírito [44].

Em arremate, oportuna é a transcrição da doutrina de Moacyr Amaral Santos[45], o qual, depois de atribuir à prova sentido subjetivo ("crença na certeza dos fatos alegados em juízo" ou "convicção da verdade sobre os fatos alegados") e objetivo ("meios admitidos ou impostos pela lei para chegar-se a essa convicção"), aduz que estes dois sentidos integram e formatam a prova, vez que:

> não pode o juiz, na apreciação dos fatos controvertidos, guiar-se, para nortear e fazer gerar a sua convicção a respeito deles, apenas pela sua consciência, suposições, impressões pessoais, ou usar processos ou medidas que correspondem a atentados a direitos legítimos e merecedores de amparo da própria Justiça.

---

42 Item 2.2.

43 Ver item 2.2.2

44 Nesse sentido: LOPES, João Batista. Direito à prova, discricionariedade judicial e fundamentação da sentença. *In* **Direito probatório**. JOBIM, Marco Félix e FERREIRA, William Santos (coord.). Salvador: Juspodivm, 2015, p. 49-50. A mesma subdivisão é adotada por Antônio Magalhães Gomes (FILHO, Antônio Gomes. **O direito à prova no processo penal**. São Paulo: Revista dos Tribunais, 1997, p. 43).

45 SANTOS, Moacyr Amaral. **Prova judiciária no cível e no comercial**: v. I. São Paulo: Max Limonad, 1968, p. 17.

3.2.4. Prova de fatos passados, presentes e futuros

Conforme adiantado no item 3.2.3, é crucial se dedicar algumas linhas para desmitificar uma antiga crença existente na cultura processual ao longo dos tempos e ao redor do mundo: a de que a prova tem apenas finalidade de reconstruir o passado, isto é, de servir para atestar a veracidade de alegações acerca de fatos pertinentes ao passado[46].

Ora, se isso fosse correto, uma série de demandas teriam sua razão de ser esvaziadas, a exemplo das tutelas inibitórias, em que se visa a *prevenção* de um ilícito iminente e *futuro*. É bem verdade que não se pode comprovar fatos *futuros*, como em um exercício de adivinhação, todavia os fatos demonstrados servirão para formar uma presunção e um juízo de probabilidade de que um fato futuro provavelmente será praticado.

Não se olvida de que, na ampla maioria das vezes, a prova se reporta a fatos pretéritos, o que equivale aos dizeres clássicos de que a prova possui um sentido reconstrutivo. Todavia, na atualidade, a prova também pode se prestar a demonstração de algo que é temido, aquilo que não deve ou que deve acontecer, ou seja, a prova pode apontar alguma coisa como tendente, e que merece a proteção da norma (a exemplo da tutela preventiva em geral)[47].

Igualmente se posiciona Eduardo Cambi[48], fornecendo um exemplo:

---

46 SANTOS, Gildo dos. **A prova no processo** civil. São Paulo: Saraiva, 1975, p. 3. Sobre o tema, anotam Arenhart e Marinoni (ARENHART, Sérgio Cruz; MARINONI, Luiz Guilherme. **Prova e convicção**. 4 ed. São Paulo: Revista dos Tribunais, 2018, p. 263) que "O processo civil, na sua gênese, foi concebido para atender ao passado ou, mais precisamente, para remediar a violação praticada. Essa ideia tem íntima relação com a concepção liberal clássica e jurisdição".

47 Acerca do tema, certeira é observação feita por Jordi Ferrer Beltrán (BELTRÁN, Jordi Ferrer. **La valoración racional de la prueba**. Madri: Marcial Pons, 2007, p. 32), que sustenta o quanto aqui defendido: "Em algumas ocasiões, o juiz se encontra ante a necessidade de determinar a ocorrência de fatos presentes e até prever a de fatos futuros. Assim, por exemplo, em um processo por defeitos de construção, nada há de estranho em solicitar que se pratique um reconhecimento judicial ou inspeção ocular para que o juiz comprove a existência de infiltrações de água [...]. Pode ser acrescentada a possibilidade, nada excepcional, de que se deva determinar a ocorrência de um fato futuro, de forma que se vinculam consequências jurídicas, em realidade, à previsão da ocorrência de um fato em momento posterior [...]. Assim ocorre, por exemplo, nos processos em que se deve determinar a existência futura de lucro cessante que serve de fundamento a uma *petitio* de indenização de danos e prejuízos".

48 CAMBI, Eduardo. **Direito constitucional à prova no processo civil**. São Paulo: Revista dos Tribunais, 2001, p. 53.

> Ainda que a prova esteja voltada a reconstrução de uma situação pretérita, isso não significa que o processo não possa ter uma função preventiva ou inibitória, até porque a ocorrência de um fato pode ser o antecedente lógico e cronológico para a realização de outros que venham a ser considerados ilícitos e/ou danosos. Por exemplo, quando uma emissora de televisão anuncia que mostrara, em um programa a ser veiculado dias depois, fotografias intimas de um artista, esse fato (ou melhor, *ato)*, por si só, não e ilícito, nem danoso, mas e suficiente para a caracterização da *ameaça* de lesão aos direitos da personalidade dessa pessoa, quando a divulgação dessas fotos não tiver sido autorizada.

Com isso, para os fins da presente pesquisa, integra a concepção da prova a demonstração da ocorrência do fato alegado, ocorrência que pode ser e geralmente é pretérita, mas que também pode ser presente e até futura[49].

3.2.5. A finalidade da prova

Inserido no conceito de prova judicial está a finalidade desta, isto é, *para que se prova no processo.*

Se analisada a conceituação proposta acima, a finalidade da prova é extraível sem maiores percalços. Todavia, antes devem ser feitas algumas considerações de ordem geral sobre o tema.

A ideia de que a função precípua da prova é estabelecer a "verdade dos fatos" está difundida nas mais variadas culturas jurídicas[50], todavia se afigura pouco clara, duvidosa e discutível sob inúmeros pontos de vista[51].

Aliás, grande parte dessas obscuridades já foram esclarecidas ao longo do presente trabalho, especialmente na parte 2, referente à verdade, a prova e o processo.

Justificou-se a adoção da premissa jurídico-epistemológica de que a "verdade" alcançável no processo não se dá em termos absolutos, mas, sim, em termos relativos. Assim, a verdade é aquela acerca

---

49 No mesmo sentido: ALMEIDA, Cléber Lúcio de. **A prova como direito humano e direito fundamental das partes do processo judicial**. 2011. Tese (Doutorado em Direito) – Faculdade de Direito, Universidade Federal de Minas Gerais, Belo Horizonte, 2011, p. 31.

50 TARUFFO. Michele. **La Prueba de los hechos**. Tradução: Jordi Ferrer Beltrán. 2 ed. Madrid: Editoral Trotta, 2005, p. 21.

51 TARUFFO. Michele. **A prova**. Tradução: João Gabriel Neto. São Paulo: Marcial Pons, 2014, p. 16.

das alegações de fato, aferível objetivamente *da produção probatória realizada no processo pelos sujeitos da relação jurídica processual* e verificável como em um *método* científico de verificação de hipóteses.

Viu-se também que nunca de descarta no processo a possibilidade de erro no acertamento dos fatos, razão pela qual, se aceita a ideia de que a função da prova é simplesmente determinar a "verdade" dos fatos - sem que se compreenda de qual verdade se está falando - acaso a conclusão a que se chegar seja errônea, a prova não terá cumprido sua função[52].

Feitas tais considerações, tem-se que, para evitar a falta de clareza inerente à ideia de que a função da prova é "estabelecer a verdade dos fatos", é preferível abordar o tema sobre outra perspectiva, mais adequada sob o aspecto epistemológico e jurídico-probatório em geral.

A solução comumente encontrada pela ampla maioria dos doutrinadores é dizer que a finalidade da prova é, então, convencer o juiz, formar sua convicção acerca dos fatos da causa etc., erigindo o órgão julgador ao patamar de *senhor das provas*, protagonista da atividade probatória. Pode-se aqui transcrever uma famigerada passagem doutrinária, muito empregada nos âmbitos dos Tribunais brasileiros, de que """no processo, a prova não tem um fim em si mesma ou um fim moral e filosófico; sua finalidade é prática, qual seja: convencer o juiz"[53].

Esta também não parece ser a visão mais acertada, apesar de não estar equivocada.

É preciso se redirecionar o foco das atenções, ou melhor, distribuí-lo entre o juiz e os demais integrantes da relação jurídica processual, bem como eventuais terceiros interessados.

Ora, a prova judicial é o meio de *comunicação* entre a realidade empírica e a esfera jurídico-processual, permitindo que se demonstre nesta última a ocorrência - ou não - da primeira.

Já se demonstrou que a prova visa à verificação da veracidade das alegações sobre fatos deduzidas no processo e, por consequência,

---

52 Nesse sentido é a doutrina de Echandia (ECHANDIA, Hernando Davis. **Teoria general de la prueba judicial**: t. I. 3 ed. Buenos Aires: Editor Alberti, 1976, p. 250): "Si el fin de la prueba fuese la verdad, resultaria que en muchos procesos no se habría cumplido ese fin, a pesar de que el juez hubiere adoptado una decisión convencido por ella".

53 FILHO, Vicente Grecco. **Direito Processual Civil Brasileiro** v. 2. 16 ed. São Paulo: Saraiva, 2003, p. 182

da existência ou inexistência destes no mundo fenomênico, levando em consideração o grau de corroboração que o conjunto probatório (composto por elementos cognoscitivos) oferece às hipóteses (ou versões) extraíveis das alegações de cada parte em relação à *fattispecie* aplicável ao caso concreto. Serve, portanto, de base para o *conhecimento* dos fatos da causa[54] e a consequente "escolha decisória" pelo juiz dentre tais hipóteses, devendo adotar aquela que consista no melhor fundamento racional da decisão, em razão da preponderância *qualitativa* de elementos a seu favor.

Como se verá no item reservado ao(s) seu(s) destinatário(s), a prova não se dirige somente ao juiz, ela é adquirida pelo processo e o acervo probatório é compartilhado por todos os integrantes da relação jurídica processual, podendo dele lançar mão, independente de quem tenha a aportado aos autos. Com isso, todos os sujeitos também são destinatários da prova, de modo que restringir a finalidade desta ao convencimento do juiz é desprezar tal fato.

Enfim, a melhor alternativa para se identificar a finalidade da prova parece ser considerar que ela não visa tão somente formar a convicção do juiz acerca dos fatos da causa, mas, acima de tudo, esclarecer os fatos necessários ao julgamento desta, de forma geral[55].

Sintética e objetivamente, a *finalidade da prova*, cumprida por intermédio dos meios de prova aportados ao processo, é o esclarecimento (ou o *conhecimento*) das alegações de fatos que integram o *thema probandum*[56], revelando a veracidade – ou não – destas, para que se possa conhecer a realidade fática subjacente ao conflito de interesses a fim de resolvê-lo, aplicando a norma jurídica cabível[57].

54 Nesse sentido: COMOGLIO, Luigi Paolo; FERRI, Corrado; TARUFFO, Michele. **Lezioni sul processo civile**. 5 ed. Bologna: Il Mulino, 2011, p. 457-459.

55 Didier, Braga e Oliveira (DIDIER JR, Fredie; BRAGA, Paula Sarna; OLIVEIRA, Rafael Alexandria de. **Curso de direito processual civil**: v. 2. 10 ed. Salvador: Juspodivm, 2016, p. 55-56) entendem que "a prova também tem por finalidade permitir que as próprias partes se convençam (i) de que efetivamente são titulares das situações jurídicas que, em princípio, pensam ter e (ii) da demonstrabilidade em juízo das alegações de fato subjacentes a tais situações jurídicas". Todavia, como eles mesmos explicam, esse convencimento das partes se forma a partir de uma espécie de exercício de aferição da chance de êxito na demanda, uma conjectura feita *fora* dos autos a partir dos elementos de prova que cada uma sabe ter (o autor para ajuizar a ação e o réu para se defender). Essa perspectiva, porém, não se coaduna com o aqui defendido, de valorização do direito fundamental à prova *no processo*, de ter garantido em juízo a faculdade de provar suas alegações ao longo da atividade probatória, razão pela qual é exposta mais a título de informação.

56 Que será analisado no item 3.3.

57 Ferrer Beltrán (BELTRÁN, Jordi Ferrer. **Prova e verdade no direito** Tradução: Vitor de Paula Ramos. São Paulo: Revista dos Tribunais, 2017, p. 79) corrobora esse entendimento: "a finalidade da prova

3.3. O QUE SE PROVA – OBJETO DA PROVA E TEMA DA PROVA *(THEMA PROBANDUM)*

Outro dos aspectos fundamentais do fenômeno probatório diz respeito ao *que se* prova, isto é, qual o objeto[58] da prova judicial.

Conforme apontado por Taruffo[59], costuma-se dizer que a prova diz respeito aos "fatos" da causa[60], mas essa expressão pode ser enganosa, isso porque, na realidade, os fatos[61] em si mesmo não são provados – o que, em de regra, ocorreu *antes* e *fora* do processo – mas as *alegações*[62] sobre os fatos da causa são provadas.

---

como instituto jurídico é a de permitir alcançar o conhecimento acerca da verdade dos enunciados fáticos do caso".

58 Anota Dinamarco (DINAMARCO, Cândido Rangel. **Instituições de direito processual civil**: v. III. 4 ed. São Paulo: Malheiros, 2004, p. 58-59) que: "A palavra objeto resulta do encontro da preposição latina *ob* com o verbo *jacio*, dando o verbo composto *objicio*. Ora, *ob* significa *diante de, defronte, à vista de*; e *jacio* quer dizer *lançar; atirar; arremessar*. Daí o significado de *objicio*, que é *propor* (*pro* + *pôr*); ou seja, *pôr diante de*. E *objeto*, que é a expressão vernacular do substantivo latino formado a partir desse verbo (*objectus*), serve para designar *algo que se* põe *diante* de uma pessoa ou como alvo de alguma atividade [...] as alegações feitas no processo são apresentadas ao juiz e constituem alvo das atividades consistentes na prova. São *objeto* destas".

59 TARUFFO. Michele. Il concetto di "prova" nel diritto processuale. **Revista de Processo**. vol. 229/2014, p. 75-87, Mar/2014, p. 6.

60 Nesse sentido: SANTOS, Moacyr Amaral. **Prova judiciária no cível e no comercial**: v. I. São Paulo: Max Limonad, 1968, p. 16; SANTOS, Gildo dos. **A prova no processo** civil. São Paulo: Saraiva, 1975, p. 5.

61 Aplica-se aqui o alerta feito por Echandia (ECHANDIA, Hernando Davis. **Teoria general de la prueba judicial**: t. I. 3 ed. Buenos Aires: Editor Alberti, 1976, t. I, p. 158): "Quando se diz que o objeto da prova judicial são os fatos, essa palavra é entendida em um sentido jurídico amplo, ou seja, como tudo o que pode ser percebido e que não é uma simples entidade abstrata ou pura ideia, e não em seu sentido literal", sob pena de não incluir tudo o que pode ser provado para fins processuais. O autor descreve minuciosamente tudo que pode ser compreendido por *fatos* em sentido jurídico. Ver. *Op cit*. p. 158-165.

62 Inobstante tenha se firmado na parte propedêutica que o termo alegações seria utilizado como equivalente a *afirmações*, proposições, afirmações etc. (item 1.4, nota de rodapé nº 149), pensa-se que, no âmbito processual-probatório em específico, é mais adequado o emprego somente do termo "alegações", uma vez que engloba tanto "afirmações" como "negações" (Ver FERREIRA, William Santos. **Princípios fundamentais da prova cível**. São Paulo: Revista dos Tribunais, 2014, p. 55). Aproveita-se o ensejo para colocar o problema da prova das alegações de fato *negativos*, porquanto se costuma sustentar, desde os primórdios do direito romano, que elas não precisar ser provadas, uma vez que o ônus da prova recaía a quem afirmava e não a quem os negava. Todavia, como aludido por Moacyr Amaral Santos (SANTOS, Moacyr Amaral. **Primeiras linhas de direito processual civil**: v. 2. 27 ed. São Paulo: Saraiva, 2011, p. 389), já nas Ordenações Filipinas (Liv. III, Tít. 53, § 10º), em que pese as negativas, em regra, não serem provadas, "reconheciam que essa regra nem sempre é verdadeira, porque bem se pode provar quando coartada a certo tempo e lugar ou quando se resolve em afirmativa". O entendimento passou por aperfeiçoamentos, prevalecendo, nos dias atuais, a regra de que, se a negativa resulta de uma afirmação que se pretende obter por via de uma declaração negativa, impõe-se à parte que nega o ônus da prova. Cite-se, ainda, a distinção feita entre as negativas de fato absolutas ou substanciais, que correspondem à afirmação *tout court* de um *não-fato*, indeterminado no espaço e/ou no tempo (v.g. no meu prédio não tem petróleo), ao passo em que as negativas relativas ou aparentes condizem com a afirmação de um *não-fato*, definido no espaço e/ou no tempo, confirmado por um fato outro, positivo (uma afirmação contrária, no fundo),

Como visto na parte anterior do presente estudo[63], em que se estudou a correlação entre prova, verdade e processo, seja pelo viés epistemológico, linguístico ou jurídico, o objeto da prova no processo são as *alegações* sobre fatos[64], e não os fatos isoladamente considerados em sua realidade empírica ou material[65]. Essa é conclusão à qual naturalmente se chega se ultimada uma análise cuidadosa do fenômeno probatório.

Portanto, o objetivo da prova é fornecer ao juiz o conhecimento necessário para determinar se essas alegações são verdadeiras ou falsas; pode-se dizer, ainda, nessa linha de raciocínio que o objeto da prova são os *fatos*, desde que estes sejam entendidos como as respectivas alegações formuladas pelas partes[66].

E, apesar de constituir premissa jurídica elementar, é de bom grado ressaltar que a prova judicial versa exclusivamente sobre as alegações relativas aos fatos da causa (questões de fato), não sobre as normas a eles subsumíveis (questão de direito), em decorrência do princípio geral do Direito *iura novit cúria*[67], "segundo o qual as normas jurídicas devem e podem ser conhecidas *ex officio* pelo juiz, para que não sejam objeto de prova"[68].

---

que se lhe contrapõe (DIDIER JR, Fredie; BRAGA, Paula Sarna; OLIVEIRA, Rafael Alexandria de. **Curso de direito processual civil**: v. 2. 10 ed. Salvador: Juspodivm, 2016, p. 58). Dessa forma, com João Batista Lopes (LOPES, João Batista. **A prova no direito processual civil**. São Paulo: Revista dos Tribunais, 2000, p. 30), fala-se que as negativas não precisam ser provadas representa uma meia verdade, tendo em vista que somente as negativas absolutas prescindem de prova (v.g. "nunca estudei" – não-fato, com indefinições de tempo e espaço determinados); as relativas, não (no dia 25.02.2018, não fui à aula porque estava doente no hospital" – não-fato, definidos no tempo e local determinados)

63 Ver item. 2.1.

64 Ver item 2.1, relevando-se os posicionamentos doutrinários convergentes trazidos na nota de rodapé nº 199. Em sentido contrário: ECHANDIA, Hernando Davis. **Teoria general de la prueba judicial**: t. I. 3 ed. Buenos Aires: Editor Alberti, 1976, p. 155-158; SANTOS, Moacyr Amaral. **Prova judiciária no cível e no comercial**: v. I. São Paulo: Max Limonad, 1968, p. 16 e 219; SILVA, Ovídio Araújo Baptista da. **Curso de processo civil**: v. 1. São Paulo: Revista dos Tribunais, 2001, p. 341-343; CAMBI, Eduardo. **A prova civil**: admissibilidade e relevância. São Paulo: Revista dos Tribunais, 2006, p. 296-297.

65 Nesse sentido: "o fato não pode ser qualificado de 'certo', 'induvidoso' ou 'verdadeiro'. Ele existe ou não existe, sem comportar qualificação. Ora, se o fato obviamente existe independentemente do processo, esse apenas pode servir para declarar a verdade acerca de uma afirmação de fato" (ARENHART, Sérgio Cruz; MARINONI, Luiz Guilherme. **Prova e convicção**. 4 ed. São Paulo: Revista dos Tribunais, 2018, p. 118).

66 TOMÉ, Fabiana Del Padre. **A prova no direito processual civil**. 3 ed. São Paulo: Noeses, 2011, p. 179.

67 A mesma ideia é passada pela expressão *dabo mihi factum dabo tibi jus* (dá-me o fato que te darei o Direito).

68 COMOGLIO, Luigi Paolo; FERRI, Corrado; TARUFFO, Michele. **Lezioni sul processo civile**. 5 ed. Bologna: Il Mulino, 2011, p. 459.

Não se pode olvidar, entretanto, da exceção à tal regra, prevista no CPC/15 em seu art. 376, de que "A parte que alegar direito municipal, estadual, estrangeiro ou consuetudinário provar-lhe-á o teor e a vigência, se assim o juiz determinar". Em suma, verifica-se que, na verdade, aqui também a prova versa sobre um *fato*, e não sobre *direito* propriamente, uma vez que se deve comprovar o *fato da existência*, conteúdo e vigência da norma[69].

Assim, o que remanesce à perquirição são os desdobramentos da premissa adotada (provam-se as alegações de fato), sendo os principais apresentados a seguir.

Inicialmente, tem-se a diferenciação feita por Carnelutti[70] entre objeto *mediato* e objeto *imediato* da prova. Este é a alegação deduzida do fato, já o primeiro, é o próprio fato ocorrido no mundo fenomênico do qual se pretende a verificação em juízo (ou *quid* afirmado). Tal divisão se reveste de considerável importância uma vez que, no plano instrutório, alguns fatos podem surgir ou serem considerados relevantes pelo juiz, mesmo que não alegados pelas partes, o que não afastará a prova, e, consequentemente, o seu objeto, o fato ainda que sem a alegação das partes[71].

Por tal razão, ainda, não se afigura equivocado concluir que constituem objeto da prova judicial "os fatos alegados pelas partes, referentes a eventos ocorridos em lapso temporal necessariamente anterior à alegação"[72].

É de extrema valia também é a noção apresentada por Echandia[73] de *objeto abstrato* da prova, em oposição ao seu *objeto concreto*.

---

69 Semelhante é a disposição do art. 14 da Lei de Introdução às Normas do Direito Brasileiro (Decreto-Lei nº 4.657/1942): "Não conhecendo a lei estrangeira, poderá o juiz exigir de quem a invoca prova do texto e da vigência".

70 CARNELUTTI, Francesco. **Sistema de Derecho procesal civil**: v. II. Tradução. Niceto Alcalá-Zamora Y Castillo e Santiago Sentís Melendo. Buenos Aires, Uteha Argentina, 1944, p. 400.

71 FERREIRA, William Santos. **Princípios fundamentais da prova cível**. São Paulo: Revista dos Tribunais, 2014, p. 55.

72 FERRAGUT, Maria Rita. **Presunções no direito tributário**. São Paulo: Dialética, 2001, p. 48.

73 ECHANDIA, Hernando Davis. **Teoria general de la prueba judicial**: t. I. 3 ed. Buenos Aires: Editor Alberti, 1976, p. 165-166. No mesmo sentido: MENDES, João de Castro. **Do conceito de prova em processo civil**. Lisboa: Ática, 1961, p. 472.

O objeto, *em abstrato*, pode ser qualquer fato material ou psicológico, no sentido mais amplo do termo, aquilo que se pode provar em geral, sem se considerar as pretensões e interesses das partes[74].

De outra banda, ao se referir ao contexto de um processo em particular, é óbvio que este campo muito amplo de aplicação do conceito deve se limitar aos fatos, que direta ou indiretamente, possam ter alguma relação, *em concreto*, com a matéria debatida e desde que a lei não proíba sua prova. Esse é o chamado *tema* ou *necessidade da prova* (*thema probandum*), definido por Echandia[75] como o:

> conjunto de fatos materiais ou psíquicos, em sentido amplo, que servem de pressuposto para as normas jurídicas aplicáveis em cada processo, tendo em vista as pretensões ou exceções das partes ou os efeitos jurídicos buscados e que a lei exige que sejam comprovados pelos meios autorizados.

Não se deve confundir, portanto, o *objeto da prova* com o *tema da prova*, na medida em que este tem um significado mais limitado, englobando o que *necessita* de prova em cada processo, e não apenas o que *pode* ser provado ali[76]. Frequente também é a confusão com a *carga da prova*, sendo esta o *ônus*[77] de cada parte provar o que lhe interessa para obter êxito no processo, isto é, os fatos, dentre aqueles que constituem o objeto em concreto da prova naquele processo, que precisam ser provados para servir de base as suas pretensões ou exceções (sem ser uma obrigação ou dever) e dizer ao juiz como deve proceder caso essas provas estejam faltando.

---

74 ROSITO, Francisco. **Direito probatório: as máximas de experiência em juízo**. Porto Alegre: Livraria do Advogado, 2007, p. 30.

75 ECHANDIA, Hernando Davis. **Teoria general de la prueba judicial**: cit,, p. 187. No original: "Es el conjunto de hechos materiales o síquicos, en sentido amplio, que sirven de presupuesto a las normas j1trídicas aplicables en cada proceso. en vista de las peticiones o excepciones de las partes o del efecto jurídico perseguido y que la ley exige probar por medios autorizados". o mesmo sentido Francisco Rosito (ROSITO, Francisco. *Direito probatório: as máximas de experiência em juízo*, p. 30): "por tema da prova (*thema probandum*) ou objeto da prova em concreto deve entender-se o que, em cada processo, deve ser matéria de atividade probatória. Trata-se, por conseguinte, de uma noção concreta justamente porque recai sobre elementos específicos de cada processo".

76 No mesmo sentido: RIBEIRO, Darci Guimarães. **Provas atípicas**. Porto Alegre: Livraria do Advogado, 1998, p. 75. O autor cita como exemplos, dentre outros, doutrinadores de imensa expressão, como Chiovenda e Lessona.

77 Ver o conceito de ônus no item 3.4.

Indo a fundo no *tema da prova*, este deve delimitado em cada processo, a partir das especificidades do conflito de interesses, selecionando-se os fatos que interessam entre a vasta, e quase ilimitada, gama daqueles que podem ser objeto de prova, e quais devem ser provados são especificados, uma vez que existem fatos influenciadores que não exijam prova, como se verá adiante.

Para tanto, a doutrina costuma falar que somente os fatos *relevantes* (acontecimentos da vida que influenciam o julgamento da lide), *pertinentes* (que têm relação direta ou indireta com a causa), *controvertidos* (afirmados por uma parte e negado pela outra) e *precisos* (determinam ou especificam situações ou circunstâncias importantes para a causa) necessitam ser provados[78].

Não obstante se trate de uma visão válida, destoa da premissa adotada de que não se provam os *fatos* em si, mas as *alegações* relativas a eles, uma vez que aqueles podem ser efetivamente constatados somente no momento de sua ocorrência.

Para se chegar ao tema da prova deve se ter em mente, primeiramente, que somente o integram as *alegações controvertidas*, isto é, sobre as quais existe controvérsia (choque de razões, alegações ou fundamentos divergentes, que se excluem - que gera a *questão* controvertida)[79].

Ora, a controvérsia sobre um fato delimita em definitivo, salvo exclusão por outras razões, a *necessidade* de prová-los pelos meios autorizados na lei processual; a contrário senso, em não havendo

78 LOPES, João Batista. **A prova no direito processual civil**. São Paulo: Revista dos Tribunais, 2000, p. 28.

79 Dinamarco, DINAMARCO, Cândido Rangel. **Instituições de direito processual civil**: v. III. 4 ed. São Paulo: Malheiros, 2004, p. 59. Carnelutti (CARNELUTTI, Francesco. **A prova civil.** Tradução: Amilcare Carletti. São Paulo: Leud, 2002, p. 44) avança no tema e diferencia fato controvertido, enquanto fato afirmado e não admitido, de fato contestado, como fato que não apenas não é admitido, mas também negado, afirmando que a não admissão é um conceito mais amplo do que a negação, porque compreende também o silencia e a declaração de não saber. Nesse ponto Darci Ribeiro (RIBEIRO, Darci Guimarães. **Provas atípicas**. Porto Alegre: Livraria do Advogado, 1998, p. 83) alerta que "a declaração de não-saber e o silêncio não retiram a controvérsia do fato, nem legitimam o juiz de dispensar a prova, tendo em vista que a incontrovérsia só é gerada quando aquele tinha o ônus de se manifestar em sentido contrário não se manifesta; ou seja, se ele não tem o ônus de se manifestar em sentido contrário, não se lhe podem atribuir as consequências da incontrovérsia". O mesmo autor (*op. cit.*, p. 87-89) tem um interessante entendimento - com o qual não se concorda, todavia - de que os fatos incontroversos, gerados pelo "silêncio de quem tinha o ônus de não silenciar", também fazem parte do objeto da prova, não obstantes estarem dispensados de prova. Acerca do conceito de questão, ver item II.

controvérsia quanto às alegações, a questão se reduz à aplicação do Direito.

A exceção fica por conta das alegações que, apesar de não controvertidas, sejam dependentes de prova, como na hipótese previstas nos incisos dos art. 341 e 345 do CPC/15.

Isso, porém, não é suficiente. Toda e qualquer alegação controvertida deve integrar o tema de prova? Certamente não, uma vez que não são todos os fatos ocorridos no mundo fenomênico importam ao direito, muito menos ao processo.

A fim de solucionar essa questão, a doutrina procurou estabelecer o *critério de relevância* jurídica do fato objeto da alegação, o que permite definir o "horizonte da decisão": *relevantes* seriam as alegações sobre fatos que vêm abstratamente previstos como tais pela norma jurídica aplicável ao caso concreto (*fattispecie*)[80], como condição para incidência das consequências jurídica por ela previstas, dividindo-se em *principais* e *secundários*[81]. Em última análise, é a consagração do brocardo *frustra probatur quod probatum non relevat*[82].

Cite-se, por exemplo, uma ação de indenização por dano estético em razão de suposto erro médico em procedimento estético de lipoaspiração: a partir das normas de direito material aplicáveis à espécie (art. 186 e 927 do Código Civil), tem-se por *relevantes* fatos como a realização do procedimento pela parte ré na parte autora, o dano estético ocasionado à parte ré, a existência de imperícia, imprudência ou negligência do profissional a gerar a ocasionar o dano. Assim, as alegações que veicularem tais fatos integrarão o objeto da prova em concreto e, por consequência, serão *verificadas* pelos meios de prova idôneos.

Por consequência lógica, se o fato for *irrelevante*, isto é, não guardar potencial mínimo de influência na decisão da causa, não deverá integrar o tema da prova.

80 Nesse sentido, Taruffo (TARUFFO. Michele. **La Prueba de los hechos**. Tradução: Jordi Ferrer Beltrán. 2 ed. Madrid: Editoral Trotta, 2005, p. 97) assevera que é a própria norma aplicável ao caso que funciona como critério de seleção, no sentido de individualizar entre os infinitos eventos do mundo real, aqueles que assumem relevância específica para sua aplicação.

81 ROSITO, Francisco. **Direito probatório: as máximas de experiência em juízo**. Porto Alegre: Livraria do Advogado, 2007, p. 33-34. Sobre a divisão em fatos principais, ver item subsequente.

82 Inutilmente se prova o que, uma vez provado, não tem relevância.

Darci Ribeiro[83], apoiado na doutrina de Jeremy Bentham, traz alguns exemplos de fatos irrelevantes: (i) fatos *impossíveis*, cuja existência violaria as leis da natureza, como a lei física de que nenhum corpo pode ocupar dois lugares ao mesmo tempo. Se alegada por uma das partes tal possibilidade, a parte adversa estará desobrigada a fazer prova em sentido contrário; (i) fatos *possíveis*, mas de *prova impossíveis*, sendo que a impossibilidade pode se dar por disposição de lei (não podem produzir consequência jurídicas, como os alegados de encontro a uma presunção absoluta) e pela natureza do fato (a lei veda determinado meio de prova em razão da natureza do fato, como na hipótese do art. 464, III, do CPC).

A controvérsia e a relevância, todavia, não bastam para se ter a consecução do tema da prova, faltando mais um critério: a *pertinência*, ou influência, das alegações: *pertinentes* são as alegações que guardam relação direta ou indireta com a causa, sendo *úteis* para o *esclarecimento* dos fatos que ensejaram o exercício do direito de ação e sejam necessários para a solução da causa, à luz da norma jurídica regente (relevância)[84].

Apresentados os critérios da relevância e da pertinência, logo se percebe que eles guardam relação de identidade[85] entre si, todavia se mostra adequado fazer a distinção – mesmo que sutil – entre eles, para que se tenha um melhor entendimento acerca da delimitação do *thema probandum*, e se perceba que o juízo de relevância é mais amplo que o de pertinência[86].

---

83 RIBEIRO, Darci Guimarães. **Provas atípicas**. Porto Alegre: Livraria do Advogado, 1998. p. 86. A mesma classificação é adotada por Moacyr Amaral Santos (SANTOS, Moacyr Amaral. **Prova judiciária no cível e no comercial**: v. I. São Paulo: Max Limonad, 1968, p. 216-220). Este autor anota que os fatos de prova impossível por disposição de lei não são *propriamente* impossíveis, mas cuja prova é inútil, porque não produzem consequências jurídicas.

84 Eduardo Cambi (CAMBI, Eduardo. **A prova civil**: admissibilidade e relevância. São Paulo: Revista dos Tribunais, 2006, p. 299) exemplifica: "na ação de reparação de danos por acidente de trânsito, é pertinente saber qual foi a extensão dos danos causados, se havia placas de sinalização no local, se o semáforo estava verde ou amarelo; por outro lado, é impertinente saber se o motorista é católico ou protestante, solteiro ou casado, gaúcho ou baiano etc.".

85 Como ressaltado por Badaró (BADARÓ, Gustavo Henrique. **Epistemologia judiciária e prova penal**. São Paulo: Revista dos Tribunais, 2019, p. 156): "não há consenso na interpretação das noções de pertinência e de relevância. Nem mesmo essa dicotomia é tranquila". Tanto é que alguns doutrinadores entendem que a pertinência configura aspecto inerente à relevância. Ver ECHANDIA, Hernando Davis. **Teoria general de la prueba judicial**: t. II. 3 ed. Buenos Aires: Editor Alberti, 1976, p. 342-343; TOMÉ, Fabiana Del Padre. **A prova no direito processual civil**. 3 ed. São Paulo: Noeses, 2011, p. 185-186.

86 A distinção é mais bem visualizada quando aplicado ao momento de *seleção* dos meios probatórios, pois um determinado meio pode ser relevante para o esclarecimento dos fatos da causa, todavia não é pertinente, a exemplo de uma prova pericial sobre questão de fato já devida e suficientemente

Daí exsurge que, em resumo, os critérios fundamentais, dentro dos quais se podem inserir os tantos outros aludidos pela doutrina, para se delimitar o tema da prova, ou seu objeto em concreto, são três: *controvérsia*, *relevância* e *pertinência* das alegações de fato, que fazem as vezes de uma "peneira para filtrar os fatos e os meios de prova que podem ser provados"[87], sendo um antecedente lógico-processual da etapa posterior de aplicação do Direito aos fatos.

Cumpre fazer a derradeira ressalva de que a própria lei (art. 374 do CPC/15) traz o rol de fatos que *não dependem de prova*, isto é, que não serão *objeto em concreto* de prova, a saber: (i) os fatos notórios; (ii) afirmados por uma parte e confessados pela parte contrária; (iii) admitidos no processo como incontroversos; (iv) em cujo favor milita presunção legal de existência ou de veracidade.

As hipóteses contidas nos incisos II e III independem de prova uma vez que inexistente controvérsia e, "onde não haja controvérsia, com referência aos fatos alegados pelos litigantes, a questão se reduz à mera aplicação do direito"[88].

Já a hipótese do inciso contempla os *fatos notórios*, que estão atrelados à ideia de "conhecimento do homem médio" (cultura média), sendo aqueles cujo conhecimento é esperado e *possível*, estando acima de dúvida razoável no contexto do lugar e da época em que o processo tramita[89].

Por fim, o inciso IV abarca a hipótese de presunção *legal* – diversas das presunções judiciais, *hominis*, do homem ou simples, que resultam do raciocínio do juiz no caso concreto –, prevista em lei, portanto, de que o fato seja existente ou verdadeiro. Aqui, pensa-se que se aplica somente às presunções legais absolutas (*iuris et de iure*),

---

esclarecida a partir de laudos técnicos juntadas pelas partes (art. 472 do CPC). Retomando o exemplo anterior da ação de reparação de danos por acidente de trânsito, o autor assevera que é relevante saber se o motorista estava alcoolizado, trafegava na contramão, ultrapassava em local proibido etc.

87 CAMBI, Eduardo. **A prova civil**: admissibilidade e relevância, cit., 2006, p. 262.

88 SANTOS, Moacyr Amaral. **Prova judiciária no cível e no comercial**: v. I. São Paulo: Max Limonad, 1968, p. 209.

89 Como apontado por João Batista Lopes (LOPES, João Batista. **A prova no direito processual civil**. São Paulo: Revista dos Tribunais, 2000, p. 29), o conceito de fato notório não é muito preciso na doutrina e, afastando-se a ideia de que seja o fato conhecido de *todos* indistintamente – inclusive sob pena de inviabilizar a aplicação prática do instituto-, afigura-se mais adequado se considerar a notoriedade um conceito relativo, que depende de circunstâncias de tempo e de lugar. Para uma análise detalhada, ver. ECHANDIA, Hernando Davis. **Teoria general de la prueba judicial**: t. I. 3 ed. Buenos Aires: Editor Alberti, 1976, p. 221-238; SANTOS, Moacyr Amaral. **Primeiras linhas de direito processual civil**: v. 2. 27 ed. São Paulo: Saraiva, 2011, p. 382.

que não admitem prova em contrário; as presunções *relativas* (*iuris tantum*), por sua vez, admitem prova em contrário e, portanto, é o caso de se facultar a comprovação da hipótese adversa pela parte interessada, bem como a ratificação pela parte a quem a presunção aproveita[90].

3.3.1. Fatos principais e fatos secundários – Prova direta e indireta/ circunstancial[91]

Antes da análise propriamente dita do tema, alerta-se que as considerações feitas no presente item, bem como as respectivas notas conclusivas, representam um dos fios da meada para compreensão de todo a parte subsequente do estudo (referente aos aspectos teóricos da prova indiciária), bem como do que se pretende demonstrar com ele.

Esclarecido isso, inicia-se reproduzindo um excerto – longo, porém extremamente útil – da clássica obra de Malatesta[92], o qual, com requintes quase que poéticos, aclara sobremaneira o objeto da presente exposição:

> Se o homem só podesse conhecer pela própria percepção directa, seria bem pobre o campo dos seus conhecimentos; pobre no mundo das ideias, pobre no mundo dos factos. Para que um facto possa ser percebido directamente, é necessário a coincidência de lugar e de tempo entre êle e o homem que o deve perceber. (...) existe uma multidão de coisas que se escapam não só à nossa percepção, mas também às dos outros que poderiam referi-las. Deverá o homem renunciar ao conhecimento destas coisas, e permanecer nas trevas? Felizmente, não. Entre uma coisa e outra existem fios secretos e invisíveis aos olhos do corpo, mas visíveis aos do espírito; fios ténues que são o meio providencial por que espírito chega à conquista do ignoto; fios ténues, percorrendo quais o espírito humano, partindo daquilo que conhece directamente, chega ao que não pode directamente perceber [...] tôda a coisa, na sua realização no mundo, derrama em tôrno de

90 Ver CAMBI, Eduardo. **A prova civil**: admissibilidade e relevância. São Paulo: Revista dos Tribunais, 2006, p. 366-383.

91 A equiparação da prova direta à prova circunstancial é aceita pela doutrina desde Bentham (BENTHAM, Jeremías. **Tratado de las Pruebas**. Tomo Primero. Paris: Bossange Freres, 1825, p. 31; Tomo Segundo, p. 107 e 221) até os dias atuais, como se vê em Taruffo (TARUFFO. Michele. **A prova**. Tradução: João Gabriel Neto. São Paulo: Marcial Pons, 2014, p. 58). À frente no estudo se demonstrará que também não existe distinção em relação às provas indiciárias e provas artificiais.

92 MALATESTA, Nicola Framarino Dei. **A lógica das provas em matéria criminal**. Tradução: J. Alves de Sá. 2 ed. Lisboa: Clássica Editora, 1927, p. 179.

> si como que uma irradiação de relações, que a liga a muitas outras coisas. E precisamente pela percepção destas outras coisas, e pela percepção das suas relações com o que queremos conhecer, que nós chegamos à conquista do ignoto; meio de conhecimento indirecto, que é o triunfo da inteligência humana sôbre as trevas de que o rodeia a sua natureza finita. (...) O cão que, farejando o simples vestígio, consegue alcançar o seu dono, não faz mais que dirigir-se para o ignoto por meio do conhecido. O pássaro que, com os simples pródomos do inverno, emigra para regiões mais clementes, não faz mais que fugir à bruma que ainda não veio, mas que êle pressente por meio da percepção dos indícios precursores. Fatalidade benéfica, esta, nos animais, que os conduz pelo mesmo caminho por que nos conduz a razão, e os faz chegar a um igual fim: isto é, à convicção deduzida de provas indirectas; convicção instintiva e cega, nêles; convicção racional e esclarecida, em nós.

Do trecho acima, escrito por um dos pioneiros na análise da classificação sistematizada das provas em direta e indiretas, depreende-se que o conhecimento humano não está limitado àquilo que pode ser percebido de forma direta ou imediata.

Ao revés, existe "uma multidão de coisas" que somente poderão ser conhecidas por "fios secretos e invisíveis aos olhos do corpo, mas visíveis aos do espírito", que partem do conhecido para se chegar ao desconhecido: aproveita-se aquilo que é conhecido de forma direta, e a sua interação com o ambiente, como ponto de partida para se conhecer aquilo que não se pode perceber diretamente.

É o que o autor chama de conhecimento indireto – como o do pássaro que percebe os sinais do inverno se aproximando e se dirige para regiões mais amenas – que, nos animais, leva à convicção instintiva e cega, e, nos humanos, à convicção racional e esclarecida.

Trazendo essa lição para o campo jurídico-processual, tem-se uma alegoria perfeita do fenômeno probatório, em especial no que diz respeito à abrangência daquilo que se prova – ou se pode provar – no processo.

Isso porque os "fatos da causa", que são objeto das alegações das partes e serão *verificados* pelo *método* da prova, podem ser de dois tipos, segundo aponta Taruffo[93]:

---

93 TARUFFO. Michele. Il concetto di "prova" nel diritto processuale. **Revista de Processo**. vol. 229/2014, p. 75-87, Mar/2014, p. 6.

(i) os chamados fatos *principais* ou jurídicos (*factum probandum*), assim chamados porque correspondem à "fattispecie abstrata"[94], definida pela regra substantiva, podendo ser ligados a uma eficácia constitutiva, extintiva, impeditiva ou modificativa do direito afirmado em juízo[95], razão pela qual são considerados *juridicamente relevantes* (por exemplo, o exato momento de um acidente de veículos narrado por uma testemunha que presenciou a sua ocorrência);

(ii) e os chamados fatos *secundários* ou simples (*factum probans*), também chamados de *indícios* ou *fatos indiciários*, os quais entram - por assim dizer - no processo, não por estarem diretamente ligados aos direitos afirmados em juízo, mas enquanto são *logicamente relevantes*, sendo capazes de constituir a premissa de inferências lógicas destinadas a confirmar ou negar a veracidade das alegações relativas aos fatos principais[96] e, por consequência, levar ao conhecimento indireto destes (a exemplo da existência de automóveis amassados e pessoas machucadas na rua, conforme narrado por testemunha que, em que pese não ter presenciado o exato momento do acidente, pode apontar para a ocorrência da colisão entre eles).

Daí exsurge que a atividade probatória consiste na *verificação* da veracidade ou da falsidade dos fatos principais (ou *probandum*) alegados pelas partes, bem como na "escolha decisória" por parte do juiz, dentre as hipóteses (ou versões) possíveis em relação à *fattispecie* aplicável ao caso concreto, devendo adotar aquela que consista no melhor fundamento racional da decisão, em razão da preponderância *qualitativa* de elementos a seu favor.

---

94 "Conduta abstratamente indicada na norma jurídica como pressuposto de determinada consequência jurídica" (CALMON DE PASSOS, J. J. Esboço para uma teoria das nulidades. **Revista de Processo**, vol 56/1989, p. 7-20, Out-Dez/1989, p. 8).

95 CAMBI, Eduardo. **A prova civil**: admissibilidade e relevância. São Paulo: Revista dos Tribunais, 2006, p. 306.

96 Comoglio, Ferri e Taruffo (COMOGLIO, Luigi Paolo; FERRI, Corrado; TARUFFO, Michele. **Lezioni sul processo civile**. 5 ed. Bologna: Il Mulino, 2011, p. 459) aduzem que os fatos principais devem ser *juridicamente relevantes*, no sentido de que seja corresponde ao fato abstratamente previsto pela lei aplicável ao caso como condição para a ocorrência das consequências jurídicas previstas naquela norma; já os fatos secundários devem ser *logicamente relevantes*, enquanto servem de premissa para uma inferência lógica que leva a uma conclusão sobre o fato principal.

Todavia, como o *conhecimento* não se obtém apenas pela percepção direta, os fatos principais podem ser verificados a partir da relação estabelecida com os fatos secundários, os quais, uma vez comprovados, permitem, por um processo logico-mental, levar ao conhecimento daqueles[97].

Portanto, o emprego da prova judicial, com a finalidade última de esclarecimento dos fatos alegados, pode se dar, por duas frentes: (i) se a prova verte diretamente sobre um fato *juridicamente relevante* da causa, que integra o *thema probandum* e é pressuposta para aplicação da norma abstrata (fato jurídico ou principal); (ii) se a prova verte sobre um fato secundário, desde que seja *logicamente relevante*[98] para o esclarecimento de um fato principal, isto é, do fato secundário, pode-se extrair inferências cognitivas uteis para estabelecer a veracidade de uma alegação acerca de um fato principal[99].

Essas considerações bastam para demonstrar a correção lógica existente entre a *qualidade* dos fatos a provar (principal ou secundário) e o *conteúdo* ou *substância* da prova enquanto meio (direta ou indireta).

Por um lado, geralmente se chama de prova *direta* quando o objeto da prova é uma alegação concernente a um fato *principal*, enquanto se fala de prova *indireta* se seu objeto é uma alegação relativa a um fato secundário (que por sua vez deve ser provado para ser considerado como uma premissa para formular uma conclusão relativa a uma afirmação relativa a um fato principal)[100].

Dellepiane[101] assim elucida a diferença entre as provas diretas e indiretas:

> Se chamarmos *p* a uma prova direta qualquer, *h* a um fato indiciário e *H* ao fato que se trata de reconstruir, teremos que, nas chamadas provas diretas, *p* leva a *H* sem intermediário algum, o que não ocorre

97 CAMBI, Eduardo. **Direito constitucional à prova no processo civil**. São Paulo: Revista dos Tribunais, 2001, p. 49-50.

98 A contrário senso, caso o fato secundário não seja logicamente relevante, a sua prova será considerada *irrelevante* ou *inútil* para o deslinde da causa, devendo ser excluída de forma preliminar (TARUFFO. Michele. **La Prueba de los hechos**. Tradução: Jordi Ferrer Beltrán. 2 ed. Madrid: Editoral Trotta, 2005, p. 456).

99 CAMBI, Eduardo. **Direito constitucional à prova no processo civil**. São Paulo: Revista dos Tribunais, 2001, p. 49-50.

100 TARUFFO. Michele. Il concetto di "prova" nel diritto processuale. **Revista de Processo**. vol. 229/2014, p. 75-87, Mar/2014, p. 6.

101 DELLEPIANE, Antonio. **Nova teoria da prova**. Tradução: Erico Maciel. Campinas: Minelli, 2004, p. 70.

> no caso da chamada prova indireta ou indiciária. Neste, teremos três termos: 1ª *P*, isto é, uma prova direta que leva a *h*, fato indiciário, intermediário, o qual, por sua vez e mediante uma inferência, conduz a *H*, fato principal, fato cuja existência se trata de estabelecer.

Ou, de forma esquematizada:

Prova direta: $p \longrightarrow H$

Prova indireta: $P \longrightarrow h \longrightarrow H$

Está é a *summa divisio* da prova, como apontado por João de Castro Mendes[102].

Carnelutti vai no mesmo sentido e aponta que, segundo esse *critério*[103], a prova é dividida nas categorias fundamentais de prova *direta* e prova *indireta*[104].

102 MENDES, João de Castro. **Do conceito de prova em processo civil**. Lisboa: Ática, 1961, p. 175. Igualmente Jeremy Bentham (BENTHAM, Jeremías. **Tratado de las Pruebas**. Tomo Primero. Paris: Bossange Freres, 1825, p. 39) escreveu que seria a única definição que interessa ao assunto.

103 O autor aborda a questão especificamente pela ótica da relação entre o sujeito e o objeto da prova: quando tal relação é *imediata*, isto é, ao destinatário da prova é apresentada um meio de prova que demonstre diretamente o fato alegado, a prova é *direta*; quando é *mediata*, o meio de prova diz respeito a um fato secundário que pode levar ao fato principal por raciocínio/máxima de experiência/indutivo-dedutivo, a prova é *indireta* (CARNELUTTI, Francesco. **Sistema de Derecho procesal civil**: v. II. Tradução. Niceto Alcalá-Zamora Y Castillo e Santiago Sentís Melendo. Buenos Aires, Uteha Argentina, 1944, p. 401). No mesmo sentido: MENDES, João de Castro. *Do conceito de prova em processo civil*, cit., p. 176.

104 É válido se destacar aqui a distinção entre *prova histórica* e *prova crítica*, cuja concepção é comumente atribuída a Carnelutti. Ocorre que, como critica incisivamente Taruffo (TARUFFO. Michele. **La Prueba de los hechos**. Tradução: Jordi Ferrer Beltrán. 2 ed. Madrid: Editoral Trotta, 2005, fls. 460-462), trata-se de uma das classificações menos claras e, por isso, menos úteis entre as muitas que integram as habituais teorizações do fenômeno probatório; o autor demonstra que a definição não é precisa, ao verificar que "no pensamento de Carnelutti e na doutrina que a recebe, há nada menos que cinco versões diferentes da distinção entre prova histórica e prova crítica". A primeira dessas versões que apresenta é, justamente, aquela que equipara as provas históricas às provas diretas e as provas lógicas às provas indiretas, o que não se mostra útil, já que seria dizer o mesmo com palavras diversas. Verifica-se, em outra obra de Carnelutti (CARNELUTTI, Francesco. **Sistema de Derecho procesal civil**: v. II. Tradução. Niceto Alcalá-Zamora Y Castillo e Santiago Sentís Melendo. Buenos Aires, Uteha Argentina, 1944, p. 405/408), a ideia de que as provas críticas seriam uma subdivisão das provas indiretas, conforme "o homem ou a coisa" representam (prova histórica) ou não (prova crítica) o fato a provar, sendo que nesta segunda hipótese é exigida uma operação lógica para conhecer o fato a ser provado. Concorda-se com Taruffo, portanto, que o fato de a distinção "oscilar" até mesmo para o autor torna a sua tipologia confusa, de forma a retirar sua credibilidade, razão pela qual será adotada no presente estudo a divisão "clássica" entre prova direta e indireta, nos moldes apresentados.

Para corroborar, Taruffo[105] anota que tal distinção está presente em todos os sistemas probatórios, ainda que se usem expressões diversas: no *commom law* fala-se em *direct* (ou material) e *circumstantial evidence*; Na Áustria e na Alemanha, de *mittelbarer* e *unmittelbarer Beweis*; Na França, em *preuve directe* e *indirecte*; Na Itália, em *prova diretta* e *indiretta*; na Espanha, em *prueba directa* e *indirecta* etc.

Assentadas tais premissas, alguns esclarecimentos são essenciais.

Em primeiro lugar, tem-se aquele feito por Carnelutti[106], de que não se sustenta a conhecida distinção das provas diretas e indiretas pelo critério do *resultado*, isto é, que a primeira proporciona *certeza* e a segunda apenas "*convicção*", tendo em vista que a certeza nada mais do que é *grau de convicção*, bem como que a *prova* direta também é sujeita a erro.

Fundamental também é a observação feita por Malatesta[107], de que a qualidade de uma prova em direta ou indireta se dá pelo seu *conteúdo* ou *substância* (se leva diretamente ao fato principal ou precisa de um fato indiciário e uma operação mental para tanto) e não pela sua *forma* (se documental, testemunhal etc.). Como por ele assinalado:

> a prova, em *forma* de depoimento ou em *forma* de documento, pode ter por *conteúdo* tanto a prova directa, como o indício". Indo além, uma prova testemunhal, por exemplo, pode ser direta em relação a um fato relevante da causa e indireta se considerado outro.

Ademais, deve-se ter em mente que nenhum fato, por si só, é um fato secundário para o processo[108]; somente assume tal qualidade se, e na medida em que, é tomado como premissa para a formulação da inferência cognitiva em torno de um fato principal. Senão, o fato em questão é logicamente irrelevante e, portanto, "não existe" no que diz respeito ao processo.

---

105 TARUFFO. Michele. **A prova**. Tradução: João Gabriel Neto. São Paulo: Marcial Pons, 2014, p. 58.

106 CARNELUTTI, Francesco. **A prova civil**. Tradução: Amilcare Carletti.São Paulo: Leud, 2002, p. 81.

107 MALATESTA, Nicola Framarino Dei. **A lógica das provas em matéria criminal**. Tradução: J. Alves de Sá. 2 ed. Lisboa: Clássica Editora, 1927, p. 151.

108 A rigor, o mesmo raciocínio se aplica aos elementos de prova em geral, na medida em que somente podem ser assim qualificados se, a partir deles, for possível extrair conclusões sobre o fato a provar, seja principal ou secundário (TARUFFO. Michele. **La Prueba de los hechos**. Tradução: Jordi Ferrer Beltrán. 2 ed. Madrid: Editoral Trotta, 2005, p. 258-259).

E, verificada a relevância lógica do fato secundário, este pode, se necessário, ser apurado em juízo para se fazer inferências: neste caso, mesmo o fato secundário pode ser objeto de prova destinado a apurar a sua existência, caso não seja possível seu esclarecimento por um meio de prova pré-constituído[109].

A partir de tais considerações acerca da dualidade existente entre fatos principais e secundários no que tange ao objeto de prova, começam a se fazer presentes os aspectos essenciais dos indícios (conceito, finalidade etc.), assim como sua importância no âmbito probatório, sendo o ponto de partida para que se alcance o conhecimento indireto dos fatos principais de uma causa.

Por fim, a teor do ponderado por Eduardo Cambi[110], essa separação dos fatos, em primários e secundários, adquire grande importância para a compreensão do fenômeno probatório e do processo civil contemporâneo, uma vez que *relativiza* a força do princípio dispositivo.

Ora, é certo que cabe às partes fixar a *res in iudicium deducta*, alegando os fatos primários que consubstanciam a ação e a defesa, justamente em razão do princípio dispositivo. No entanto, isso não leva à conclusão de que as partes detenham o monopólio da atividade probatória, porque os reconhecidos *deveres-poderes instrutórios* do juiz englobam a possibilidade de operar com os *secundários*, independentemente de terem sido alegados expressamente pelas partes[111].

Isso se potencializa quando se tem em jogo situações fáticas mais complexas, envolvendo, por exemplo, normas que não definem de modo objetivos ou que contém cláusulas gerais ou preceitos com alto grau de abstração, como "ordem pública", "justa causa" etc. Nesses casos, a determinação dos fatos é mais penosa e exige mais da atividade cognitiva do juiz, e o enquadramento em principais ou acessórios vai

109 COMOGLIO, Luigi Paolo; FERRI, Corrado; TARUFFO, Michele. **Lezioni sul processo civile**. 5 ed. Bologna: Il Mulino, 2011, p. 460.

110 CAMBI, Eduardo. **A prova civil**: admissibilidade e relevância. São Paulo: Revista dos Tribunais, 2006, p. 311-313.

111 O art. 131 do CPC de 1973, inclusive, afirmava expressamente que o órgão judicial pode apreciar livremente a prova dos autos, observando os fatos e as circunstância constantes dos autos, "ainda que não alegados pelas partes", de modo que a consideração dos fatos secundários, mesmo que de ofício pelo juiz, tinha respaldo legal.

depender do critério de relevância a ser adotado, estando sujeito à alteração em razão de serem relativos e móveis[112].

Com isso, um fato que era irrelevante pode vir a se caracterizar como relevante quando, por alguma razão, muda-se o critério mediante o qual se estabelece a relevância (por exemplo a temperatura do momento e do lugar em que ocorreu determinado fato pode ser considerado irrelevante *a priori*, até ser colocada em dúvida e se mostrar importante para a decisão da causa).

Deve-se ressaltar, em arremate, que possibilidade de o magistrado deduzir fatos secundários encontra limites: (i) não pode alterar a causa de pedir, exercendo sua função jurisdicional à luz da *res in iudicium deducta*; (ii) deve respeitar o princípio da adstrição ou correlação da sentença com o pedido; (iii) é indispensável se oportunizar o contraditório (ação-reação-participação) *previamente* à utilização de um fato secundário como indício para aplicação das presunções simples.

3.3.1.1. Verdade relativa e prova indireta

A ideia de que no processo somente se alcança a verdade relativa, no aspecto *objetivo*, e a certeza – em termos relativos –, no aspecto *subjetivo* foi exaustivamente demonstrada no item 2.2.

Viu-se que os fatos ocorridos no mundo fenomênico, uma vez esgotados no tempo e no espaço, são inalcançáveis pelo *método* do processo e, igualmente, pelo *método de verificação* que representa a prova judicial, vez que esta visa tão somente ao esclarecimento das alegações deduzidas pelas partes acercas dos fatos controversos, relevantes e pertinentes para a solução da causa.

Isso implica que a decisão final é tomada com base em probabilidade suficiente.

Daí porque, presente o conceito de prova indireta como aquela que exige um raciocínio lógico para que, tomando-se como ponto de partida determinado fato, conclua-se sobre a ocorrência ou não de *outro* fato, pode-se entender que, a rigor, *toda prova é indireta*[113].

---

112 TARUFFO. Michele. **La Prueba de los hechos.** Tradução: Jordi Ferrer Beltrán. 2 ed. Madrid: Editoral Trotta, 2005, p. 127.

113 TOMÉ, Fabiana Del Padre. **A prova no direito processual civil.** 3 ed. São Paulo: Noeses, 2011, p. 106. A única prova dita direta, por excelência, seria aquela obtida mediante a *inspeção judicial* (art. 481 do CPC/15), na qual o juiz inspeciona *in loco* pessoas ou coisas, a fim de esclarecer o fato que interessa

Ou, a teor do assentado por Danilo Knijnik[114]: "há nessa distinção [entre prova direta e indireta] um mito. Com efeito, toda e qualquer prova é sempre indireta em alguma medida".

Indo a fundo, a prova, entendida aqui pela acepção de *meio*, presta-se a demonstrar a veracidade de uma *alegação* de fato deduzida no processo, a partir do qual, se restar provado, presume-se a ocorrência daquele *fato* alegado, este sim ocorrido no mundo fenomênico, fora dos autos e do qual o destinatário imediato da prova não participou, isto é, não foi percebido diretamente pelo juiz[115].

Ocorre que, retomando a doutrina anteriormente transcrita de Malatesta[116], para que um fato possa ser percebido diretamente, é necessário a coincidência de lugar e de tempo entre ele e o homem que o deve perceber, o que não se tem no processo.

Por tal razão Carnelutti[117] critica a distinção entre prova direta e indireta a partir do critério da imediatividade da relação entre o *fato a provar* (objeto concreto da prova) e o *fato percebido pelo juiz* (objeto da percepção), sustentando que "sempre que o juiz não perceba por si mesmo o fato a provar, adquire seu conhecimento mediante uma dedução, ou seja, mediante um silogismo; a estrutura da prova é, pois, idêntica, tanto se argumento com um depoimento quanto com um indício".

E aqui entra em cena o personagem principal do presente estudo: o *indício*.

A teor do quanto será exposto à frente, esse fato provado de forma imediata (ou "direta"), que representa o ponto de partida para a comprovação de outro fato, por intermédio de uma operação mental

---

à decisão da causa. Nesse sentido Carnelutti (CARNELUTTI, Francesco. **A prova civil**. Tradução: Amilcare Carletti]. São Paulo: Leud, 2002, p. 81-82) afirma que: *direta* é a prova pela qual o juiz percebe, com seus próprios sentidos, o próprio fato que se quer provar (v.g. inspeção judicial); *indireta* é a prova pela qual o juiz percebe, com seus próprios sentidos, um fato (chamado de fato percebido) que representa o fato que se quer provar (fato a ser provado). A diferença reside na coincidência ou divergência do fato a ser provado (objeto da prova) e do percebido pelo juiz (objeto da percepção). É fundamental ressaltar, entretanto, que, em grau recursal, a inspeção judicial não será considerada prova *direta*, porquanto produzida em primeiro grau, de modo a não haver a referida coincidência.

114 KNIJNIK, Danilo. **A prova nos juízos cível, penal e tributário**. Rio de Janeiro: Forense, 2007, p. 26.

115 Nesse sentido assenta Fabiana Tomé (TOMÉ, Fabiana Del Padre. **A prova no direito processual civil**. 3 ed. São Paulo: Noeses, 2011, p. 106): "toda prova é uma conjectura, levando à presunção acerca da ocorrência ou não de certo fato"

116 MALATESTA, Nicola Framarino Dei. **A lógica das provas em matéria criminal.** Tradução: de J. Alves de Sá. Lisboa: Livraria Clássica Editora, 1927, p. 179.

117 CARNELUTTI. Francesco. *A prova civil*, cit., p. 96-97.

(raciocínio presuntivo – que tem como consequência a presunção), é chamado tecnicamente de *indício*.

Do quadro exposto, é autorizado se concluir que, conceitual e epistemologicamente, *toda prova é indiciária*, considerando que jamais toca ao objeto a que se refere[118], e que se equivale à *prova indireta*[119].

O ideal seria extirpar a classificação *prova direta x prova indireta* e adotar, em substituição, aquela proposta por Fabiana Tomé[120], que leva em conta a dualidade prova simples/complexa ou prova atômica/molecular. Ocorre que aquela classificação restou consagrada pelo uso no âmbito jurídico e tem uma grande serventia prática, razão pela qual será adotada ao longo do estudo, todavia sempre com a importante ressalva conceitual aqui construída.

3.4. QUEM PROVA – A REGRA DO ÔNUS OU CARGA DA PROVA

Constitui-se premissa jurídico-processual elementar o fato de que às partes é atribuído o *ônus*[121] de provar (ou *carga* da prova) suas alegações de fato[122] deduzidas em juízo, sendo que, pela consagrada

---

118 Nesse sentido: DELLEPIANE, Antonio. **Nova teoria da prova**. Tradução: Erico Maciel. Campinas: Minelli, 2004, p. 72. O mesmo entendimento é adotado Marina Gascón Abellán (GASCÓN ABELLÁN, Marina. **Los hechos en el derecho**: bases argumentales de la prueba. 3 ed. Madrid: Marcial Pons, 2010, p. 138) que anota: "Do ponto de vista epistemológico, não há distinção qualitativa entre a prova tradicionalmente chamada direta (ou histórica) e a prova indireta. As "Provas diretas" são também, do ponto de vista de sua estrutura lógica, prova indireta, presuntiva ou circunstancial e, portanto, produz apenas um resultado provável, por mais que este grau de probabilidade possa ser maior, levando-se em consideração do menor número de etapas inferenciais que exigem".

119 Aponta Alexandre Freitas Câmara (CÂMARA, Alexandre Freitas. **Lições de direito processual civil**: v. 1. 20 ed. Rio de Janeiro: Lumen Iuris, 2010, p. 404): "A estes fatos, objetos da prova indireta, e dos quais o juiz deduz o fato probando, dá-se o nome de *indícios*, sendo a prova indireta, por este motivo, também conhecida como prova indiciaria".

120 Ver TOMÉ, Fabiana Del Padre. **A prova no direito processual civil**. 3 ed. São Paulo: Noeses, 2011, p. 108.

121 Adota-se o conceito de ônus/carga pensado por Echandia (ECHANDIA, Hernando Davis. **Teoria general de la prueba judicial**: t. I. 3 ed. Buenos Aires: Editor Alberti, 1976, p. 420-421), segundo a qual: "(...) podemos definir ônus como um poder ou uma faculdade (em sentido amplo), de executar, livremente, certos atos e adotar certa conduta prevista na norma para benefício e interesse próprios, sem sujeição ou coação e sem que exista outro sujeito que tenha o direito de exigir sua observância, mas cuja inobservância acarreta consequências desfavoráveis". Como observa João Batista Lopes (LOPES, João Batista. **A prova no direito processual civil**. São Paulo: Revista dos Tribunais, 2000, p. 34); "no ônus, há a ideia de carga, e não de obrigação ou dever".

122 Assim, o *ônus de provar sucede* o *ônus de alegar* os fatos que servem de base para os seus pedidos (pedido de procedência, pedido de improcedência); "tem-se, pois, que o ônus da prova é precedido pelo ônus da alegação, isto é, não se cuidará de provar o que não foi alegado" (LOPES, João Batista. *A prova no direito processual civil*, cit., p. 35). No mesmo sentido Calamandrei (CALAMANDREI, Piero. **Direito Processual Civil**: v. III. Tradução: Luiz Abezia e Sandra Drina Fernandez Barbiery. Campinas:

teoria da "distribuição estática", o autor deve demonstrar os fatos constitutivos do seu *direito* e o réu, por sua vez, os fatos liberatórios (fatos impeditivos, modificativos ou extintivos) do *direito* do autor[123].

Nas palavras de Couture[124]: "carga da prova quer dizer, antes de tudo, em seu sentido estritamente processual, conduta imposta a um ou a ambos litigantes, para que provem a verdade dos fatos enunciados por eles".

Existe ainda a possibilidade de inversão da carga probatória (teoria das cargas probatórias dinâmicas), seja por convenção das partes - observadas as vedações legais[125] - ou pelo juiz, nos casos previstos em lei (como no art. 6º, inciso VIII, do CDC) ou se "diante de peculiaridades da causa relacionadas à impossibilidade ou à excessiva dificuldade de cumprir o encargo nos termos do caput ou à maior facilidade de obtenção da prova do fato contrário [...], desde que o faça por decisão fundamentada, caso em que deverá dar à parte a oportunidade de se desincumbir do ônus que lhe foi atribuído"[126], desde que não gere "situação em que a desincumbência do encargo pela parte seja impossível ou excessivamente difícil"[127].

A razão de ser do instituto remonta ao fato de que o juiz não pode deixar de proferir decisão definitiva sobre a causa, tampouco

---

Bookseller, 1999, p. 277-278) afirma que o trabalho que aparte deve realizar para conseguir do juiz o juízo definitivo a respeito da verdade se desdobra em dois momentos: "primeiro *allegare* os fatos, isto é afirma-los como já ocorridos, os descrevendo em suas circunstâncias, e depois, num segundo momento, *prová-los*, isto é, demonstrar ao juiz que a afirmação responde à verdade".

123 Dispõe o CPC: "Art. 373. O ônus da prova incumbe: I – ao autor, quanto ao fato constitutivo de seu direito; II – ao réu, quanto à existência de fato impeditivo, modificativo ou extintivo do direito do autor. Como ensina Liebman (LIEBMAN, Enrico Tullio. **Manual de Direito Processual Civil**: Vol. 1. Tradução: Cândido Rangel Dinamarco. Rio de Janeiro: Forense, 1984, p. 165): "Fatos *constitutivos* são aquele produzem o nascimento de um efeito jurídico; *modificativos*, os que o modificam; *extintivos* são os que produzem a extinção desse efeito (p. ex., o mútuo é fato constitutivo e o pagamento, fato extintivo); *impeditivos* são aqueles que, quando acompanham os fatos constitutivos, valem como impedimento à produção do seu efeito normal (p.ex., a incapacidade do contratante menor)" – grifo nosso. Para uma análise esmiuçada acerca do tema relativo ao ônus da prova, ver RAMOS, Vitor de Paula. **Ônus da prova**: do ônus ao dever de provar. 2 ed. São Paulo: Revista dos Tribunais, 2018, p. 82-107.

124 COUTURE, Eduardo J. **Fundamentos del derecho procesal civil**. 3 ed. Buenos Aires: Roque Depalma Editor, 1958, p. 241. No original: "Carga de la prueba quiere decir, en primer ténnino, en su sentido estrictamente procesal, conducta impuesta a uno o a ambos litigantes, para que acrediten la verdad de los hechos enunciados por ellos".

125 Art. 373, § 3º, CPC: "[...] § 3º A distribuição diversa do ônus da prova também pode ocorrer por convenção das partes, salvo quando: I – recair sobre direito indisponível da parte; II – tornar excessivamente difícil a uma parte o exercício do direito".

126 Art. 373, § 1º, segunda parte, do CPC.

127 Art. 373, § 2º, CPC.

pronunciar um *non liquet*, fazendo-se necessário precisar critérios que permitam resolver a controvérsia quando a existência dos fatos principais não for comprovada.

As regras do ônus da prova, mencionadas anteriormente e que constam do art. 373 do CPC, consubstanciam justamente esses critérios, aplicando-se quando um fato principal não é devidamente provado. Em essência, a função do ônus da prova é "determinar qual parte deve ter provado esse fato e determinar as consequências que essa parte deriva por não provar o fato" [128].

Portanto, imposto tal ônus às partes, cabe a elas se desincumbirem dele, sob pena de, em se tratando de um *ônus*, sofrerem as consequências cabíveis em desfavor do seu interesse próprio, sendo a principal uma delas o julgamento desfavorável da causa[129].

Essa distribuição entre as partes de quem deve provar o que, em função da sua posição na relação jurídica de direito material, é o aspecto *subjetivo*[130] do ônus da prova (a quem incumbe a carga probatória).

Tem-se ainda o aspecto *objetivo*, em que as regras sobre este ônus são vistas como *regras de julgamento* (*regola de giudizio*), a serem aplicadas pelo órgão jurisdicional como critério para julgar a causa quando verificado que uma alegação de fato resultou despro-

128 Nesse sentido COMOGLIO, Luigi Paolo; FERRI, Corrado; TARUFFO, Michele. **Lezioni sul processo civile**. 5 ed. Bologna: Il Mulino, 2011, p. 480.

129 Como afirmado por Couture (COUTURE, Eduardo J. **Fundamentos del derecho procesal civil**. 3 ed. Buenos Aires: Roque Depalma Editor, 1958, p. 242):"O ônus da prova não implica, portanto, nenhum direito do adversário, mas um imperativo no interesse próprio de cada litigante. É uma circunstância de risco que consiste em quem não provar os fatos a serem provados perde o processo" – grifo nosso. No mesmo sentido Echandia (ECHANDIA, Hernando Davis. **Teoria general de la prueba judicial**: t. I. 3 ed. Buenos Aires: Editor Alberti, 1976, p. 427): que tal ônus indica *quem deve impedir a falta de prova de determinado fato* (e isso não significa um dever ou uma obrigação, mas, como já explicamos, um poder ou faculdade de executar o ato em seu próprio interesse; mais precisamente: a *quem corresponde evitar que falte a prova de determinado fato*, caso se pretenda obter decisão favorável com base nele. Se o juiz ou a outra parte a fornecer, o interesse da pessoa que estava sujeita a tal ônus é atendido e satisfeito; se for um fato isento de prova, não há um ônus para provar isso.

130 Para Comoglio, Ferri e Taruffo (COMOGLIO, Luigi Paolo; FERRI, Corrado; TARUFFO, Michele. **Lezioni sul processo civile**. 5 ed. Bologna: Il Mulino, 2011, p. 483), o aspecto subjetivo do ônus da prova não se justifica, ante a vigência do princípio da comunhão das provas (ou aquisição processual das provas), segundo o qual o juiz pode usar na decisão qualquer provar útil para apurar os fatos, independentemente de sua origem ou de quem a tenha produzido. Para eles, "A relevância das posições subjetivas das partes emerge apenas quando se trata de dividir as consequências *negativas* do fracasso em provar entre elas: somente nesse momento a conexão entre o autor e o fato constitutivo do direito se justifica, pois o autor sucumbirá acaso aquele não ter restado provado; e a conexão entre o réu e o fato extintivo, impeditivo ou modificativo funciona determinando a sucumbência do réu, se esse é um desses fatos não restaram comprovados".

vida de prova, devendo o juiz estabelecer qual das partes sofrerá a consequência desfavorável/negativa[131].

Assim, o ônus *objetivo* (*o que* se provou) diz respeito ao resultado de todas as atividades probatórias realizadas durante o processo e leva em consideração apenas a dimensão relevante para a prova dos fatos, verificando-se quais fatos foram comprovados e quais não foram, independentemente da origem das iniciativas probatórias (princípio da aquisição processual da prova).

Pode-se verificar, a partir do quanto assentado, que a questão do ônus da prova só é dotada de relevância *prática* quando houver falta ou insuficiência da prova produzida, tendo em vista que, concorrendo elementos probatórios suficientes, falecem razões para o juiz se preocupar com a repartição, o que somente será indagado por ocasião do julgamento[132].

Isso implica que, na hipótese de adoção do ônus objetivo da prova como *regra de julgamento*, não se terá propriamente a valoração da prova na forma exposta no item 3.7, porquanto inexistirá a *atividade cognitiva* de análise do conjunto das provas aportadas aos autos, a fim de extrair elementos de confirmação e suporte racional para formar o convencimento acerca da ocorrência ou inocorrência dos fatos que interessam à solução da causa. Não se terá a verificação da veracidade das alegações de fato deduzidas pelas partes, reputando-as como *provadas* ou *não*, apenas será aplicada a consequência negativa decorrente da falta de comprovação da alegação de fato.

Isto é, a atividade cognitiva será um ato técnico-formal, sem exercício de atividade *cognitiva* propriamente dita, ou, quando muito, uma cognição *imperfeita* ou *precária*, uma vez não realizada a atividade completa de valorar racionalmente as provas sobre os fatos alegados, sopesar as hipóteses e extrair uma conclusão acerca da controvérsia. Ou ainda, sua cognição será formalizada ou direcionada à aplicação

---

131 COMOGLIO, Luigi Paolo; FERRI, Corrado; TARUFFO, Michele. **Lezioni sul processo civile**. 5 ed. Bologna: Il Mulino, 2011, p. 480.

132 LOPES, João Batista. **A prova no direito processual civil**. São Paulo: Revista dos Tribunais, 2000, p. 43. Não se ignora a antiga discussão, sem solução consensual no âmbito doutrinário e jurisprudencial, acerca do momento da inversão do ônus da prova (se por ocasião da sentença – regra de julgamento – ou da decisão de saneamento e organização do processo – regra de instrução), especialmente nas demandas envolvendo relações consumeristas. Como a análise do tema foge ao escopo do presente estudo, ver NEVES, Daniel Amorim Assumpção. **Manual de direito processual civil**. 8 ed. Salvador: Juspodivm, 2016, p. 1232-1233. *E-book*.

da consequência desfavorável pela não observância do ônus imposta à parte.

Em última análise, as regras do ônus da prova se contrastam com a concepção de que as provas visam à busca da verdade, tendo em vista que o resultado prático não representa qualquer verdade, "mas aquilo que como tal deve ser havido, juridicamente, para servir de suporte fático à sentença que vai ser proferida"[133].

Em arremate, é imperioso destacar que, caso as partes se desincumbam devidamente dos seus respectivos ônus probatórios, o juiz não pode se contentar com as provas existentes se ainda estiver em *estado de dúvida*, devendo determinar, de ofício, a produção de outras provas, no exercício dos seus deveres-poderes[134] instrutórios, desde que respeitados os limites inerentes aos fatos relevantes, controversos e pertinentes para o julgamento do mérito.

Indo além, positivados expressamente o dever-poder instrutório que detém o juiz no processo (art. 370, CPC/2015) e o princípio da cooperação (art. 6º, CPC/2015), o juiz deve caminhar em conjunto com as partes para que se tenha a *melhor* produção de provas possíveis, sob o aspecto qualitativo.

Em um sistema que aspira à cooperação entre os sujeitos da relação jurídica processual, a fase instrutória deve ser vista como a busca *coletiva* pelo esclarecimento dos fatos, sem que faça uma leitura cômoda e temporalmente inconveniente do ônus da prova, a estimular posturas passivas, não-colaboracionistas.

Tanto assim que o sistema de preclusão não deve ser afastado, mas reequacionado, inspirado em *técnica* de estímulo à cooperação, como na hipótese em que a parte que poderia ter arrolado testemunhas e não o fez no prazo legal; para esta há preclusão, porém não para o juiz se esta for a única maneira de esclarecimento do fato probando e nos autos houver elementos que permitam ao juiz determinar de ofício sua oitiva. Por isso se dizer que "O ônus da prova não é liberatório

133 ARRUDA ALVIM. **Curso de direito processual civil**: v. II. São Paulo: Revista dos Tribunais, 1972, p. 205.

134 Fala-se em *dever-poder* uma vez que juiz é agente público, e como tal tem *dever*, sendo o poder previsto para cumprir o dever. Nesse sentido é a disposição do art. 370 do CPC ("*caberá* ao juiz, de ofício ou a requerimento, determinar as provas necessárias ao julgamento do mérito").

dos deveres-poderes instrutórios do juiz, pois não é uma alternativa, mas um caminho subsidiário" [135].

O que não pode ocorrer é o *assistencialismo* do juiz em favor de uma das partes, quando esta não se desincumbiu a contento do ônus que lhe é imposto pelo direito probatório. Nesses casos, o julgamento será estritamente fruto da técnica processual, sem valoração das provas, mesmo porque inexistentes ou insuficientes para se ter uma colidência que exija o sopesamento pelo juiz, que impõe a aplicação da sanção que é o julgamento desfavorável

Existe uma linha tênue entre o exercício regular dos deveres-poderes e o assistencialismo por parte do juiz na instrução probatória, cuja análise adequada decerto demandaria uma ocasião própria, sob pena de menosprezar todos os intrincados aspectos que envolvem o debate travado entre a corrente ativista e a garantista[136].

Como explica William Santos Ferreira[137], faltam as balizas, os requisitos mais objetivos, seguros, que possam orientar, pragmaticamente, a atividade instrutória *ex officio*, não apenas estimulá-la, como também de lhe impor limites razoáveis que equalizem os princípios fundamentais do processo, como a razoável duração do processo, a imparcialidade e a isonomia processual[138].

3.5. PARA QUEM SE PROVA - DESTINATÁRIO(S) DAS PROVAS

O quarto aspecto fundamental da prova eleito para análise no presente estudo diz respeito a quem ela se dirige no processo, ou *para quem se prova*.

Ao se consultar a ampla maioria das doutrinas específicas, constata-se poucas que linhas são destinadas à temática. Existe uma

---

135 FERREIRA, William Santos. **Princípios fundamentais da prova cível**. São Paulo: Revista dos Tribunais, 2014, p. 246.

136 Uma análise séria feita a respeito do tema é encontrada em: JUNOY, Joan Picó I. Il Diritto Processuale tra il garantismo e l'efficacia: un dibattito mal impostat. In **Revista de Processo,** vol. 197/2011, p. 193-208, Jul/2011.

137 FERREIRA, William Santos. **Princípios fundamentais da prova cível**. São Paulo: Revista dos Tribunais, 2014, p. 248.

138 Para o autor (*op. cit.*, p. 249), deverá o "juiz exercer seus poderes instrutórios, mesmo se não houver pedido da parte, se a prova a ser produzida for, cumulativamente: i) *necessária,* quando o esclarecimento do fato probando ainda não ocorreu; ii) útil, quando o meio de prova a ser empregado tiver potencialidade efetiva para o esclarecimento da questão fática ; e iii) *possível*, quando existirem condições para a produção da prova (p. ex., a testemunha estar viva, o objeto pericial ainda existir)".

espécie de *lugar comum* – quiçá um dos maiores de toda a ciência processual – de que o destinatário da prova é, única e simplesmente, o *juiz*.

Tal concepção perdura por anos e quase inexiste quem esteja disposto a questioná-la, muito menos desconstruí-la[139].

Sem perder de mira os objetivos traçados nesta pesquisa, ousa-se discordar desse "mantra" e combatê-lo, mesmo que não da forma analítica como é merecido.

Considerando as premissas até aqui expostas acerca da relação entre prova, verdade e processo, e da finalidade deste, cabe indagar: o juiz deve ser considerado o destinatário exclusivo da prova no processo?

A resposta é claramente negativa.

Um dos primeiros autores clássicos a esboçar uma divergência àquele mantra foi Moacyr Amaral Santos[140], que, apesar de associar a finalidade da prova à convicção do juiz, formulou a divisão entre destinatário *direto* e destinatário *indireto*.

Destinatário direto seria o órgão julgador, uma vez que a prova, a seu ver, visa à formação da convicção daquele; e o(s) destinatário(s) indiretos seriam as partes, reciprocamente, que devem ser convencidas, a fim de acolher como justa a decisão[141].

Respeitado o entendimento do jurista, deve-se ir além, especialmente no contexto do Direito Processual Civil contemporâneo, em que tanto se preza as garantias processuais, a *justiça* da decisão, a efetividade da tutela jurisdicional etc.

Ora, com a adoção explícita do modelo constitucional do processo, em especial no âmbito civil, como se depreende das disposições

---

139 Como valioso exemplo de quem se dedicou especificamente a tanto, ver LANES, Júlio Cesar; POZZATI, Fabrício Costa. O juiz como o único destinatário da prova? *In* **Direito probatório**. JOBIM, Marco Félix e FERREIRA, William Santos (coord.). Salvador: Juspodivm, 2015, p. 91-105.

140 SANTOS, Moacyr Amaral. **Primeiras linhas de direito processual civil**: v. 2. 27 ed. São Paulo: Saraiva, 2011, p. 372.

141 No mesmo sentido: ALVIM, J. E. Carreira. **Teoria geral do processo**. 21 ed. Rio de Janeiro: Forense, 2018, p. 348; CÂMARA, Alexandre Freitas. **O novo processo civil brasileiro**. 2 ed. São Paulo: Atlas, 2016, p. 158. Interessante é o posicionamento de Didier, Braga e Oliveira (DIDIER JR, Fredie; BRAGA, Paula Sarna; OLIVEIRA, Rafael Alexandria de. **Curso de direito processual civil**: v. 2. 10 ed. Salvador: Juspodivm, 2016, p. 57), no sentido de que as partes, assim como o juiz, são destinatárias *diretas* da prova, visto que o resultado da atividade probatória pode determinar, independentemente da atuação judicial, o rumo de um processo já instaurado (ex. autocomposição após a realização de perícia).

iniciais do CPC/15, positivou-se a ideia de *cooperação* entre os sujeitos que dele fazem parte para a consecução de uma "decisão de mérito justa e efetiva" (art. 6º)[142].

Para reforçar, o Estatuto Processual vigente contém mais uma importante disposição que alude a tal ideal cooperativo: trata-se do seu art. 371[143] (correspondente ao art. 131[144] do CPC/73), que suprimiu a expressão "livremente" constante do anterior.

O dispositivo alberga, inicialmente, o conteúdo do princípio da comunhão (ou aquisição processual[145]) das provas, pelo qual a prova surtirá efeitos no processo independentemente de quem a tiver produzido (parte, terceiro, auxiliar da Justiça, o próprio juiz etc.), tendo em vista que o processo é um todo unitário[146], a relação jurídica processual é *una*. Melhor dizendo, a prova não tem um titular ou um proprietário, porque pertence ao – ou é *adquirida pelo* – processo[147], podendo ser utilizada por qualquer um dos sujeitos relação processual a fim de comprovar a ocorrência dos fatos alegados.

Decorre do dispositivo, ainda, especialmente da supressão do advérbio "livremente", a premissa fundamental de que o juiz não

---

142 Igualmente entendem Julio Lanes e Fabrício Pozatti (LANES, Júlio Cesar; POZZATI, Fabrício Costa. O juiz como o único destinatário da prova? *In* **Direito probatório**. JOBIM, Marco Félix e FERREIRA, William Santos (coord.). Salvador: Juspodivm, 2015, p. 99): "O princípio da colaboração, que imputa ao juiz os deveres de diálogo, esclarecimento, prevenção e auxílio para com as partes, na busca de um processo justo, exerce, como já visto, forte influência na admissibilidade da prova. É que, sendo o princípio da colaboração uma norma fundamental, deve, necessariamente, ser observada em todas as etapas do processo, incluindo a da admissibilidade da prova, que deverá se dar sempre com a indispensável observância do contraditório". Especificamente sobre o conteúdo do princípio da colaboração, ver MITIDIERO, Daniel. **Colaboração no processo civil**: *pressupostos* sociais, lógicos e *éticos*. 2. ed. São Paulo:.Revista dos Tribunais, 2011, *passim*.

143 Art. 371. O juiz apreciará a prova constante dos autos, independentemente do sujeito que a tiver promovido, e indicará na decisão as razões da formação de seu convencimento.

144 Art. 131. O juiz apreciará livremente a prova, atendendo aos fatos e circunstâncias constantes dos autos, ainda que não alegados pelas partes; mas deverá indicar, na sentença, os motivos que lhe formaram o convencimento.

145 Acerca da distinção que pode ser feita entre aquisição (aspecto objetivo) e comunhão da prova (aspecto subjetivo), ver FERREIRA, William Santos. **Princípios fundamentais da prova cível**. São Paulo: Revista dos Tribunais, 2014, p. 129-130.

146 SENTÍS MELENDO, Sentiago. La prueba en el proceso. Para quién se prueba. Principio de adquisición. **Revista de Derecho Procesal Iberoamericano**, 2/1977, p. 867-889.

147 Por tal razão Nelson e Rosa Nery (NERY JR, Nelson; NERY, Rosa Maria de Andrade. **Comentários ao Código de Processo Civil.** 3 ed. São Paulo: Revista dos Tribunais, 2018, p. 504) entendem que o destinatário da prova é o *processo*, que a adquire para que, independentemente de qual juiz esteja no processo, a causa possa ser julgada pelo juiz ou tribunal. Ocorre que, como bem ponderado por William Santos Ferreira (FERREIRA, William Santos. **Princípios fundamentais da prova cível**. São Paulo: Revista dos Tribunais, 2014, p. 131), "Não deve ser confundida a situação material de localização e arquivamento (destino) com aqueles que podem se utilizar da prova produzida (destinatários)".

pode indeferir determinada prova – ou pior, julgar antecipadamente o mérito – simplesmente por já se encontrar convencido sobre a ocorrência dos fatos[148].

A uma, para evitar a possibilidade de isolar certa prova já produzida, dando-lhe força suficiente para justificar o convencimento a que tenha chegado e, com isso, impedir a vinda de demais elementos probatórios no processo, o que levaria à visão sectária na operação interpretativa dos fatos e, por consequência, a aplicação inadequada do direito na resolução da causa[149].

Como estabelecem Julio Lanes e Fabrício Pozatti[150], esta concepção de que a produção da prova é destinada exclusivamente ao juiz e será produzida no limite do que ele entender necessário para o seu convencimento – ficando legitimado o automático indeferimento da prova – predomina no âmbito do STJ e, em última análise, reflete o viés diretamente vinculado à teoria da interpretação cognitivista, a partir da qual se aceita a ideia de que o juiz, quando pretensamente já tenha "identificado" a norma – previamente estabelecida – aplicável àqueles fatos, tem o poder de indeferir as provas que entender desnecessárias para o seu convencimento.

Tal concepção gera um aproveitamento reduzido da atividade probatória, que tem a sua função limitada ao único propósito de convencer o juiz dos fatos que ele considerar necessários para a aplicação

---

148 Não se pretende aqui avançar no tema da valoração da prova, ao qual se destinou item próprio (item 3.6), tampouco confundir o juízo inerente ao livre convencimento com juízo de admissibilidade da prova – o que não deve ocorrer jamais (KNIJNIK, Danilo. **A prova nos juízos cível, penal e tributário**. Rio de Janeiro: Forense, 2007, p. 23-24); a ideia de trazer à colação a disposição do art. 371 é para reforçar que o juiz deve apreciar *todo* o conjunto probatório de forma racional e, para tanto, há que permitir que ele se forme com a participação de todos os sujeitos da relação processual, a fim de se evitar o arbítrio na apuração dos fatos. Nesse sentido Nelson e Rosa Nery (NERY JR, Nelson; NERY, Rosa Maria de Andrade. *Comentários ao Código de Processo Civil*, cit., p. 504) afirmam: "Deferir ou indeferir a realização de prova não é ato *subjetivo* e *discricionário* do juiz que, ainda que *esteja* plenamente convencido do direito a ser aplicado, se os fatos probandos não estiverem provados, o juiz deverá determinar a realização da prova para que seja adquirida pelo processo".

149 JÚNIOR, Humberto Theodoro. **Curso de Direito Processual Civil**: v. 1. 56 ed. Rio de Janeiro: Forense, 2015, p. 114. *E-book*. Trate-se, em última análise, de uma concepção com viés diretamente vinculado à teoria da interpretação cognitivista, a partir da qual se aceitar a ideia de que o juiz, quando pretensamente já tenha "identificado" a norma – previamente estabelecida – aplicável àqueles fatos, tem o poder de indeferir as provas que entender desnecessárias para o seu convencimento. Tal concepção gera um aproveitamento reduzido da atividade probatória, que tem a sua função limitada ao único propósito de convencer o juiz dos fatos que ele considerar necessários para a aplicação da norma previamente estabelecida.

150 LANES, Júlio Cesar; POZZATI, Fabrício Costa. O juiz como o único destinatário da prova? *In* **Direito probatório**. JOBIM, Marco Félix e FERREIRA, William Santos (coord.). Salvador: Juspodivm, 2015, p. 93.

da norma previamente estabelecida. Como concluem os referidos autores, trata-se de um modo inadequado e superado de interpretar o Direito, que não se ajusta ao Estado Constitucional de Direito.

Assim, o juiz tem o *dever* de apreciar *não* a prova que "livremente" escolher, mas *todo o conjunto probatório* existente nos autos. Para tanto, é imperativo, até mesmo lógico, que deve permitir que o acervo probatório se forme da melhor forma possível, o que é inviabilizado se indeferir as provas requeridas pelas partes a partir de critérios puramente subjetivos. Sobre o tema, anota Humberto Theodoro Júnior[151]:

> Adotando o novo Código o princípio democrático da participação efetiva das partes na preparação e formação do provimento que haverá de ser editado pelo juiz para se chegar à *justa composição do litígio*, entendeu o legislador de suprimir a menção ao "livre convencimento do juiz" na apreciação da prova.

E isso se agrava em se considerando o juiz singular, atuante no primeiro grau de jurisdição, porquanto, como alertado por Carlos Barroso[152]:

> É importante ao juiz singular ter em mente não ser ele o único destinatário da prova, ante a probabilidade efetiva de sua decisão ser recorrida pelas partes, surgindo sempre a necessidade de não se indeferir prova possivelmente relevante a outro agente que receberá o processo em grau de recurso, sob pena de cerceamento de defesa.

Se aceita a premissa de que o juiz é o destinatário exclusivo da prova, ter-se-á a consequência de que, caso ele esteja devidamente

151 JÚNIOR, Humberto Theodoro. **Curso de Direito Processual Civil**: v. 1. 56 ed. Rio de Janeiro: Forense, 2015, p. 114. *E-book*.

152 BARROSO, Carlos Eduardo Ferraz de Mattos. **Teoria geral do processo e processo de conhecimento**. 3 ed. São Paulo: Saraiva, 2000, p. 157. No mesmo sentido Alexandre Freitas Câmara (CÂMARA, Alexandre Freitas. **O novo processo civil brasileiro**. 2 ed. São Paulo: Atlas, 2016, p. 159) afirma: "A compreensão adequada disto certamente poderá evitar muitas anulações de decisões judiciais. É que com alguma frequência se vê casos em que o juiz indefere a produção de certa prova ao fundamento de que a mesma não seria capaz de influenciar na formação de seu convencimento. Muito frequentemente, porém, a decisão que posteriormente é proferida vem a ser anulada em grau de recurso, exatamente por ausência daquela prova cuja produção não foi admitida. É extremamente relevante, então, que o juiz de primeiro grau se dê conta de que a prova não é produzida apenas para ele, mas também para o órgão de segundo grau, que promoverá o reexame da causa em sede de recurso".

convencido sobre a veracidade das alegações de fato, poderá simplesmente indeferir as provas requeridas pelas partes, por entendê-las desnecessária à resolução da causa.

Imagine-se o cenário em que o juiz indefira a realização de qualquer prova requerida pela parte autora, julgando antecipadamente o mérito (art. 355 do CPC), no sentido da improcedência dos pedidos formulados na inicial. Seria uma aberração sob o ponto de vista do método cognitivo, um desrespeito flagrante ao direito fundamental à prova e tantos outros inerentes ao devido processo legal[153]. Seria até mesmo um tanto quanto utópico tal cenário, se não se visse isso com frequência na prática judiciária.

E isso não pode prosperar, sob pena de ferir de morte o direito fundamental das partes de terem *admitidas* as provas por elas requeridas – desde que respeitadas as balizas legais e se prestem a esclarecer o *thema probandum*.

Na esteira do apontamento de Arenhart, Marinoni e Mitidiero[154]:

> não pode o órgão jurisdicional indeferir determinada prova por já se encontrar convencido a respeito da alegação de fato a provar. Vale dizer: por já ter valorado de maneira antecipada a prova. Admissibilidade e valoração da prova não se confundem. A prova é inadmissível tão somente se impertinente, irrelevante ou incontroversa a alegação de fato a provar. Havendo pertinência, relevância e controvérsia da alegação, há direito fundamental à produção da prova.

O correto esclarecimento dos fatos é uma exigência institucional do próprio processo, a fim de que se tenha uma decisão justa, de modo que a respectiva verificação não pode depender única e exclusivamente da exclusiva *convicção* do juiz.

O processo, no contexto de um Estado alicerçado em princípios democráticos e constitucionais, e se considerado o seu caráter público,

---

153 William Santos Ferreira (FERREIRA, William Santos. **Princípios fundamentais da prova cível**. São Paulo: Revista dos Tribunais, 2014, p. 194) afirma que essa vedação específica do comportamento contraditório do juiz (julgar improcedente o pedido inicial de forma antecipada por não comprovação dos fatos alegados pelo autor) representa o conteúdo negativo do princípio da máxima eficiência dos meios probatórios. Para o autor, estaria configurada a preclusão lógica para o juiz nesse caso, representando a impossibilidade de um comportamento contraditório (*venire contra factum proprium*) que viole a lealdade processual, a boa-fé objetiva, o princípio da cooperação

154 MARINONI, Luiz Guilherme; Arenhart, Sérgio Cruz; MITIDIERO, Daniel. **Novo curso de direito processual civil:** vol. 1. 3 ed. São Paulo: Revista dos Tribunais, 2017, p. 479. *E-Book*.

vai *além* das partes nele envolvidas e, *muito além* da subjetividade do órgão incumbido de resolver a controvérsia nele veiculada; espera-se que seja iniciado, conduzido e concluído mediante a participação direta e *ativa* de todos os seus envolvidos, a fim de que se cumpra o escopo de pacificação social que lhe é ínsito.

A teor do quanto asseverado por Maria Elizabeth de Castro Lopes[155]: "quando se transforma o juiz em 'dono do processo', ignora-se que o processo não tem dono, já que é um instrumento público para a atuação da jurisdição".

Daí porque, se uma parte bem fundamenta a necessidade de produzir uma determinada prova, a partir do contexto fático em discussão, deve-se assegurar esse *direito fundamental* que ela possui.

Em contraponto, não se pode ignorar que, no fim das contas, quem julga o conflito de interesses, por atribuição constitucional, é o juiz, razão pela qual ele é o destinatário principal da prova; isso não significa, porém, que seja o único. As partes e terceiros envolvidos, enquanto interessados na resolução da causa também são destinatários da prova, ainda que em menor grau de importância.

Saliente-se, ainda, que a conclusão a que se chegou, de que a prova não presta a exclusivamente "convencer o juiz", não representa qualquer prejuízo aos seus reconhecidos deveres-poderes instrutórios, ao necessário interesse que ele deve ter no correto esclarecimento dos fatos e na justa solução do conflito. Ao revés: tais considerações dizem respeito ao plano da admissibilidade da prova *requerida* pelas partes – e não da valoração, como visto –, e visa à máxima qualidade do conjunto probatório, o que somente se fortalece caso o juiz adote uma postura mais *ativa* durante a produção da prova[156].

Se não bastasse todas as considerações já feitas, há que se destacar que o CPC/15 consagrou no art. 381, incisos II e III, o *direito autônomo à prova*, ou seja, "a possibilidade de ingresso em juízo para

155 LOPES, Maria Elizabeth de Castro. **O juiz e o princípio dispositivo**. São Paulo: Revista dos Tribunais, 2006, p. 115.

156 Como afirmado por Alexandre Freitas Câmara (CÂMARA, Alexandre Freitas. **O novo processo civil brasileiro**. 2 ed. São Paulo: Atlas, 2016, p. 159): "No processo cooperativo o juiz não está acima das partes, mas tampouco está abaixo delas. Todos os atores do processo atuam, em igualdade de condições, com forças equivalentes, na construção comparticipativa do resultado final do processo".

provar determinado fato independentemente da urgência, sem que o juiz possa emitir qualquer juízo de mérito a respeito"[157].

Portanto, é autorizado se concluir que os destinatários da prova são todos aqueles que, dentro dos limites legais, têm interesse jurídico na formação do acervo probatório, seja para proferir um julgamento, seja para corroborar as alegações deduzidas naquele processo (comunhão interna) ou para vir a se beneficiar dele de alguma forma (a exemplo de "terceiros" *a priori* alheios àquele processo, mas que poderão utilizar a prova em *outros* processos – comunhão externa da prova –, o que também ocorre se uma ou mesmo ambas as partes utilizam de uma prova para outro processo – prova emprestada)[158].

Da mesma forma como ocorre com os fatos, pode-se fazer a distinção entre o destinatário *principal* (juiz) e os destinatários *secundários* da prova (partes, terceiros intervenientes, "terceiros" alheios ao processo).

Em conclusão, transcreve-se excerto da obra de Julio Cesar Lanes e Fabrício Costa Pozzati[159], que bem resume a ideia aqui defendida:

> pode-se afirmar sem qualquer receio: o juiz não é – e não pode – ser considerado como o único destinatário da prova. A prova é produzida para muito além da exclusiva convicção do juiz. O processo, no Estado Constitucional de Direito, transcende o individual em favor da resposta devida e esperada não só pelo jurisdicionado em litígio, mas por toda a coletividade. A verdade, ainda que relativa, tem de ser concebida como um objetivo essencial do processo, sendo uma condição necessária para a concretização de um processo justo. Por isso, um contraditório forte baseado em um processo de corte cooperativo é indispensável.

157 LOPES, João Batista Lopes. Direito à prova à luz do modelo constitucional de processo. **Revista de Processo**, vol. 300/2020, p. 17-29, Fev/2020.

158 Nesse sentido: FERREIRA, William Santos. **Princípios fundamentais da prova cível**. São Paulo: Revista dos Tribunais, 2014, p. 128/131; ARENHART, Sérgio Cruz; MARINONI, Luiz Guilherme. **Prova e convicção**. 4 ed. São Paulo: Revista dos Tribunais, 2018, p. 457. Cite-se, também, o Enunciado nº 50 do Fórum Permanente de Processualistas Civis (FPPC) – realizado na cidade de Florianópolis, no ano de 2017, no âmbito do qual se debateu o tema, aprovando o entendimento fixado na referida súmula, de seguinte teor: "os destinatários da prova são que aqueles que dela poderão fazer uso, sejam juízes, partes ou demais interessados, não sendo a única função influir eficazmente na convicção do juiz".

159 LANES, Júlio Cesar; POZZATI, Fabrício Costa. O juiz como o único destinatário da prova? *In* **Direito probatório**. JOBIM, Marco Félix e FERREIRA, William Santos (coord.). Salvador: Juspodivm, 2015, p. 101-102.

3.6. COM QUE SE PROVA – UMA NOVA (A)TIPICIDADE DOS MEIOS PROBATÓRIOS

3.6.1. Fontes e meios de prova

Previamente à perquirição do quinto aspecto fundamental da prova – em que se responde à pergunta *com que se prova* –, é importante para o conhecimento do tema se enfrentar questão de importância salutar no direito probatório, e muitas vezes ignorada por quem se aventura na área, que diz respeito à distinção, de ordem ontológica, entre *meios de prova* e *fontes de prova*[160].

Como há muito ponderado por Hernando Devis Echandía, "não se pode confundir fonte de prova com o meio mediante o qual ela se manifesta"[161].

Para o referido autor, os *meios* de prova compreendem os modos previstos em cada lei processual como *veículos da prova* (v.g. testemunho, documento, confissão etc.). E, graças a estes meios, o juiz *conhece* a *fonte do fato* e desta deduz o fato probando; já as *fontes de prova* consistem nos fatos representativos ou simplesmente expressivos de si mesmos, entendidos por tais a coisas ou objetos, os acontecimentos físicos e naturais, as condutas e relações humanas, dos quais o juiz pode deduzir a prova de outros fatos ou de si mesmos[162].

Daí se pode extrair que as *fontes* de prova representam as pessoas (terceiros e partes), semoventes, coisas e fenômenos, naturais (maré, pôr do sol) ou artificiais (como os produzidos em laboratório) dos

---

160 Sentis Melendo (MELENDO, Santiago Sentis. **La prueba**: los grandes temas del derecho probatoria. Buenos Aires: Ediciones Jurídicas Europa-America,1978, p. 144-145), com apoio na doutrina de Castro Méndes e Silva Melero, faz menção à existência de um "caos terminológico" no âmbito probatório em relação a uma massa de expressões utilizadas pela doutrina, às quais não se pode conseguir fazer corresponder noções claras e diferenciadas. O autor critica, ainda, o emprego da expressão "*elementos* de prova", por se tratar de um conceito genérico, sem qualquer precisão terminológica. No mesmo sentido Taruffo (TARUFFO. Michele. **La Prueba de los hechos.** Tradução: Jordi Ferrer Beltrán. 2 ed. Madrid: Editoral Trotta, 2005, p. 480) afirma que: "Pode-se falar, genericamente, de elementos de prova para fazer referência a todos os dados que sejam, de algum modo, significativos para o conhecimento do fato a ser provado e não se enquadrem em nenhuma outra categoria".

161 ECHANDIA, Hernando Davis. **Teoria general de la prueba judicial**: t. I. 3 ed. Buenos Aires: Editor Alberti, 1976, p. 271-272.

162 Por tais razões, o autor critica o entendimento de Carnelutti de que o testemunho, o documento e o indício são as 3 fontes típicas de prova, em vez de os três meios típicos desta (CARNELUTTI, Francesco. **A prova civil**. Tradução: Amilcare Carletti.São Paulo: Leud, 2002, p. 271).

quais se podem obter as provas[163]; já os *meios* de prova são os *instrumentos* ou *atividades*[164] para obter o conhecimento das *fontes* de prova, a forma pelas quais estas são trazidas ao processo, ou "as técnicas desenvolvidas para se extrair prova de onde ela jorra"[165], de modo a forma o suporte necessário ao esclarecimentos dos fatos alegados.

E mais: as *fontes de prova* são elementos ou meios instrumentais *externos* ao processo, enquanto os *meios de prova* são fenômenos *internos* a ele e ao procedimento[166]. Ou, ainda, as primeiras são de ordem metajurídica, existirão independentemente de sua eventual utilização em um processo, sendo que o seu emprego no processo as transformará em *meios de prova*[167].

Didaticamente, se a pergunta for: onde podem ser obtidas as informações? Estar-se-á diante das *fontes* da fonte. Se for: como estas informações chegam ao julgador? Estão sendo buscados os *meios* de prova[168].

Estabelecida a distinção entre fonte e meio de prova, pode-se agora iniciar a análise específica acerca dos *meios de prova*, com os aspectos mais relevantes para o presente estudo e o que se pretende com ele, iniciando-se com as limitações inerentes ao direito fundamental à prova.

---

163 FERREIRA, William Santos. **Princípios fundamentais da prova cível**. São Paulo: Revista dos Tribunais, 2014, p. 57.

164 Em complemento, Dinamarco e Lopes (DINAMARCO, Cândido Rangel; LOPES, Bruno Vasconcelos Carrilho. **Teoria Geral do Novo Processo Civil**. 2 ed. São Paulo: Malheiros, 2017, p. 183) entendem que os meios de prova representam as *atividades* realizadas no processo com o objetivo de extrair das fontes de prova os informes que cada uma delas seja apta a fornecer. Exemplificando, as *testemunhas* são *uma fonte de prova* e o conjunto das *atividades* realizadas no processo com vista à captação desses informes é um *meio de prova* (prova testemunhal).

165 DIDIER JR, Fredie; BRAGA, Paula Sarna; OLIVEIRA, Rafael Alexandria de. **Curso de direito processual civil**: v. 2. 10 ed. Salvador: Juspodivm, 2016, p. 45.

166 Sentis Melendo (MELENDO, Santiago Sentis. **La prueba**: los grandes temas del derecho probatoria. Buenos Aires: Ediciones Jurídicas Europa-America,1978, p. 141-156), partindo pressuposto que o fenômeno probatório não pertence exclusivamente ao mundo jurídico, é o grande responsável por essa concepção das fontes de prova como sendo os "elementos que existem na realidade [...] um conceito metajurídico, extrajurídico ou ajurídico, que corresponde necessariamente a uma realidade anterior e alheia ao processo", enquanto os meios "são constituídos pela atividade de incorporá-los ao processo [...] um conceito jurídico e absolutamente procedimental". Partilhando do mesmo entendimento: AROCA, Juan Montero. **La prueba en el proceso civil**. 4 ed. Madrid: Thomson Civitas, 2005, p. 133/137; DINAMARCO, Cândido Rangel. **Instituições de direito processual civil**: v. III. 4 ed. São Paulo: Malheiros, 2004, p. 86-87.

167 Essa é a anotação de Ovídio Baptista (SILVA, Ovídio Araújo Baptista da. **Curso de processo civil**: v. 1. São Paulo: Revista dos Tribunais, 2001, p. 353), com apoio na doutrina de Sentis Melendo.

168 FERREIRA, William Santos. **Princípios fundamentais da prova cível**. São Paulo: Revista dos Tribunais, 2014, p. 57-58.

3.6.2. Os limites ao direito fundamental à prova e a noção de admissibilidade da prova

A relativização ou limitabilidade dos direitos tidos fundamentais é algo inerente à própria essência deles. Como afirmado pela doutrina:

> Os Direitos Fundamentais, aliás em comunhão com os demais direitos, não são absolutos, mas limitáveis. Isso significa que, por vezes, o comando de sua aplicação concreto não pode resultar na aplicação da norma jurídica em toda sua extensão e alcance[169].

Com efeito, não existe um bem supremo tutelado pela lei brasileira, isto é, impassível de mitigação ou ponderação à luz do caso concreto, quando em choque com outro direito de igual importância[170].

O clássico exemplo dado para se ilustrar tal característica dos direitos fundamentais é a previsão no ordenamento jurídico de mitigação ao próprio direito à vida, nas hipóteses de guerra declarada, em que é autorizada a pena de morte (art. 5º, XLVII, *a* da CF).

Ora, o Direito é construído com elementos informativos empíricos, sua evolução deriva dos conflitos havidos no seio social. Assim, é incapaz de prever todos os conflitos possíveis, e nem mesmo os bens erigidos aos patamares mais altos podem ser tidos como absolutos. A casuística é imprevisível e se pode ter uma possibilidade de ser necessário relativizar até mesmo a dignidade da pessoa humana.

Portanto, há que se ter em mente que a relativização dos direitos fundamentais não é preestabelecida, ou melhor esclarecendo, ditado no plano normativo, mas verificável em concreto diante do fenômeno denominado *colisão de direitos*. Nesse sentido é a doutrina de Canotilho e Vital Moreira[171]:

> A restrição de direitos fundamentais implica necessariamente em uma relação de conciliação com outros direitos ou interesses cons-

---

169 JÚNIOR, Vidal Serrano Nunes; ARAÚJO, Luiz Alberto David. **Curso de direito constitucional**. 16 ed. São Paulo: Verbatim, 2012, p. 154.

170 Ver AURELLI, Arlete Inês; LEITE, Rita de Cássia Curvo. Admissibilidade da 'prova ilícita' em demandas envolvendo interesses de crianças". **Revista de Processo**, vol. 303/2020, p. 259-290, maio/2020, p. 266. Vale ressaltar, o que não se permite é a supressão de direitos e garantias individuais, a teor do art. 60, § 4º, do CF.

171 CANOTILHO, José Joaquim Gomes; MOREIRA, Vital. **Fundamentos da Constituição**. Coimbra: Coimbra, 1991, p. 134.

> titucionais e exige necessariamente uma tarefa de ponderação ou de concordância prática dos direitos ou interesses em conflito. Não se pode falar em restrição de um determinado direito fundamental em abstrato, fora da sua relação com um concreto direito fundamental ou interesse fundamental diverso.

Pelo exposto, tem-se que nenhum direito fundamental é absoluto, comportando relativização, porque pode haver colisão entre eles, sendo que, em tais hipóteses, somente a ponderação no caso concreto poderá dizer qual deve prevalecer, sem que o outro perca sua validade.

A partir de tal postulado do Direito Constitucional, naturalmente que com o tão ora festejado direito fundamental à prova não seria diferente.

O reconhecimento de um direito fundamental à prova implica, por um lado, a impossibilidade da criação de obstáculos legislativos irracionais que tornem praticamente impossível ou extremamente difícil lançar mão das provas necessárias para a demonstração dos fatos que integram o *thema probandum*.

Sob a ótica puramente epistemológica, quando se buscar acertar a verdade de uma alegação de fato, deve-se poder utilizar todas as informações úteis para tal finalidade, razão pela qual fosse essa a única finalidade da prova, deveria ser admitido a produção de todo e qualquer meio de prova ou, quando muito, somente seriam inadmissíveis as provas irrelevantes[172].

Por outro lado, é certo que a ótima epistemológica pura não se aplica na prática, de modo que o direito a prova não deve ser concebido como um direito absoluto ou incondicionado, mas, sim, que a validade das regras que venham a limitar o exercício desse direito sejam reduzidas ao mínimo, e justificadas no princípio da proporcionalidade[173], cuja finalidade é harmonizar os diversos direitos, bens ou valores constitucionalmente reconhecidos (como os direitos à honra,

172 BADARÓ, Gustavo Henrique. **Epistemologia judiciária e prova penal**. São Paulo: Revista dos Tribunais, 2019, p. 154. Ver, ainda: GASCÓN ABELLÁN, Marina. **Los hechos en el derecho**: bases argumentales de la prueba. 3 ed. Madrid: Marcial Pons, 2010, p. 116-117.

173 Ver LOPES, João Batista. Princípio da proporcionalidade e efetividade do processo civil, *In* Estudos de direito processual civil: homenagem ao professor Egas Dirceu Moniz de Aragão MARINONI, Luiz Guilherme Marinoni (coord.). São Paulo: Revista dos Tribunais, 2006, p. 139-140; AURELLI, Arlete Inês; LEITE, Rita de Cássia Curvo. Admissibilidade da 'prova ilícita' em demandas envolvendo interesses de crianças". **Revista de Processo**, vol. 303/2020, p. 259-290, maio/2020, p. 266-267.

à imagem, à privacidade, à intimidade, ao sigilo da correspondência e das comunicações telefônicas, ao sigilo profissional)[174].

A própria finalidade da prova, de propiciar o esclarecimento e, por consequência, o conhecimento dos fatos discutidos em juízo não se exaure aí, pois, se assim fosse, ao julgador seria permitido utilizar-se de sua ciência privada ou buscar a qualquer preço as informações necessárias para chegar a conclusões próprias a respeito dos fatos[175].

Indo a fundo, o direito à prova, enquanto faculdade concedida às partes no processo, seria mera ilusão se não estivesse acompanhado de um concreto direito à *admissão* das provas propostas, indicadas ou requeridas: é no pronunciamento judicial relativo à admissão das provas que se encontra o *núcleo* do respectivo direito, daí porque ele restará assegurado somente se houver uma disciplina legal das hipóteses de rejeição de prova, acompanhadas de exigências de decisões expressas e motivadas, proferidas em contraditório, mesmo porque "ao *direito à prova* corresponde, como versa da mesma medalha, um *direito à exclusão* das provas que contrariem o ordenamento[176].

Como assentado por Comoglio[177], o direito à prova é *irracionalmente limitado* quando suprimido de modo absoluto, isto é, quando deixa a parte sem nenhum meio probatório para a demonstração do fato alegado, razão pela qual a atividade probatória pode ser restringida somente se a limitação for razoável e, desde que, exista a possibilidade de que o fato venha a ser provado por outros meios de prova.

Assim, as fontes de prova podem ser introduzidas ao processo somente pelos meios de prova que não violem as regras devida e específicas previstas no sistema processual, ou que estejam pautados no princípio da proporcionalidade, tendo em vista a necessidade que

---

174 CAMBI, Eduardo. **Direito constitucional à prova no processo civil**. São Paulo: Revista dos Tribunais, 2001, p. 170. Em outra obra (*A prova*, cit., p. 37), o autor esclarece que: "o princípio da proporcionalidade procura a compatibilização sistemática e axiológica das regras e dos princípios constantes do ordenamento jurídico, visando à concretização da decisão mais adequada e justa ao caso concreto".

175 FILHO, Antônio Gomes. **O direito à prova no processo penal**. São Paulo: Revista dos Tribunais, 1997, p. 91-92.

176 FILHO, Antônio Gomes. **O direito à prova no processo penal**. São Paulo: Revista dos Tribunais, 1997, p. 88.

177 COMOGLIO, Luigi Paolo. **Le prove civile**. 3 ed. MIlão: UTET, 2010, p. 54, nota 101.

o ordenamento jurídico tem de tutelar outros valores e interesses igualmente dignos de proteção[178].

De forma geral, pode-se conceber duas ordens de limitações existentes ao direito à prova, a teor da doutrina de João Batista Lopes[179]:

(i) limites subjetivos: somente partes, terceiros interessados e o MP têm direito à prova;

(ii) objetivos: decorrem de regras impostas pelo sistema processual concernentes à admissibilidade de certos meios de prova (proibição de provas ilícitas[180]), à produção (forma e colheita da prova) e valoração (submetida ao princípio da persuasão racional).

Cite-se, ainda, a impossibilidade de produção e revaloração da prova nos recursos extraordinários *lato sensu* (recurso especial e extraordinário), bem como na ação rescisória[181].

Sem se excluir tais ordens de limitação, a doutrina[182] concebe outras, a partir de uma outra perspectiva:

(i) limites extraprocessuais (ou políticos), como na hipótese de proibição de introdução de provas obtidas com violação de direitos fundamentais (provas ilícitas);

---

178 CAMBI, Eduardo. **A prova civil**: admissibilidade e relevância. São Paulo: Revista dos Tribunais, 2006, p. 38.

179 LOPES, João Batista. **A prova no direito processual civil**. São Paulo: Rebvista dos Tribunais, 2000, p. 158-159.

180 A respeito da noção de prova ilícita, ver CAMBI, Eduardo. **A prova civil**, cit.,, p. 64-70. Pensa-se que é mais adequado se empregar a expressão provas *ilegais ou inconstitucionais*, como o gênero que contempla as espécies provas ilícitas (obtidas com violação à regra de direito material, como a confissão obtida mediante tortura, e ocorrem no instante de sua colheita) e ilegítimas (obtida mediante violação às regras de direito processual, como a prova pericial produzida sem a regularidade, e surgem na ocasião em que são produzidas no processo e, por isso, são chamadas de endo ou intra-processual). No mesmo sentido:, FERREIRA, William Santos. **Princípios fundamentais da prova cível**. São Paulo: Revista dos Tribunais, 2014, p. 95-96; BADARÓ, Gustavo Henrique. **Epistemologia judiciária e prova penal**. São Paulo: Revista dos Tribunais, 2019, p. 168

181 O autor ressalta (LOPES, João Batista. **A prova no direito processual civil**. São Paulo: Rebvista dos Tribunais, 2000, p. 159), todavia, que tal vedação não impede a discussão no recurso extraordinário sobre ofensa ao princípio do contraditório e da ampla defesa – que abrange, também, o direito à prova – e, no recurso especial, a alegação de violação à regra legal sobre admissibilidade, ônus, produção ou valoração da prova. Isso porque a valoração jurídica da prova é questão de *direito*, não de fato. Igualmente na ação rescisória, cabe a arguição de violação à literal disposição de lei sobre tema probatório.

182 FILHO, Antônio Gomes. **O direito à prova no processo penal**. São Paulo: Revista dos Tribunais, 1997, p. 91-93. Para uma análise detalhada dessas ordens de limitações probatórios, ver BADARÓ, Gustavo Henrique. **Epistemologia judiciária e prova penal**. São Paulo: Revista dos Tribunais, 2019, p. 155-196.

(ii) limites processuais (lógicos e epistemológicos), quando se excluem, por exemplo, as provas impertinentes, irrelevantes, ou que possam conduzir o -julgador a uma avaliação errônea.

Fazendo um apanhado de tais ordens de limitação probatória, pode-se distinguir em limitações *jurídicas* (subjetivas, objetivas e extraprocessuais) e *lógica* (relevância).

Nesse sentido, Taruffo[183] afirma que a *seleção das provas* é realizada de acordo com dois critérios básicos: a relevância (critério lógico) dos elementos de prova e as normas que determinam quais provas são juridicamente admissíveis (critério jurídico).

E o conjunto dessas limitações consubstanciam os *critérios* de filtragem (ou *seleção*) dos *meios de prova* que podem ser empregados no processo, e se aplicam na etapa própria do *iter* probatório: a *admissibilidade dos meios prova*[184].

Saliente-se que a admissibilidade incide sobre os *meios de prova*, e não sobre as fontes de prova, sendo admitidas no processo civil brasileiro como *fonte* "todos os seres materiais ou imateriais capazes de gerar informações, sem nenhuma exclusão em tese"[185]. Somente em raríssimas exceções se tem a limitação - e nunca a exclusão - de uma *fonte de prova* (v.g. testemunha incapaz, impedida ou suspeita - art. 447, CPC/15; testemunho sobre fato já provado por documento ou dependente de exame técnico - art. 443).

Indo além, essa atividade de *filtragem* pode ser chamada de admissibilidade *lato sensu* dos meios de prova, que envolve todos os referidos os critérios de ordem lógica e jurídica. Pode-se falar também em admissibilidade *stricto sensu*, que se limita à previsão,

---

183 TARUFFO. Michele. **A prova**. Tradução: João Gabriel Neto. São Paulo: Marcial Pons, 2014, p. 35.

184 Vale ressaltar que alguns autores entendem que a admissibilidade se limita a um critério de legalidade e constitucionalidade dos meios de prova, enquanto a relevância e a pertinência tocariam a critérios tipicamente lógicos, a implicar um juízo de utilidade da prova. Assim, estabelecem planos autônomos para um dos fenômenos, de modo a não incluir a relevância no juízo de admissibilidade da prova. Ver. FILHO, Antônio Gomes. **O direito à prova no processo penal**. São Paulo: Revista dos Tribunais, 1997, p. 91-130; CAMBI, Eduardo. **A prova civil**: admissibilidade e relevância. São Paulo: Revista dos Tribunais, 2006, p. 255-262.

185 DINAMARCO, Cândido Rangel. **Instituições de direito processual civil**: v. III. 4 ed. São Paulo: Malheiros, 2004, p. 88. Como elucida o autor: "nenhuma espécie de fonte passiva é excluída *a priori* e sequer ao mais obsceno dos escritos ou reproduções gráficas é negada a condição de fonte probatória – até porque pode servir de prova de uma obscenidade alegada pela parte". Igualmente: AROCA, Juan Montero. **La prueba en el proceso civil**. 4 ed. Madrid: Thomson Civitas, 2005, p. 141.

não proibição ou (in)compatibilidade do meio de prova com sistema processual vigente[186], e aqui se insere o tema do item subsequente[187].

É certo, todavia, que a doutrina brasileira não se preocupou em desenvolver uma teoria consistente acerca das limitações de ordem lógica ao direito fundamental à prova, de modo que, salvo raras exceções – apontadas no item anterior –, na maioria das vezes sequer é feita referência a tal ordem de limitação quando da análise da prova.

Aliás, isso deriva da matriz cultural importada dos sistemas jurídicos de tradição europeia continental, os quais apresentam um caráter refratário ao conceito de relevância e pertinência da prova, não o desenvolvendo a contento. Em oposição, nos países de *commom law*, o desenvolvimento do tema é rico, mostrando-se essencial para o respectivo sistema jurídico[188].

Nessa conjuntura, geralmente se associa a relevância e a pertinência tão somente com o objeto da prova – em conjunto com a controvérsia, como se viu –, e se acaba por confundir a delimitação do objeto *em concreto* da prova com o mecanismo de *seleção* dos meios de prova.

A par disso, e tendo sempre em mira os objetivos do presente estudo, vai-se dar mais atenção à dita admissibilidade *stricto sensu* no primeiro momento, que leva em consideração o critério de ordem *jurídica*, retomando, no momento posterior, a análise sobre as limitações de ordem lógica, apenas para se fazer esclarecimentos pontuais, sem pretensão de esmiuçar o tema, todavia, o que demandaria um estudo exclusivo.

Destarte, demonstrada a relatividade do direito fundamental à prova e as diferentes ordens de limitações possíveis a ele, bem como a noção da etapa da admissibilidade da prova, passa-se agora a tratar da (a)tipicidade dos meios de prova no sistema processual brasileiro,

---

186 A respeito, Frederico Marques (MARQUES, José Frederico. **Elementos de direito processual penal**: v. II. 2 ed. Rio de Janeiro: Forense, 1965, p. 275) anota que "De um modo geral, são inadmissíveis os meios de prova que a lei proíba e aqueles que são incompatíveis com o sistema processual em vigor"

187 Nesse sentido é o entendimento de Lisandra Demari (DEMARI, Lisandra. Juízo de relevância da prova. *In*: KNIJNIK, Danilo (coord.) **Prova Judiciária**: estudos sobre o novo direito probatório. Porto Alegre: Livraria do Advogado, 2007, p. 171-179).

188 DEMARI, Lisandra. Juízo de relevância da prova. *In*: KNIJNIK, Danilo (coord.) **Prova Judiciária**: estudos sobre o novo direito probatório. Porto Alegre: Livraria do Advogado, 2007, p. 174.

com a proposição de uma nova forma de se enxergar o instituto, em observância a todas as premissas aqui sustentadas.

3.6.3. Por uma um novo ideal de (a)tipicidade dos meios probatórios

3.6.3.1. Apresentação do problema

À semelhança do item 3.3.2, no qual se apresentou a diferença entre os fatos *primários* e *secundários* e a consequente classificação da prova em *direta* e *indireta*, o presente item reveste-se de extrema importância.

Serão feitas considerações e se chegará a notas conclusivas que representam um dos "fios da meda" para compreensão de toda a parte subsequente do estudo (referente aos aspectos teóricos da prova indiciária), bem como do que se pretende demonstrar com ele.

Pois bem. A teor do quanto exposto no item anterior, as limitações ao direito fundamental à prova podem se dar por critérios de ordem jurídica e lógica.

Os primeiros são os mais comumente considerados nos países de tradição jurídica romano-germânica - como o Brasil - e dizem respeito, em essência, à enumeração no "catálogo" legal dos meios de prova idôneos a serem empregados em juízo e/ou àqueles inidôneos, nos casos em que se tem uma regra de exclusão[189].

Em última análise, quando se fala em admissibilidade dos meios de prova nesses países, logo se vem à mente a noção de (a)tipicidade, ou "prova típica" - "prova atípica", e o emprego do termo "típico" para designar "nominado" e o termo "atípico" para designar "inominado".

Ocorre que aí reside um grande equívoco que precisa ser desfeito: o conceito de (a)típico não se confunde com o de (i)nominado, e se passa a demonstrar isso a partir da análise técnico-científica do tipo e do método tipológico, trazendo-se a concepção adequada do que

---

189 Afirma Taruffo (TARUFFO. Michele. **A prova**. Tradução: João Gabriel Neto. São Paulo: Marcial Pons, 2014, p. 39-40) que geralmente as normas relativas à admissibilidade das provas são construídas como regras de exclusão, uma vez que sua função principal é determinar quando um elemento de prova não deve ser admitido, podendo assumir diferentes formas, por exemplo: podem determinar que alguns fatos não devem ser provados ou que alguns tipos de prova não devem ser utilizados. Complementa o autor dizendo que em alguns casos, ainda, as regras de exclusão são estritas e precisas, enquanto em outros são formuladas em termos mais vagos e gerais, de modo que sua real aplicação dependerá em boa medida da "discricionariedade do tribunal".

pode ser considerado "típico", com enfoque nos meios de prova[190]. A partir da construção do pensamento tipológico e da fixação dos núcleos do tipo, propõe-se uma abordagem da (a)tipicidade dos meios probatórios.

3.6.3.2. A noção de tipo, suas funções e o método tipológico

Partindo-se da etimologia, *tipo* advém da palavra grega *typus*, tendo, de início, dois sentidos: (i) de *cópia*, contorno ou molde que determina a forma de objetos dele derivados, a exemplo do ocorrido no processo de cunhagem de moedas; (ii) de exemplo ou *modelo*, na acepção valorativa, com derivação para protótipo ou arquétipo[191].

Já pelo aspecto semântico, verifica-se que o vocábulo é *plurívoco*, tendo experimentado diversos significados ao longo dos tempos, nos mais variados campos do conhecimento científico (Zoologia, Botânica, Psicologia, Medicina, Sociologia, Economia etc.), culminando em uma acepção contemporânea que se consolidou pelas vias da Metodologia moderna[192].

Atualmente, porém, o sentido geral de tipo equivale à *forma básica* ou essência (*grundform*) de vários seres distintos, pelo que se percebe não ter perdido relação de identidade com o sentido originário de *typus*.

---

190 A presente análise decorre do estudo que gerou a publicação de dois artigos científicos, cujas propostas se complementam, produzidos ao longo do programa de pós-graduação *stricto sensu* (Mestrado em Direito Processual Civil) da Pontifícia Universidade Católica de São Paulo, no crédito denominado "Produção Bibliográfica", sob a coordenação do Professor Doutor Luiz Alberto David Araújo. Tendo em vista a proposta do crédito de estimular a produção científica de qualidade, referidos artigos foram meticulosamente pensados e trabalhados ao longo de meses, demandando elevados esforços na pesquisa bibliográfica e jurisprudencial. O primeiro deles, intitulado "Os novos ares da (a)tipicidade no processo civil: meios de prova e medidas executivas no CPC/15", foi publicado na Revista dos Tribunais (vol. 1015/2020, p. 213-239, Maio/2020); já o segundo, intitulado "(A)tipicidade dos meios de prova e das medidas executivas no processo civil: análise teórica e prática", foi publicado na Revista de Direito Privado (vol. 104/2020, p. 227-246, Mar–Abr/2020). Por tais razões, para elaboração do presente item, e a fim de evitar desnecessária circundução argumentativa, fez-se uma compilação das ideias essenciais apresentadas nos dois artigos publicados, com reprodução de excertos, e acréscimos pontuais. Em resumo, o objetivo último aqui é apresentar uma nova forma de se pensar a (a)tipicidade no processo civil, em especial a dos meios de prova no processo civil, o que constituiu premissa indispensável para o desenvolvimento da presente pesquisa, bem como para a consecução dos fins pretendidos com ela.

191 DERZI, Mizabel de Abreu Machado. **Direito tributário, direito penal e tipo**. São Paulo: Ed. RT, 1988, p. 21.

192 Mizabel de Abreu Machado Derzi (DERZI, Mizabel de Abreu Machado. **Direito tributário, direito penal e tipo**, cit., p. 21.) aponta que Erich Heyde foi quem elaborou a contribuição mais significativa para o conhecimento da história dos diversos significados da palavra tipo.

Colocados esses pressupostos elementares, pode-se trazer a análise para os domínios do Direito, no âmbito do qual o *tipo* é de importância salutar, sendo empregados elementos tipológicos com grande frequência. Para ilustrar, transcreve-se a afirmação de Miguel Reale[193]:

> Todo conhecimento científico implica certa *tipologia*, ou mais genericamente, uma *categorização* [...] O Direito também é uma ciência tipológica. Podemos mesmo dizer que o Direito é uma das ciências que mais dependem do elemento tipológico [...] dentre as ciências culturais, é aquela que mais necessita de elementos classificatórios, de esquemas ideais ou de modelos, que prefiguram normativamente a conduta possível, reputando-a lícita ou ilícita.

E o emprego se dá pela prévia constituição de um *modelo* (ou esquema), com as notas determinantes do tipo, aos quais podem – ou não – se *ordenar* os fatos sociais e atos jurídicos: será *típico* o que for conforme o *modelo*, o qual possui uma elasticidade ampla, não se exigindo a exata conformação, daí porque se falar que o tipo possui uma maleabilidade estrutural[194].

Assim, considerando que no tipo não se fala em subsunção, mas em *ordenação* de acordo com o método comparativo, a ausência de – uma ou algumas – notas não descaracteriza o objeto, que poderá ainda ser considerado típico. Dito de outra forma, um objeto será *atípico* somente se ausentes *todas* as notas características essenciais do tipo, que compõem o referido o núcleo ontológico[195].

Enfim, não obstante a dificuldade inerente à enumeração de todos os usos que são feitos da palavra ou os diversos matizes de sentido que lhe vem emprestando a literatura no campo das Ciências Sociais[196], o pressuposto fundamental para compreender a noção de tipo é enxergá-lo como um *modelo* que estabelece um núcleo *ontoló-*

---

193 REALE, Miguel. **Filosofia do Direito**. 19 ed. São Paulo: Saraiva: 1999, p. 56.

194 AMARAL, Paulo Osternack. **Provas**: atipicidade, liberdade e instrumentalidade. 2. ed. São Paulo: Revista dos Tribunais, 2017, p. 63.

195 Como ilustrado por Mizabel Derzi (DERZI, Mizabel de Abreu Machado. **Direito tributário, direito penal e tipo**. São Paulo: Ed. RT, 1988, p. 69): "Se o tipo, em determinado momento, tem como notas A, B, C, D (embora sua potencialidade não se esgote), típico será o objeto que, ordenando-se ao tipo, contiver as características A, B, C, D, assim como os demais, nos quais se apresentem tais notas em número, combinações e intensidade não rígidos".

196 Mizadel Derzi, *Direito Tributário*, p. 24..

gico entre seres, coisas ou espécies aparentemente distintas entre si, e que, ao mesmo, possuem traços que as caracterizam e peculiarizam[197]; um núcleo *fluído*, não rígido e delimitado, capaz de abranger novos elementos da realidade empírica que se mostrem com ele compatíveis.

Presente a noção de *tipo*, identificam-se quatro *funções* principais que ele pode exercer no Direito, que se revelam diversas e até mesmo contrapostas[198]:

(i) a primeira função é "classificar e ordenar", representando uma nova metodologia - método tipológico - em relação ao conceito classificatório rígido e exato, que se irradia para diferentes campos do Direito. Visa a ordenar o conhecimento jurídico científico, separando ou englobando situações, sem "tutelar" valores propriamente;

(ii) a segunda consiste em "descrever para estabelecer segurança", pela qual se impõem restrições a partir do *modelo* adotado, a fim de resguardar certos valores, a exemplo do que ocorre na órbita do Direito Público, em que os agentes estão limitados a realizar o que está expressamente admitido pela lei;

(iii) pode, ainda, oferecer "modelos jurídicos idôneos à realização de interesses, segundo as necessidades surgidas do próprio convívio social", que se liga ao caráter concreto do tipo e visa a *especificar* o conceito, de modo que acaba, em última análise, por singularizar, em vez de restringir;

(iv) por fim, presta-se a "descrever para simplificar", enquadrando dados, fenômenos ou comportamentos, a partir do estabelecimento de modelos com vistas a generalizar.

Em linhas gerais, a *tipificação* tem a finalidade de abstrair as particularidades individuais, para colher o que é comum ou repetitivo, e o *tipo* será o resultado desse processo de abstração generalizante.

---

197 Flávio Luiz Yarshell (YARSHELL, Flávio Luiz. **Tutela jurisdicional**. São Paulo: Atlas, 1999, p. 40) anota que o tipo, a um só tempo, "pode traduzir uma relação de conformidade com um modelo (uniformidade), ou exprimir o que existe de característico no próprio modelo, ou seja, seu aspecto diferencial.

198 Conforme apresentado por Flávio Luiz Yarshell (YARSHELL, Flávio Luiz. *Tutela jurisdicional*, cit., p. 47-53), com esteio em doutrina especializada, nacional e italiana. O autor alerta que a polivalência do tipo nas diferentes searas do direito leva à conclusão de que se deve identificar em cada qual a serventia atribuída, "precisamente para que o meio não traia o fim, com a produção de resultados diversos dos realmente pretendidos e desejados".

No âmbito jurídico especificamente, é um *método* para análise dos respectivos institutos, por intermédio da comparação, de forma a organizá-los em série tipológica; ou, ainda, como ferramenta de estudo jurídico para se ter a correta aplicação do Direito.

O método tipológico se oferece, portanto, como forma alternativa de pensamento em relação aos conceitos gerais-abstratos e o sistema lógico que eles integram[199], os quais não se mostraram suficientes, por si só, para apreender todos os fenômenos da vida ou uma conexão de sentido na multiplicidade das suas manifestações[200].

São apontadas como notas próprias do tipo, em oposição ao conceito: a abertura, a gradação, o sentido, a inteireza e a aproximação da realidade[201].

A abertura diz respeito à mencionada prescindibilidade da presença de todas as suas notas caracterizadoras (elasticidade ou maleabilidade estrutural). A gradação decorre da possibilidade da ausência de rigidez de tais notas, as quais podem variar em graus de intensidade, combinações e frequência diferentes. A inteireza é representada pela interdependência de suas notas, cujo conjunto permite identificar a totalidade e a clareza do tipo, conferindo-lhe sentido. Por fim, em razão da riqueza de dados referenciais ao respectivo objeto, além do seu caráter descritivo, o tipo se caracteriza pela aproximação à realidade[202].

De outro vértice, no conceito jurídico falta a *maleabilidade estrutural*, uma vez suas bases (ou notas caracterizadoras) são sólidas e fixas, como se o fato disciplinado pelo legislador fosse aprisionado no interior de um texto de lei: os objetos devem se *subsumir* ao conceito, ter um enquadramento perfeito, e não serem *ordenados* como no tipo, dotado de uma elasticidade ampla que dispensa a exata conformação com o modelo pré-constituído.

---

199 "O pensar tipologicamente, o tipificar, em sentido técnico, ao contrário do que se supõe não é estabelecer rígidos conceitos de espécies jurídicas, baluarte da segurança do Direito. Essa função compete aos conceitos fechados, determinados e classificatórios". (DERZI, Mizabel de Abreu Machado. **Direito tributário, direito penal e tipo**. São Paulo: Ed. RT, 1988, p. 48).

200 LARENZ, Karl. **Metodologia da ciência do direito**. Tradução: José Lamego. 3. ed. Lisboa: Fundação Calouste Gulbenkian, 1997, p. 656.

201 DERZI, Mizabel de Abreu Machado. **Direito tributário, direito penal e tipo**. São Paulo: Ed. RT, 1988, p. 51.

202 AMARAL, Paulo Osternack. **Provas**: atipicidade, liberdade e instrumentalidade. 2. ed. São Paulo: Revista dos Tribunais, 2017, p. 62.

É indispensável a compreensão de que *ordenar* é fenômeno diverso de *subsumir*.

No primeiro caso, tem-se uma conformação com o modelo extraível do ordenamento jurídico, que é dotado de uma maleabilidade estrutural. A ideia de subsunção, por sua vez, herança do positivismo jurídico, tem uma subordinação pretensamente perfeita e acabada do caso concreto à norma, a partir do raciocínio silogístico.

Pela subsunção, ou dogma da subsunção, consoante exposto por Tércio Sampaio Ferraz[203], à luz do modelo da lógica clássica, o raciocínio jurídico se caracterizaria pelo estabelecimento tanto de uma premissa maior, a qual conteria a diretiva legal genérica ou a hipótese de incidência normativa, quanto da premissa menor, que expressaria o caso concreto ou o fato gerador, sendo a conclusão do silogismo a manifestação do juízo concreto ou decisão.

Ocorre que a hipótese normativa não é uma simples descrição abstrata e genérica de uma situação concretamente possível, razão pela qual, ao configurar uma *facti species*, não está apenas descrevendo-a, mas tipificando-a. E tal tipificação não é evidente, deve ser construída sistematicamcntc com base nas normas aplicáveis ao caso concreto.

É certo, porém, que o conceito serve de instrumento de garantia da segurança jurídica e da legalidade estrita, todavia se pensa que tal ideal se mostra insuficiente, e até mesmo anacrônico, considerado o dinamismo das mutações socioeconômicas e a consequente necessidade de adaptação da estrutura normativa[204].

Modelos legislativos que têm por essência normas estruturadas por conceitos fechados partem da premissa onipotente e onisciente de que seriam suficientes para adequadamente regulamentar as interações interindividuais, o que se sabe não ser verdadeiro.

Por fim, transcreve-se o seguinte exemplo, extraído da obra de Mizabel de Abreu Machado Derzi[205], que se afigura bastante lúdico

---

203 FERRAZ JR., Tércio Sampaio. **Introdução ao estudo do direito**: técnica, decisão, dominação. 4 ed. São Paulo: Atlas, 2004, p. 80/317.

204 Flávio Luiz Yarshell (YARSHELL, Flávio Luiz. **Tutela jurisdicional**. São Paulo: Atlas, 1999, p. 44), sobre essa questão, assevera que "enquanto os conceitos classificatórios se fundariam em uma abstração desconhecedora de que a realidade é contínua, os tipos teriam fronteiras fluídas, e seriam objeto de descrição, mais do que de definição".

205 DERZI, Mizabel de Abreu Machado. **Direito tributário, direito penal e tipo**. São Paulo: Ed. RT, 1988, p. 55.

para a compreensão da diferença entre o método tipológico e o conceito classificatório no direito:

> Diante do fato jurídico, Shopping Center, será utilizado o método tipológico, se o jurista não tender a classificá-lo, segundo notas clássicas e rígidas que, conceitualmente, se atribuam a uma espécie jurídica, mas, ao contrário, concebê-lo como misto de locação e sociedade, p. ex., ou administração de condomínio, ou ainda, dentro do tipo, locação, graduá-lo como menos típico ou representativo.

3.6.3.3. A (a)tipicidade no processo civil moderno e no direito probatório

Assentadas as premissas elementares à compreensão do tipo e do método tipológico, e a sua contraposição aos gerais-abstratos, pode-se inferir que a prova, enquanto *meio*, é essencialmente típica: os *meios de prova*, sob o aspecto ontológico, encerram um núcleo mínimo de elementos determinantes que os caracterizam, definindo um *modelo*[206].

Isso se acentua nos dias de hoje, uma vez que a cultura processual atual guarda correlação com os ideias pós-modernos, que vão de encontro ao estabelecimento de meros conceitos classificatórios, como permeou a essência do CPC anterior.

E o pensamento tipológico representa um avanço, um passo à frente em relação ao pensamento meramente conceitual que tenta enquadrar os fatos sociais num ambiente fechado e taxativo, o que é totalmente incompatível com a maleabilidade que caracteriza não apenas o tipo, mas também o próprio processo civil[207].

O CPC/15, que marcou uma virada de página e acabou por consagrar uma ideologia contemporânea, encampou o método tipológico para regulamentar diversos institutos, de forma expressa ou implícita[208].

---

206 AMARAL, Paulo Osternack. **Provas**: atipicidade, liberdade e instrumentalidade. 2. ed. São Paulo: Revista dos Tribunais, 2017, p. 63

207 OSNA, Gustavo. **Processo civil, cultura e proporcionalidade**: análise crítica da teoria processual. São Paulo: Revista dos Tribunais, 2017, p. 43.

208 Para ilustrar, citem-se quatro exemplos marcantes: (i) *tutela de urgência*, que abrange toda e qualquer providência capaz de alcançar um resultado prático à parte que possa ser antecipada, isto é, o pedido de tutela de urgência – satisfativa ou cautelar – não se restringe à proteção de apenas certas situações substanciais, tendo em vista a necessidade de resguardo de tais situações carentes de proteção;(ii) as *convenções processuais*, tipificadas no art. 190 do CPC, que permitem às partes negociar o rito procedimental, dentro de dados limites decorrentes do sistema processual-constitucional; (iii) os

De tais premissas exsurge que a aferição da tipicidade de um dado objeto não leva em conta tão somente a sua previsão expressa em uma disposição normativa, ou em um conjunto limitado de disposições, mas, sim, deve ser analisado de forma sistemática e orgânica o sistema normativo.

Típico não se confunde com nominado na lei, justamente por envolver aspectos valorativos e qualitativos, muito mais complexos que a simples leitura de um ou alguns dispositivos legais de um determinado texto legal.

Em suma, considera-se típico o instituto cuja adequação ao ordenamento jurídico se dê por sua qualidade ontológica verificada por meio de um juízo comparativo dos elementos que compõem o modelo.

3.6.3.3.1. Conceito de "prova (a)típica" pela abordagem tradicional

Antes de se conceber uma nova forma de enxergar a (a)tipicidade dos meios de prova, a partir das considerações feitas sobre o *tipo* e o *método tipológico*, deve-se situar rapidamente o problema que envolve o tema.

Aqui, mais uma vez, verifica-se um *lugar comum* probatório, fruto dos estudos mais apressados sobre a prova, e descompromissados com a visão técnica do *tipo*, redundando na leitura, que se pode chamar de "tradicional", feita da (a)tipicidade aplicada ao direito probatório.

Sucintamente, diz a esmagadora maioria da doutrina e da jurisprudência que os meios de prova "típicos" são aqueles previstos (posição restritiva) ou previstos e regulados (posição ampliativa) pela lei expressamente. No caso do CPC/15, são os previstos nas subseções do Capítulo XII do Título I, Livro I, da Parte Especial.

Já os meios de prova dito "atípicos", a contrário senso, seriam aqueles meios de prova não definidos pelo legislador.

---

meios de prova, desde que idôneos e obedientes à legalidade como um todo, são passíveis de utilização para esclarecimento do *thema probandum*, a teor do art. 369. (iv) as medidas executivas, que representam todos os meios possíveis a ser empregados para se obter a plena satisfação do direito do exequente no plano fático, *ex vi* do art. 139, inciso IV. Nesses casos, o legislador trouxe as notas determinantes para que o instituto fosse delineado, não prevendo características rígidas a exigir uma subsunção ideal. Isto é, trata da pura expressão do método tipológico, estabelecendo-se tipos, e não conceitos classificatórios.

Costuma-se atribuir a *admissibilidade*[209] dos meios de prova atípicos à previsão constante do art. 369 do CPC, que assegura às partes o direito de empregar, além dos meios legais (nominados na lei), todos os que sejam moralmente legítimos[210], com o fim último de provar a verdade dos fatos em que se funda o pedido ou a defesa e influir eficazmente na convicção do juiz.

Assim, as provas que comumente são denominadas "típicas", em verdade, nada mais são do que tão somente *nominadas*[211] pela lei. Em contraposição, fala-se em provas inominadas para se referir àquelas não previstas e/ou em reguladas pela lei, e que não sejam proibidos ou incompatíveis com o sistema processual.

Essa constatação encontra respaldo na doutrina italiana, sendo o termo *inominado* empregado – ao que tudo indica –, originariamente por Carnelutti na sua obra Sistema de Direito Processual Civil. Em tópico sobre a eficácia jurídica das provas (por ele dividida em prova livre e prova legal), o autor afirma que, "existem provas cuja valoração se deixa livremente ao juiz, de modo que as regras legais não contemplam todas as provas possíveis [...] se pode dar a essas provas, não expressamente reguladas, o nome de provas inominadas"[212].

---

209 A rigor, a admissibilidade dos meios de prova não expressamente prevista na lei decorre, em última análise, da atipicidade do próprio direito de ação, tendo em vista que o art. 5º, inciso XXXV, da CF/1988 não impõe qualquer limitação ao acesso à justiça, ao revés, é dotado de abstração justamente para permitir a ampla busca da tutela jurisdicional. Uma vez irrestrito o acesso ao processo, há que se garantir equivalente amplitude probatória, sob pena de limitar a própria garantia constitucional da ação e da defesa (CAMBI, Eduardo. **A prova civil**: admissibilidade e relevância. São Paulo: Revista dos Tribunais, 2006, p. 37). Noutras palavras, seria extremamente incoerente, e juridicamente inadmissível, se um dado fato controvertido não pudesse ser provado em juízo pelo simples fato de não se amoldar perfeitamente a um dos meios de provas previsto no catálogo fechado do CPC. Daí porque se poder afirmar que a chamada atipicidade dos meios probatórios, que instrumentalizam o direito fundamental à prova, decorre da atipicidade do direito de ação.

210 Moacyr Amaral Santos (SANTOS, Moacyr Amaral. **Prova judiciária no cível e no comercial**: v. I. São Paulo: Max Limonad, 1968, p. 75) menciona a doutrina de Aureliano Gusmão, o qual destaca que a lei simplesmente *enumera* os meios de prova admitidos, não usando da forma imperativa – deverão –, mas sim da forma potestativa – poderão.

211 Do verbo *nominar* (do latim *nominare*), isto é, "conferir nome ou designação a (alguém ou algo); chamar, denominar, nomear". NOMINAR. *In* Dicionário Michaelis. Disponível em http://michaelis.uol.com.br/busca?r=0&f=0&t=0&palavra=nominar#:~:text=Dicion%C3%A1rio%20Brasileiro%20da%20L%C3%ADngua%20Portuguesa&text=vtd%20e%20vlig%20Conferir%20nome,%2C%20mas%20falta%20nomin%C3%A1%2Dlo..

212 CARNELUTTI, Francesco. **Sistema de Derecho procesal civil**: v. II. Tradução. Niceto Alcalá-Zamora Y Castillo e Santiago Sentís Melendo. Buenos Aires, Uteha Argentina, 1944, p. 474.

Fazendo menção à terminologia, e em obra mais recente, Comoglio, Ferri e Taruffo[213] sintetizam a diferença:

> Diz-se prova *típica*, ou *nominada*, a prova que está prevista expressamente na lei e por ela reguladas. Por outro lado, as provas são *atípicas*, ou *inominadas*, porque podem constituir elementos úteis para o conhecimento dos fatos do caso, mas não são especificamente reguladas por lei.

Visto, de forma objetiva, como se entende tradicionalmente a (a)tipicidade em relação aos meios de prova, o equívoco resta evidente.

O fato de um meio de prova estar nominado pela lei, *por si só*, não o torna necessariamente típico, e vice-versa. Como visto, para se aferir a (a)tipicidade é preciso levar em consideração o *modelo* extraível do sistema processual e a ordenação, ou conformação, com seu núcleo ontológico.

Pode-se concluir que não é todo meio de prova nominado pela lei que será *típico* e, igualmente, não será *atípico* todo meio de prova que não estiver nominado na lei.

A fim de se resolver o problema definitivamente, propõe, assim, uma nova concepção da (a)tipicidade dos meios de prova no processo civil.

3.6.3.3.2. Os meios de prova (a)típicos e o método tipológico: uma nova abordagem

Conhecidas as nuanças essenciais do tipo e como o método tipológico se aplica, e retomado o quanto exposto acerca da finalidade

213 COMOGLIO, Luigi Paolo; FERRI, Corrado; TARUFFO, Michele. **Lezioni sul processo civile.** 5 ed. Bologna: Il Mulino, 2011, p. 466. No original: "Si dicono prove *tipiche*, o *nominate*, le prove che vengono prese expressamente in considerazione dalla legge e sono da essa regolate. Sono invece prove *atipiche*, o *innominate*, le prove che sono tali perché possono costituire utili di conoscenza dei fatti della causa, ma non sono specificamente disciplinate dalla legge". A mesma distinção é feita por Tarufo, em obra de autoria exclusiva, no item denominado "elementos para um léxico das provas" (TARUFFO. Michele. **La Prueba de los hechos.** Tradução: Jordi Ferrer Beltrán. 2 ed. Madrid: Editoral Trotta, 2005, p. 468). Identificou-se, ainda, mais um exemplo na doutrina italiana: (PROCACCINO, Angela. **Prove atipiche.** *In* GAITO, Alfredo (Org.): v. 1.: Il sistema della prova. Milano, Utet Giuridica, 2018, p. 265-294): "a apuração dos fatos também pode ser baseada nas chamadas provas "inominadas", ou seja, não disciplinada e contidas no catálogo legal. Na doutrina nacional, Barbosa Moreira (BARBOSA MOREIRA, José Carlos. Provas Atípicas. **Revista de Processo,** nº 76. São Paulo: Revista dos Tribunais, 1994, p 114-126), em artigo específico sobre o tema, também faz breve alusão à prova atípica como sinônimo de prova inominada.

da prova[214], pode-se traçar um paralelo com o intuito de se chegar a uma visão inovadora sobre a (a)tipicidade dos meios de prova no processo civil.

Viu-se que a prova se presta precipuamente ao *esclarecimento do thema probandum*, isto é, das alegações de fato que restaram controvertidas, bem como se mostram relevantes e pertinentes no caso concreto para a solução do mérito.

Alia-se isso à possibilidade de se extrair do sistema processual civil um *modelo* de meio de prova, com o respectivo núcleo ontológico de notas características, que são identificáveis especialmente a partir da *ratio legis* dos dispositivos regentes do direito probatório, dentre os quais se destacam os arts. 6º[215], 319, IV[216], 369[217] e 370[218], *caput*, todos do CPC/15.

Dada a maleabilidade estrutural próprio do *tipo* – e ao próprio processo civil –, não se mostra adequada – ou melhor, técnica – a concepção que limita a prova *típica* aos meios previstos nas subseções do Capítulo XII do Título I, Livro I, da parte especial do CPC/15, que corresponderiam aos meios de prova *nominados*, em oposição aos *inominados*, aqueles não enumerados na lei

Isso porque se concebidos os meios de prova como um *tipo*, tudo que se amoldar ao seu núcleo ontológico, mediante um exercício qualitativo de comparação, será *típico*, isto é, tudo que se prestar ao esclarecimento do *thema probandum* poderá ser considerada prova típica.

É fundamental ressaltar que o CPC/15, *em nenhum momento*, fala em tipicidade dos meios de prova, tampouco quais os meios de prova são típicos; limita-se a *nominar* os meios mais usuais e o respectivo procedimento a ser adotado em juízo e abre a possibilidade de utilização de todos os meios, isto é, os inominados.

---

214 Ver item 3.2.1.

215 O dispositivo prescreve o dever de cooperação entre os sujeitos do processo para que se tenha uma decisão de mérito "justa e efetiva".

216 Prevê um dos requisitos essenciais da petição inicial, que é a indicação dos meios de prova hábeis a demonstrar a verdade das alegações de fato deduzidas.

217 É o artigo que compõe o núcleo do sistema probatório, assegurando às partes o *direito* fundamental de empregar *todos* os meios probatórios "legítimos" no esclarecimento do *thema probandum*.

218 Estabelece o dever-poder do juiz de participar *ativamente* da instrução probatória, cooperando para o correto esclarecimento dos fatos que sejam necessários ao julgamento do mérito.

E mais: o art. 369 prevê o direito de empregar "todos os meios legais, bem como os moralmente legítimos, ainda que não especificados neste Código", de tal sorte que a taxatividade na lei é afastada em matéria probatória.

Dito de outro modo, o art. 369 não se presta a prever o denominado por uns de "princípio da atipicidade das provas", mas, sim, *compor o núcleo ontológico* dos meios de provas, com a característica de que não precisam estar especificados no código para que se amoldem a ele.

Soma-se ao *tipo* dos meios de prova a necessária observância à *legalidade* da prova, decorrente da vedação contida no art. 5º, LVI, da CF/88 e do referido art. 369 do CPC.

Adota-se o entendimento de que as provas *ilegais* – ou inconstitucionais, ilícitas *lato sensu* – são um gênero e se caracterizam quando houver violação à norma (princípio ou regra) do ordenamento jurídico como um todo. Se a norma for de direito material – *v.g.* direito à intimidade, liberdade, previstos na Constituição ou em leis infraconstitucionais (materiais) –, será considerada prova ilícita (ou ilícita *stricto sensu*), sendo que a violação ocorre no instante de sua colheita; se de direito processual, a prova será ilegítima, e a violação se perpetra dentro do processo (endoprocessual), como na hipótese de uma prova pericial realizada por expert sob coação de uma das partes[219].

Em suma, para que seja o meio de prova conforme o *modelo – típico*, portanto –, não é necessário estar previsto taxativamente no catálogo fechado trazido pelo código, razão pela qual se pode concluir que os meios de prova que, de qualquer forma ou intensidade[220],

---

219 Sobre o tema, em especial acerca das possibilidades de relativização da prova ilícita, ver AURELLI, Arlete Inês; LEITE, Rita de Cássia Curvo. Admissibilidade da 'prova ilícita' em demandas envolvendo interesses de crianças". **Revista de Processo**, vol. 303/2020, p. 259-290, maio/2020, p. 261-270. A distinção ontológica entre as provas ilícitas e ilegítimas se justifica sob o aspecto técnico, mas se deve ter em mente que as consequências da ilegalidade da prova não dependem da natureza da norma violada. Como anotado por Daniel Neves (NEVES, Daniel Amorim Assumpção. **Manual de direito processual civil.** 8 ed. Salvador: Juspodivm, 2016, p. 1252-1253): "Doutrina autorizada ensina corretamente que mais importante que a distinção entre prova ilícita ou ilegítima, tomando-se a tradicional classificação, é determinar a gravidade da violação. Trata-se da noção de provas inconstitucionais, produzidas com ofensa a normas materiais ou processuais, sempre que violarem direito fundamental garantido na Constituição Federal. Uma ofensa à norma de direito processual (publicidade) pode ser tão inconstitucional quanto a ofensa a uma norma de direito material (preservação do direito de intimidade-privacidade)".

220 Cf. FERREIRA, William Santos. **Princípios fundamentais da prova cível**. São Paulo: Revista dos Tribunais, 2014, p. 95-96.

levem ao esclarecimento do *thema probandum*, com obediência à licitude e à legitimidade do meio, serão típicos. Os demais, que, embora tenham tal potencial esclarecedor, esbarrem nas proibições impostas pelo ordenamento, serão, portanto, *atípicos* e seu emprego vedado no processo.

Finalmente, a abordagem aqui proposta acerca da tipicidade dos meios de prova se mostra de grande *utilidade* se considerado que a distinção entre as ditas provas típicas e atípicas, na forma feita pela abordagem tradicional, fica relegada essencialmente ao campo teórico-doutrinário.

Conforme se demonstrou em estudo específico[221], não se sustenta a ventilada, por uns, existência de hierarquia entre os meios de prova típicos e atípicos, no que diz respeito à respectiva força ou valor probante[222], e isso se verifica tanto no plano teórico[223], como no plano prático.

Quanto a este último em especial, a partir da pesquisa empírica feita no âmbito do Tribunal de Justiça de São Paulo e do STJ, não se identificou um julgado sequer que tenha enfrentado a temática dos meios de prova não nominados na lei, verificando-se que a admissibilidade ocorre de forma "automática", sem que se discuta a sua valoração e, especialmente, eventual hierarquia em relação às provas nominadas. Vê-se, portanto, que o amplo debate que se tem na doutrina acerca das provas (a)típicas, se cotejada com a prática forense cível, fica, de certa forma, obsoleto, considerando que os tribunais pátrios não utilizam as premissas teóricas para exercer a jurisdição.

221 FAZANARO, Renato Vaquelli; NETO, João Gava. (A)tipicidade dos meios de prova e das medidas executivas no processo civil: análise teórica e prática. **Revista de Direito Privado**, vol. 104/2020, p. 227-246, Mar – Abr /2020.

222 Nesse sentido conclui Taruffo (TARUFFO. Michele. **La Prueba de los hechos**. Tradução: Jordi Ferrer Beltrán. 2 ed. Madrid: Editoral Trotta, 2005, p. 420): "Limitar o valor das provas atípicas é, portanto, não apenas teoricamente injustificado: também é praticamente inadequado. Portanto, a determinação do valor da prova atípica não pode e não deve estar vinculado a critérios legais predeterminados e deve, consequentemente, ser deixada ao critério discricionário do juiz. Não há, portanto, diferença, nesta perspectiva, entre as provas atípicas e provas típicas submetidas à livre avaliação, no sentido de que as provas de ambos os tipos devem ter, no caso específico, a eficácia que decorre da sua capacidade de fundar racionalmente a determinação do fato. Não há nada de estranho, então, que o fato possa ser determinado com base em provas atípicas, ou em uma única prova atípica, ou em que uma prova atípica se oponha ou supere uma prova típica ou que seja decisivo no conflito entre provas típicas. Na realidade, resultados deste tipo não podem causar perplexidade se a avaliação das provas – típicas e atípicas– for feita com base em critérios racionais e controláveis".

223 Ver item 4.4.1.

Daí porque todas as provas que têm potencial de esclarecer o *thema probandum*, respeitados os limites da ilicitude *lato sensu*, devem ser empregadas em igual hierarquia no processo, sem preciosismos meramente ideológico-culturais.

Enfim, é necessário um giro epistemológico no âmbito probatório, em especial dos meios de prova, seja porque a lei não faz essa distinção de forma expressa ou porque ela não existe na prática.

3.6.4. A admissibilidade e o juízo de relevância dos meios de prova

Muito já se antecipou nos últimos itens sobre a etapa de admissibilidade da prova.

Viu-se que ela consubstancia os limites ao direito fundamental à prova, visando à *seleção* ou *filtragem* dos *meios de prova* – e não das *fontes de prova* – que podem ser empregados no processo, a partir de critérios de ordem *jurídica* (limitações subjetivas, objetivas e extraprocessuais) e *lógica* (relativa à relevância).

Distinguiu-se a *admissibilidade lato sensu*, aquela que abrange todos os referidos critérios, da *admissibilidade stricto sensu*, que se limita ao critério jurídico, em especial à previsão, não proibição ou incompatibilidade do meio com o sistema processual em vigor. Aqui, avançou-se no tema e se propôs uma nova forma de entender (a) tipicidade dos meios probatórios, a partir do conceito técnico de *tipo* e do método tipológico.

Ademais, foi ressaltado que se daria maior atenção à admissibilidade *stricto sensu*, tendo em vista as pretensões do presente estudo e que, devido à matriz cultural importada dos sistemas jurídicos de tradição europeia continental, é a que mais se aplica na prática forense e o que mais se discute na doutrina pátria.

Portanto, dados esses passos, remanesce à apreciação a outra face fundamental da admissibilidade, que diz respeito ao aspecto lógico, bem como a melhor explicação do seu conteúdo, isto é, no que ela consiste propriamente no processo[224].

---

224 Os as demais limitações de ordem jurídica (subjetivas, objetivas e extraprocessuais) já foram apresentadas, superficialmente, e não se alongará a análise, porquanto são de fácil intelecção e não despertam grandes debates.

Por primeiro, vale repisar que o critério de ordem lógica diz respeito à relevância do meio de prova requerido pelo sujeito processual interessado.

Dito de outra forma, caberá ao juiz, diante do pedido de produção de um determinado meio de prova, proceder a um juízo de relevância, para avaliar o respectivo deferimento (se se tratar de prova constituenda), ou a eficácia a ser conferida a uma prova já constante dos autos (se prova pré-constituída).

Posto isso, exsurge a indagação de como é aferida a relevância de um meio de prova.

Trata-se de uma condição que diz respeito à relação lógica entre os meios de prova e os fatos da causa que devem ser estabelecidos. A prova é relevante se parecer *útil* e *necessária* para fornecer elementos de conhecimento (potencial cognoscitivo) para a apuração dos fatos em litígio, de modo que a conclusão acerca da veracidade das respectivas alegações possa ser por esses elementos sustentada[225]; caso contrário, deve ser excluída preliminarmente por razões de economia e celeridade processual.[226]

A utilidade da prova para efeito de apuração dos fatos existe em duas hipóteses:

(i) se a prova se referir diretamente a um dos fatos principais do caso, o que é óbvio e facilmente resulta da comparação entre o fato apontado como objeto da prova e os fatos delimitados no *thema probandum*;

(ii) se a prova se referir a um fato secundário, desde que esse fato seja relevante para apuração de um fato principal, isto é, quando do fato secundário puder derivar inferências cognitivas úteis para estabelecer a verdade de um fato principal.

A hipótese (i) determina a relevância da prova direta, enquanto a hipótese (ii) determina a relevância da prova indireta.

Vê-se, então, que essa operação mental realizada, que redunda no juízo de relevância sobre o meio de prova, limita-se à relação lógica

225 TARUFFO. Michele. **A prova.** Tradução: João Gabriel Neto. São Paulo: Marcial Pons, 2014, p. 36.

226 COMOGLIO, Luigi Paolo; FERRI, Corrado; TARUFFO, Michele. **Lezioni sul processo civile.** 5 ed. Bologna: Il Mulino, 2011, p. 472-473.

entre o *thema probandum* e o tema que o meio probatório poderá comprovar. Noutras palavras, o meio de prova deve ter a aptidão de atestar um fato que se relaciona com o *thema probandum*, seja diretamente (fatos principais), ou mesmo indiretamente (fatos secundários), mas de forma a influenciar decisivamente no resultado do processo[227].

Isso implica que os critérios de admissibilidade da prova baseados em fundamentos lógicos são hipotéticos, não envolvem qualquer verificação concreto do resultado da prova ou juízo valorativo *prévio* sobre o convencimento judicial[228].

É possível se inferir, com Echandia[229], que a admissibilidade se trata, pois, de um exercício de *qualificação prévia*[230], tendo em vista que se opera apenas uma qualificação preliminar da legalidade do meio apresentado ou requerido e sua relação lógica com os fatos do litígio, sem que por isso se valore ou se aprecie sua força probante (ou "mérito da convicção"). Portanto, a admissão de um meio de prova não *vincula* o juiz no momento de proferir a decisão final sobre o litígio, o qual pode vir a constatar que o conteúdo da prova, ou os vícios que a afetam, não lhe permitem reconhecer nenhuma força probante.

Indo além, nesse exercício de qualificação prévia feito pelo juiz existe uma *relação de preliminaridade*: primeiro se avalia a (a) tipicidade do meio de prova, isto é, se não é vedado pelo sistema processual civil, para então se avaliar a sua relevância. Com isso, o juízo de admissibilidade *stricto sensu* é anterior (*ex ante*), porquanto

227 BADARÓ, Gustavo Henrique. **Epistemologia judiciária e prova penal**. São Paulo: Revista dos Tribunais, 2019, p. 157159. O autor traz o exemplo dos países de *commom law*, em que os critérios de admissibilidade da prova estão ligados às noções de *materiality* e *relevancy*. A primeira refere-se à relação ou conexão entre o que pode ser demonstrado pelo meio de prova e o fato principal a ser provado; já a noção de *relevancy* diz respeito à aptidão do meio de prova para demonstrar a existência ou inexistência de um fato secundário, através do qual seja possível realizar uma inferência sobre o fato principal.

228 BADARÓ, Gustavo Henrique. **Epistemologia judiciária e prova penal**. São Paulo: Revista dos Tribunais, 2019, p. 162. Ver KNIJNIK, Danilo. **A prova nos juízos cível, penal e tributário**. Rio de Janeiro: Forense, 2007, p. 19-24 (diferença entre juízo de admissibilidade e livre convencimento).

229 ECHANDIA, Hernando Davis. **Teoria general de la prueba judicial**: t. I. 3 ed. Buenos Aires: Editor Alberti, 1976, p. 283.

230 Em sentido contrário: Eduardo Cambi (CAMBI, Eduardo. **A prova civil**: admissibilidade e relevância. São Paulo: Revista dos Tribunais, 2006, p. 266 e 295) entende que se trata de antecipação do juízo de mérito; CALAMANDREI, Piero. **Direito Processual Civil**: v. III. Tradução: Luiz Abezia e Sandra Drina Fernanazdez Barbiery. Campinas: Bookseller, 1999, p. 279. Entende que o juiz é "chamado a dar uma avaliação antecipada e hipotética das consequências jurídicas que se seguiriam dos fatos deduzidos em prova, se fossem provados [...] é um juízo de direito, atinente ao mérito, que contem já, *in nuce*, a decisão definitiva".

de nada adiantaria se aferir o aspecto lógico do meio de prova se sua produção for coibida[231].

Ademais, cabe fazer a distinção entre a *relevância das alegações de fato*, aferida no momento da delimitação do *thema probandum*, e a *relevância dos meios de prova* requeridos para provar tais alegações.

Naquele primeiro momento, avalia-se a relevância das alegações de fato deduzidas pelas partes à luz do caso concreto; no segundo, a relevância da produção do meio probatório requerido para corroborar aquela(s) alegação(ões), mesmo porque não se pode pretender, em regra, a produção de prova quanto a fato incontroverso, irrelevante ou impertinente.

Enfim, um determinado fato pode ser relevante para o julgamento do litígio, mas o meio escolhido não guardar relação lógica com aquele. Exemplificando: requerer produção de prova pericial de engenharia numa ação de indenização por danos morais em que o cerne do *thema probandum* é a ocorrência de dano à honra subjetiva do autor; requerer depoimento pessoal do autor numa ação de nunciação de obra nova em que o cerne do *thema probandum* é o risco de desabamento, sendo necessária prova pericial para tanto.

Expostos os aspectos gerais do limite lógico da admissibilidade da prova, dois pontos específicos acerca da admissibilidade *lato sensu* ainda precisam ser analisados: a diferenciação existente em se tratando de provas *constituendas* e *pré-constituídas*; se os critérios de ordem jurídica e lógica devem funcionar como regra de admissibilidade ou inadmissibilidade[232].

Quanto ao primeiro ponto, repise-se[233] a distinção entre provas e *constituendas* e *pré-constituídas*, que leva em conta a *modalidade de introdução* e a *formação da prova* no processo: as *pré-constituídas* são aportadas imediatamente ao processo e submetidas ao contraditório a partir do ingresso nos autos, porque já se aperfeiçoaram previa-

---

231 Nesse sentido: KNIJNIK, Danilo. **A prova nos juízos cível, penal e tributário**. Rio de Janeiro: Forense, 2007, p. 173; CAMBI, Eduardo. **A prova civil**, cit., p. 262. Em sentido contrário: TARUFFO. Michele. **La Prueba de los hechos**. Tradução: Jordi Ferrer Beltrán. 2 ed. Madrid: Editoral Trotta, 2005, p. 366.

232 Ver BADARÓ, Gustavo Henrique. **Epistemologia judiciária e prova penal**, p. 163. O autor, porém, entende que tais pontos se aplicam somente aos limites lógicos, com o que se ousa discordar, porquanto o fato de uma prova ser pré-constituída ou constituenda, bem como se a regra é a admissibilidade ou inadmissibilidade também aproveita à admissibilidade *stricto sensu*.

233 Ver item 3.1, especialmente a nota de rodapé nº 375.

mente e fora dos autos, como a prova documental por excelência; *constituendas* são aquelas cuja produção ocorre no curso do próprio processo, demandando em contraditório prévio, para se aperfeiçoar, como a prova testemunhal e pericial.

Em razão de tal fato, o exercício de qualificação prévia que caracteriza o juízo de admissibilidade deve ser mais rigoroso quando se tratar de provas constituendas, porquanto a admissão de uma prova irrelevante levaria a um desperdício de tempo e comprometeria a eficiência que se espera da atividade jurisdicional. Já com relação às provas pré-constituídas, a admissibilidade se resume aquela quanto à (a)tipicidade do meio probatório (*stricto sensu*), não se fazendo nenhuma filtragem baseada na sua relevância, uma vez que não se terá o risco de atividade processual desaproveitada; o máximo que pode ocorrer é esbarrar no critério jurídico, a partir de um juízo *a posteriori*, fruto de alegações de ilicitude (*lato sensu*), culminando no desentranhamento dos autos ou na decretação de nulidade da decisão que a valorou, a depender do momento em que a ilicitude da prova é constatada[234].

Trazendo a investigação para o campo prático, o momento processual em que o juízo de admissibilidade deve ser realizado – em relação às *provas constituendas* –, por excelência, é a *decisão de saneamento e organização e processo*, a teor do art. 357 do CPC/15[235] – obviamente em não sendo caso de extinção do processo, julgamento antecipado total ou parcial do mérito. Quanto às provas *pré-constituídas*, por serem formadas extra-autos, o juízo de admissibilidade é diluído ao longo de todo o procedimento, especialmente em relação ao *critério jurídico*, podendo ser verificado o não atendimento tão logo seja juntada a prova, na decisão de saneamento e organização do processo ou a qualquer momento, inclusive de ofício, por se tratar de matéria de ordem pública.

---

234 Nesse sentido: AURELLI, Arlete Inês; LEITE, Rita de Cássia Curvo. Admissibilidade da 'prova ilícita' em demandas envolvendo interesses de crianças". **Revista de Processo**, vol. 303/2020, p. 259-290, maio/2020, p. 11. Para uma análise mais detalhada acerca das consequências da ilicitude da prova, ver CAMBI, Eduardo. **A prova civil**: admissibilidade e relevância. São Paulo: Revista dos Tribunais, 2006, p. 117-125.

235 Nessa ocasião, deverá o juiz, pela dicção do dispositivo: I – resolver as questões processuais pendentes, se houver; II – delimitar as questões de fato sobre as quais recairá a atividade probatória, especificando os meios de prova admitidos; III – definir a distribuição do ônus da prova, observado o art. 373 ; IV – delimitar as questões de direito relevantes para a decisão do mérito; V – designar, se necessário, audiência de instrução e julgamento.

Quanto ao segundo ponto, discute-se a *regra geral* acerca da *seleção* dos meios de prova: deve se *admitir* somente aqueles que atendam aos critérios de ordem jurídica e lógica ou, ao contrário, somente se deve *inadmitir* aqueles que não respeitam tais critérios? Pensa-se que esta segunda forma de enxergar a questão é a mais adequada. Isso porque nos sistemas probatórios em que é assegurado um legítimo *direito fundamental* à prova, os aludidos critérios de admissibilidade são concebidos como *regras de inclusão*, de modo que os meios de prova requeridos devem ser sempre *admitidos*, salvo as exceções próprias[236].

Nessa toada, inclusive, é a *ratio legis* do art. 370 do CPC/15, que inovou em relação ao código revogado, e passou a exigir *decisão fundamentada* do juiz quando indeferir "diligências [que reputar] inúteis ou meramente protelatórias". Portanto, a regra é a *admissibilidade* dos meios de prova, a *inadmissibilidade* é exceção[237], exigindo-se decisão que justifique devidamente o porquê o meio de prova requerido não preenche os critérios de ordem jurídica e lógica[238].

Por fim, pode-se delimitar o conteúdo da *admissibilidade*, de forma ampla, nos seguintes termos: *é a etapa do iter probatório em que os limites probatórios existentes, das mais variadas ordens, são observados, exigindo um exercício da qualificação prévia por parte do juiz acerca dos meios de prova requeridos pelas partes, a fim de evitar que ingressem nos autos aqueles reputados inidôneos pelo sistema processual civil, ou ainda que não guardem relação lógica com as alegações de fato integrantes do thema probandum, de modo que não terão qualquer serventia no seu esclarecimento.*

---

236 BADARÓ, Gustavo Henrique. **Epistemologia judiciária e prova penal**, p. 64-65.

237 Partilhando desse entendimento, Sentis Melendo (MELENDO, Santiago Sentis. **La prueba**: los grandes temas del derecho probatoria. Buenos Aires: Ediciones Jurídicas Europa-America, 1978, p. 283) anota que os códigos partem do pressuposto que, na dúvida, a prova deve ser admitida.

238 Tal conclusão se alinha perfeitamente com os argumentos adotados para defender o juiz não é o único destinatário da prova, conforme item 3.4.

3.7. VALOR DA PROVA – A INSUFICIÊNCIA DOS SISTEMAS TRADICIONAIS E OS *STANDARDS* DE PROVA COMO NECESSÁRIA FERRAMENTA EPISTEMOLÓGICA

3.7.1. Noções gerais

Chega-se agora ao sexto, e último, aspecto fundamental da prova eleito para análise no presente estudo: o *valor* da prova.

Antes de se enfrentar o tema à luz do sistema processual vigente, é indispensável se tecer algumas considerações iniciais, a fim de possibilitar a compreensão do conceito, da função e do mecanismo de funcionamento da valoração da prova no processo.

Muitas dessas considerações, aliás, foram já introduzidas no primeiro item do capítulo, referente ao *conceito* de prova. Cabe, agora, sistematizá-las, com os acréscimos pertinentes.

De início, quando se fala em valor da prova, remete-se ao trinômio *atividade-meio-resultado* – que representa o seu conceito *jurídico* –, especialmente à prova enquanto *resultado* (ou apenas *proof* sistemas de *commom law*).

Por essa acepção, a prova diz respeito ao *conhecimento* adquirido acerca dos fatos alegados, obtido pela *valoração* feita pelo juiz e inferências extraídas dos elementos de prova aportados aos autos, que levam à apuração da existência – ou não – de tais fatos e da veracidade das respectivas alegações, com o efetivo aclaramento da questão de fato e a exigência de motivação da decisão.

A rigor, a valoração é, ao mesmo tempo: (i) o *componente subjetivo* da prova, relacionado ao *convencimento* obtido pelo destinatário da prova acerca da ocorrência ou inocorrência dos fatos que interessam à solução da causa; (ii) a *atividade cognitiva* de análise do conjunto das provas aportadas aos autos, a fim de extrair elementos de confirmação e suporte racional para formar tal convencimento e se formular a norma concreta e individual que resolverá a lide, no exercício da função jurisdicional. Acrescente-se que "a norma assim veiculada deve vir acompanhada de fundamentação, abrangendo a valoração as provas colacionadas pelas partes, esclarecendo o julgador as razões que o levaram àquela conclusão"[239].

---

239 TOMÉ, Fabiana Del Padre. **A prova no direito processual civil**. 3 ed. São Paulo: Noeses, 2011, p. 277.

Em última análise, é o momento processual em que se procede à verificação da veracidade das alegações de fato deduzidas pelas partes, reputando-as como *provadas* ou *não*, seja porque sobre elas foi produzida prova *direta*, seja porque a prova demonstrou a ocorrência de um fato indireto que possibilita a conclusão acerca da veracidade da alegação que veicula o fato principal (prova *indireta*). Reputar uma alegação de fato como provada, portanto, é o produto da valoração da prova[240].

Acerca do seu mecanismo de funcionamento, a valoração não é simples ou uniforme, mas, ao contrário, complexa e variável em cada caso[241]. Apesar disso, podem-se identificar seus principais momentos, que se interligam, na grande parte das vezes sem lindes precisas ou de identificação:

(i) no primeiro momento, leva-se em conta cada fato integrante do *thema probandum* considerado isoladamente, tendo como norte a qualificação jurídica que a ele se pretende atribuir, à luz da(s) prova(s) sobre ele aportada(s), aferindo sua idoneidade e o grau de corroboração que oferece àquele. Em se fazendo presente(s) fato(s) indiciário(s), uma etapa prévia é necessária, e corresponde à ligação inferencial entre este fato – secundário – provado e o fato principal, cuja ocorrência se pretende por meio dele demonstrar, que se dá pelo *critério* das máximas de experiência[242];

(ii) no segundo, e principal momento, tais fatos, até então considerados isoladamente, são analisados em seu *conjunto* e criticamente. É aqui que se fala, portanto, da apreciação do

240 Nesse sentido: COMOGLIO, Luigi Paolo; FERRI, Corrado; TARUFFO, Michele. **Lezioni sul processo civile**. 5 ed. Bologna: Il Mulino, 2011, p. 477.

241 ECHANDIA, Hernando Davis. **Teoria general de la prueba judicial**: t. I. 3 ed. Buenos Aires: Editor Alberti, 1976, p. 290.

242 Arenhart e Marinoni (ARENHART, Sérgio Cruz; MARINONI, Luiz Guilherme. **Prova e convicção**. 4 ed. São Paulo: Revista dos Tribunais, 2018, p. 324-330) asseveram: "antes da valoração do conjunto probatório, o juiz deve estabelecer a relação entre a prova e o fato direto e a prova e o fato indireto e, nessa última hipótese, ligar mentalmente o indício e o fato essencial. Essa prévia análise, portanto, obviamente não tem a ver com o raciocínio que o juiz faz ao valorar o conjunto probatório. Somente existe um conjunto probatório a partir da definição das provas e das presunções [...] há uma nítida distinção entre a valoração individual da prova e a valoração do conjunto probatório". Sobre as máximas de experiência, ver item 4.2.2.

conjunto probatório[243] (princípio da unidade probatória[244]), que nada mais é do que a *unidade* composta por todos os meios de prova - sejam diretas ou indiciárias, nominadas ou inominadas - constantes dos autos, que fornecerá ao julgador o suporte fático necessário para a formação do seu convencimento.

Assentadas tais premissas, e considerando que a correspondência à realidade no processo somente ocorre em termos relativos e a obtenção da verdade possível, extraível das alegações fáticas deduzidas pelas partes e das provas aportadas aos autos, dá-se em termos probabilísticos[245], exsurge a seguinte indagação: quando essa probabilidade é bastante para considerar provada a alegação de fato - ou o conjunto delas?

Para tanto, é possível se proceder a uma abordagem analítica, devidamente estruturada e ordenada, como aquela feita Ferrer Beltrán na obra Prova e Verdade no Direito[246].

---

243 É o que Comoglio, Ferri e Taruffo (COMOGLIO, Luigi Paolo; FERRI, Corrado; TARUFFO, Michele. **Lezioni sul processo civile**. 5 ed. Bologna: Il Mulino, 2011, p. 479) chamam de "valoração holística" (valutazione olística). No mesmo sentido: TARUFFO. Michele. **A prova**. Tradução: João Gabriel Neto. São Paulo: Marcial Pons, 2014. p; 139-140.

244 Para uma análise detalhada do conteúdo e alcance do referido princípio, ver FERREIRA, William Santos. **Princípios fundamentais da prova cível**. São Paulo: Revista dos Tribunais, 2014, p. 261-265.

245 Ver item 2.1. e 2.2.

246 BELTRÁN, Jordi Ferrer. **Prova e verdade no direito**. Tradução: Vitor de Paula Ramos. São Paulo: Revista dos Tribunais, 2017. O autor procede ao estudo conceitual das noções de prova e fato provado a partir do enunciado hipotético "Está provado que *p*" (ou reconduzíveis a este), estruturando a análise em 3 tópicos principais: (A) a *força* do referido enunciado, estabelecendo três distintas: (i) *constitutiva*, de natureza puramente decisória, porque assim determinou a autoridade competente, o que torna incontrolável a decisão; (ii) *normativa*, de modo que, além do estabelecimento da alegação de fato como provada, implicaria a imposição de uma consequência jurídica; (iii) *descritiva*, expressando proposições descritivas acerca da ocorrência de determinado fato em uma realidade externa ao processo, permitindo conceber a falibilidade das decisões judiciais; (B) o *sentido* do enunciado, dizendo respeito ao resultado da atividade probatória, e se expressa também de três formas: (i) de *veracidade* daquilo que se considerada provado "*p*", isto é, equivale a dizer que é verdadeira, tornando-se um sinônimo de verdade; (ii) de que o *juiz estabeleceu* "*p*", bastando a convicção do juiz de que uma proposição é verdadeira para ela ser considerada provada, de modo a impossibilitar o controle da decisão; (iii) de que *há elementos suficientes a favor de* "*p*", no sentido de existirem elementos de prova para corroborar a hipótese sobre os fatos por essa expressados ; (C) os *estados mentais*, ou "atitudes proposicionais", acerca das alegações de fato objeto da atividade probatórios: (i) *crença* em "*p*" por parte do juiz, o que implicaria na impossibilidade de controle do resultado da atividade probatória, porquanto a convicção consiste em um estado subjetivo do sujeito; (ii) *conhecimento* de "*p*" por parte do juiz, que seria uma crença justificada, evitando subjetivismos; (iii) *aceitação* de "*p*" por parte do juiz, no sentido de um ato voluntário baseado em razões existentes para tanto, independente da veracidade da proposição. Em resumo, o autor entende que "está provado que p" como um enunciado descritivo, utilizado como sinônimo de que há elementos de juízo suficientes a favor de "*p*" e quer significar a aceitação de "*p*" por parte do juiz.

Todavia, pensa-se que a resposta à indagação – que também pode ser formulada de tantas outras formas – é muito mais simples, se entendidas as premissas anteriormente colocadas, principalmente acerca da verdade no processo.

Ora, a atividade intelectual desenvolvida pelo juiz para considerar provado um fato é um típico exercício cognitivo, no sentido de adquirir conhecimento acerca de um objeto.

E o objeto do conhecimento, nesse contexto em específico, é a verdade das alegações que enunciam os fatos, que pode se considerar alcançada quando existentes *razões suficientes*, ou alto grau de corroboração, para crer que os fatos se verificaram no mundo fenomênico conforme enunciado.

Essas "razões suficientes" nada mais são do que as provas produzidas no decorrer do processo e, havendo suficiência que leve à preponderância de motivos convergentes ao quanto alegado, pode-se reputar a respectiva alegação como provada.

As ditas premissas se aplicam, assim, na ordem epistemológica e processual-probatória, cada uma com suas devidas particularidades.

Um fato estará provado, portanto, quando concorrerem elementos de prova suficientes que permitam corroborar, de forma racional e verificável, que a respectiva alegação é verdadeira e a hipótese nela contida deve ser adotada para julgamento da demanda. E isso ocorre quando os elementos convergentes preponderam em relação aos elementos divergentes, de modo a se ter uma probabilidade maior de que a alegação é verdadeira[247].

---

247 Aqui se pode fazer uma interessante associação do tema da verdade no processo com o "véu da ignorância" proposto pelo filósofo John Rawls (RAWLS, John. **Justiça como Equidade**. São Paulo: Martins Fontes, 2003, p. 20-21). O autor entende que os princípios da justiça podem ser alcançados se os interessados fossem reconduzidos ao que chama de *posição original*, que nada mais é do que uma situação ideal em que todos desconhecem suas situações específicas na sociedade (classe social, sexo, cor, nacionalidade etc.), de modo que não saibam, de antemão, o que é bom para cada um em particular; o que os contratantes têm que saber é o que é bom para todos, não para si mesmo. Ter-se-ia, então, um acordo equitativo entre pessoas livres e iguais, que têm de adotar um ponto de vista isento de qualquer informação que possa direcionar seus acordos. Trazendo a ideia do "véu da ignorância" para o tema em análise, pode-se conceber a situação ideal em que nenhuma das partes de uma demanda conheça a verdade dos fatos que deram ensejo ao conflito de interesses entre eles existentes. Nessa conjuntura, desconhecido o poderio no jogo de forças que antecede ao processo, certamente prefeririam submeter o julgamento ao juízo racional de um terceiro imparcial, que elegeria a hipótese mais provável dentre aquelas constituídas a partir de provas existentes, desde que suficientes para justificar tal escolha (AMARAL, Guilherme Rizzo do Amaral. Verdade, justiça e dignididade da legislação: breve ensaio sobre a efetividade do processo, inspirado no pensamento

Em resumo, essa é a ideia defendida por Ferrer Beltrán[248] na sua obra, de que "'Está provado que *p*' tem o mesmo sentido de 'Há elementos de juízo suficientes a favor de *p*'".

Visto isso, pode-se avançar fazendo uma ressalva indispensável: o ponto fulcral que permite estabelecer a relação entre prova e verdade de uma alegação no processo é a distinção entre "ser verdadeira" e "ser tida por verdadeira".

A alegação *será verdadeira* se corresponder ao fato ocorrido no mundo fenomênico, ou, pela citada doutrina de Tarski, uma proposição *p* é verdadeira se, e somente se, se dá o caso de *p* (a neve é branca se, e somente se, a neve é branca). Com isso, a verdade da alegação independe do que decidir o juiz, pois os fatos se passaram de determinada forma no mundo fenomênico, e a decisão pode não os reconhecer como verdadeiros à luz dos elementos de valoração aportados.

Por outro lado, a alegação *será tida por verdadeira*, isto é, a alegação de fato estará provada e, por consequência, o conhecimento de tal fato será *tido por* verdadeiro, caso exista *prova suficiente* que lhe dê suporte. Isso não significa, porém, que essa alegação é necessariamente verdade, mas, sim, ela pode ser *tida por verdadeira*[249].

---

de John Rawls e de Jeremy Waldron. *In* KNIJNIK, Danilo (coord.) **Prova Judiciária**: estudos sobre o novo direito probatório. Porto Alegre: Livraria do Advogado, 2007, p. 140-143).

248 BELTRÁN, Jordi Ferrer. **Prova e verdade no direito**. Tradução: Vitor de Paula Ramos. São Paulo: Revista dos Tribunais, 2017, p. 96. É bem verdade que o autor defende que o estado mental ideal, ou "atitude proposicional", acerca das alegações de fato objeto da atividade probatórios é o da *aceitação*, porque o estado do "conhecimento" não justificaria a comprovação de proposições falsas, tendo em vista que "um dos requisitos necessários para que se possa dizer que uma proposição é sabida é que esta seja verdadeira". Todavia, discorda-se do autor nesse ponto, pois a verdade diz respeito ao plano *objetivo*, e o conhecimento da verdade (que resultará no convencimento racional do juiz) diz respeito ao plano subjetivo. Então, o conhecimento que o juiz obtiver será legítimo, isto é, ele terá adquirido conhecimento, a partir das razões que reputar suficientes acerca de uma dada hipótese, mesmo que, ao final, não corresponda à verdade objetiva. Assim, não se afigura correta vincular o conhecimento à verdade objetiva para que ele exista. Vitor de Paula Ramos (RAMOS, Vitor de Paula. **Ônus da prova**: do ônus ao dever de provar. 2 ed. São Paulo: Revista dos Tribunais, 2018, p. 25) bem elucida: "afirma-se possível *conhecer* melhor ou pior a verdade, mas sem que isso afete minimamente sua existência e objetividade" ou, noutras palavras "o conhecimento do ser humano sobre a verdade poderá estar certo ou errado, mas a verdade independe do conhecimento que o ser humano tem sobre ela" (*Op cit.*, p. 27). Em última análise, a ideia de "aceitação" que o primeiro autor adota equivale ao que aqui se defende como *conhecimento*, na concepção de ""asserções garantidas" (ver capítulo 2).

249 BADARÓ, Gustavo Henrique. **Epistemologia judiciária e prova penal**. São Paulo: Revista dos Tribunais, 2019, p. 236.

Prova suficiente, em essência, é aquela que autoriza a eleição de uma entre as hipóteses possíveis em torno da veracidade de determinada alegação de fato[250]. É indispensável se ressaltar que essa suficiência deve ser aferida a partir da *qualidade* dos elementos de valoração probatória (abordagem qualitativa da prova), e não apenas na mera soma de tais elementos (abordagem quantitativa da prova). Também não se trata de suficiência do ponto de vista exclusivo do juiz: um fato poderá ser considerado verdadeiro quando existirem razões suficientes para crer que a maioria das pessoas adotaria em relação a ele a mesma conclusão (*razões transubjetivas*[251])[252].

Com isso, paralelamente à distinção entre "ser verdadeiro" e "ser tido por verdadeiro", autoriza-se a elaboração de uma outra: "estar provado" e "ser tido por provado", esta se fazendo presente quando a decisão sobre a existência ou inexistência de elemento de juízo suficientes a favor de uma dada hipótese resultar incompatível com o que realmente está provado, sob o aspecto objetivo (que se considere que não há elementos suficientes e que, sim, haja, e vice-versa), contrariando o que racionalmente deveria se inferir a partir dos material probatório disponível nos autos[253].

---

250 Ocorre no processo um confronto de hipóteses acerca da realidade e, como afirma Taruffo (TARUFFO, Michele. **Conocimiento científico y critérios da prova judicial**. *In:* TARUFFO, Michele; CARVAJAL, Diana Ramírez. *Conocimiento, prueba, pretensión e oralidade.* Lima: Ara Editores, 2009, p. 21), "o problema do juízo de fato pode e deve ser formulado como o problema de eleição de uma hipótese entre as diversas alternativas possíveis". Os elementos de convicção existentes nos autos devem permitir o estabelecimento de uma hipótese consistente sobre a realidade fática. Ainda: "A verdade dos fatos não é jamais absoluta, mas é dada pela hipótese mais provável, sustentada pela maioria de elementos que a confirme". (TARUFFO, Michele. Modelli di prova e di procedimento probatório. **Revista di diritto Processualle**, p. 420-485, ano XLV, n. 2, Padova, abr.- jun.1990, p. 444).

251 Raymond Boudon (BOUDON, Raymond. **O justo e o verdadeiro**: estudos sobre a objetividade dos valores e do conhecimento. Lisboa: Instituto Piaget, 1998, p. 51) denomina razões transubjetivas as "razões que têm a capacidade de ser endossadas por um conjunto de pessoas".

252 Discorrendo acerca da dimensão do ônus da prova, em especial quando pode ser considerado cumprido, Dinamarco (DINAMARCO, Cândido Rangel. **Instituições de direito processual civil**: v. III. 4 ed. São Paulo: Malheiros, 2004, p. 81-82) anota: "A certeza, em termos absolutos, não é requisito para julgar. Basta que, segundo o juízo comum *do homo medius*, a probabilidade seja tão grande que os riscos de erro se mostrem suportáveis [...] O juiz que pela obsessão da verdade considerasse inexistente os fatos afirmados, somente porque algum leve resquício de dúvida ainda restasse em seu espírito, em nome dessa ilusória *segurança para julgar* estaria com muito mais frequência praticando injustiças do que fazendo justiça [...] Esses são os parâmetros racionalmente possíveis da *prova suficiente* [...] basta uma convicção razoável, formada segundo o poder de *convencimento racional e segundo o que está nos autos*".

253 Nesse sentido: BELTRÁN, Jordi Ferrer. **Prova e verdade no direito.** Tradução: Vitor de Paula Ramos. São Paulo: Revista dos Tribunais, 2017, p. 82.

Do quanto exposto se verifica também que uma alegação de fato que não corresponda à realidade empírica (falsa) pode ser considerada provada, se concorrerem elementos de valoração favoráveis à demonstração da sua veracidade.

Mesmo que uma alegação de fato *falsa* seja tida como provada, o direito reconhece autoridade à respectiva decisão, produzindo efeitos jurídicos regulares, até que seja – e se for – reconhecida a falsidade.

Impende assinalar, por fim, que a decisão de *não se ter por verdadeira* uma alegação *não se confunde* com a decisão de a *considerar falsa*. Cuida-se de outra diferença entre o valor de verdade de *p* e o fato de que seja tida por verdadeira por alguém.

Na primeira hipótese, duas opções são possíveis: a proposição é verdadeira ou falsa. Na segunda, por sua vez, existe uma terceira possibilidade, intermediária: pode-se considerar p como verdadeira, como falsa (considerar verdadeira "não *p*"), ou não lhe atribuir valor de verdade. Esta última ocorre, por exemplo, caso não se disponha de elementos de juízo suficientes a favor nem contra a proposição *p*[254].

Enfim, estabelecido o propósito de perquirir quando uma alegação de fato pode ser considerada provada, conclui-se que, sob o aspecto objetivo, o será em havendo elementos suficientes, obtidos por intermédio dos meios de prova aportados, que levem, racionalmente, à conclusão de que seja verdadeira e, por consequência, de que o fato alegado ocorreu – ou não – no mundo fenomênico.

Corrobora-se, com isso, a premissa posta no item 2.3. de que a verdade é um *valor-meio* da prova judicial, vez que uma alegação de fato, para ser considerada provada, não precisa necessariamente corresponder à verdade dos fatos, mesmo porque isso seria "portar o Direito a um *standard* elevado em demais, que não é utilizado em qualquer outro campo do conhecimento humano (nem, por exemplo, na medicina, em que estudos são feitos para corroborar mais ou menos as hipóteses)[255].

Complementarmente à resposta apresentada, deve-se perquirir como – e de que forma – a valoração acerca dos fatos deve ocorrer,

---

254 BELTRÁN, Jordi Ferrer. **Prova e verdade no direito.** Tradução: Vitor de Paula Ramos. São Paulo: Revista dos Tribunais, 2017, p. 78.

255 RAMOS, Vitor de Paula. **Ônus da prova**: do ônus ao dever de provar. 2 ed. São Paulo: Revista dos Tribunais, 2018, p. 35.

ou quais os critérios que devem guiar a respectiva decisão, inclusive para permitir seu controle e evitar discricionaridades não legitimadas e injustiças na decisão final, o que será objeto dos itens subsequentes.

3.7.2. Sistemas tradicionais de valoração das provas

Outros dos lugares comuns que fazem presentes nos estudos de direito probatório, e vêm de longa data[256], é a existência de três sistemas (ou critérios) de valoração das provas, a saber: tarifa legal, livre convicção e persuasão racional[257].

O sistema da tarifa (ou prova[258]) legal[259] é o mais arcaico e tem sua origem no processo bárbaro, das ordálias ou juízos de Deus, especificamente no rigoroso e formalista direito dos germanos antigos[260]. Baseia-se na aplicação de regras previstas na lei que estabelecem, *a priori*, e em termos gerais, o valor probatório de diversos – senão de todos – os meios de prova, restando ao julgador a função de somar os valores das provas positivas e negativas relativas a cada fato mediante uma espécie de cálculo algébrico[261].

Em que pese desprezada pela doutrina, e historicamente superada, a tarifação das provas ainda sobrevive em algumas disposições

---

256 Para se demonstrar que se trata de sistemas há tempos concebidos, apresentar-se-á o conceito de cada um – nas notas de rodapé – à luz da doutrina de Carlos Lessona, em clássica obra publicada no ano de 1906, isto é, há mais de 110 anos.

257 KNIJNIK, Danilo. **A prova nos juízos cível, penal e tributário**. Rio de Janeiro: Forense, 2007, p. 1.

258 Prefere-se adotar o termo "tarifa legal" para denominar tal sistema, tendo em vista que "prova legal" é mais comumente empregado para designar os meios de prova admitidos em um ordenamento jurídico, seja de forma taxativa ou permitindo a inclusão de outros, em oposição à *prova livre*, regime no qual as partes são livres para escolher os meios pelos quais pretendem comprovar suas alegações. (ECHANDIA, Hernando Davis. **Teoria general de la prueba judicial**: t. I. 3 ed. Buenos Aires: Editor Alberti, 1976, p. 85).

259 "el cual las pruebas tienen un valor inalterable y constante, independiente del criterio del Juez, que se limita à aplicar la ley á los casos particulares". (LESSONA, Carlos. **Teoría general de la prueba em derecho civil**: t. I, Madrid: Hijos de Res, 1906, p. 439).

260 SANTOS, Moacyr Amaral. **Prova judiciária no cível e no comercial**: v. I. São Paulo: Max Limonad, 1968, p. 327. Para uma imersão na história da prova, e dos métodos adotados pelos povos primitivos, ver o capítulo II da referida obra.

261 TARUFFO. Michele. **A prova**. Tradução: João Gabriel Neto. São Paulo: Marcial Pons, 2014, p. 131. O autor aponta que esse sistema já estava bem consolidado no século XII, refinando-se e estendendo-se nos séculos seguintes, em especial através da ciência jurídica europeia dos séculos XVI e XVII. Acrescenta (*op. cit.*, p. 132) que o sistema é próprio dos sistemas probatórios europeus, não havendo nada similar na história dos sistemas inglês e estadunidense, provavelmente porque nestes o julgador típico era o júri e qualquer espécie de prova legal seria incompatível com a tomada de decisão por parte do jurado.

pontuais no sistema probatório pátrio[262], a exemplo dos arts. 443, inciso II[263] e 406 do CPC/15[264], entre outros.

O segundo sistema é o da livre - ou íntima - convicção[265], com origem no direito romano e pelo qual o juiz tem liberdade irrestrita para valorar as provas, até mesmo segundo suas convicções pessoais (*secundum conscientiam*) e contra a prova dos autos. Sua aplicação se limita ao procedimento do Tribunal do Júri, e deve ser refutado com todas as forças nos demais procedimentos, independentemente de serem penais ou civis, porquanto dá azo a todo tipo de arbítrio e subjetivismos por parte do julgador.

O derradeiro critério, e o adotado até os dias de hoje pelo sistema processual civil brasileiro[266], é o da persuasão racional[267], também denominado como sistema da livre apreciação da prova[268]. Trata-se de um sistema intermediário entre a tarifa legal e a livre convicção, e

---

262 LOPES, João Batista. **A prova no direito processual civil**. São Paulo: Revista dos Tribunais, 2000, p. 46.

263 Art. 443. O juiz indeferirá a inquirição de testemunhas sobre fatos: [...]; II – que só por documento ou por exame pericial puderem ser provados.

264 Art. 406. Quando a lei exigir instrumento público como da substância do ato, nenhuma outra prova, por mais especial que seja, pode suprir-lhe a falta.

265 "el cual la verdad jurídica pende por entero de la conciencia del Juez que no está obligado por ninguna regla legal: el juzga de los hechos litigiosos únicamente à medida de !a *impresión* que las pruebas exhibidas por los contendientes hicieran sobre su ánimo, y no está obligado á dar cuenta de los medios por que se convenció". (LESSONA, Carlos. **Teoría general de la prueba em derecho civil**: t. I, Madrid: Hijos de Res, 1906, p. 439)

266 Como se extrai do art. 371 do CPC/15: "Art. 371. O juiz apreciará a prova constante dos autos, independentemente do sujeito que a tiver promovido, e indicará na decisão as razões da formação de seu convencimento".

267 "el cual el Juez debe pesar con justo criterio lógico el valor de las pruebas producidas, y puede tener por verdadero el hecho controvertido, sólo sobre la base de las pruebas que excluyen toda duda de lo contrario. La verdad jurídica pende en este sistema, no de la impresión, sino de la *conciencia*".

del Juez, que no puede juzgar simplemente, según su criterio individual, sino según las reglas de la verdad histórica, que debe fundamentar". (LESSONA, Carlos. *Teoría general de la prueba em derecho civil*: t. I, cit., p. 439)

268 Pode-se perceber que o emprego da expressão "persuasão racional" é mais comum na doutrina brasileira (SILVA, Ovídio Araújo Baptista da. **Curso de processo civil**: v. 1. São Paulo: Revista dos Tribunais, 2001, p. 348-352), e "livre apreciação da prova" na doutrina estrangeira, como se vê na obra de Taruffo (TARUFFO. Michele. **A prova**. Tradução: João Gabriel Neto. São Paulo: Marcial Pons, 2014, p. 132) e Echandia (ECHANDIA, Hernando Davis. **Teoria general de la prueba judicial**: t. I. 3 ed. Buenos Aires: Editor Alberti, 1976, p. 95-110). Essa distinção terminológica, ao que tudo indica, deriva do fato de uns doutrinadores não aceitarem a tripartição dos sistemas, mas apenas a bipartição, sob o argumento de não existirem sistemas mistos, de modo que o juiz tem liberdade de apreciação ou não. Por tal entendimento, existiriam apenas o sistema da tarifa legal e o da livre apreciação, aplicando-se a este os critérios de racionalidade e proibição de uso da ciência privada do juiz. Echandia (ECHANDIA, Hernando Davis. *Teoria general de la prueba judicial*: t. I, cit., p. 95-100) faz um apanhado das diversas denominações que o sistema da livre apreciação da prova – como denominado por ele – recebe pela doutrina.

se encontra em praticamente todos os códigos processuais dos países de *civil law*, não obstante as variações de ordem terminológica e estruturais a depender de cada um (*sana crítica* na Espanha, *prudente aprezzamento* na Italía, *freie Beweiswürdigung* na Alemanha etc.)[269].

Este é alçado, por muitos, ao patamar de "ideal", uma vez que assegura a "liberdade" do julgador na valoração das provas, sem a imposição de amarras legais; ao mesmo tempo, a excelência é garantida pelo *dever* de observância ao conjunto probatório e às regras jurídicas e de experiências[270], bem como de motivação adequada da escolha feita, de modo que a liberdade não é plena e se evita o arbítrio[271] (daí porque, aliás, também se empregar a expressão "livre convencimento motivado" [272] para se referir a esse sistema).

Expostas as noções gerais de cada um dos sistemas tradicionais, deve ser ressaltado que a observação feita por Carlos Lessona no ano de 1906 ainda se faz vigente, de que nenhuma das leis modernas - no caso, a brasileira - segue exclusivamente um destes três sistemas. A *regra* é a persuasão racional; a *exceção*, somente quando admitida pela lei de modo expresso, é o sistema da prova legal[273].

---

269 Michele Taruffo, no prólogo da edição espanhola da obra "prova e verdade no Direito", de Jordi Ferrer Beltrán (BELTRÁN, Jordi Ferrer. **Prova e verdade no direito**. Tradução: Vitor de Paula Ramos. São Paulo: Revista dos Tribunais, 2017, p. 11), anota que o princípio do *livre convencimento* do juiz "pode ter versões ou conotações diferentes: mais subjetivistas na formulação francesa da *intime conviction*, mais contidas na formulação italiana do *prudente apprezzamento*, mais otimistas na fórmula espanhola de *sana crítica* ou mais neutras na fórmula alemã de *freie Beweiswürdigung*".

270 LOPES, João Batista. **A prova no direito processual civil**. São Paulo: Revista dos Tribunais, 2000, p. 47.

271 Saliente-se, ademais, com Sentis Melendo (MELENDO, Santiago Sentis. **La prueba**: los grandes temas del derecho probatoria. Buenos Aires: Ediciones Jurídicas Europa-America,1978, p. 296), que não é correto, como ensina a maioria dos autores, confundir-se o "livre convencimento" com discricionariedade e muito menos com arbitrariedade; não se trata de conceder ao Juiz um "absoluto e incondicionado poder de valoração". Fabiana Tomé (TOMÉ, Fabiana Del Padre. **A prova no direito processual civil**. 3 ed. São Paulo: Noeses, 2011, p. 288) estabelece que duas consequências decorrem da adoção do sistema da persuasão racional: "(i) impossibilidade de o julgador decidir exclusivamente com base em seu conhecimento pessoal e (ii) necessidade de motivar a decisão".

272 Ainda sob a vigência do CPC anterior, cujo art. 131 (correspondente ao atual 371) estabelecia que o juiz apreciaria "livremente" a prova - termo retirado no código vigente, conforme exposto no item 3.4 - a doutrina já concluíra que tal convencimento só é "livre" no sentido de que não acarreta pré-valorações legais que vinculem o juiz; não é livre, por outro lado, das regras da lógica e da racionalidade em geral. Afinal, de nada adiantaria produzir amplo e rico material probatório, se o juiz pudesse simplesmente desconsiderá-lo na hora de tomar a decisão (mais fácil seria, também nesse caso, a utilização da moeda (RAMOS, Vitor de Paula. Direito fundamental à prova. **Revista de Processo**, n. 224, p. 41-61, out. 2013, p. 51). No mesmo sentido: KNIJNIK, Danilo. **A prova nos juízos cível, penal e tributário**. Rio de Janeiro: Forense, 2007, p. 15-19; LOPES, João Batista. Iniciativas probatórias do juiz e os arts. 130 e 333 do CPC. *In* **Revista dos Tribunais**, nº 716, jun/95, p. 41-42.

273 LESSONA, Carlos. **Teoría general de la prueba em derecho civil**: t. I, Madrid: Hijos de Res, 1906, p. 440. No mesmo sentido Moacyr Amaral Santos (SANTOS, Moacyr Amaral. **Prova judiciária no cível**

Isso evidencia que, não apenas o sistema de valoração das provas adotado pelo sistema probatório brasileiro é de longa data, e as críticas a ele feitas, mas também que aquele *lugar comum* está enraizado no pensamento probatório brasileiro, não tendo havido influxo doutrinário suficiente para gerar uma inovação, ou adequá-lo aos tempos modernos.

Como ponderado por Danilo Kniknik[274], "não se deve fechar os olhos à experiência da qual se extrai que nem tudo são vantagens no princípio da livre convicção do magistrado". Em complemento, Gustavo Badaró[275] observa:

> o vazio deixado pelo livre convencimento deve ser preenchido pela epistemologia, na qual se deve buscar o método adequado de valoração racional da prova, seja com vistas a assegurar melhores condições de obter um conhecimento verdadeiro, seja para permitir um controle intersubjetivo dos seus resultados.

Enfim, a tomada de decisões no processo, notadamente aquelas que dependem de um raciocínio probatório mais complexo, deve se fundar em critérios e métodos racionais e, a partir daí, ser motivada. Isso implica o *dever* do juiz de justificar as razões que o levaram a decidir em um sentido e não em outro, ou a acolher uma hipótese e não a outra. Essa justificação está atrelada à necessidade de controle das decisões, entendido aqui não sobre o que o juiz pensou, mas sim da racionalidade das razões que apresenta para justificar sua decisão[276].

Os critérios tradicionais de valoração das provas não se afiguram *suficientes*, sob a ótica epistemológica, para garantir esse *controle*. Ora, a tarifa legal é totalmente antiepistêmica, a íntima convicção guarda um enorme risco em potencial de arbitrariedades, e a persuasão racional também não escapa de críticas: trata-se de um sistema excessivamente aberto e sem critérios objetivos estabelecidos para a efetiva valoração das provas, não se mostrando tão *racional* como o nome sugere.

---

e no comercial: v. I. São Paulo: Max Limonad, 1968, p. 338) observou no ano de 1952, que nenhum dos três sistemas é aplicado com exclusividade, "isso era em Roma, como o é nos tempos modernos".

274 KNIJNIK, Danilo. **A prova nos juízos cível, penal e tributário**. Rio de Janeiro: Forense, 2007, p. 2.

275 BADARÓ, Gustavo Henrique. **Epistemologia judiciária e prova penal**. São Paulo: Revista dos Tribunais, 2019, p. 214.

276 ARENHART, Sérgio Cruz; MARINONI, Luiz Guilherme. **Prova e convicção**. 4 ed. São Paulo: Revista dos Tribunais, 2018, p. 321.

Noutras palavras, inexistem parâmetros mínimos que *orientem* o julgador como proceder na atividade de valoração das provas, o que abre campo para se dizer que o juiz deve seguir sua própria intuição ou "palpite" ao determinar o valor da prova ou se basear em suas próprias crenças para alcançar uma espécie de "certeza moral" sobre os fatos da causa. Como aponta Taruffo[277], tais enfoques conduzem a concepções irracionais da valoração da prova e do juízo acerca dos fatos, segundo o qual não existiriam critérios identificáveis para tanto, pois se trata de uma espécie de experiência espiritual e subjetiva do julgador.

E aqui se tem a abertura para o questionamento dos sistemas de avaliação das provas instituído no âmbito processual civil e, por consequência, a necessidade de uma "modernização" ou um *reparo* epistemológico. Para tanto, há que se abordar o problema sob outra perspectiva, não de forma a excluir o sistema vigente, mas de fornecer o ferramental epistemológico[278] necessário para superá-lo.

Uma dessas ferramentas[279], de mais fácil aplicação, é a determinação de *standards* racionais - ou modelos de constatação - que possam auxiliar o juiz na atividade cognitiva de valoração e, a partir dos quais, esta é realizada de forma a se poder ter um *controle* objetivo, como se passa a demonstrar.

---

277 TARUFFO. Michele. **A prova**. Tradução: João Gabriel Neto. São Paulo: Marcial Pons, 2014, p. 135.

278 Nesse sentido, Ferrer Beltrán (BELTRÁN, Jordi Ferrer. **La valoración racional de la prueba**. Madri: Marcial Pons, 2007, p. 53) assenta que "o próprio sistema jurídico, através do denominado 'direito à prova', exige a aplicação das regras da epistemologia e da racionalidade em geral, para a valoração da prova".

279 É certo que existem outras ferramentas epistemológicas valiosas, destacando-se os diferentes *métodos probabilísticos de valoração probatória*, que reforçam a premissa firmada de que não se pode alcançar o conhecimento racional absoluto sobre a verdade dos fatos no processo. Os principais são: (i) a *probabilidade estatística* ou *bayesiana*, que mede o índice de possibilidade de que um evento ocorra, comparado com o índice de possibilidade de que não ocorra (v.g. probabilidade de 1/6 de que lançando um dado, caia a face superior que tenha o número 1), espelhando a probabilidade clássica (relação entre o número de casos favoráveis e o número de todos os casos possíveis); (ii) a *probabilidade subjetiva*, que diz respeito à possibilidade de uma proposição ser verdadeira, medindo o nosso conhecimento sobre o mundo, isto é, a nossa "crença pessoal" de um juízo de fato racional sobre a ocorrência de um acontecimento incerto; (iii) *probabilidade indutiva ou lógica*, única de cunho não matemático, que tem por fundamento os elementos de prova que dão sustentação às diversas inferências probatórias - de modo que a probabilidade varia conforme varia o contexto probatório -, devendo o magistrado valorar o suporte que o meio de prova dá para uma hipótese sobre um evento particular, irrepetível e desconhecido. Esta última se mostra, certamente, como a mais adequada para um modelo racional de valoração na prova no ambiente processual. (BADARÓ, Gustavo Henrique. **Epistemologia judiciária e prova penal**, p. 214-227).

3.7.3. *Standards* de prova ou modelos de constatação

A solução usualmente encontrada para resolver o problema inerente à aferição do valor probatório dos meios de prova é o recurso ao senso comum, à experiência, à razoabilidade e à racionalidade. Estas são, inclusive, as balizas, em regra, atribuídas ao sistema de persuasão racional. Todavia, tais balizas não bastam para limitar a liberdade do juiz na atividade de valoração da prova, dada o caráter indeterminado e a imprecisão a elas inerentes, de tal sorte que se tem terreno fértil para percepções subjetivistas e meramente pessoais[280].

Nesse cenário, os standards de prova[281], também conhecidos como modelos de constatação, são *ferramentas* – em teoria, de ordem epistemológica e, na prática, de ordem jurídica e *objetiva* – de grande valia, uma vez que servem de diretrizes mais precisas – ainda que gerais e flexíveis – que guiam a *valoração* das provas no contexto da decisão final sobre os fatos em litígio, e se prestam a fixar qual o *grau de probabilidade* necessário para que se considere provada uma ou outra hipótese e lhe conceda os efeitos jurídicos abstratamente previstos no ordenamento jurídico[282].

Por consequência, servem também como: (i) *critério decisório*, *complementar* ao *método* da valoração[283], para definir, ao final do processo de valoração *racional*, o nível ou o *quantum* de suporte probatório que uma afirmação sobre os fatos precisa obter para que seja

---

280 TARUFFO. Michele. **A prova.** Tradução: João Gabriel Neto. São Paulo: Marcial Pons, 2014, p. 135.

281 Os *standards of proof* tem sua gênese nos sistemas de *commom law* e, apesar de serem de longa data, pouca atenção têm recebido no Direito brasileiro. Em caráter excepcional, cite-se a obra de Danilo Knijnik (KNIJNIK, Danilo. **A prova nos juízos cível, penal e tributário**. Rio de Janeiro: Forense, 2007, *passim*). O autor ressalta (*Op. cit.*, p. 41) que os modelos de constatação não são, porém, totalmente estranhos à jurisprudência brasileira, transcrevendo decisão do STJ – chamada por ele de "emblemática – que anulou a condenação criminal baseada em indícios, porque o tribunal utilizou-se de um modelo fundado na alta probabilidade, quando deveria valer-se da "certeza" (REsp. nº 363.548/SC, Rel. Min. Felix Fischer, 5ª Turma do STJ. Além disso, traz um elucidativo quadro (*op. cit*, p. 47) demonstrando que é possível se extrair da legislação processual brasileira – penal e não penal – uma série de modelos de constatação específicos que condicionam a admissibilidade de inúmeros provimentos sumários e, até mesmo, algumas ações de caráter típico.

282 Como analisado no item 2.4., as alegações de fato são *tidas por verdadeiras*, e não *são verdadeiras*, propriamente.

283 Como alertado por Taruffo (TARUFFO. Michele. **La Prueba de los hechos**. Tradução: Jordi Ferrer Beltrán. 2 ed. Madrid: Editoral Trotta, 2005, p. 294): "Falar sobre os critérios para uma escolha racional da hipótese sobre o fato, que se assume ser "verdadeiro" porque é mais aceitável com base nas provas, não significa, portanto, referir-se a regras precisas e estritamente obrigatórias, mas a standards capazes de orientar as escolhas sem determiná-las.".

considerada verdadeira[284], possibilitando explicar e justificar situações em que, por força de circunstâncias do direito material, admite-se um grau de exigência menor para que o material probatório acostado aos autos sirva, legitimamente, para fundamentar a decisão judicial[285]; (ii) instrumento de efetivo controle objetivo da racionalidade da decisão e de maximização da prevenção contra o erro (ou melhor, sua mitigação, por este sempre será possível) e o arbítrio[286].

Indo a fundo, foi visto que toda decisão judicial acerca dos fatos envolve um certo grau de *probabilidade*, tendo em vista as limitações do conhecimento humano, especialmente no contexto do processo. Essa probabilidade será tão maior quanto forem os elementos de prova - sob o aspecto qualitativo - aportados aos autos, podendo-se até mesmo chegar ao ponto de se eliminar todos os motivos desfavoráveis a uma hipótese fática, e assim se atingir a *certeza* (em termos relativos, obviamente)[287].

E é por isso que o sistema de valoração da prova deve ser municiado com ferramentas racionais hábeis a determinar o grau de probabilidade das hipóteses fáticas em jogo.

É aí que surge, como *questão previa* necessária, o estabelecimento de critérios (*standards*) que escalonam esses graus de probabilidade e, uma vez proferida decisão de acordo com o grau adotado, a alegação de fato será verdadeira para fins de resolução do conflito.

---

284 BADARÓ, Gustavo Henrique. Editorial dossiê "Prova penal: fundamentos epistemológicos e jurídicos". **Revista Brasileira de Direito Processual Penal**, Porto Alegre, vol. 4, n. 1, p. 43-80, jan./abr. 2018. Disponível em: http://www.ibraspp.com.br/revista/index.php/RBDPP/article/view/138. Acesso em: 19 ago. 2019, p. 55.

285 STRECK, Lenio Luiz; RAATZ, Igor; DIETRICH, William Galle. Sobre um possível diálogo entre a crítica hermenêutica e a teoria dos standards probatórios: notas sobre a valoração probatória em tempos de intersubjetividade. *In* **Novos Estudos Jurídicos**, p. 390/416, v. 22, n. 2, maio/ago. 2017. (Versão eletrônica), p. 399-400.

286 "os standards podem colaborar na denúncia de desvios lógico-inferenciais, no sentido de indiciar a ocorrência de erros, subjetivismos, arbitrariedades, a partir do exame lógico do "como", do "por que meios", do "por que maneira" etc. atingiu-se uma certa convicção" (KNIJNIK, Danilo. Os standards do convencimento judicial: paradigmas para o seu possível controle. **Revista Forense**, Rio de Janeiro, n. 353, jan.-fev. 2001, p. 17).

287 Para corroborar, transcrevem-se as observações de Badaró (BADARÓ, Gustavo Henrique. **Epistemologia judiciária e prova penal**, p. 237) sobre o tema: "é necessário que haja *standards* de prova objetivos que façam com que uma prova seja considerada melhor que a outra, e o fato de que as provas que sustentam uma afirmação sejam boas, segundo tais *standards*, seja uma indicação, embora falível, de que a afirmação em questão provavelmente é verdadeira".

Marina Gascón Abellan[288] partilha dessa visão, afirmando que a principal tarefa da valoração racional é *medir a probabilidade*, e os *standards* ajudam nisso, pois são "os *critérios que indicam quando um fato foi provado*; ou seja, os critérios que indicam *quando está justificado aceitar como verdadeira a hipóteses que o descreve*".

Tais critérios nada mais são do que os *standards* e podem ser de quatro espécies principais, como sintetizado por Danilo Knijnik[289]:

(i) *preponderância de provas (preponderance of evidence)*: aplicável ao processo civil "tradicional", também pode ser traduzido como "mais provável que não" (*more likely than not*), e atua para minimizar o risco esperado de erro, na medida em que um erro contra o autor é tão caro quanto um erro contra o réu[290]. Adota-se o critério de que uma hipótese fática é mais provável que a outra, que a ela se oponha, com base na preponderância (pouco mais que a metade) dos meios de prova disponíveis a favor daquela;

(ii) *prova clara e convincente (clear and convincing proof)*: aplicável ao processo civil especial, em que as questões em jogo não se limitam à esfera meramente patrimonial, com potencial de ocasionar privações especialmente rígidas "com um aspecto punitivo quase criminal"[291], a exemplo dos casos em que há alegação de fraude ou de improbidade administrativa, dos quais possam redundas reflexos penais. Exige-se um alto grau de probabilidade, mais do que uma

288 GASCÓN ABELLÁN, Marina. Sobre la posibilidad de formular estándares de prueba objetivos. Doxa – Cuadernos de Filosofía del Derecho, v. 28, p. 127-139, 2005, p. 129. No original: "los critérios que indican cuándo se há conseguido la prueba de un hecho; o sea, los criterios que indican cuándo está justificado aceptar como verdadera la hipótesis que lo describe".

289 KNIJNIK, Danilo. **A prova nos juízos cível, penal e tributário**. Rio de Janeiro: Forense, 2007, p. 37-45. O próprio autor deixa claro que "reina discórdia quanto à possibilidade de precisar o conteúdo desses modelos de constatação", todavia "o fato de não se dispor de uma escala matemática ou métrica não retira o valor da construção, nem joga a teoria dos 'modelos de constatação' para ao campo da literatura". Saliente-se, ademais, que existem tantos outros *standards* – ou variações terminológicas – concebidos pela doutrina mundo afora, todavia se adotam os apresentados pelo referido autor, uma vez que são osmais praticados pela jurisprudência norte-americana, que serve de base para o seu estudo.

290 Como restou consignado no famoso People vs Kennedy, 391, N. 288, 290-291 (NY, 1979).

291 STRECK, Lenio Luiz; RAATZ, Igor; DIETRICH, William Galle. Sobre um possível diálogo entre a crítica hermenêutica e a teoria dos standards probatórios: notas sobre a valoração probatória em tempos de intersubjetividade. *In* **Novos Estudos Jurídicos**, p. 390/416, v. 22, n. 2, maio/ago. 2017. (Versão eletrônica), p. 402.

"preponderância de prova" e menos que o "além da dúvida razoável";

(iii) *prova acima da dúvida razoável (evidence beyond a reasonable doubt)*: aplicável ao processo penal, e exige um grau elevadíssimo[292] de probabilidade (acima de toda dúvida razoável), aproximando-se à certeza, e serve para minimizar a expectativa do custo de erro, uma vez que o custo de condenar um inocente é especialmente caro. Aqui, por envolver a restrição da liberdade de locomoção de alguém, o critério deve ser mais rigoroso;

(iv) *prova razoável excludente de qualquer hipótese de inocência*[293]: aplicável no processo penal indiciário, isto é, quando se tem a valoração de provas indiretas em matéria criminal, em razão do maior potencial de incorrer em erro. Este modelo propugna, em essência, a exclusão de qualquer hipótese razoável que não a de culpa.

O conteúdo dos referidos modelos podem ser resumidos, respectivamente, em quatro enunciações: (i) *é provável que algo tenha ocorrido;* (ii) *é altamente provável que algo tenha ocorrido;* (iii) *é quase certo que algo tenha ocorrido;* (iv) *é praticamente impossível que algo não tenha ocorrido*[294]:

Posto isso, para que se operacionalize na prática, sem que se promova alterações legislativas – as quais ficam propostas de *lege ferenda* –, é indispensável que o juiz defina, como *questão de direito* prévia – preferencialmente na decisão de saneamento e organização do processo – qual *standard* de prova orientará o caso concreto, justificando sua escolha.

Ato contínuo, devem as partes ser devidamente comunicadas de tal decisão, a fim de exercerem o contraditório (ação, reação e partici-

292 BADARÓ, Gustavo Henrique. **Epistemologia judiciária e prova penal**, p. 242.

293 Como observa Danilo Knijnik (KNIJNIK, Danilo. **A prova nos juízos cível, penal e tributário**. Rio de Janeiro: Forense, 2007, p. 42), "mesmo no direito americano, a existência de um quarto modelo de constatação, específico para o processo penal cujos fatos estejam baseados em indícios, ainda é controvertido".

294 As enunciações são aquelas apresentadas constam da referida obra de Danilo Knijnik, na página 43.

pação), bem como para que as opções valorativas sejam conhecidas, debatidas em contraditório e, em sendo o caso, corrigidas[295].

Verifica-se, pois, que os *standards* se colocam, não como um sistema que visa à substituição da persuasão racional, mas, sim, como um *plus* à atividade de *valoração* da prova, auxiliando no estabelecimento do grau de confirmação probatória necessário para que o julgador considere uma alegação de fato como provada. Justamente por isso, o *standard* de prova, qualquer que seja ele, não é incompatível com a regra do livre convencimento do juiz[296] .

Impende também ressaltar que, se contrastado o conceito e a finalidade dos *modelos de constatação* com o quanto exposto no item 3.4, resta patente que representam um instituto de ordem técnico--processual totalmente *diverso* da distribuição (estática ou dinâmica) do ônus ou carga da prova[297]. Se não bastasse, a aplicação de cada um se dá em momentos processuais distintos: enquanto a distribuição do ônus da prova deve ocorrer no curso da instrução probatório ou ao final, na hipótese de permanecer o estado de dúvida do julgador (ônus *objetivo* da prova), os modelos de constatação são empregados quando da valoração da prova, atuando como critério racional para a formação do convencimento pelo julgador.

Disso decorre que a distribuição do ônus, tampouco sua inversão, em nada influencia a etapa de valoração das provas. Apenas após esta e, se necessário, isto é, caso o julgador não se encontre convencido da veracidade das alegações sobre os fatos e da ocorrência destes mediante as provas constantes dos autos, é que ele lançara mão, como regra de

---

295 KNIJNIK, Danilo. *A prova nos juízos cível, penal e tributário*, cit., p. 18. O autor afirma (*op. cit*, p. 33) que existe uma razão de ordem política que se defina na decisão qual modelo de constatação o juiz utilizará: "É que a decisão judicial 'tem que estar objetivamente justificada' [...] por atuar em nome de toda a Administração da Justiça, não se pode que o modelo de constatação utilizada para formar o juízo de fato radique numa pauta individual e não revelada. Somente com a identificação, na decisão judicial, desse modelo, 'se impedirá que o indivíduo fique livre do acidente ou da causalidade da subjetividade do juiz".

296 BADARÓ, Gustavo Henrique. **Epistemologia judiciária e prova penal**, p. 236. O autor (*op. cit.*, p. 239) faz outra importante observação, de que não se pode confundir "*standard* de prova" com "ônus da prova" (ver item 2.4.1.): o primeiro estabelece o grau de suporte que os meios de prova devem fornecer às alegações fáticas, para que elas possam ser consideradas provadas. O *ônus* da prova – sob o aspecto *objetivo* –, por sua vez, define uma regra de julgamento, isto é, como deverá decidir o juiz, se no momento do julgamento de uma alegação fática relevante, esta não tiver sido considerada provada.

297 Para uma análise mais detalhada, ver MALAGÓ, Fabio Machado. **Distribuição dinâmica do ônus da prova**. 2014. 260f. Dissertação (Mestrado em Direito) – Faculdade de Direito, Universidade de São Paulo, São Paulo, 2014, p. 241-244.

julgamento, das regras sobre o ônus da prova e o modo como ele foi distribuído nos autos.

Por fim, a aceitação de diferentes *standards* probatórios, à luz das peculiaridades de cada causa e, portanto, a tipologia do direito material em discussão, ao mesmo tempo em que evita uma livre atribuição de sentidos pelo órgão julgador, controlando sua valoração, supera a noção de que exista uma verdade fora do processo a ser perquirida na essência das coisas (verdade absoluta). Bem compreendida a discussão acerca dos *standards* probatórios, ela se coloca como uma "cadeira entre a 'verdade real' e o assujeitamento das provas, podendo contribuir para que se possa falar da prova no processo sem recorrer à nenhuma espécie de noção metafísica de verdade"[298].

298 STRECK, Lenio Luiz; RAATZ, Igor; DIETRICH, William Galle. Sobre um possível diálogo entre a crítica hermenêutica e a teoria dos standards probatórios: notas sobre a valoração probatória em tempos de intersubjetividade. *In* **Novos Estudos Jurídicos**, p. 390/416, v. 22, n. 2, maio/ago. 2017. (Versão eletrônica), p. 406.

CAPÍTULO 4

OS INDÍCIOS E O PROCESSO CIVIL: ASPECTOS TEÓRICOS

4.1. CONSIDERAÇÕES INICIAIS

Finalizado todo o arcabouço propedêutico e esmiuçados os aspectos fundamentais da teoria geral da prova judicial que importam para a devida compreensão do tema, finalmente se pode adentrar no objeto central do presente estudo: os indícios e a prova indiciária, à luz do Direito Processual Civil.

Prezando-se pela construção sequencial e lógica dos argumentos, inicialmente a abordagem será restrita aos aspectos de ordem *teórica*, apresentando-se todo o conteúdo que se acredita ser elementar para o entendimento do que são os indícios e a prova indiciária, como esta se estrutura e se faz presente – e admissível – no sistema processual civil, assim como aqueles aspectos fundamentais da prova a ela se aplicam, e, por fim, os institutos comumente a ela relacionados.

Como se poderá notar ao longo do desenvolvimento deste capítulo, existem muitos "mitos" que rondam os indícios e o emprego da prova indiciária, de modo que, com frequência, a argumentação será direcionada a desmistificá-los.

4.1.1. Etimologia e conceituação

Para se iniciar a análise de um instituto jurídico, natural é que se perquira a sua etimologia e o seu conceito, e, se possível, deles se extraia conhecimento para avançar na empreitada, o que não é diferente em relação aos indícios[1].

1 É bem verdade que a etimologia e o conceito de um instituto jurídico, na ampla maioria das vezes, não bastam para que o conhecer efetivamente, todavia é um importante ponto de partida do qual se pode extrair dados essenciais em tal empreitada.

Quanto aos indícios e a espécie de prova que se funda neles (prova indiciária[2]), a divergência já se faz presente tão logo.

Isso porque a própria etimologia do vocábulo não é pacífica na doutrina[3]. Tampouco o é a sua conceituação no âmbito jurídico.

Iniciando-se pela etimologia, trate-se de vocábulo proveniente do *latim*, todavia inexiste consenso acerca do termo exato do qual o conceito atuou se originou.

Roque de Brito Alves[4] sustenta que predomina o entendimento de o vocábulo tem origem do latim "indicium, íl' do verbo 'indico', ou melhor, do verbo 'induco' que é composto da preposição 'in' e do verbo 'duco, ducere' que significa 'conduzir a', 'levar a'". Observa, entretanto, que outros autores afirmam quem provém de "indicare", no sentido de indicar, descobrir, revelar dar a entender etc.; outros, ainda, encontram a sua origem na palavra "index", que expressa o dedo indicador, o objeto ou o fato que se indica[5].

Vito Gianturco[6], por sua vez, entende que "a etimologia mais exata revela que *indicium* deriva de *indicere*".

---

2 Nesse sentido: COELHO, Walter. **Prova indiciária em matéria criminal**. Porto Alegre: Sergio Antonio Fabris Editor, 1996, p. 14; DIDIER JR, Fredie; BRAGA, Paula Sarna; OLIVEIRA, Rafael Alexandria de. **Curso de direito processual civil**: v. 2. 10 ed. Salvador: Juspodivm, 2016, p. 73. A prova indiciária é assim definida em dicionário especializado (DE PLÁCIDO E SILVA. **Vocabulário jurídico**. 31 ed. Rio de Janeiro, Forense, 2014, p. 4096. *E-book*, p. 2715): "é a prova *deduzida*, *decorrente* ou *resultante de fatos outros*, que convencem a existência de *outro fato*". Não se fará distinção também entre as variações terminológicas da expressão prova indiciária, que também é – devidamente – conhecida por "prova circunstancial", "prova por indícios", ou, genericamente, "prova indireta". Mittermaier (MITTERMAIER, C.J. A. **Tratado da prova em matéria criminal**. 5 ed. Campinas: Bookseler, 2008, p. 154) alude à equiparação da prova indiciária, feita por uns, à "prova artificial", em oposição à prova "natural", no sentido de que esta compreende "todos os meios fundados sobre a evidência material" e aquela não. O próprio autor rechaça essa distinção, em convergência ao defendido no presente do estudo – de modo que tal distinção não será aqui empregada –, sustentando que "a maior parte dos meios de prova não repousam, como se supõe, na evidência material [...] é preciso, antes de tudo, que o espírito os examine, os analise, e nunca é sem terem passado por uma série inteira de conclusões do raciocínio, que o mesmo espírito presta fé à sua veracidade, e que se convence da realidade dos fatos em demonstração".

3 Maria Thereza Moura (MOURA, Maria T. Rocha de Assis. **A prova por indícios no processo penal**. São Paulo: Saraiva, 1994, p. 4-5) faz chega a mesma conclusão, após fazer uma pesquisa analítica acerca da etimologia do termo, à qual se remete para maior aprofundamento.

4 ALVES, Roque de Brito. **Dos indícios no processo penal**. Recife: Grafica Ipanema, 1964, p. 11. De Plácido e Silva (DE PLÁCIDO E SILVA. **Vocabulário jurídico**, cit., p. 1779) compartilha o entendimento de que o vocábulo advém do latim *indicium*.

5 Essa é a opinião de Mittermaier (MITTERMAIER, C.J. A. *Tratado da prova em matéria criminal*, cit., p. 421), por exemplo: "Por sua natureza, e como indica o nome (*index*), o indício é, por assim dizer, o dedo que mostra um objeto".

6 GIANTURCO, Vito. **La Prova indiziaria**. Milano: Dott. A Giuffrè Editore, 1958, p. 3. No original: "secondo l'etimologia più esatta, *indicium* deriva da *indicere*, far sapere o manifestare: per alcuni *indicere*trar-

Tantos outros autores poderiam ser citados, ocorre que o importante é perceber que, apesar da divergência existente quanto à origem etimológica do termo, não se trata de um *problema* a ser enfrentado, uma vez que todas as correntes transmitem a ideia última de indício como *revelação, indicação, mostra*[7].

Vista a etimologia do vocábulo, pode-se agora adentrar na sua conceituação.

Para tanto, não se faz necessária uma investigação profunda nos dicionários e livros de doutrina, como exigem outros institutos: a observação da experiência "comum", ordinária, basta para se chegar a um conceito adequado.

Isso porque o emprego do(s) indício(s) – no sentido de sinal, vestígio, indicação – é frequente no cotidiano das pessoas em geral, a exemplo de quando se olha uma nuvem de cor escura no céu, fala-se que é um indício de que vai chover; quando se entra numa casa e o chão está coberto de poeira, é um indício de que não se faz uma faxina há algum tempo ou que está abandonada; um exemplar impresso da CF/88 sobre uma das cadeiras em sala de aula da PUC-SP é um indício de que se trata de uma turma do curso de Direito.

Pode-se voltar aos tempos primórdios e relembrar, com Parra Quijano[8], que o homem foi, durante milênios, um caçador, realizando um processo intelectual de "ler as pegadas" e concluir: "esse animal passou por aqui", e assim reunir o que for necessário para conseguir sua captura. Com isso, o homem se acostumou a observar detalhes, dados experimentais aparentemente secundários, e conhecer realidades não experimentadas diretamente (o animal objeto da caça).

A consulta aos dicionários da língua portuguesa reforça a constatação de que o vocábulo "indício" não é exclusivo da ciência do Direito, tampouco de qualquer outra, mas é de uso corrente pelas pessoas em geral, na forma não especializada/técnica. Veja-se o con-

---

rebbe origine dalla contrazione di *in dicere*, che meglio denoterebbe la trasformazione dell'indizio inerte in argomentazione logica congetturale probante".

7 MOURA, Maria T. Rocha de Assis. **A prova por indícios no processo penal**. São Paulo: Saraiva, 1994, p. 6. A autora complementa (MOURA, Maria T. Rocha de Assis. **A prova por indícios no processo penal**. São Paulo: Saraiva, 1994, p. 23) asseverando que os romanos preferiram os termos *argumentum* e *sginum*, designando a possibilidade de um convencimento judicial, ainda que sem testemunhos ou provas diretas.

8 PARRA QUIJANO, Jairo. **Manual de Derecho Probatorio**. 16 ed. Bogotá: Librería Ediciones Del Professional, 2007, p. 662-663.

teúdo do verbete "indício" no dicionário Aurélio[9]: "1. Aquilo que indica alguma coisa. 2. Marca que denuncia algo; sinal, vestígio". Já no dicionário Michaelis[10]: "1 Indicação provável; índice, sombra [...] 3. Vestígio deixado por".

Diversos outros dicionários poderiam ser consultados e exemplos pensados a partir do cotidiano "ordinário", mas o importante é se extrair o que eles têm em comum: a ideia de que um fato ou uma coisa percebida diretamente - como um sinal, vestígio etc. -, pode ser usado para se obter conhecimento sobre um ou mais fatos, ainda que em termos de probabilidade.

Ou, conforme se aludiu quando introduzido o item sobre fatos principais e fatos secundários, trata-se de percepção indireta ou conhecimento indireto. No preâmbulo de tal item, inclusive, alertou-se que as considerações ali feitas representariam um dos fios da meada para compreensão desta parte do estudo.

É o que se se começa a desenhar.

Foi visto que o objeto da prova é composto pelos fatos principais e pelos fatos secundários[11], dando ensejo à classificação principal da prova em *direta* e *indireta* (ou circunstancial), respectivamente.

Os fatos principais alegados são aqueles *juridicamente* relevantes para a solução da causa, sendo pressuposto para incidência da norma geral e abstrata aplicável ao caso (*fattisspecie*); já os fatos secundários, devem ser *logicamente* relevantes, isto é, guardarem relação lógica com os fatos principais, a fim de ajudarem no esclarecimento e, por consequência, levar ao conhecimento indireto destes.

Em última análise, vê-se que tanto aqueles fatos percebidos indiretamente pelas pessoas em geral no seu cotidiano, como os fatos secundários no processo consubstanciam uma só coisa: os *indícios*

9 FERREIRA, Aurélio Buarque de Holanda. **Minidicionário Aurélio**. 8 ed. Curitiba: Editora Positivo, 2018, p. 421.

10 INDÍCIO. *In* Dicionário Michaelis. Disponível em https://michaelis.uol.com.br/moderno-portugues/busca/portugues-brasileiro/ind%C3%ADcio/. Suprimiu-se a nota de nº 2 por fazer referência ao significado jurídico do termo.

11 Vale sempre rememorar que, quando se fala de fatos principais e secundários no contexto do objeto da prova, remete-se às alegações de fato, porquanto estas, sim, serão alvo de comprovação. Ver itens 3.3. e 3.3.1.

(também chamados de *circunstâncias*[12]), de modo que, quando utilizado para provar outro fato, pode-se falar em *prova indiciária*.

É bem verdade que o emprego dos indícios no âmbito jurídico-processual se reveste de caráter técnico, encontra limitações e exigências, podendo até mesmo se conceber toda uma teoria a partir deles, todavia a *essência* é a mesma do cotidiano leigo: um fato conhecido que leva ao conhecimento de um fato desconhecido, por intermédio de uma inferência lógica[13].

Com essa construção, partindo da experiência comum e chegando à experiência jurídica, pode-se formular um conceito de ordem geral: indício é o *fato conhecido a partir do qual é possível se inferir a existência ou inexistência de um ou mais fatos desconhecidos.*

Essa é a ideia do clássico conceito trazido por Dellepiane[14], para o qual indício é "todo rastro, vestígio, pegada, circunstância e, em geral, todo fato conhecido, ou melhor dito, devidamente comprovado, suscetível de levar-nos, por via de inferência, ao conhecimento de outros fatos desconhecidos".

Igualmente é a doutrina de Vito Gianturco[15]: "[indício] é um fato conhecido a partir do qual, por meio de um juízo lógico, que se coloca no esquema característico do silogismo probatório, pode-se argumentar a existência de outro fato desconhecido, que constitui o *thema probandum*".

---

12 Roque de Brito Alves (ALVES, Roque de Brito. **Dos indícios no processo penal**. Recife: Grafica Ipanema, 1964, p. 31-33) afirma que não é possível a equiparação entre indício e circunstância, tanto pelo sentido etimológico de cada um, quanto pelo significa técnico jurídico. Todavia, não se vislumbra razão de ordem ontológica ou técnica bastante para justificar a distinção entre os vocábulos indícios e circunstâncias, de tal sorte que ambos serão empregados como sinônimos ao longo do estudo. Concorda-se integralmente com Moacyr Amaral Santos (SANTOS, Moacyr Amaral. **Prova judiciária no cível e no comercial**: v. V. São Paulo: Max Limonad, 1968, p. 481): "Poder-se-ia, adotando vocabulário excessivamente técnico, chamar *indício* à coisa e *circunstância* ao fato na qual se funda o raciocínio para chegar ao fato secundário. Mas tanto faz uma ou outra palavra". Uma explicação mais objetiva que se aceita, porém, é a proposta por Bentham (BENTHAM, Jeremías. **Tratado de las Pruebas**. Tomo Primero. Paris: Bossange Freres, 1825, p. 108), de que "a distinção entre fato e circunstância é relativa ao caso em específico. Todo fato com relação a outro pode chamar-se circunstância [...] as circunstâncias são, pois, fatos postos ou colocados ao redor de qualquer outro fato". Ver, em complemento, nota de rodapé nº 628.

13 Do verbo inferir, "deduzir por raciocínio" (FERREIRA, Aurélio Buarque de Holanda. **Minidicionário Aurélio**. 8 ed. Curitiba: Editora Positivo, 2018, p. 424).

14 DELLEPIANE, Antonio. **Nova teoria da prova**. Tradução: Erico Maciel. Campinas: Minelli, 2004, p. 77.

15 GIANTURCO, Vito. **La Prova indiziaria**. Milano: Dott. A Giuffré Editore, 1958, p. 3. No original: "è un fatto noto da cui, attraverso un giudizie logico, chesi adagia nello schema caratteristico del silogismo probatorio, si può argomentare l'esistenza di altro fatto ignoto, costituente il *thema probandum*".

Também Jeremy Bentham[16], ainda no ano de 1825, refere-se à prova circunstancial como aquela "que se infere da existência de um fato, ou de muitos fatos, que aplicando-se imediatamente ao fato principal, nos induzem a concluir que este fato existiu".

A fim de construir um conceito de ordem exclusivamente jurídica, que não se difere em essência do conceito comum, algumas breves considerações de ordem técnica devem ser feitas, especialmente porque são objeto de discussão doutrinária[17] e acabam por impactar sobremaneira na tarefa.

Por primeiro, para se ter uma distinção adequada sob o aspecto técnico entre os fatos (*rectius*: as alegações de fato) que integram o objeto da prova no caso concreto (*thema probandum*), deve-se falar em fatos principais (ou *factum probandum*) e fatos indiciários[18] (*factum probans*), sendo estes o que contêm o indício e permite o conhecimento indireto daqueles.

Por segundo, somente se chega ao conhecimento do fato principal pelo fato indiciário a partir de uma operação mental. E a índole dessa operação mental também é objeto de dissonância.

Maria Thereza Moura[19] faz uma ampla compilação doutrinária acerca da discussão, visualizando quatro correntes principais, pelas quais a operação mental se trata, respectivamente de uma: (i) indução, porquanto se parte de uma ou mais proposições particulares para se chegar a outra de ordem universal/geral; (ii) dedução, em que se toma por base uma proposição geral e se chega a outra particular; (iii) indução-dedução, forma híbrida que contempla as duas anteriores; (iv) inferência, extraindo-se de um *fato*, ou proposição dada, a consequência que dela resulta logicamente. Como se pode notar, é a forma mais genérica para se referir à operação mental, sem distinção entre a particularidade ou universalidade do fato ou consequência

---

16 BENTHAM, Jeremías. **Tratado de las Pruebas**. Tomo Primero. Paris: Bossange Freres, 1825, p. 107. ("es la que infiere de la existencia de un hecho, ó de muchos hechos, que aplicándose inmediatamente al hecho principal, nos inducen á concluir que ha existido este hecho").

17 Dellepiane (DELLEPIANE, Antonio. **Nova teoria da prova**. Tradução: Erico Maciel. Campinas: Minelli, 2004, p. 77) afirma que "o primeiro fato que devemos notar, ao iniciar o estudo sobre a teoria da prova indiciária, é a grande confusão de ideia, a profunda anarquia de opiniões existentes entre os autores que escreveram sobre a matéria".

18 Nesse sentido: ARENHART, Sérgio Cruz; MARINONI, Luiz Guilherme. **Prova e convicção**. 4 ed. São Paulo: Revista dos Tribunais, 2018, p. 118.

19 MOURA, Maria T. Rocha de Assis. **A prova por indícios no processo penal**. São Paulo: Saraiva, 1994, p. 26-36, especialmente as notas de rodapé nº 88 a 91.

base, de modo que, como assenta a referida autora, abrange a indução e a dedução, sendo estas espécies do gênero inferência, portanto[20].

Pensa-se que, para a melhor compreensão dos aspectos fundamentais da prova indiciária, sem que seja necessário se aprofundar em discussões de ordem filosófica ou lógica-formal – que escampam ao escopo do estudo –, como a intricada distinção entre indução e dedução, o caminho mais adequado é se filiar àquela quarta corrente, que entende ser a operação mental, simples e genericamente, uma *inferência*[21].

Por terceiro, independentemente da natureza da operação mental realizada para se conhecer indiretamente o fato principal, é certo que, acima de tudo, trate-se de um *raciocínio presuntivo*, tendo em vista se *possibilitar* uma presunção[22], a verificação concreta de *outro* fato para se extrair a ocorrência do fato principal[23]. Isto é, o indício é o fato "verificado" que leva ao fato ignorado (principal), por intermédio do raciocínio que consubstancia a chamada *presunção simples*, *judicial* ou *homem* (*praesumptio hominis*). Por tal razão Comoglio, Ferri e

---

20 Nesse sentido: COELHO, Walter. **Prova indiciária em matéria criminal**. Porto Alegre: Sergio Antonio Fabirs Editor, 1996, p. 110.

21 Apenas a título de complemento, vislumbra-se na opinião de Dellepiane (DELLEPIANE, Antonio. **Nova teoria da prova**. Tradução: Erico Maciel. Campinas: Minelli, 2004, p. 80-83) a conclusão mais acertada, no sentido de que: "na maior parte dos casos, ela [a inferência indiciária] constituiu uma inferência analógica posto que consiste em uma dedução apoiada em uma inferência indutiva prévia [...] a inferência indiciária só é certa excepcionalmente, quando se apoia em uma lei geral e constante, isto é, quando deixa de ser uma inferência analógica para converter-se em uma dedução rigorosa". Ora, para que o fato particular (indício) leve ao fato desconhecido, primeiro se exige um trabalho de indução, para relacioná-lo a uma regra geral, baseada na observação do que ordinariamente acontece em fatos análogos. Dessa regra de experiência, por *dedução*, se chega à aplicação ao caso concreto, para inferir-se o fato desconhecido ou indiciado (MOURA, Maria T. Rocha de Assis. **A prova por indícios no processo penal**. São Paulo: Saraiva, 1994, p. 37).

22 Como se extrai do dicionário especializado, o vocábulo *presuntivo*, "do latim *praesumptivus*, refere-se a tudo que se pode presumir, ou que se apoia uma presunção" (DE PLÁCIDO E SILVA. **Vocabulário jurídico**. 31 ed. Rio de Janeiro, Forense, 2014, p. 4096. *E-book*, p. 2628). Já *presunção* "do latim *praesumptio* (conjetura, ideia antecipada), é o vocábulo empregado na terminologia jurídica para exprimir a *conclusão* ou a *consequência*, que se tira de um *fato conhecido*, para se admitir como *certa*, *verdadeira* e *provada* a existência de um *fato desconhecido* ou *duvidoso*". (*Op. cit.*, p. 2626). Da mesma forma, Arenhart e Marinoni (ARENHART, Sérgio Cruz; MARINONI, Luiz Guilherme. **Prova e convicção**. 4 ed. São Paulo: Revista dos Tribunais, 2018, p. 123) associam o "conceito de presunção com o resultado do raciocínio formado a partir do indício".

23 Nesse sentido, Fabiana Tomé (TOMÉ, Fabiana Del Padre. **A prova no direito processual civil**. 3 ed. São Paulo: Noeses, 2011, p. 151) explica que o indício remete à proposição que se pretende comprovar "por meio de uma operação presuntiva". Pelas razões expostas, serão adotadas tanto as expressões "inferência probatória", esta de ordem mais geral, como "raciocínio presuntivo", de cunho mais específico, para se referir à operação mental feita na prova indiciária.

Taruffo[24] equiparam o raciocínio presuntivo à inferência factual em que consiste a presunção simples.

Esse é o significado moderno do termo, ligado estreitamente à atividade probatória, equivalente ao fato base da presunção simples[25].

Como afirma Moacyr Amaral Santos[26]: "o que se procura, em face de um indício, é por inferência, por meio do raciocínio, atingir o fato desconhecido, isto é, presumir o fato desconhecido", sendo que, "em substância, as presunção simples são consequências, isto é, assunções que o juiz, como homem, e como qualquer homem criterioso, atendendo à ordem natural das coisas – *quod plerumque fit* – extrai dos fatos da causa, ou suas circunstâncias e nas quais assenta sua convicção quanto ao fato probando".

Daí porque o indício é o ponto de partida, a *fonte* da qual se obtém, por raciocínio presuntivo, a *consequência*[27] consistente no conhecimento do fato desconhecido/presumido. Esse *processo mental* (raciocínio + consequência) tem como resultado a presunção dita *hominis*, que propicia um convencimento baseado na ordem natural das coisas[28], no que há de ordinário e constante nos fenômenos físicos, psíquicos e morais (máximas/regras de experiências, como será visto adiante), para inferir o ocorrido no caso concreto[29].

---

24 COMOGLIO, Luigi Paolo; FERRI, Corrado; TARUFFO, Michele. **Lezioni sul processo civile**. 5 ed. Bologna: Il Mulino, 2011, p. 506.

25 MOURA, Maria T. Rocha de Assis. **A prova por indícios no processo penal**. São Paulo: Saraiva, 1994, p. 6. A autora diz que a acepção moderna do termo engloba, ainda, o objeto da prova por indícios ou prova circunstancial.

26 SANTOS, Moacyr Amaral. **Prova judiciária no cível e no comercial**: v. I. São Paulo: Max Limonad, 1968, p. 484-485.

27 O art. 2.727 do Código Civil Italiano define expressamente as presunções como as *consequências* extraídas de um fato conhecido para remontar a um fato ignorado ("Le presunzioni sono le conseguenze che la legge o il guidice trae da um fatto noto per risalire a um fatto ignorato"). Igualmente o art. 1.349 do Código Civil Francês: "Presunções são consequências que a lei ou o magistrado tira de um fato conhecido para um fato desconhecido" (Les présomptions sont des conséquences que la loi ou le magistrat tire d'un fait connu à un fait inconnu). O Código Civil Português vai no mesmo sentido, todavia emprega o termo sinônimo "ilação": "Art. 349: Presunções são as ilações que a Lei ou o julgador tira de um fato conhecido para firmar um fato desconhecido".

28 Nesse sentido: CHIOVENDA, Giuseppe. **Instituições de Direito Processual Civil**: v. III, 4 ed. Campinas: Bookseller, 2009, p. 165.

29 ECHANDIA, Hernando Davis. **Compendio de la prueba judicial**: t. II. Buenos Aires: Rubinzal – Culzoni Editores. 1984, p. 309.

Sérgio Arenhart[30] assim sintetiza o quanto exposto:

> Elemento indissociável da idéia desta presunção (judicial) é a noção de *indício*. Como visto, o princípio do raciocínio presuntivo calca-se na verificação concreta de outro fato (do qual se extrairá a ocorrência do fato principal). Este fato secundário, cuja verificação é possível pelos meios probatórios normais, é que se chama de *indício*.

É importante observar, também, que o *indício* é fonte tão somente da presunção judiciais ou simples, de tal sorte que esse "mecanismo de funcionamento" (indício – operação mental – fato desconhecido) não se aplica às presunções ditas *legais*[31]. A mesma advertência é feita por Barbosa Moreira[32]: "Eu me refiro, aqui, às presunções judiciais, e não, obviamente, às legais; refiro-me às presunções que o juiz forma com base nos indícios".

A título de breve explicação conceitual, "A presunção é legal (*praesumptio iuris seu legis*) se a ilação do conhecido ao desconhecido é feita pela lei; por outro lado, a presunção é do homem (*praesumptio facti, seu hominis, seu iudicis*) se a ilação é feita pelo juiz, constituindo, portanto, uma operação mental do juiz"[33].

Feitas tais considerações de ordem técnica, pode-se formular o conceito próprio da esfera jurídico-processual: indício é o *fato secundário, conhecido e logicamente relevante à luz do caso concreto, a partir do qual é possível se inferir, por raciocínio presuntivo, a existência ou inexistência de um ou mais fatos principais, desconhecidos*. Em resumo,

---

30 ARENHART, Sérgio Cruz. O indício e a prova no direito processual. *In*: DUARTE, Bento Herculano; DUARTE, Ronnie Preuss (coord.). Processo civil: aspectos relevantes. São Paulo: Método, 2006, p. 289-316.

31 Aos objetivos colimados por este estudo, pertinem apenas as presunções judiciais, de tal sorte que não se dará maior importância às *legais*, uma vez que se visa a demonstrar como a utilização da prova indiciária pode servir de alternativa em relação ao recurso adotado por várias legislações, de emprego das presunções e ficções *legais* em detrimento da admissão e regulamentação expressa da prova indiciária. Para um aprofundamento no tema da presunção e suas classificações, ver SANTOS, Moacyr Amaral. **Prova judiciária no cível e no comercial**: v. V. São Paulo: Max Limonad, 1968, p. 423-521; ARRUDA ALVIM. **Curso de direito processual civil**: v. II. São Paulo: Revista dos Tribunais, 1972, p. 448-458; FERREIRA, William Santos. **Princípios fundamentais da prova cível**. São Paulo: Revista dos Tribunais, 2014, p. 312-321.

32 BARBOSA MOREIRA, José Carlos. Provas Atípicas. **Revista de Processo**, nº 76. São Paulo: Revista dos Tribunais, 1994, p. 114-126, p 120.

33 LEONE, Giovanni. **Trattato di Diritto Processuale Penale**. v. II. Napoli: Casa Editrice Dott. Eugenio Jovene, 1961. p. 161- 162. No original: "La presunzione è legale (praesumptio iuris seu legis) se la illazione dal noto all'ignoto è fatta dalla legge; ovvero dell'uomo (praesumptio facti, seu hominis, seu iudicis) se la illazione è fatta dal giudice, costituendo pertanto una operazione mentale del giudice".

transmite a ideia de *inferência do fato principal (factum probandum) pelo fato indiciário (factum probans).*

4.1.2. Breve escorço histórico

O tratamento dado aos indícios e a concepção acerca da prova indiciária é um excelente exemplo de como o fenômeno jurídico é, antes de tudo, cultural e mutável de acordo com os valores vigentes na sociedade.

Isso porque, ao longo dos tempos, variou sensivelmente a forma pela qual o instituto foi tratado e aplicado, tanto pelas legislações, como pela doutrina.

Sem pretensão de se aprofundar neste ângulo da matéria, apresenta-se um panorama histórico geral, à luz da doutrina de Roque de Brito Alves[34].

a) Entre os romanos, os indícios eram reconhecidos tanto na teoria como na prática, ainda que sem uma sistematização doutrinária, sendo admitidos como próprios para fundamentar uma condenação criminal, pelo que se vê sua aplicação exclusivamente em matéria criminal;

b) No Direito Canônico, foram aperfeiçoados, concedeu-se importância no respectivo sistema de prova legais, inclusive com classificação quantitativa e qualitativa. Entretanto, eram considerados prova bastante apenas em alguns delitos, sendo que no crime de adultério eram reconhecidos como "prova plena".

c) Com os jurisconsultos e glosadores do século XII, eram tidos como algo artificial, inferiores às demais provas e quase sempre expostos formalmente sob uma forma muito detalhada, com especificações numéricas;

d) A rigor, somente no século XVI, atingiu-se uma "excelente doutrina acerca da compreensão e valorização dos indícios",

34 ALVES, Roque de Brito. **Dos indícios no processo penal**. Recife: Grafica Ipanema, 1964, p. 13-20. Ver, ainda, MOURA, Maria T. Rocha de Assis. **A prova por indícios no processo penal**. São Paulo: Saraiva, 1994, p. 7-22. A autora apresenta, com detalhes, a evolução histórica da prova por indícios, partindo do Direito Antigo (que refletia a nota característica das sociedades primitivas, cujo direito de punir fundava-se na legitimidade da correção paterna), passando pela *Lex Carolina*, até chegar nos tempos modernos.

apontando o valor de alguns indícios, como a fuga, a má reputação, a recusa ou silêncio no interrogatório. Um jurista alemão, de nome Cristoforo Crusio, produziu, no século XVII, uma minuciosa obra de 950 páginas, especificando cem indícios gerais em relação ao delito.

Assim, a preocupação nesse período era predominantemente com a casuística dos indícios, que, como aponta Roque de Brito Alves[35], revela-se "sempre inútil desde que por mais exaustiva que possam ser ou se apresentar não poderá, jamais, refletir ou abranger todos os fatos ou circunstâncias que existem na infinita variedade da vida, dos casos concretos, e que podem ter uma força indiciante".

Nesse período, também se tinha a corrente doutrinária que conferia valor aos denominados "indícios supersticiosos", tidos como obra da providência divina, dotados de poder como que mágicos – o que justifique o nome dado pelo autor de período ou fase mágica, revelador de sabedoria. Essa concepção gerou uma série de lendas e preconceitos em relação aos indícios, como o de que o cadáver sangrava em presença ou perante a aproximação do homicida.

Sobre tais indícios supersticiosos, o autor observa[36]:

> Pertencem, em verdade, tais indícios ao patrimônio cultural da humanidade, como algo mitológico e irracional que ainda não se afastou, como esclarece Reik, do espírito humano, não obstante todos os progressos e conquistas científicas aplicadas modernamente à prova criminal, sobretudo à indiciária.

O grande marco desse período, ainda no século XVI, foi o surgimento da legislação mais importante acerca dos indícios, que se irradiou posteriormente para toda a Europa, obedecendo a tal critério casuístico para disciplina legal da prova indiciária: a *Constituição Criminalis Carolina* ou "Lex Carolina", de 1.532, de Carlos V, obra de Hans Von Schwartzenberg. A prova indiciária foi, então, cuidadosamente regulada, sendo positivadas inúmeras regras a serem seguidas pelo juiz na apreciação (arts. 18 a 44), de forma nunca estabelecida anteriormente. Ocorre, porém, que se destinou aos indícios eficácia

35 ALVES, Roque de Brito. **Dos indícios no processo penal**. Recife: Grafica Ipanema, 1964, p. 14.

36 ALVES, Roque de Brito. *Dos indícios no processo penal*, cit., p. 14.

probatória tão somente para autorizar a imposição de tortura[37], proibindo que justificasse uma sentença de condenação, por mais graves e concludentes que fossem.

e) Posteriormente, abolidos os meios cruéis, a doutrina defendia ora que o indício autorizava a aplicação de penas extraordinárias, como o exílio e o confisco, ora que só possibilitava condenação, predominando nos fins do século XVIII e começo do XIX, a teoria de que impossibilitava a condenação.

Ato contínuo, com o advento do sistema do livre convencimento do juiz, aos indícios foi concedida a mesma força de qualquer outra prova, "porém não foi abandonada, em geral, a paixão pelas infinitas classificações e distinções formais, inúteis, no dizer de Manzini, por ser o juiz livre para avaliar o indício como melhor lhe aprouver ou crer", nas palavras de Roque de Brito Alves.

Arrematando a análise histórica, o autor conclui que essa transformação verificada ao longo dos tempos no significado do indício e no emprego da prova indiciária justifica a diferenciação, no plano etimológico, que se encontra nos dicionários.

Em resumo, a prova indiciária sempre foi conhecida e aplicada, desde o oráculo e ordálias, sendo fruto de paulatina e contínua evolução, desde a referida "prova mágica" até a prova de caráter mais científico, como nos dias atuais. A variação sensível que experimentou foi em relação à sua interpretação ou avaliação, e não em relação à sua existência ou constatação.

Por fim, especificamente quanto à seara doutrinária, de acordo com as interpretações de Malatesta e Mittermaier, a prova indiciária foi conceituada, em geral, mediante duas fórmulas distintas. Pela primeira, era vista como o conjunto de todos os meios "imperfeitos" que formariam ou constituiriam a prova direta se preenchessem todas as suas condições legais, o que seria impossível pois somente pode se apresentar dados incompletos. Na segunda, foi compreendida como

37 Ressalta José Henrique Pierangelli (PIERANGELLI, José Henrique. Da prova indiciária. **Revista dos Tribunais**, São Paulo, v. 75, n. 610, p. 283-303, ago. 1986, p. 287) que "existia um traço de união entre a tortura e os indícios, muito embora aquela não pudesse ser usada sem a existência de indícios válidos e legítimos", concluindo que "Grande foi a evolução doutrinária da prova indiciária a partir do momento em que a tortura foi abolida".

a prova de um fato certo e conhecido para outro não comprovado, ignorado, mediante um processo lógico, uma conclusão.

Pelo quanto já exposto até aqui, essa segunda corrente é a mais adequada, e que melhor representa a noção e o conteúdo dos indícios, até mesmo em razão da experiência comum. E mais: é a que predomina na doutrina, desde o fim do século passado até os dias atuais, e a que deve ser adotada tanto no âmbito civil, quanto no penal.

4.1.3. Natureza jurídica

Indício e a *prova indiciária* geralmente são termos empregados conjunta e indistintamente.

Deve-se perceber, porém, que o indício, por si só, nada mais é do que o *fato conhecido* que, respeitadas as exigências lógicas-legais, serve de substrato para a concepção de um tipo específico de *prova*, justamente a *prova indiciária*.

Noutras palavras, a *prova indiciária* é aquela que se baseia em fatos secundários, não em fatos principais, como geralmente ocorre. Isso justifica também a ideia adotada de que a prova indiciária é sinônimo de prova indireta ou prova circunstancial, uma vez que, em essência, contrapõem-se à prova dita *direta*.

Portanto, o fato conhecido e provado (*factum probans*), que leva ao conhecimento *indireto* do *factum probandum*, é o *indício*. O emprego desse fato auxiliar, para conhecimento *indireto* do fato principal, a partir de um raciocínio presuntivo, consubstancia a *prova indiciária*.

Se se tratasse de um fato *principal* conhecido e provado, não seria necessário esse raciocínio presuntivo[38], e a prova não seria indiciária, mas *direta*.

38 Aqui, é indispensável se retomar a ressalva conceitual feita no item 3.3.1.1, de que, conceitual e ontologicamente, *toda prova é indiciária*, razão pela qual, a rigor, o raciocínio presuntivo se faria presente em todas elas. Essa é a opinião de Munõz Sabaté (MUÑOZ SABATÉ, Luis. **Tecnica probatória**: estudios sobre las dificultades de prueba en el proceso. Barcelona: Editorial Praxis, 1967, p. 173-174), o qual afirma: "O que não pode ser alcançado com prova absoluta é presumido e, uma vez que nenhuma prova é capaz de nos fornecer isso, dizemos que, em última análise, toda prova se baseia em meras presunções". A "prova absoluta" é equivalente à "verdade absoluta", aquela inalcançável no processo.

Daí porque se pode conceber que o *indício*, em sentido amplo, possui uma natureza bipartida:

(i) pode ser considerado enquanto *fato conhecido e secundário* que leva ao conhecimento indireto de outro fato, desconhecido e principal (constitutivo, extintivo, modificativo ou impeditivo) mediante um raciocínio presuntivo.

Por esse aspecto, a primeira conclusão acerca da natureza jurídica do indício é de que se trata de um *pressuposto* ou *fonte de presunção*[39], uma vez que neles se assenta o raciocínio presuntivo que permite o conhecimento indireto do *factum probandum*.

Comoglio, Ferri e Taruffo[40] anotam que a premissa da inferência factual, em que consiste a presunção simples, "é o fato conhecido (ou *factum probans*), ou seja, um fato que o juiz conhece porque o percebe diretamente, porque é por sua vez provado em juízo, ou porque é um destino notório ou pacífico. Também é referido como uma *fonte de presunção ou indício*".

No mesmo sentido Moacyr Amaral Santos[41] assevera que a *fonte de presunção* como "o fato conhecido em que se funda o raciocínio que faz presumido o fato desconhecido e que se quer provar. É o fato *base, auxiliar, indiciante*".

(ii) se entendido o indício pelo seu aspecto estritamente jurídico-probatório, analise-se a *prova por indícios* ou *prova indiciária*, isto é, o indício enquanto prova-meio. Aqui, a natureza é de *prova indireta*[42], à medida que representa o

39 Nesse sentido: CAMBI, Eduardo. **A prova civil**: admissibilidade e relevância. São Paulo: Revista dos Tribunais, 2006, p. 361. Carnelutti (CARNELUTTI, Francesco. **A prova civil.** Tradução: Amilcare Carletti. São Paulo: Leud, 2002, p. 119-120) faz distinção entre as fontes de prova e as fontes de presunção nesses termos: "são *fontes de prova* os fatos dos quais a existência do fato a ser provado se deduz imediatamente, *fontes de presunção* os fatos dos quais a existência do fato a ser provado se deduz só de forma mediada".

40 COMOGLIO, Luigi Paolo; FERRI, Corrado; TARUFFO, Michele. **Lezioni sul processo civile**. 5 ed. Bologna: Il Mulino, 2011, p. 506. No original: "é il *fato noto* (o *factum probans*), ossia um fato che il giudice conosce perché lo ercepisce diretamente, perché esso viene a sua volta provato in giudizio, o perché è um fato notório o pacifico. Esse viene denominato anche *fonte di presunzione* o *indizio*".

41 SANTOS, Moacyr Amaral. **Prova judiciária no cível e no comercial**: v. I. São Paulo: Max Limonad, 1968, p. 489.

42 Nesse sentido: PARRA QUIJANO, Jairo. **Manual de Derecho Probatorio**. 16 ed. Bogotá: Librería Ediciones Del Professional, 2007, p. 668; GIANTURCO, Vito. **La Prova indiziaria**. Milano: Dott. A Giuffré Editore, 1958, p. 3; ECHANDIA, Hernando Davis. **Compendio de la prueba judicial**: t. II. Buenos Aires: Rubinzal – Culzoni Editores. 1984, p. 270; ALVES, Roque de Brito. **Dos indícios no processo penal**. Recife: Grafica Ipanema, 1964, p. 38; COELHO, Walter. **Prova indiciária em matéria criminal**. Porto Alegre: Sergio Antonio Fabirs Editor, 1996, p. 12-14.

fato secundário *logicamente* relevante em relação ao fato principal objeto de prova.

Nesse ponto, chama-se a atenção para o alerta feito por Walter Coelho[43]:

> O que sobreleva, todavia, como considerável e proveitoso, em se tratando de prova indireta, é bem assimilar, em todas as suas nuances e sutilezas, o que vem a ser um indício e em que consiste a dita prova indiciária. Cumpre atentar para a sua característica essencialmente racional e lógica.

Posto isso e, em arremate, um grande "mito" deve ser desfeito: *a prova indiciária em nada de equipara às provas "atípicas"*, sejam pela abordagem tradicional ou por aquela que foi proposta no presente estudo.

Ora, a qualificação de uma prova em atípica advém: (i) ou – pela abordagem tradicional – da ausência sua previsão expressa – e/ou do seu procedimento, a depender da corrente seguida – no "catálogo legal", isto é, por simplesmente não ser *nominada* pela legislação pertinente; (ii) ou – pela abordagem proposta – do fato de não ser conformar ao *tipo* meio de prova extraível do sistema processual, seja por não ter potencial de esclarecer o *thema probandum*, ou por conter uma ilicitude *lato sensu*.

Com isso, o critério de enquadramento de um meio de prova em "típico" e "atípico" em nada diz respeito à natureza do fato que ele comprova (principal ou secundário).

A prova indiciária, por sua vez, é assim qualificada em razão de versar necessariamente sobre um fato *indiciário* (ou secundário), razão pela qual pode se constituir no processo tanto por meios de prova "típicos" ou como "atípicos".

Imagine-se o exemplo do depoimento de uma testemunha em audiência (meio de prova "típico") que narra ter o visto o réu de uma ação de investigação de paternidade se encontrar diversas vezes com a genitora do autor, em clima romântico, em um restaurante de comida francesa no período noturno meses antes do nascimento deste.

---

43 COELHO, Walter. **Prova indiciária em matéria criminal**. Porto Alegre: Sergio Antonio Fabris Editor, 1996, p. 13.

Trate-se de uma prova indiciária, porquanto contém um fato indiciário – os diversos encontros românticos, dos quais se pode presumir um relacionamento amoroso entre eles e a provável paternidade (*fato principal*) –, trazido aos autos por intermédio de um meio de prova previsto expressamente na legislação (prova "típica").

4.1.4. A estrutura da prova indiciária

4.1.4.1. Fato indiciário ou fato base

Fato *base*, *auxiliar*, *indiciário*: é o fato conhecido em que se funda o raciocínio presuntivo e leva ao conhecimento do fato desconhecido que se quer provar.

Este fato secundário, portanto, há que ser *certo, conhecido*, significando dizer que necessariamente deve ser tido por provado[44] – aplicando-se aqui também as hipóteses excepcionais do art. 374 do CPC –, pelos *meios diretos de prova*[45] – seja na forma de prova pré-constituída ou constituenda.

Moacyr Amaral Santos[46] erige essa necessidade de prova do fato base ao patamar de *regra geral* da prova indiciária: "para que o juiz se apoie no fato base e dele deduza o desconhecido, mister é que aquele esteja provado. Esta é a regra geral: o *fato base deverá ser provado*"[47]. Assim, o juiz não é totalmente livre para lançar mão das presunções judiciais, uma vez que o raciocínio é fundado em fatos secundários, que devem estar necessariamente provados para legitimar a *presunção* do fato desconhecido.

É cediço, ainda, que a prova do fato indiciário pode decorrer da comunhão das provas, isto é, não se exige coincidência entre *quem provou* e *quem irá se beneficiar* do fato secundário, bem como que

---

44 Nesse sentido: PARRA QUIJANO, Jairo. **Manual de Derecho Probatorio**. 16 ed. Bogotá: Librería Ediciones Del Professional, 2007, p. 674.

45 O que não é uma regra, haja vista a admissibilidade dos indícios de segundo grau, conforme exposto no item 4.2.3.

46 SANTOS, Moacyr Amaral. **Prova judiciária no cível e no comercial**: v. V. São Paulo: Max Limonad, 1968, p. 489. No mesmo sentido, ALVES, Roque de Brito. **Dos indícios no processo penal**. Recife: Grafica Ipanema, 1964, p. 34.

47 O art. 248 do Código de Processo Civil colombiano dispõe expressamente que "Para que um fato possa ser considerado como indício, deverá estar devidamente provado no processo" ("Para que un hecho pueda considerarse como indicio, deberá estar debidamente probado en el proceso").

pode resultar até mesmo de meios de prova destinados a esclarecer outros fatos. E, impende destacar que, caso tal fato secundário seja cognoscível *ex officio* e o juiz tiver a intenção de nele se basear para realizar uma presunção simples, deve garantir o *contraditório* prévio das partes, a fim de evitar o proferimento de decisão surpresa, sob pena de afronta à disposição do art. 10 do CPC/15[48].

A necessidade de *certeza* (entendida aqui como o requisito consistente em estar certo, conhecido[49]) do indício é o fator que confere objetividade à prova indiciária e ao raciocínio presuntivo que a sustenta, e evidencia a sua total discrepância com a mera suspeita ou palpite, em que há simples aparência ou pressentimento. Estes últimos são posições puramente *subjetivas* e, por isso, não podem servir como base para a inferência lógica.

Se não existir prova pré-constituída que possa ser aportada de imediato aos autos, poderá a parte interessada se valer de qualquer meio de prova para prová-lo – obedecidas as respectivas regras de admissibilidade. Como anota Eduardo Cambi[50]: "Quando o indício, para ser conhecido, depende de prova, a parte, para poder beneficiar-se da presunção, pode se valer de quaisquer meios de prova".

Isso implica dizer que, quando se tratar de prova *constituenda*, poderá se ter a instrução probatória para sua realização, assegurando-se todas as garantias inerentes ao devido processo legal.

4.1.4.2. Fato indiciado ou fato consequência

É o fato cujo conhecimento se alcança, de forma indireta, pela inferência lógica realizada a partir do fato indiciário, ou conclusão a que se chega do raciocínio presuntivo feito sobre o fato conhecido.

O fato indiciado ou fato consequência, em suma, será a afirmação que se possa inferir da operação mental realizada pelo juiz, após relacionar o indício, como fato plenamente conhecido, com a situação de

48 "Art. 10. O juiz não pode decidir, em grau algum de jurisdição, com base em fundamento a respeito do qual não se tenha dado às partes oportunidade de se manifestar, ainda que se trate de matéria sobre a qual deva decidir de ofício".

49 GASCÓN ABELLÁN, Marina. **Los hechos en el derecho**: bases argumentales de la prueba. 3 ed. Madrid: Marcial Pons, 2010, p. 137.

50 CAMBI, Eduardo. **A prova civil**: admissibilidade e relevância. São Paulo: Revista dos Tribunais, 2006, p. 362.

fato que busca verificar na causa, de forma que sua verificação nada mais seja do que a consequência lógica daquela relação[51].

Será, em razão da natureza do raciocínio feito, um *fato presumido*, baseado no que ordinariamente acontece (ordem natural das coisas), inserindo-se, portanto, no campo da *probabilidade*[52] ou, a depender do conjunto probatório, de certeza em termos relativos, como visto[53]. Em arremate, confira-se a esse ponto em específico a doutrina de Dinamarco[54]:

> Nenhuma presunção apoia-se em juízo *absoluto* de certeza. Presumir significa apenas confiar razoavelmente na probabilidade de que se mantenha constante a relação entre o fato-base e o presumido, sendo essa probabilidade havida por suficiente para neutralizar maiores temores de erro.

4.1.4.3. Raciocínio presuntivo: as máximas de experiência como critério cognitivo

Eis o elemento intermediário da prova indiciária, que enlaça o fato indiciário ao fato indiciado.

Trate-se da operação mental característica da prova indiciária, que consubstancia a *presunção simples* e permite apurar ao *nexo* lógico entre o fato conhecido (secundário) e o fato desconhecido (principal).

E essa inferência se dá com o auxílio das *regras* ou *máximas* de experiência[55], funcionando como o *critério cognitivo* necessário para conectar logicamente o *factum probans* ao *facto probandum*[56].

---

51 AGUILAR, Julio César Cordón. **Prueba indiciaria y presunción de inocência em el processo penal**. 2011. Tese (Doutorado em Direito), Facultad de Derecho, Universidad de Salamanca, Salamanca, 2011, p. 126.

52 Nesse sentido anota Francisco Rosito (ROSITO, Francisco. **Direito probatório: as máximas de experiência em juízo**. Porto Alegre: Livraria do Advogado, 2007, p. 98-99): "o termo presunção remete sobretudo a uma ideia de provável, tendo em vista que se move sobre o terreno do senso comum, daquilo que ordinariamente acontece".

53 Ver item 2.2.2. Da mesma forma, observa Walter Coelho (COELHO, Walter. **Prova indiciária em matéria criminal**. Porto Alegre: Sergio Antonio Fabris Editor, 1996, p. 13) que a prova indiciária "pode assumir, no caso concreto, alta significação, chegando, eventualmente, a ultrapassar as lindes das probabilidades e levar à certeza".

54 DINAMARCO, Cândido Rangel. **Instituição de direito processual civil**: v. III. 4 ed. São Paulo: Malheiros, 2004, p. 115.

55 Ver item 4.2.2.

56 Nesse sentido, Comoglio, Ferri e Taruffo (COMOGLIO, Luigi Paolo; FERRI, Corrado; TARUFFO, Michele. **Lezioni sul processo civile**. 5 ed. Bologna: Il Mulino, 2011, p. 506) explicam que as máximas de

Sobre o tema, João de Castro Mendes[57] fala em "fatos probatórios indiciários", ou indícios, como "os que permitem concluir pela verificação ou não verificação de outros fatos em virtude das leis naturais conhecidas pelos homens, e que funcionam como máximas de experiência".

Para elucidar, a raciocínio utilizado na prova indiciária[58] pode ser concebido na forma de um silogismo: (i) a premissa maior é estabelecida com o auxílio da experiência externa, do mundo físico, e da experiência interna, do mundo moral. Com isso, a premissa maior será uma espécie de *conceito geral*, obtido por meio da experiência[59]; (ii) a premissa menor é o indício ou fato indiciário; (iii) a conclusão é o fato indiciado, antes desconhecido e do qual se exige prova, é o juízo formado a partir dos outros dois juízos (estes expressados pelas premissas)[60].

Dellepiane[61] complementa assentando que a premissa maior não é sempre constituída por uma lei, cientificamente comprovada e de caráter necessário, mas por leis empíricas, uma generalização fornecida pela experiência, um princípio de senso comum, de caráter contingente; a premissa menor é o indício e a conclusão é o ato desconhecido.

Por fim, vê-se que, *grosso modo*, a estrutura da prova indiciária equivale à *estrutura* das presunções judiciais[62]: o indício é a *fonte*

---

experiência funcionam como *critério cognitivo* adequado para estabelecer a conexão lógica entre o *factum probans* e o *factum probandum*, quando do exercício do raciocínio presuntivo, a fim de possibilitar a formulação de conclusões relativas à verdade ou falsidade da afirmação de um *factum probandum*.

57 MENDES, João de Castro. **Do conceito de prova em proceso civil**. Lisboa: Ática, 1961, p. 182.

58 Malatesta (MALATESTA, Nicola Framarino Dei. **A lógica das provas em matéria criminal.** Tradução: de J. Alves de Sá. Lisboa: Livraria Clássica Editora, 1927, p. 181) afirma que o raciocínio (entendido como instrumento da razão) empregado na prova indireta tem por base "A experiência externa e a experiência interna; a experiência do mundo físico que nos rodeia e a do mundo moral da nossa consciência: eis a base do raciocínio que nos guia, pelo caminho do conhecido, para o ignoto".

59 SANTOS, Moacyr Amaral. **Prova judiciária no cível e no comercial**: v. V. São Paulo: Max Limonad, 1968, p. 347.

60 MALATESTA, Nicola Framarino Dei. *A lógica das provas em matéria criminal*, cit., p. 183.

61 DELLEPIANE, Antonio. **Nova teoria da prova**. Tradução: Erico Maciel. Campinas: Minelli, 2004, p. 79/80-81.

62 Isso porque "As presunções judiciais, por não serem previstas nem regulamentadas em lei, apoiam-se, sobretudo, nas máximas de experiência, as quais servem de premissa maior para queo juiz, em um raciocínio silogístico, possa partir daquilo que ordinariamente acontece, e logo conjugar esse conhecimento com o fato secundário (indício), que lhe serve de premissa menor, para poder obter, na conclusão, a afirmação de um fato (principal), até então desconhecido". (CAMBI, Eduardo. **A prova civil**: admissibilidade e relevância. São Paulo: Revista dos Tribunais, 2006, p. 376). Ressalte-se que

da presunção ou a *premissa menor*; a regra geral de experiência é a *premissa maior*, que se aplica ao indício e permite deduzir a sua causa ou o efeito ordinário; e, por último se utiliza a presunção simples que essa regra subministra para obter a conclusão, na qual se declara por inferência a probabilidade de que o fato desconhecido exista ou não. O mesmo se dá quando a conclusão é obtida por um conjunto de presunções judiciais: a conclusão é o resultado da convergência das diversas inferências obtidas pelo juiz a partir de cada um desses fatos[63].

Imagine-se a hipótese de ação revisional de alimentos, objetivando a minoração do valor da pensão em razão de alegadas dificuldades financeiras supervenientes, em que a parte ré junta aos autos fotos recentes (*prova direta p*) do autor esquiando nos Alpes Suíços (*fato indiciário h*). Ordinariamente (aplicação das máximas de experiência), somente quem tem boas condições financeiras pode ir para a Suíça esquiar, de modo que esse fato conhecido e provado permite a inferência de que a capacidade financeira (*fato desconhecido/principal* H) do autor não diminuiu após a fixação do valor da pensão.

A partir desse exemplo, a estrutura da prova indiciária pode ser assim esquematizada de forma geral:

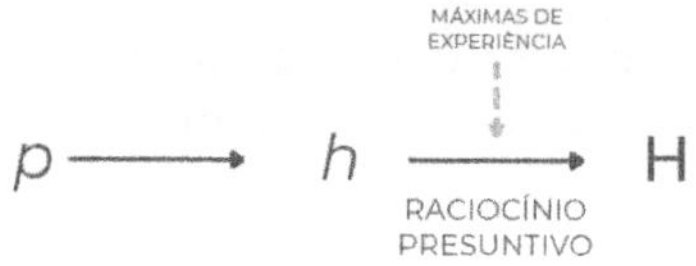

Poderia a parte ré tem juntados mais elementos que corroborassem essa conclusão, tais como: cópia da conta de luz da residência do autor no valor de dois mil reais (p_2); o valor pago a título de mensalidade escolar do filho fruto de um novo relacionamento (p_3); depoimento testemunhal dando conta que o autor vai buscar tal filho na escola

somente as *estruturas* de funcionamento se equivalem, e não os institutos em si mesmo considerados. Marina Gascón Abellán (GASCÓN ABELLÁN, Marina. **Los hechos en el derecho**: bases argumentales de la prueba. 3 ed. Madrid: Marcial Pons, 2010, p. 136) assenta que, "Precisamente por esta razão, para aludir ao procedimento de prova indireta ou indiciária se fala alguma vezes de "prova de presunção". As expressões prova indireta, prova circunstancial e prova presuntiva aludem à mesma estrutura probatória".

63 ECHANDIA, Hernando Davis. **Compendio de la prueba judicial**: t. II. Buenos Aires: Rubinzal – Culzoni Editores. 1984, p. 310.

todos os dias com um carro da marca Porsche (p_4). A esquematização se daria da seguinte forma:

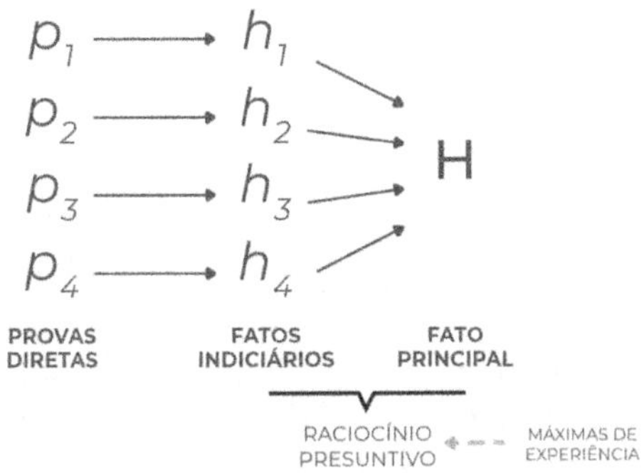

4.1.5. Classificação ou classes dos indícios

Em sua clássica obra sobre a prova indiciária, Gianturco[64] anota que nenhum estudo específico sobre o tema, que se preze, prescinde de tratar das classificações dos indícios elaboradas pela doutrina, ainda que brevemente. É o que se dispõe a fazer nesse item.

E certamente o será feito de forma abreviada.

A uma, e principalmente, porque o mesmo autor reconhece que tais classificações, no sistema moderno do livre convencimento do juiz, não têm grande serventia ou razão de ser, à medida que não se prestam a abstratamente predeterminar o peso de cada indício, como no sistema da prova tarifada[65]. Ao revés, a sua utilidade decorre do fato de serem potenciais instrumentos para auxiliar na análise lógica do modo de ser dos vários indícios e o juiz a se orientar na "emaranhada floresta das provas indiretas"[66].

Esse entendimento é seguido por José Frederico Marques[67], para quem a classificação dos indícios, segundo seu valor probante, é própria

64 GIANTURCO, Vito. **La Prova indiziaria**. Milano: Dott. A Giuffré Editore, 1958, p. 81.

65 Nesse sentido: ALVES, Roque de Brito. **Dos indícios no processo penal**. Recife: Grafica Ipanema, 1964, p. 79.

66 "sono tuttavia utili in quanto analizzano logicamente il modo di essere dei vari indizi e possono aiutare il giudice ad orientarsi nella selva intricata della prova indireta".

67 MARQUES, José Frederico. **Elementos de direito processual penal**: v. II. 2 ed. Rio de Janeiro: Forense, 1965, p. 378.

do sistema das provas legais, de modo que perde sua razão de ser em um sistema de valoração que preza pelo livre convencimento do juiz.

A duas, porque os indícios foram classificados e catalogados sob as mais diversas nomenclaturas e critérios ao longo dos tempos pela doutrina[68], sem se atingir uma classificação consensual. Assim, não se vislumbra utilidade acadêmica ou científica em se proceder a uma análise exaustiva das inúmeras classificações, na forma como pensado pelos seus idealizadores, mesmo porque os indícios são potencialmente *ilimitados* e não podem ser agrupados em uma classificação taxativa. É imperativo, porém, uma breve exposição, tal como recomendado pelo referido autor italiano, e devido ao fato de tais classificações se correlacionarem, muitas vezes, com características intrínsecas dos indícios[69].

Para a consecução do objetivo proposto, após ampla pesquisa na doutrina, pensa-se que a obra de Echandia[70] é que aborda as classificações de forma mais proveitosa, porquanto o faz objetiva e claramente, englobando grande parte delas. Eis o motivo pelo qual se seguirá a classificação adotado pelo referido autor.

Os indícios podem classificados em:

a) *necessários* e *contingentes*, de acordo com o resultado da operação mental realizada, especificamente a capacidade de esclarecer, por si só, a existência ou não do fato principal.

---

68 Citem-se por exemplo, os seguintes autores clássicos e suas obras, cada qual com uma classificação: MALATESTA, Nicola Framarino Dei. **A lógica das provas em matéria criminal.** Tradução: de J. Alves de Sá. Lisboa: Livraria Clássica Editora, 1927; GIANTURCO, Vito. **La Prova indiziaria**. Milano: Dott. A Giuffré Editore, 1958, p. 81-93; PARRA QUIJANO, Jairo. **Manual de Derecho Probatorio**. 16 ed. Bogotá: Librería Ediciones Del Professional, 2007, 678-681; MITTERMAIER, C.J. A. **Tratado da prova em matéria criminal**. 5 ed. Campinas: Bookseler, 2008, 421-428; SANTOS, Moacyr Amaral. **Prova judiciária no cível e no comercial**: v. V. São Paulo: Max Limonad, 1968, p. 482-484. Maria Thereza Moura (MOURA, Maria T. Rocha de Assis. **A prova por indícios no processo penal**. São Paulo: Saraiva, 1994, p. 61) adota o método de separar as classificações feitas pelos "antigos penalistas" e as "da era moderna", para então estabelecer um "esboço para uma classificação dos indícios", específica para as peculiaridades dos ilícitos penais, em que classifica os indícios, em relação ao fato que se investiga, à luz da materialidade, autoria, imputabilidade e culpabilidade.

69 PEREIRA, Patrícia Silva. **Prova indiciária no âmbito do processo penal**: admissibilidade e valoração. Coimbra: Almedina, 2017, p. 55.

70 ECHANDIA, Hernando Davis. **Compendio de la prueba judicial**: t. II. Buenos Aires: Rubinzal – Culzoni Editores. 1984, p. 273-274 e ECHANDIA, Hernando Davis. **Teoria general de la prueba judicial**: t. I. 3 ed. Buenos Aires: Editor Alberti, 1976, p. 616-617. Na realidade, o autor emprega a terminologia "classe de indícios" em vez de classificação.

Pelos primeiros, a existência do fato desconhecido que se deseja conhecer é inferida como uma consequência certa e inequívoca[71]; pelos segundos, as consequências geradas não são certas, podendo apontar para diversos outros fatos, de modo que não pode atingir a certeza, mas "apenas" a probabilidade.

Os *contingentes* subdividem-se em *graves* e *leves*, *imediatos* ou *próximos* e *mediatos* ou *remotos*, de acordo com o seu valor probatório e a proximidade da ligação entre os dois eventos.

A teor da pesquisa feita nas outras obras, essa é a divisão que mais se aproxima de uma unanimidade, constando de quase todas. De fato, não obstante dependa sensivelmente das particularidades fáticas do caso concreto, é a que se afigura de maior relevância e utilidade, podendo servir como ferramenta de ajuda na valoração da prova indiciária;

b) *anteriores*, *concomitantes* e *posteriores*, em relação cronológica ao fato desconhecido que se objetiva verificar;

c) *pessoais* ou *subjetivos* e *real* ou *materiais*, segundo se refiram às condições e modo de ser de uma pessoa (como a capacidade intelectual, física e moral para o ato criminoso ou o fato de importância civil) ou a coisas, pegadas, vestígios e semelhantes;

d) *positivos* e *negativos*, consoante concorram para indicar a existência ou inexistência, respectivamente, do fato investigado;

e) *de causa* e *de efeito*, se representa a causa do fato investigado, que se presume, ou os efeitos dele decorrentes;

f) *ordinários* e *técnicos* ou *científicos*, segundo exijam ou não conhecimento especializados para apreciá-los;

71 Complementa Echandia (ECHANDIA, Hernando Davis. **Compendio de la prueba judicial**: t. II. Buenos Aires: Rubinzal – Culzoni Editores. 1984, p. 627) afirmando que, para se caracterizar um indício necessário, "é indispensável que a regra de experiência comum ou científica que lhe serve de fundamento seja daquelas que não sofrem exceções e que inevitavelmente se cumprem, porque consiste em uma lei física imutável e constante, porque somente assim a inferência indiciária resulta inexoravelmente certa; por exemplo: da regra da experiência que indica que, em nosso planeta, nenhuma espécie de animal irracional é capaz de construir um edifício, pode-se inferir que o edifício existente em um local prova plenamente que ali existiram, pelo menos temporariamente, seres humanos [...] as leis morais e psíquicas não podem produzir indícios necessários, porque não são constantes".

g) *comuns* ou *genéricos* e *próprios* ou *específicos*, considerando sua natureza, relacionem-se apenas a uma determinada categoria de fatos ou coisas (a exemplo do estado de insolvência do devedor, que é indício específico de fraude contra credores)[72].

Expostas brevemente as principais classificações pensadas pela doutrina, há que se reforçar que todas foram concebidas há muitos anos, principalmente ao tempo do sistema da prova tarifada, justificando a regulação qualitativa e quantitativa dos indícios para fins de aferição da hierarquia entre eles na formação do convencimento judicial[73].

Repisa-se: para fins de aferição da força probante de cada indício, elas não se justificam mais atualmente, ao menos nos ordenamentos jurídicos em que o sistema da persuasão racional é adotado, como no caso brasileiro, tanto na seara civil, como na penal. Isso implica dizer que cabe ao juiz atribuir a força e o valor que entender adequado no caso concreto à prova indiciária, desde que o faça *racionalmente* e cumpra o *dever* a ele imposto de fundamentação das decisões.

Sem perder de vista essa ressalva indispensável, as noções de indícios necessários e convergentes, como será visto adiante[74], podem auxiliar na atividade de valoração dos indícios no caso concreto, ao menos como um parâmetro cognitivo para se chegar ao convencimento acerca da comprovação ou não da alegação relativa ao *factum probandum*.

4.2. INDÍCIOS, PRESUNÇÕES JUDICIAIS, MÁXIMAS DE EXPERIÊNCIA E PROVA *PRIMA FACIE*: ACLARAMENTO INDISPENSÁVEL

4.2.1. Indícios e presunções judiciais

Superada a etapa de colocação das noções de ordem mais gerais dos indícios, e de que forma eles são estruturados como prova, o próximo passo é cotejá-los com os institutos "afins", visando a elimi-

72 Nessa classificação em particular, em razão do autor seguido apenas mencioná-la, adotou-se a explicação e o exemplo apresentados por Moacyr Amaral Santos (SANTOS, Moacyr Amaral. **Prova judiciária no cível e no comercial**: v. V. São Paulo: Max Limonad, 1968, p. 483).

73 MOURA, Maria T. Rocha de Assis. **A prova por indícios no processo penal**. São Paulo: Saraiva, 1994, p. 55.

74 Item 4.5.4.

nar qualquer chance de confusão, na qual incide quem se presta a entendê-los sem o devido cuidado e rigor técnico.

Iniciando-se pela presunção, pensa-se que a sua distinção em relação aos indícios já foi bem situada a partir dos delineamentos feitos no item antecedente, em especial quando se tratou do raciocínio presuntivo.

É indispensável se mencionar, entretanto, que os dois institutos são os mais frequentemente confundidos no universo jurídico-probatório, sendo que a miscelânea ocorre há tempos e em todos os planos (legal, doutrinário e jurisprudencial). Como anotado por Roque de Brito Alves[75]:

> É um problema muito apaixonado e controvertido e que surgira, já, desde os romanos, tendo dividido, manifestamente, a doutrina entre os que confundem, identificam ou consideram como sinônimo indícios e presunções e aqueles que – como nós – sustentam a sua diferenciação essencial.

Echandia[76] traz alguns exemplos de códigos civis estrangeiros que equiparam os indícios às presunções, conferindo-lhes o mesmo regramento, dentre os quais inclui o Código Civil brasileiro[77]. Igualmente no âmbito doutrinário, inúmeros autores buscaram estabelecer a sinonímia entre indícios e as presunções judiciais, sendo que, dentre os estrangeiros, Echandia elenca os seguintes: MITTERMAIER, BONNIER, GIANTUROO, LESSONA, LEONE, GUASP, DE PINA, PLANIOL Y RIPERT, ROCHA, Lino Enrique PALACIO, MARTÍNEZ SILVA, CARDOSO. Dentre os brasileiros, destaca-se José Frederico Marques[78].

---

75 ALVES, Roque de Brito. **Dos indícios no processo penal**. Recife: Grafica Ipanema, 1964, p. 20.

76 ECHANDIA, Hernando Davis. **Teoria general de la prueba judicial**: t. II. 3 ed. Buenos Aires: Editor Alberti, 1976, p. 607. O autor identifica a respectiva obra em que cada um dos citados abordou o tema.

77 Pelo ano de publicação da obra, o autor se referiu ao art. 136 do Código Civil de 1916, revogado pela Lei nº 10.406/2002 (que instituiu o Código Civil vigente), o qual deu às presunções o mesmo tratamento do anterior prevendo-as como "meio de prova" (art. 212, IV). Didier, Braga e Oliveira (DIDIER JR, Fredie; BRAGA, Paula Sarna; OLIVEIRA, Rafael Alexandria de. **Curso de direito processual civil**: v. 2. 10 ed. Salvador: Juspodivm, 2012, p. 59) anotam que essa confusão "é um vício legislativo secular".

78 MARQUES, José Frederico. **Elementos de direito processual penal**: v. II. 2 ed. Rio de Janeiro: Forense, 1965, p. 374-381. Roque de Brito Alves (ALVES, Roque de Brito. **Dos indícios no processo penal**. Recife: Grafica Ipanema, 1964, p. 20-22), aliás, dedica especificamente algumas linhas de sua obra para refutar o entendimento de José Frederico Marques.

Segundo a concepção de Malatesta[79], os escritores que confundiram presunção com o indício deixaram-se vencer pela linguagem vulgar; linguagem vulgar que se deixou, por sua vez, arrastar pela etimologia genérica da palavra (do latim *praesumere*, significando tomar antecipadamente uma opinião, resolver de antemão) e desvirtuou o correto significado de presunção, dando a à palavra um sentido geral e indeterminado.

Dois outros autores, porém, são os que fazem, em suas clássicas obras sobre o tema das provas, cotejos esclarecedores acerca da confusão instaurada.

Um deles é Taruffo[80], o qual observa que a noção de "indício" está ligada em vários aspectos à problemática das presunções simples. Embora seja mais típica do processo penal, a noção de "indício" é amplamente utilizada também no campo do processo civil, mas sua disseminação não é acompanhada pela univocidade e precisão dos conceitos. Assenta o autor que o termo "indício" é empregado, ao menos, com três diferentes acepções principais:

a) Em um primeiro sentido, típico da doutrina menos recente, "indício" é sinônimo de "presunção" (e de "conjectura"), indicando o raciocínio ou argumento pelo qual dois fatos estão ligados, extraindo de um deles consequências para o outro;

b) Por uma segunda visão, também bastante difundida, indício se distingue de "presunção" na medida que faz referência aos elementos de prova que, apesar de não carecerem de eficácia probatória, não apresentam os requisitos exigidos por lei para o uso de presunções simples. Em resumo, seria algo parecido com uma presunção simples, porém mais "fraco";

c) Finalmente, pela terceira acepção, mais rigorosa e clara, "indício" faz referência ao "fato conhecido" ou à "fonte" que constitui a premissa da inferência presuntiva. O autor se filia a essa corrente e conclui que "Entre presunção e

---

79 MALATESTA, Nicola Framarino Dei. **A lógica das provas em matéria criminal.** Tradução: de J. Alves de Sá. Lisboa: Livraria Clássica Editora, 1927, p. 197.

80 TARUFFO. Michele. **La Prueba de los hechos.** Tradução: Jordi Ferrer Beltrán. 2 ed. Madrid: Editoral Trotta, 2005, p. 479-480.

indício, há, pois, a mesma diferença que se dá entre um raciocínio e a premissa de fato que lhe serve de ponto de partida".

O outro autor aludido é Muñoz Sabaté, que, por sua vez, dedica parte considerável de sua obra ao enfrentamento da confusão, realizando uma análise mais escorreita.

Inicia afirmando que a distinção entre presunções judiciais e indícios não foi suficientemente esclarecida pela doutrina, e avança no tema criticando a falta de rigor científico verificada no emprego dos indícios pelo Supremo Tribunal da Espanha. Em resumo, aponta que há quatro posições que se pode qualificar como essenciais quanto à natureza dos indícios:

a) *O indício igual à presunção*: é fruto da história, advindo da falta de clareza verificada no direito romano clássico quando da utilização dos termos, que se consolidou na idade média e se conserva até a época moderna. Para alguns autores, embora a identidade seja substancialmente mantida, existem algumas diferenças puramente formais que apenas confirmam a sinonímia, a exemplo de Gorphe, para o qual o termo "presunção" é mais jurídico e o termo "indício" é mais científico, e Carnelutti, para quem os indícios pertencem à dogmática do direito penal e as presunções a do Direito Civil;

b) *O indício menos que a presunção*: muito vaga, porém também muito difundida – senão a mais comum de todas –, que considera o indício equivalente a um adminículo ou conjectura, ou seja, algo muito menos que uma presunção, algo que se aproxima mas não pode ser, uma espécie de prova imperfeita;

c) *O indício mais que presunção*: desvincula o indício da presunção, no sentido de que esta não é o juízo lógico inferencial que se baseia naquele (a presunção seria a premissa maior e o indício a premissa menor do silogismo), dando a ela menor valor porque não partiria dele, mas sim de uma máxima da experiência sem base concreta. Seria, assim, um juízo incompleto.

d) *O indício como fato-base e a presunção como inferência*: O indício não é nenhum raciocínio, nem representa uma categoria especial, como o é a presunção, mas é apenas equivalente ao fato base, da qual aquela parte. Portanto, é um elemento da presunção. Se a presunção for *monobásica*, consistirá em um único indício; se for *polibásica*, de vários. É a única distinção que o autor considera correta e que, uma vez adotada, contribui para dissipar muitas confusões e a clarificar outros muitos conceitos. Afirma, ao final, que o esclarecimento do conceito correto de indício permite realizar um estudo sobre seus diversos usos e corrigir os equívocos existentes na atualidade.

Exposta a forma como os dois referidos expoentes do tema enfrentaram a problemática consistente na confusão entre indício e presunção na doutrina, não se pode discordar da conclusão a quem ambos chegaram, mesmo porque se alinha ao quanto já exposto no presente estudo.

Ora, o indício nada mais é do que é o ponto de partida da presunção[81] *judicial*, daí porque ser sinônimo também de *fato presuntivo*[82]. O indício não é presunção, mas faz parte da cadeia presuntiva, constituindo o fato conhecido e provado que, por uma inferência de ordem lógica, norteada por aquilo que normalmente acontece (máximas de experiência), leva ao conhecimento indireto de outro fato (caracterizando a presunção judicial), este até então desconhecido, o qual integra o *thema probandum*[83]. Como anota Echandia[84]: "a presunção simples, de homem ou judicial é diferente do indício, como a luz o é da lâmpada que a produz".

---

81 Essa é a conclusão a que chega Taruffo (TARUFFO. Michele. **La Prueba de los hechos**. Tradução: Jordi Ferrer Beltrán. 2 ed. Madrid: Editoral Trotta, 2005, p. 480): "Entre presunção e indício, há, pois, a mesma diferença que se dá entre um raciocínio e a premissa de fato que lhe serve de ponto de partida".

82 Nesse sentido: COMOGLIO, Luigi Paolo. **Le prove civile**. 3 ed. MIlão: UTET, 2010, p. 15.

83 Explica Barbosa Moreira (BARBOSA MOREIRA, Jose Carlos. As presunções e a prova, p. 55-71. *In* **Temas de Direito Processual Civil**. São Paulo: Saraiva, 1977, p. 58) que "a linguagem técnica do direito processual, como é notório, atribui àquele primeiro fato [conhecido e provado] a denominação de *indício*".

84 ECHANDIA, Hernando Davis. **Compendio de la prueba judicial**: t. II. Buenos Aires: Rubinzal – Culzoni Editores. 1984, p. 308. Muñoz Sabaté (MUÑOZ SABATÉ, Luis. **Tecnica probatória**: estudios sobre las dificultades de prueba en el proceso. Barcelona: Editorial Praxis, 1967, p. 224) também rechaça veemente a confusão: "Dizer que um indício é uma presunção é tão absurdo quanto, por exemplo, afirmar que um fósforo é o fogo.".

No mesmo sentido explica Francisco Rosito[85]:

> O indício não é equivalente à presunção senão que constituiu o seu 'fato base', o seu ponto de apoio. enquanto o indício é o elemento inicial de que parte a presunção, esta é a atividade intelectual do julgador, que, partindo do início, afirma um fato distinto, porém relacionado logicamente com o primeiro.

A presunção nada mais é, então, do que a *consequência* ou *resultado da operação mental* (ou o *processo mental*) extraída do conhecimento de um fato certo, que, por possuir significação própria e se relacionar logicamente com um fato desconhecido, permite *presumir* a ocorrência ou inocorrência deste.

Indispensável aqui é a explicação fornecida por Barbosa Moreira[86]:

> A relação entre os dois fatos – conhecido e o desconhecido – é tal, suponhamos, que da existência do primeiro se possa logicamente inferir, senão com absoluta certeza, ao menos com forte dose de probabilidade, a existência (ou inexistência) do segundo [...] o resultado desse raciocínio é que configura, propriamente, a presunção judicial: o juiz *presume* que ocorreu o fato *y* porque sabe que ocorreu o fato *x*, e sabe também que a ocorrência de um implica, necessária ou normalmente, a ocorrência do outro.

Igualmente Echandía[87] assevera que:

> A confusão resulta ilógica e absurda. O indício é a prova; e a presunção, a consequência da regra de experiência ou técnica que permite valorar e, como explicado anteriormente [...], não é prova nem objeto de prova. Por isto mesmo, o indício pode ser anterior, concomitante ou posterior ao fato desconhecido que se investiga, enquanto que a

---

85 ROSITO, Francisco. **Direito probatório: as máximas de experiência em juízo**. Porto Alegre: Livraria do Advogado, 2007, p. 98.

86 BARBOSA MOREIRA, Jose Carlos. As presunções e a prova, p. 55-71. *In* **Temas de Direito Processual Civil**. São Paulo: Saraiva, 1977, p. 55-71.

87 ECHANDIA, Hernando Davis. **Teoria general de la prueba judicial**: t. II. 3 ed. Buenos Aires: Editor Alberti, 1976, p. 613. No original: "Su confusión resulta ilógica y absurda. El indicio es la prueba y la presunción judicial la consecuencia de la regla de experiencia o técnica que permite valorarla y que, como explicamos en otro lugar [...], no es prueba ni objeto de prueba. Por esto mismo, el indicio puede ser anterior, coetáneo o posterior al hecho desconocido que se investiga, mientras que la presunción judicial surge necesariamente después que el hecho investigado ha ocurrido".

presunção judicial surge necessariamente depois que o fato investigado ocorreu.

Suficientemente esclarecida a distinção entre presunção (judicial) e indício, sobressaem dois tópicos a serem mais bem esclarecidos.

4.2.2.1. As presunções legais

Pode-se falar em prova indiciária, com a *estrutura* aqui apresentada, a rigor, *apenas* quando o indício constitui o ponto de partida para as presunções *judiciais* (*proesumptiones hominis*), que se fundamentam nas *máximas de experiência* e sobre as quais não se tem qualquer ingerência legal-valorativa prévia, formando-se na mente do juiz à luz dos elementos de prova constantes do caso concreto[88].

Como anotado por Didier, Braga e Oliveira[89]: "A presunção judicial resulta do raciocínio do juiz, que a estabelece. Forma-se na consciência do magistrado: conhecido o indício, desenvolve o raciocínio e estabelece a presunção". E, a teor do observado por Comoglio, Ferri e Taruffo[90]:

> A identificação da possível fonte de presunção fica inteiramente ao critério do juiz: *qualquer circunstância* pode ser presumida como fonte de presunção, desde que seja idônea, mediante a aplicação de critérios inferenciais apropriados, para produzir conclusões cognitivas sobre o fato a ser provado.

---

88 Sobre o tema, assenta Paulo Medina (MEDINA, Paulo Roberto de Gouvêa. A prova das intenções. **Revista de processo**, vol. 115/2004, p. 74/86, Maio-Jun//2004, p. 3): "Aos indícios conjugam-se as presunções, ou, mais precisamente, as *presumptiones hominis*, também chamadas de presunções judiciais, presunções simples ou comuns, para diferençá-las das presunções legais (presumptiones legis)". Válida também é a reprodução da doutrina de Marina Gascón Abellán (GASCÓN ABELLÁN, Marina. **Los hechos en el derecho**: bases argumentales de la prueba. 3 ed. Madrid: Marcial Pons, 2010, p. 124/136): "as presunções simples fazem referência, na verdade, ao procedimento indiciário ou de prova indireta [...] ao contrário das presunções *iuris tantum* e *iuris et de iure*, nas quais o fundamento da conclusão presumida é uma norma jurídica, a chave para este tipo de argumento não é uma norma jurídica, mas a existência de regras ou "máximas de experiência" que, refletindo regularidades empiricamente observadas, permitem conectar o fato conhecido com o fato desconhecido".

89 DIDIER JR, Fredie; BRAGA, Paula Sarna; OLIVEIRA, Rafael Alexandria de. **Curso de direito processual civil**: v. 2. 10 ed. Salvador: Juspodivm, 2012, p. 60. Ver, ainda, SANTOS, Moacyr Amaral. **Prova judiciária no cível e no comercial**: v. V. São Paulo: Max Limonad, 1968, p. 486-487.

90 COMOGLIO, Luigi Paolo; FERRI, Corrado; TARUFFO, Michele. **Lezioni sul processo civile**. 5 ed. Bologna: Il Mulino, 2011, p. 506. No original: "L'individuazione dela possibile fonte di presunzione è devoluta interamente ala discrezionale valutazione del giudice: qualsiasi circonstanza può essere assunta come fonte di presunzione, purché risulti idônea, tramite l'applicazione di opportuni critério inferenziali, a produrre conclusioni conoscitive intorno al fato da provare".

As presunções ditas legais (*proesumptiones juris*), por sua vez, advêm do "raciocínio" do legislador, de uma regra geral e abstrata implícita na norma jurídica, e têm uma razão de ser totalmente diversa (especialmente as *presunções legais absolutas*[91]): é mais uma *técnica* adotada nas legislações[92] que, em regra, visam a solucionar questões fáticas reiteradas[93], nas quais se verificou ser a prova dos fatos extremamente difícil.

Edita-se, assim, uma regra geral e abstrata que pré-soluciona a questão mesmo antes dela ocorrer no mundo fenomênico. Por isso afirma José Frederico Marques[94] que, na presunção legal, não se tem uma *regra de experiência* de onde o juiz tira suas conclusões, mas uma *regra de direito* fixada pelo legislador.

Darci Ribeiro[95] aponta:

> Enquanto as presunções legais servem para dar segurança a certas situações de ordem social, política, familiar e patrimonial, as presunções feitas pelo homem-juiz cumprem uma função exclusivamente processual, porque estão diretamente ligadas ao princípio da persuasão racional.

Para elucidar a diferença entre as presunções legais e judiciais, tome-se por exemplo uma relação jurídica contratual ente dois sujeitos: a lei estabelece uma presunção (de natureza legal relativa) de boa-fé como princípio geral dos contratos. Entretanto, essa boa-fé pode ser elidida mediante a comprovação de má-fé, cuja prova é obtida por indícios, que deverão ser logicamente relacionados a fatos que a demonstram, a fim de gerar uma outra presunção (de natureza

91 Anota Dinamarco (DINAMARCO, Cândido Rangel. **Instituições de direito processual civil**: v. III. 4 ed. São Paulo: Malheiros, 2004, p. 116) que as presunções absolutas "não são institutos de direito probatório, mas expedientes com os quais o legislador constrói certas ficções e nelas se apoia para impor as consequências jurídicas que entende convenientes".

92 Para um escorço histórico acerca das presunções legais, ver MALUF, Carlos Alberto Dabus Maluf. As presunções na teoria da prova. **Revista Da Faculdade De Direito,** *79*, 1984, Universidade De São Paulo, 192-223.

93 Por isso Eduardo Cambi (CAMBI, Eduardo. **A prova civil**: admissibilidade e relevância. São Paulo: Revista dos Tribunais, 2006, p. 369) afirma que "as presunções absolutas estão assentadas em um juízo legislativo de normalidade (verossimilhança), abstrato e anterior à ocorrência do fato concreto".

94 MARQUES, José Frederico. **Elementos de direito processual penal**: v. II. 2 ed. Rio de Janeiro: Forense, 1965, p. 380.

95 RIBEIRO, Darci Guimarães. **Provas atípicas**. Porto Alegre: Livraria do Advogado, 1998, p. 104.

simples, judicial) em sentido contrário à presunção legal, de forma a desconstituí-la[96].

Vê-se, então, que as presunções judiciais, ao contrário das *legais* – em especial as absolutas[97], *fortalecem* a persuasão racional e a formação de um convencimento "sem amarras", o que justifica até mesmo o fato de o CPC/15 não ter a regulamentado expressamente. Consoante Didier, Braga e Oliveira[98]:

> Se se trata de presunção legal, estamos diante de normas legais que devem ser aplicadas pelo juiz como regras de julgamento: ou que invertem o ônus da prova (admitem prova em contrário; presunções legais relativas) ou que tomam irrelevante a discussão sobre o fato presumido (presunções legais absolutas). Se for o caso de presunção judicial, qualquer dispositivo legal é ocioso ou inútil: não se pode, por lei, autorizar, limitar ou proibir o juiz de pensar.

Quando o legislador tentou regular minimamente as presunções judiciais, o fez de forma desastrosa e totalmente atécnica. O grande exemplo é o art. 230 do Código Civil, vigente até a promulgação do CPC/15 – que o revogou expressamente, conforme seu art. 1.072, inciso II[99]. Assim, elogiosa, mesmo porque era imperativa, a revogação do referido dispositivo, uma vez que constituía inovação sem precedente próximo em nosso Direito, típica do sistema de *tarifa legal*, encampando uma concepção antiga que, em última análise, relacionava os indícios às testemunhas[100].

Postas tais premissas, pode-se trazer à tona novamente o art. 2.727 do Código Civil italiano, que define as presunções como

---

96 PARRA QUIJANO, Jairo. **Tratado de la prueba judicial**: v. 4. 3 ed. Bogotá: Ediciones Librería del Professional, 1997, p. 172.

97 Nesse sentido assenta Eduardo Cambi (CAMBI, Eduardo. **A prova civil**: admissibilidade e relevância. São Paulo: Revista dos Tribunais, 2006, p. 367): "As presunções absolutas são regras legais limitativas do princípio do livre convencimento do juiz, pois a lei determina a força probante dos fatos que considera presumidos, bem como uma regra regulamentadora da admissibilidade das provas, na medida em que veda a possibilidade de o adversário produzir provas contrárias ao fato presumido".

98 DIDIER JR, Fredie; BRAGA, Paula Sarna; OLIVEIRA, Rafael Alexandria de. **Curso de direito processual civil**: v. 2. 10 ed. Salvador: Juspodivm, 2016, p. 74.

99 De seguinte redação: "Art. 230. As presunções, que não as legais, não se admitem nos casos em que a lei exclui a prova testemunhal".

100 Para análise mais detalhada, ver FERREIRA, William Santos. **Princípios fundamentais da prova cível**. São Paulo: Revista dos Tribunais, 2014, p. 321-322; DIDIER JR, Fredie; BRAGA, Paula Sarna; OLIVEIRA, Rafael Alexandria de. **Curso de direito processual civil**: v. 2. 10 ed. Salvador: Juspodivm, 2012, p. 61.

"consequências que a lei ou o juiz extrai de um fato conhecido para voltar a um fato ignorado", e se observar uma atecnia do respectivo legislador, que regula as presunções judiciais e as simples como se fossem institutos semelhantes.

Ora, as presunções legais, principalmente as *absolutas*, consubstanciam uma *técnica* com fins ligados, essencialmente, à política legislativa e a aspectos jurídicos de *direito* material[101], sendo que apenas *mediatamente* importam à esfera probatória, como na questão da carga da prova nos casos em que algumas delas se aplica[102].

As presunções simples, estas sim, têm finalidade essencialmente probatória e influenciam - ou podem influenciar - sobremaneira na prova dos fatos em juízo. Para sintetizar, transcrevem-se as observações de Comoglio, Ferri e Taruffo[103], em análise ao referido artigo:

> Esta norma [art. 2.727] é formulada de forma inconsistente porque define ao mesmo tempo, a partir de uma analogia inexistente, dois fenômenos completamente distintos e que, portanto, seria necessário manter distintos. As presunções "extraídas da lei" são as *presunções legais*, que explicam tão eficazmente como a regulamentação do ónus da prova, mas nada têm a ver com a prova dos factos em tribunal. Por outro lado, as *presunções simples* são meios de prova no sentido

101 Nesse sentido: ROSITO, Francisco. **Direito probatório: as máximas de experiência em juízo**. Porto Alegre: Livraria do Advogado, 2007, p 95. Observa o autor que as presunções legais "não chegam a proporcionar elementos de prova, senão dispensam de prova aqueles em cujo benefício funcionam, dando por certos determinados fatos". Excepcionalmente, é possível encontrar presunções absolutas que se operam exclusivamente no plano do direito processual como a coisa julgada, cuja autoridade contém a presunção e veracidade ou de certeza do comando da sentença, salvo nos casos em que se admite a rescindibilidade da decisão de mérito (CAMBI, Eduardo. **A prova civil**: admissibilidade e relevância. São Paulo: Revista dos Tribunais, 2006, p. 368).

102 Confira-se o quanto afirmado por Echandia (ECHANDIA, Hernando Davis. **Teoria general de la prueba judicial**: t. II. 3 ed. Buenos Aires: Editor Alberti, 1976, p. 695): "As presunções legais têm principalmente uma função substancial e extraprocessual, além da indiretamente probatória: dar segurança a certas situações de ordem social, política, familiar e patrimonial, como a legitimidade dos filhos nascidos em casamento, a posse de terras, ao exercício de direitos políticos (presença de capacidade para exercê-los por maiores de idade), etc.". Para aprofundamento no tema relativo aos efeitos processuais das presunções legais e sua relação com a carga da prova, ver ECHANDIA, Hernando Davis. **Compendio de la prueba judicial**: t. II. Buenos Aires: Rubinzal – Culzoni Editores. 1984, p. 311-312.

103 COMOGLIO, Luigi Paolo; FERRI, Corrado; TARUFFO, Michele. **Lezioni sul processo civile**. 5 ed. Bologna: Il Mulino, 2011, p. 506. No original: "Questa norma è formulata in modo incôngruo perché definisce contemporaneamente, sulla base di uma inexistente analogia, due fenomeni completamente diversi tra loro, e che quindi sarebbe necessário tenere distinti. Le presunzioni «tratte dalla legge» sono le presunzioni legali, che spiegano eficácia quanto ala regolamentazione dell'onere dela prova, ma non hanno nulla a che vedere con la prova dei fatti in giudizio. Sono invece mezzi di prova in senso proprio le presunzioni semplici, ossia quelle che il giudice trae da un fatto noto per risalire ad un fatto ignorato".

> próprio, isto é, aquelas que *o juiz* extrai de um fato conhecido para remontar a um fato desconhecido

Por outro lado, é bem verdade que a *técnica* das presunções legais se pode fazer útil muitas das vezes, como na hipótese de comoriência prevista no art. 8º do Direito Civil (diante da dificuldade concreta em se indicar qual pessoa teria morrido antes em um evento em que ambos faleceram, impõe a lei que se suponha que todos morreram no mesmo instante).

Todavia, em alguns casos ela se mostra com efeitos potencialmente deletérios ao direito fundamental à prova e à liberdade de apreciação da prova inerente ao sistema da persuasão racional, como no caso do art. 28, da Lei nº 5.250/67[104], pelo qual o escrito anônimo publicado em jornal presume-se redigido pelas pessoas ali capituladas, ainda que não exista qualquer elemento de prova nesse sentido[105].

Por todo o exposto, quando se trata de presunções legais, não se pode falar em indício propriamente dito, sob o aspecto técnico-probatório[106], como fato base do qual se extrai conhecimento *novo* sobre um fato desconhecido.

Ora, quando incide uma presunção legal em determinado caso concreto, o fato secundário não leva a um conhecimento *novo*, decorrente de esforço lógico-mental, mas, sim, a um fato preestabelecido numa lei geral e abstrata, que de *novo* nada tem, portanto. Admitir o contrário implicaria esvaziar toda a razão de ser da prova indiciária, e sua importância fundamental para o *esclarecimento* dos fatos em juízo.

4.2.2.2. A "presunção" do art. 212, inciso IV, do Código Civil

"O Título 'Da prova' (Título V do Livro III, arts. 212 a 232) é certamente dos menos felizes do Código Civil de 2002".

---

104 Que, inclusive, acabou sendo declarada inconstitucional pelo STF, sob o entendimento de que o conjunto dos seus dispositivos não foram recepcionados pela CF/88 (ADPF 130 QO, Relator(a): CARLOS BRITTO, Tribunal Pleno, julgado em 04/09/2008, DJe-211 DIVULG 06-11-2008 PUBLIC 07-11-2008).

105 ARENHART, Sérgio Cruz. O indício e a prova no direito processual. *In*: DUARTE, Bento Herculano; DUARTE, Ronnie Preuss (coord.). Processo civil: aspectos relevantes. São Paulo: Método, 2006, p. 297.

106 Ver item 4.1.1.

Eis a transcrição *ipsis litteris* da forma pela qual Barbosa Moreira inicia o artigo intitulado "anotações sobre o título 'da prova' no novo Código Civil"[107]. Como o título sugere, o jurista se dispôs a analisar em tal ensaio o tema da prova, à luz da regulamentação constante do Código Civil de 2002.

As palavras iniciais logo deixam claro a discordância do autor com o que foi ali positivado. E não se pode discordar.

O art. 212[108], dispositivo inicial do referido título, sem dúvidas é o que mais contribui para a discordância, ao prever os *meios* pelos quais o "fato jurídico" pode ser provado.

Sem a pretensão de avançar no espinhoso tema da *propriedade* da legislação de direito material dispor acerca de regra tipicamente de direito processual[109] – o que certamente demandaria um estudo apartado –, o inciso IV do referido dispositivo é o que salta aos olhos, por guardar estreita relação de pertinência com o tópico ora estudado.

A presunção, sem se especificar se legal ou judicial, foi prevista como um *meio de* prova, isto é, "ressuscitou a questão da natureza jurídica da presunção ao reeditar a superada afirmação de que seria um meio de prova, contida no Código de 1916"[110] (art. 136, inciso V).

Ocorre que, tendo em vista o quanto demonstrado nos itens anteriores – a presunção está inserida num *processo mental*, sendo o resultado, a *consequência* que se extrai da *operação* da mente realizada a partir de um fato conhecido e provado e se chega a outro, desconhecido.

---

107 BARBOSA MOREIRA, José Carlos. Anotações sobre o título "Da prova" do Novo Código Civil. **Revista Trimestral de Direito Civil** – RTDC, Rio de Janeiro, v. 6, n. 22, p. 97-113, abr./jun. 2005, p. 97.

108 Art. 212. Salvo o negócio a que se impõe forma especial, o fato jurídico pode ser provado mediante: I – confissão; II – documento; III – testemunha; IV – presunção; V – perícia.

109 Na esteira do quanto indagado por Barbosa Moreira (BARBOSA MOREIRA, José Carlos. Anotações sobre o título "Da prova" do Novo Código Civil. **Revista Trimestral de Direito Civil** – RTDC, Rio de Janeiro, v. 6, n. 22, p. 97-113, abr./jun. 2005, p. 26): "Seria talvez adequado começar por questionar a propriedade mesma da inserção, no texto do Código, de um conjunto de regras concernentes à prova". O autor enfrenta a questão e conclui corroborando o juízo desfavorável expresso nas primeiras linhas do ensaio: "O Título "Da prova", no novo Código Civil, não faz qualquer contribuição digna de nota à sistematização da matéria; ao contrário, deixa-a mais desordenada que antes".

110 DINAMARCO, Cândido Rangel. **Instituições de direito processual civil**: v. III. 4 ed. São Paulo: Malheiros, 2004, p. 125.

Em que pese se sua inegável importância para o fenômeno probatório, não se pode jamais alçá-la ao patamar de *meio de prova*[111].

Ora, *meio de prova* é o instrumento que introduz no processo uma fonte de prova (*externa* a ele, de ordem metajurídica), o veículo que a conduz aos autos, a forma pelo qual ela se manifesta, a fim de que se possa cumprir a finalidade de esclarecer o *thema probandum*.

Se um determinado fato secundário restar provado e guardar relação lógica com um fato principal, pode-se fazer uma operação mental que leve ao conhecimento indireto deste último. Todavia, isso *não* significa dizer que a consequência dessa operação *introduzirá* uma fonte de prova no processo. A fonte já terá sido introduzida (pelo meio de prova que permitiu verificar a ocorrência do fato secundário) e somente se terá feita uma inferência com base nela, de modo que a atividade probatória é *anterior*.

Qualquer que seja a natureza da presunção ou a dimensão que ela tenha, sempre os meios de prova atuarão exclusivamente com referência ao fato secundário reputado idôneo pela lei ou pelo juiz. Assim, as presunções "jamais se caracterizam como *meio de prova*, porque não se positivam em atos de procedimento nem são realizadas mediante a participação dos litigantes", sendo apenas um processo

---

111 Nesse sentido: ECHANDIA, Hernando Davis. **Compendio de la prueba judicial**: t. II. Buenos Aires: Rubinzal - Culzoni Editores. 1984, p. 307-309; AROCA, Juan Montero. **La prueba en el proceso civil**. 4 ed. Madrid: Thomson Civitas, 2005, p. 164; PARRA QUIJANO, Jairo. **Tratado de la prueba judicial**: v. 4. 3 ed. Bogotá: Ediciones Librería del Professional, 1997, p. 107-108; GASCÓN ABELLÁN, Marina. **Los hechos en el derecho**: bases argumentales de la prueba. 3 ed. Madrid: Marcial Pons, 2010, p. 136; ALVES, Roque de Brito. **Dos indícios no processo penal**. Recife: Grafica Ipanema, 1964, p. 23, LOPES, João Batista. **A prova no direito processual civil**. São Paulo: Revista dos Tribunais, 2000, p. 59-60; DINAMARCO, Cândido Rangel. **Instituições de direito processual civil**: v. II. 4 ed. São Paulo: Malheiros, 2004, p. 124; COELHO, Walter. **Prova indiciária em matéria criminal**. Porto Alegre: Sergio Antonio Fabris Editor, 1996, p. 20-22; CAMBI, Eduardo. **A prova civil**: admissibilidade e relevância. São Paulo: Revista dos Tribunais, 2006, p. 359; DIDIER JR, Fredie; BRAGA, Paula Sarna; OLIVEIRA, Rafael Alexandria de. **Curso de direito processual civil**: v. 2. 10 ed. Salvador: Juspodivm, 2016, p. 2016, p. 73; MEDINA, Paulo Roberto de Gouvêa. A prova das intenções. **Revista de processo**, vol. 115/2004, p. 74/86, Maio-Jun//2004, p. 76. Como anotado por Echandia (ECHANDIA, Hernando Davis. *Compendio de la prueba judicial*: t. II, cit., p. 307), alguns autores consideram que apenas as presunções simples são meios de prova, como GORPIIE, DE LA PLAZA, GIANTURCO e GUASPE, todavia as confundem com os indícios. Outros, como LESSONA, MALATESTA e Antonio ROCHA, consideram que as presunções legais *iuris tantum* também são provas e não falta quem lhes conceda tal caráter até às presunções legais *iuris et de iuri*, como faz MALATESTA. Na doutrina nacional, Frederico Marques (MARQUES, José Frederico. **Elementos de direito processual penal**: v. II. 2 ed. Rio de Janeiro: Forense, 1965, p. 377-379) segue a corrente que equipara os indícios às presunções, reconhecendo o caráter de prova destas.

mental consistente em fazer uma ponte entre o fato que se conhece e o que servirá de fundamento para decidir"[112].

Para corroborar, confira-se o entendimento de Barbosa Moreira[113]:

> Parece bastante claro que tal presunção não constitui, a rigor, *meio de prova*, ao menos no sentido que se dá a semelhante locução quando se afirma que é meio de prova, *v.g.*, um documento ou depoimento de uma testemunha. O processo mental que, a partir da afirmação do fato *x*, permite ao juiz concluir pela afirmação também do fato *y*, não se afigura assimilável à atividade de instrução, em que se visa a *colher* elementos para a formação do convencimento judicial. Quando o juiz passa da premissa à conclusão, através do raciocínio "se ocorreu *x*, deve ter ocorrido *y*", nada de novo surge no plano material, concreto, sensível: a novidade emerge exclusivamente em nível intelectual, *in mente iudicis*. [...] A atividade probatória realizou-se *antes*, e terá produzido frutos na medida em que permitiu estabelecer-se a ocorrência do fato *x*.

Do quanto apresentado, exsurge a atecnia do legislador do Código Civil de 2002 ao incluir a presunção entre os meios de prova tipificados no art. 212[114]. Isso porque, como visto, a presunção se resume a um trabalho mental, de modo que *jamais* pode ser considerada (nenhuma de suas espécies: seja as legais, absoluta e relativa, seja a judicial), sob o aspecto técnico, um meio de prova. E mais: "como é óbvio, porém, uma disposição legal como essa, de fundo puramente conceitual, não vincula o intérprete"[115].

---

112 DINAMARCO, Cândido Rangel. **Instituições de direito processual civil**: v. II. 4 ed. São Paulo: Malheiros, 2004, p. 125.

113 BARBOSA MOREIRA, José Carlos. As presunções e a prova, p. 55-71. *In* **Temas de Direito Processual Civil**. São Paulo: Saraiva, 1977, p. 57. No mesmo sentido explica Eduardo Cambi (CAMBI, Eduardo. **A prova civil**: admissibilidade e relevância. São Paulo: Revista dos Tribunais, 2006, p. 360): "[presunção] é um processo mental, não um meio de prova, porque, quando o juiz afirma que 'ocorrido um fato x, deve ter ocorrido um fato y', nada de novo surge no plano material ou concreto, mas exclusivamente em nível intelectual".

114 Igualmente, Didier, Braga e Oliveira (DIDIER JR, Fredie; BRAGA, Paula Sarna; OLIVEIRA, Rafael Alexandria de. **Curso de direito processual civil**: v. 2. 10 ed. Salvador: Juspodivm, 2016, p. 73) entende que "há erro técnico evidente no texto legislativo".

115 DINAMARCO, Cândido Rangel. **Instituição de direito processual civil**: v. II. 4 ed. São Paulo: Malheiros, 2004, p. 125.

Ou, de forma mais geral, como conclui Barbosa Moreira no referido artigo[116], a impressão de desordem que se tem na regulamentação dada pelo Código Civil à matéria "Da prova" é:

> particularmente forte à vista da enumeração do art. 212. Ainda na perspectiva (atécnica) que parece haver adotado, mostra-se arbitrária e lacunosa. Mistura alhos com bugalhos e esquece distinções fundamentais, como a que deveria levar em conta no tocante a presunções [...] No confronto com o Código de Processo Civil, os acréscimos importantes não dizem aqui respeito à prova, senão à forma.

Por fim, mostra-se oportuna a sugestão dada por Didier, Braga e Oliveira[117] para "salvar a dicção normativa": ter em mente a confusão "secular" entre indício e presunção e interpretar o dispositivo no sentido de que, quando se refere à presunção, na verdade está a referir-se ao indício[118]. Tal interpretação autorizaria dizer, *a fortiori*, que "o legislador autorizou expressamente a prova indiciária".

Trata-se de uma solução válida e sustentável pela ótica processual-probatória, que se robustece se considerados todos os esclarecimentos feitos sobre a distinção entre presunção e indícios. Por outro lado, decerto envolve uma construção hermenêutica complexa, exigindo uma abordagem mais minudente para melhor se sustentar sob esse aspecto.

4.2.2.3. *Presunção da presunção* (praesumptum de praesumpto): *indícios de segundo grau*

Vista a forma como a presunção judicial se forma, surge outra questão importante: é possível que o fato base advenha de outra presunção (*praesumptum de praesumpto*)? Ou ainda, são admissíveis os denominados *indícios de segundo grau*?

---

116 BARBOSA MOREIRA, José Carlos. As presunções e a prova, p. 55-71. *In* **Temas de Direito Processual Civil**. São Paulo: Saraiva, 1977, p. 27.

117 DIDIER JR, Fredie; BRAGA, Paula Sarna; OLIVEIRA, Rafael Alexandria de. **Curso de direito processual civil**: v. 2. 10 ed. Salvador: Juspodivm, 2016, p. 74.

118 No mesmo sentido é a observação feita por Echandia (ECHANDIA, Hernando Davis. **Teoria general de la prueba judicial**: t. II. 3 ed. Buenos Aires: Editor Alberti, 1976, p. 607): "Na realidade, esta pretensa prova de presunções judiciais, de que tratam os citados Códigos, é a prova de indícios". Conforme será mais bem analisado no item 4.5.2, no mesmo sentido é a crítica feita ao art. 2.729 do Código Civil italiano e ao art. 1.353 do Código Civil francês, em que o termo "presunção" teria sido empregado no lugar de "indícios" para se referir aos requisitos de precisão, gravidade e concordância.

Comoglio, Ferri e Taruffo[119] asseveram que a jurisprudência italiana, seguida da doutrina prevalente[120], formula uma limitação com base na regra tradicional de que *praesumptum de praesumpto non admittitur*, isto é, a conclusão de uma inferência presuntiva não pode ser uma fonte de presunção. Os defensores de tal entendimento sustentam, em síntese, que a concatenação de presunções torna o raciocínio do juiz muito complicado e leva a conclusões de confiabilidade incerta ou fraca.

Ocorre que, como destacam os referidos autores, o fundamento epistemológico desta regra é, no entanto, muito *duvidoso*: se se almeja o superávit probatório no processo, com a maximização dos meios que se prestem ao esclarecimento do *thema probandum* e sejam, em potencial, úteis ao convencimento racional, não se pode excluir *a priori* a possibilidade de presunções baseadas em afirmações de fato, elas próprias confirmadas por inferência presuntiva, desde que todas essas inferências sejam certas e controláveis[121].

Como ressalta Muñoz Sabate[122], o fato de comumente se associar a presunção como consequência de apenas uma inferência entre o fato conhecido e o desconhecido, não impede que existam tantos outros inferências intermediárias, de modo que uma se apoia na outra e assim por diante. Afinal de contas, o que às vezes parece um silogismo de primeiro grau é, na verdade, um longo polissilogismo, do qual, por implicação, subentende-se muitas etapas intermediárias.

---

119 COMOGLIO, Luigi Paolo; FERRI, Corrado; TARUFFO, Michele. **Lezioni sul processo civile**. 5 ed. Bologna: Il Mulino, 2011, p. 506-507.

120 No Brasil, perfilham esse entendimento: KNIJNIK, Danilo. **A prova nos juízos cível, penal e tributário**. Rio de Janeiro: Forense, 2007, p. 60-61; CAMBI, Eduardo. **A prova civil**: admissibilidade e relevância. São Paulo: Revista dos Tribunais, 2006, p. 362.

121 No mesmo sentido: ECHANDIA, Hernando Davis. **Teoria general de la prueba judicial**: t. II. 3 ed. Buenos Aires: Editor Alberti, 1976, p. 631-632. Taruffo vai além, em outra obra (TARUFFO. Michele**. La Prueba de los hechos**. Tradução: Jordi Ferrer Beltrán. 2 ed. Madrid: Editoral Trotta, 2005, p. 273-276), e defende a admissibilidade e a utilidade das chamadas "provas em cascata" (*cascaded evidence*), uma especialização do tema *prova indireta*, envolvendo situações particularmente complexas, quando o elemento de confirmação do *factum probandum* deriva de uma cadeia de fatos secundários, sendo que cada um é idôneo para fundar inferências sobre o fato "sucessivo". Sustenta o autor que não importa o comprimento da cadeia se cada um de seus elos "permanece" dentro do âmbito da racionalidade de adotar hipóteses para inferências sucessivas com base na inferência anterior, de modo que as inferências em cadeia são úteis como método para atribuir um grau de confirmação a hipótese sobre um fato principal X, desde que obedeçam uma condição rigorosa: nenhuma inferência da cadeia tenha uma margem de dúvida que torne irracional a adoção de sua conclusão como hipótese "verdadeira" em relação a um fato intermediário.

122 MUÑOZ SABATÉ, Luis. **Tecnica probatória**: estudios sobre las dificultades de prueba en el proceso. Barcelona: Editorial Praxis, 1967, p. 189-190.

O autor fornece o seguinte exemplo:

> Se afirmo que Ticio ganha muito dinheiro em seu escritório e que essa conclusão tirei do fato de vê-lo beber uísque escocês, terei operado apenas com uma única conexão intermediária. Mas se verificar que a afirmação "beber whisky" obtive por sua vez de forma indireta ao descobrir que todas as semanas na lata de lixo do Ticio há uma garrafa vazia da referida bebida, a inferência terá sido alongada devido a esta nova ligação[123].

Some-se a tais premissas o quanto defendido por Echandia[124]:

> No direito contemporâneo se rechaça sua aplicação [da máxima *praesumptum de praesumpto*] aos indícios, porque contraria a liberdade do juiz para valorar a prova, e se considera que, salvo normal legal em contrário (que não existe na Colômbia) é admissível provar um indício com outro necessário ou com um conjunto de indícios contingentes que produzam certeza sobre a existência daquele.

Assim também afirmou Moacyr Amaral Santos[125], ainda no ano de 1968, à luz do CPC/39:

> A máxima referida não tem cabimento no sistema pátrio, que confere ao juiz a faculdade de livremente apreciar a prova e formar seu convencimento (Cód. Proc. Civil art. 118). Porque nela se contém uma regra restritiva da liberdade de apreciação da prova, reminiscência da prova legal. De resto, não se acha escrito em qualquer lei. Assim, respondendo a questão formulada, pode-se afirmar que ao juiz lícito será fundar uma presunção noutra presunção, ou seja, inferir uma presunção de um fato que considere provado por outra presunção.

---

123 No original: "Pongamos un ejemplo. Si yo afirmo que Ticio gana bastante dinero en su oficina y manifiesto que dicha conclusión la he obtenida del dato de verle beber whisky escocés, no habré hecho más que operar con una sola conexión intermedia. Pero si resulta que la afirmación "beber whisky" la he a su vez obtenido indirectamente al descubrir que semanalmente en el cubo de la basura de Ticio hay una botella vacía de dicho licor, la inferencia se habrá alargado por causa de esta nueva conexión".

124 ECHANDIA, Hernando Davis. **Compendio de la prueba judicial**: t. II. Buenos Aires: Rubinzal - Culzoni Editores. 1984, p. 314. No original: "En el derecho contemporáneo se rechaza su aplicación a los indicios, porque contraría la libertad del juez para valorar la prueba, y se considera que, salvo norma legal en contrario (que no existe en Colombia), es admisible probar un indicio con otro necesario o con un conjunto de indicios contingentes que produzcan certeza sobre la existencia de aquél".

125 SANTOS, Moacyr Amaral. **Prova judiciária no cível e no comercial**: v. I. São Paulo: Max Limonad, 1968, p. 492

Como visto, a conclusão a que chega o autor brasileiro também se faz vigente no sistema processual vigente, mais de meio século depois, uma vez que a liberdade de apreciar a prova permanece positivada, de modo que se introduziria no direito probatório uma limitação arbitrária e, mais, antijurídica[126].

Disto tudo decorre que o *fato ignorado, em regra*, é o *fato a provar* - ou seja, aquele que será objeto de *esclarecimento* –, sendo tipicamente um *fato principal*. Todavia, se restar *efetivamente* provado, e forem admitidos os indícios de segundo grau ou a *praesumptum de praesumpto*, também poderia se revestir da natureza de fato secundário, em relação a outra presunção.

Além disso, afigura-se paradoxal a postura da parte de doutrina que defende a idoneidade da prova por indícios em relação aos fatos principais e a refuta em relação aos fatos secundários. Confira-se o quanto anotado por Marina Gáscon Abellán[127]:

> se aceita a aptidão do procedimento indiciário para provar fatos, não se compreende por que não pode servir para provar um indício, ou seja, um fato que pode ser utilizado, por sua vez, como prova. Talvez se possa dizer que quando o indício foi comprovado por meio de procedimento indireto (indício mediata) sua força probatória é menor, mas nada permite que seja completamente anulada.

Por outro lado, existem limites. Não se deve tolerar uma sucessão desenfreada de presunções judiciais, deixadas aos sabores do subjetivismo do juiz. O resultado dessas presunções sucessivas, para se conformar integralmente ao sistema da persuasão racional, há que ser certo e preciso, baseando em uma probabilidade prevalente

---

126 Nesse sentido: MUÑOZ SABATÉ, Luis. **Tecnica probatória**: estudios sobre las dificultades de prueba en el proceso. Barcelona: Editorial Praxis, 1967, p. 190; GIANTURCO, Vito. **La Prova indiziaria**. Milano: Dott. A Giuffré Editore, 1958, p. 145. Saliente-se, ademais, que no ordenamento jurídico não existe regra expressa que vede a prova por indícios do fato base, como no caso colombiano, a teor do apontado por Echandia (ECHANDIA, Hernando Davis. **Teoria general de la prueba judicial**: t. II. 3 ed. Buenos Aires: Editor Alberti, 1976, p. 632).

127 GASCÓN ABELLÁN, Marina. **Los hechos en el derecho**: bases argumentales de la prueba. 3 ed. Madrid: Marcial Pons, 2010, p. 138. No original: "si se asume la aptitud del procedimiento indiciario para probar hechos, no se entiende por qué no pueda servir para probar un indicio, es decir, un hecho que podrá ser utilizado, a su vez, como elemento de prueba. Podrá decirse quizá que cuando el indicio ha sido probado mediante procedimiento indiciario (indicio mediato) su fuerza probatoria es menor, pero nada permite anularla por completo".

acerca da veracidade da alegação que veicula o fato desconhecido, especialmente o que é objeto da segunda presunção.

É indispensável se respeitar o *critério cognitivo* que permite o enlace entre os fatos conhecidos e desconhecidos (máximas de experiência), de modo a permitir a reconstrução do raciocínio final feito, e, por consequência, da conclusão a que se chegou.

4.2.2. Indícios e máximas de experiência

Expostos os conceitos de indício e presunção, e verificada a distinção elementar existente entre eles, verifica-se que, em última análise, ambos estão vinculados às máximas (ou regras) de experiência "porquanto atuam conjuntamente no método probatório da prova indireta, não obstante exerçam funções diversas"[128].

Sinteticamente, os indícios representam o *fato conhecido* e a presunção o resultado da *operação mental* realizada pelo juiz para se chegar ao fato *desconhecido*. As máximas de experiência fazem o papel de uma espécie de ponte pela qual passa o fato conhecido no caminho para chegar ao desconhecido, um repositório intelectual (ordinário) do qual o juiz se serve para relacionar logicamente tais fatos, no exercício daquela operação mental.

Cabe agora fazer breves considerações conceituais sobre as máximas de experiência[129], e apresentar seus caracteres essenciais, para melhor entendimento desse encadeamento lógico.

Sob a ótica puramente conceitual, a concepção dogmática das máximas de experiência – na forma como compreendida hoje – é atribuída à doutrina alemã do final do século XIX, e o estudo acerca do tema exige, inevitavelmente, o apelo à clássica definição elaborada por Friedrich Stein na obra "O conhecimento privado do juiz" (*Das private Wissen des Richters*) – publicada em 1893 –, a quem se atribui, em maior escala, a sistematização da análise do instituto[130].

---

128 ROSITO, Francisco. **Direito probatório: as máximas de experiência em juízo**. Porto Alegre: Livraria do Advogado, 2007, p. 73-74. Referida obra se destaca na doutrina nacional sobre o instituto, e a ela se remete para uma análise mais aprofundada.

129 Para uma análise mais aprofundada, ver LOPES, João Batista. Máximas de experiência no CPC/15. **Revista de Processo**, vol. 305/2020, p. 101-109, Jul/2020.

130 ROSITO, Francisco. **Direito probatório: as máximas de experiência em juízo**. Porto Alegre: Livraria do Advogado, 2007, p. 78

Segundo o autor, as máximas de experiência (*Erfahrungssatz*) consistem em:

> definições ou juízos hipotéticos de conteúdo geral, independentes dos fatos concretos julgados no processo, e que procedem da experiência, porém independentes dos casos particulares de cuja observação foram induzidos e que, sobrepondo-se a estes, pretendem ter validade para outros novos[131].

Do conceito apresentado, pode-se inferir que a qualificação de um *juízo*[132] como máxima de experiência independe do número dos fatos observados que lhe deram origem, relevando apenas que se baseie no que a experiência comum, própria da cultura[133] do "homem médio" vivente em uma certa sociedade e em um dado momento histórico, demonstra como sendo aquilo que acontece na maioria dos casos, sob as mesmas circunstâncias, independentemente da situação particular (*id quod plerumque accidit*)[134].

Flavia Pessoa vai além e determina os "*pontos fundamentais para a caracterização das máximas da experiência, em seu conteúdo jurídico*", que podem ser resumidos em: a) generalidade: a b) indiferença da *quantidade de casos observados*; c) reformulação constante; d) extração por indução e aplicação por dedução; e) relatividade; f) a admissão de prova em contrário[135].

---

131 STEIN, Friedrich. **El conocimiento privado del juez**. Tradução: Andrés de la Oliva Santos. Madrid: Centro de Estudios Ramón Areces, 1990, p. 22. De acordo com Taruffo (TARUFFO. Michele. Senso comum, experiência e ciência no raciocínio do juiz. **Revista da Escola Paulista da Magistratura**, v. 2, nº 2, p. 171-204, julho-dezembro/2001,, p. 186), "Esse conceito transmigrou depois a outras culturas jurídicas européias e em particular à italiana, pela via da obra de vários processualistas, entre os quais, sobretudo, Francesco Carnelutti, até que se tornou uma espécie de lugar-comum e chegou a constituir objeto de uma literatura bastante ampla"

132 A natureza jurídica de *juízo abstrato* é o que basta para se concluir que as máximas de experiência em nada se equiparam às regras jurídicas, aos meios de prova ou às provas propriamente ditas. Nesse sentido: LOPES, João Batista. **A prova no direito processual civil**. São Paulo: Revista dos Tribunais, 2000, p. 62-63; TOMÉ, Fabiana Del Padre. **A prova no direito processual civil**. 3 ed. São Paulo: Noeses, 2011.

133 Por se tratar de tarefa árdua e de cunho eminentemente filosófico, escapando ao escopo do presente estudo, não se avançará na análise do conceito de cultura. O termo será empregado simplesmente para se referir ao conjunto de conhecimentos que tem uma pessoa.

134 Nesse sentido observa Moacyr Amaral Santos (SANTOS, Moacyr Amaral. **Prova judiciária no cível e no comercial**: v. V. São Paulo: Max Limonad, 1968, p. 505) que "consistem em juízos formados na observação do que comumente acontece e que, como tais, podem ser formados *em abstrato*, por qualquer pessoa de cultura média".

135 PESSOA, Flávia Moreira Guimarães. **Máximas de Experiência no Processo Civil**. Aracajau: Evocati. 2006, p. 70-71: "A partir da sistematização empreendida por Stein, podem ser fixados os pontos fundamentais para a caracterização das máximas da experiência, em seu conteúdo jurídico: a) as

Uma vez consolidadas, as máximas de experiência se tornam uma *regra geral* – razão pela qual comumente são chamadas também de regras de experiência – que, como tal, podem depois ser utilizadas pelo juiz como critério para fundar seus raciocínios, como premissa maior dos silogismos mediante os quais eles se articulam. Por consequência, a concepção dogmática das máximas de experiência representa uma valiosa tentativa de compreender e submeter a atividade cognitiva do juiz a algum controle, na medida em que surgem, no âmbito processual, como forma de racionalizar e conceitualizar o *senso comum*, evitando perigos de subjetivismos extremos[136].

É de se notar que as máximas de experiência têm natureza *fluída*, podendo decorrer de leis científicas e lógicas, noções provenientes das ciências naturais e humanas, generalizações empíricas, prevalências de comportamento, resultados experimentais adquiridos na valoração das ações humanas, frequências estatísticas e matemáticas etc[137].

Comportam, ainda, a subidivisão em duas espécies: as máximas de experiência de ordem comum e as de ordem técnica/científica.

As primeiras são as mais usuais e que, muitas vezes, se confundem com o próprio instituto em sua totalidade. Integram a cultura que se espera de um cidadão enquanto inserido em uma sociedade, incluindo o "homem-juiz", em dado momento histórico, sendo obtidas da observação daquilo que normalmente acontece na maioria dos casos. Exemplicando: uma publicação nas redes sociais pode gerar uma alta ampla propagação do respectivo conteúdo; não se consegue comprar

---

máximas de experiencia caracterizam-se pela generalidade, podendo ser encontradas sob a forma de teses hipotéticas ou de definições que decompõem uma palavra ou um conceito em suas partes constitutivas; b) para a criação de uma máxima de experiencia, sob a forma de tese hipotéticas, é indiferente a quantidade de casos observados, porém os factos devem ter algo relevante e comum que os ligue, permitindo concluir tratar-se do que ordinariamente acontece; c) as máximas da experiencia devem estar submetidas a um constante processo de reformulação, a partir da observação tanto dos casos que deram origem à sua formação como dos posteriores; d) as máximas da experiência se extraem por indução e se aplicam por dedução; e) as máximas da experiência são sempre relativas, variáveis no tempo e no espaço, estabelecendo, entretanto, um juízo á priori; f) em todos os casos, as máximas da experiência admitem – prova em contrário pela parte eventualmente prejudicada".

136 TARUFFO, Michele. Senso comum, experiência e ciência no raciocínio do juiz. **Revista da Escola Paulista da Magistratura**, v. 2, nº 2, p. 171-204, julho-dezembro/2001, p. 186. Nesse sentido: ROSITO, Francisco. **Direito probatório: as máximas de experiência em juízo**. Porto Alegre: Livraria do Advogado, 2007, p. 75-76.

137 ACCHINI, Nicole Mazzoleni. Prova presuntiva e indiciária e a teoria das máximas da experiência (art. 335 do CPC): uma breve sistematização. **Conteudo Juridico**, Brasilia. Disponivel em: https://conteudojuridico.com.br/consulta/Artigos/41307/prova-presuntiva-e-indiciaria-e-a-teoria-das-maximas-da-experiencia-art-335-do-cpc-uma-breve-sistematizacao. Acesso em: 02 fevereiro 2020.

um apartamento duplex no bairro de Higienópolis pela quantia de cinquenta mil reais; uma pessoa com nome negativado junto aos órgãos de crédito não detém condições financeiras de adquirir uma lancha nova etc.

Já as de ordem técnica são de conhecimento mais restrito, proveninentes da ciência, arte ou profissão, mas que seja razoavelmente acessível a quem não é um *especialista*, em consonância com o avanço cultural[138]. Se a área do conhecimento científico for estranha à Ciência do Direito, exigindo conhecimentos especializados e mais profundos, a *prova técnica* é indispensável, conforme ressalva o art. 375[139] e exige o art. 156, ambos do CPC/15[140]. Exemplificando: alguns fenômenos físicos básicos, como a água evaporar em altas temperaturas ou o álcool ser inflamável; noções elementares de Medicina e Biologia, como as múltiplas reações adversas que o consumo excessivo de álcool ou de drogas pode causar no corpo, que a nicotina é substância altamente viciante ou que a ingestão de alimentos processados (ou ultraprocessados) contribui para ao aumento da gordura corporal e elevam o risco de obesidade etc.

Esclarecida as duas espécies de máximas de experiência que a doutrina majoritária aceita, aproveita-se a menção feita ao art. 375 do CPC para demonstrar que, no sistema processual civil brasileiro, o juiz pode e *deve* recorrer às máximas de experiência, sejam comuns ou técnica-científicas, com exceção das mais complexas que requeiram prova técnica. Há, portanto, regra autorizativa expressa CPC/15, inclusive inserida nas disposições gerais do capítulo referente às provas.

O último ponto a destacar quanto às máximas de experiência é que elas não têm a função *única* de critério cognitivo para o raciocínio

---

138 ROSITO, Francisco. **Direito probatório: as máximas de experiência em juízo**. Porto Alegre: Livraria do Advogado, 2007, p. 81. Igualmente: DINAMARCO, Cândido Rangel. **Instituições de direito processual civil**: v. II. 4 ed. São Paulo: Malheiros, 2004, p. 122-123.

139 "Art. 375. O juiz aplicará as regras de experiência comum subministradas pela observação do que ordinariamente acontece e, ainda, as regras de experiência técnica, ressalvado, quanto a estas, o exame pericial

140 Art. 156. O juiz será assistido por perito quando a prova do fato depender de conhecimento técnico ou científico. A exceção a tal regra ocorre na hipótese em que, como ressalta João Batista Lopes (LOPES, João Batista. **A prova no direito processual civil**. São Paulo: Revista dos Tribunais, 2000, p. 63), "o juiz for versado na matéria analisada discutida nos autos, poderá valer-se de seus conhecimentos ou de obras técnicas para formar sua convicção".

presuntivo feito a partir dos indícios. Didier, Braga e Oliveira[141] identificam outras três funções principais: (i) *valoração da prova*, servindo de ferramenta para que o magistrado analise o conjunto probatório, confrontando as provas já produzidas (dar mais valor a um testemunho do que a outro, por exemplo); (ii) *aplicação dos enunciados normativos*, auxiliando no preenchimento do conteúdo dos chamados conceitos jurídicos indeterminados (perigo de dano, por exemplo); (iii) *limite ao convencimento do juiz:* o magistrado não pode apreciar as provas em desconformidade com as regras da experiência.

Apresentados os caracteres que se reputam essenciais das máximas de experiência, pode-se concluir que, no "diálogo" existente entre elas, o indício e as presunções simples:

(i) o indício é fato base, diverso daquele que se pretende demonstrar, mas que a ele se vincula por uma posterior relação lógica;

(ii) as máximas de experiência são o *critério cognitivo* pelo qual se verifica a relevância lógica do indício em relação ao *factum probandum*, fundamento da ilação probatória, seja de ordem comum ou técnica-científica, que permitem a passagem lógica de um a outro fato, a partir do que comumente acontece[142];

(iii) a presunção é o resultado da operação mental feita, que torna *presumido* o fato até então desconhecido. Resumidamente: as regras de experiência permitem a formulação das presunções diante dos fatos indiciários.

Ou, na concepção de Francisco Rosito[143]: "o indício representa o fato certo que, por inferência lógica baseada em uma máxima de experiência, permite chegar-se à demonstração de um fato incerto, o que representará uma presunção simples".

141 DIDIER JR, Fredie; BRAGA, Paula Sarna; OLIVEIRA, Rafael Alexandria de. **Curso de direito processual civil**: v. 2. 10 ed. Salvador: Juspodivm, 2016, p. 71-72.

142 Par aprofundamento de como o senso comum influi na atividade do juiz, especialmente no âmbito probatório, ver TARUFFO, Michele. Senso comum, experiência e ciência no raciocínio do juiz. **Revista da Escola Paulista da Magistratura**, v. 2, nº 2, p. 171-204, julho-dezembro/2001, p. 179-180.

143 ROSITO, Francisco. **Direito probatório: as máximas de experiência em juízo**. Porto Alegre: Livraria do Advogado, 2007, p. 99.

Por fim, impende se fazer uma breve digressão para estabelecer a necessária diferença existente entre as máximas de experiência e os *fatos notórios*.

Apesar de ambos pertencerem à esfera de conhecimento "médio ou comum", aquelas, como visto, consubstanciam *juízos abstratos*, dizendo respeito às generalizações empíricas retiradas da *experiência* cotidiana. Por outro lado, *notório* é o *fato* cujo conhecimento é esperado e *possível*[144], estando acima de dúvida razoável no contexto do lugar e da época em que o processo tramita[145]. A exigência de que se trate de fato permanente, ou de conhecimento de *todos*[146] os integrantes de um círculo social, afigura-se desarrazoada, e, se considerada, inviabilizaria a aplicação prática do instituto[147]. Vê-se, então, que a notoriedade nada tem a ver com a *experiência* de mundo, é fruto da consciência geral de um fato em específico, refletindo acontecimentos mais concretos[148].

Exemplificando, notório é o fato de que uma pandemia assolou o planeta Terra no ano 2020 ou de que o uso de máscara auxilia no combate à disseminação do vírus que a causou; citem-se ainda: houve um atentado terrorista às "Torres Gêmeas" do complexo empresarial do World Trade Center, na cidade de Nova Iorque; o jogador de futebol

144 JUNOY, Joan Picó I. **El derecho a la prueba em el processo civil**. Barcelona: Jose Maria Bosch Editor, 1996, p. 50.

145 WAMBIER, Teresa Arruda Alvim; CONCEIÇÃO, Maria Lúcia Lins; RIBEIRO, Leonardo Ferres da Silva; MELLO, Rogerio Licastro Torres. **Primeiros comentários ao Novo Código de Processo Civil**. São Paulo: 2016, p. 326. *E-book*.

146 João Batista Lopes (LOPES, João Batista. **A prova no direito processual civil**. São Paulo: Revista dos Tribunais, 2000, p. 29) afirma: "deve-se afastar, porém, a ideia de que notório seja o fato conhecido de todos, porque, em nível processual, raros são os fatos que possuem esse atributo. Com efeito, o que é notório para certas pessoas poderá não o ser para outras [...] a notoriedade é um conceito relativo, que depende de circunstâncias de tempo e de lugar".

147 Moacyr Amaral Santos acrescenta que tem os seguintes caracteres gerais: (i) a notoriedade é um conceito eminentemente relativo (25 de dezembro é dia de Natal apenas para os cristãos); (ii) para que um fato seja notório não é preciso que, efetivamente, seja ele conhecido, bastando que o possa ser por meio da ciência pública ou comum (época da colheita do café pode não ser conhecida pela juiz, mas é facilmente verificável); (iii) não é necessário, para um fato ser considerado notório, que com ele tenham tido relação direta os componentes de cada esfera social (independência do Brasil se deu em 07/09/1822, em que pese não termos vivido naquela época). (SANTOS, Moacyr Amaral. **Primeiras linhas de direito processual civil**: v. 2. 27 ed. São Paulo: Saraiva, 2011, p. 382).

148 Ver Echandia (ECHANDIA, Hernando Davis. **Teoria general de la prueba judicial**: t. II. 3 ed. Buenos Aires: Editor Alberti, 1976, p. 221-231), o qual faz um compêndio das doutrinas alemã, italiana, espanhola, americana e sul-americana acerca do conceito de notoriedade do fato. O autor analisa, ainda, a chamada "notoriedade judicial", que são os fatos conhecidos pelo juiz ou tribunal como instituição, em virtude de sua atividade oficial ou processos anteriores de qualquer natureza. Trate-se, porém, de conceito refutado pela ampla maioria da doutrina, pela dificuldade de diferenciação com o conhecimento pessoal do juiz, e do qual não se tem notícia de aplicação no Brasil.

de campo Édson Arantes do Nascimento (conhecido como "Pelé") alcançou a marca de mil gols ao longo de sua carreira etc.

E mais: o fato notório é apenas um *fato*, seja secundário ou principal, que influencia no julgamento da causa a favor de quem tem o ônus de alegá-lo - não de prová-lo -, enquanto as máximas de experiência são *juízos abstratos* que servem de critérios cognitivos que auxiliam no raciocínio sobre os fatos e a provas[149].

4.2.3. Prova indiciária e prova *prima facie*

Viu-se que na prova indiciária, parte-se de um fato conhecido e provado, (indício), do qual, por uma operação mental que é informada pelo critério cognitivo consistente nas regras de experiência, infere-se o fato desconhecido.

Foi verificado também que essa operação mental, em essência, é um *raciocínio presuntivo*, porque estruturada na forma de uma presunção *hominis*.

Ocorre que as máximas de experiência, que lá servem como *critério cognitivo* para se inferir de *um* fato conhecido (e secundário) *outro* fato (desconhecido e principal), podem também se prestar a *qualificar juridicamente* um fato (principal) e dele extrair consequências jurídicas.

Noutras palavras, na prova indiciária há dois fatos, sendo que provado o fato X (fato secundário), *presume-se* a ocorrência do fato Y (fato principal); na prova *prima facie*, diversamente, há um só fato, cuja prova traz ou carrega consigo, *ipso facto*, uma consequência jurídica[150]. Resumidamente: Na prova *prima facie* haveria apenas um fato provado do qual resulta a consequência jurídica, enquanto na presunção haveria dois: o fato secundário e o fato presumido.

Eis a estrutura, portanto, da denominada prova *prima facie* ou de primeira aparência (*at first view, at first sight, at first appearance, Beweis des Anscheins* ou *Prima Facie Beweis*)[151], que pode ser concei-

---

149 ECHANDIA, Hernando Davis. **Teoria general de la prueba judicial**: t. I. 3 ed. Buenos Aires: Editor Alberti, 1976, p. 233.

150 ARRUDA ALVIM. **Curso de direito processual civil**: v. I. São Paulo: Revista dos Tribunais, 1972, p. 458-459.

151 CAMBI, Eduardo. **A prova civil**: admissibilidade e relevância. São Paulo: Revista dos Tribunais, 2006, p. 383.

tuada como a "prova extraída da experiência da vida, à vista de um fato e do que comumente acontece ocorre segundo a ordem natural das coisas, e da qual lícito é ao juiz utilizar-se quando difícil se tornar o emprego dos meios probatórios normais"[152].

Indo a fundo, socorre-se da doutrina de Taruffo[153] para demonstrar que uma coisa é a máxima de experiência ser utilizada como um critério inferencial para passar de X (fato conhecido, *factum probans*, fato secundário) para Y (fato ignorado, *factum probandum*, fato principal), de acordo com o mecanismo típico de prova indireta ou presunções simples, formulando consequências probatórias sobre Y capazes de atribuir certo grau de confirmação à respectiva hipótese fática. Outra coisa, entretanto, é empregar a máxima de experiência para determinar se o fato presumido Y entra na "normalidade" porque corresponde ao que geralmente acontece naquele setor da experiência.

Neste último caso, prossegue o autor, não é feita nenhuma inferência entre os fatos, nem as consequências cognitivas são extraídas de um fato com respeito ao outro; o que se tem é uma *"qualificação"* de um fato a partir de um critério constituído pela máxima de experiência, cujo resultado é estabelecer se esse fato entra ou não entra na "normalidade" representada pela experiência comum (sem que isso diga nada sobre a verdade ou falsidade, probabilidade ou prova, das respectivas hipóteses fáticas).

Isso decorre do fato de que, na prova *prima facie*, as *máximas de experiência se prestam, fundamentalmente, a inferir o nexo de culpa* ou *dolo* que o fato provado traz no seu bojo, independentemente de prova específica. Assim, sua aplicação é restrita a alguns setores da experiência - especialmente no da responsabilidade civil - em que ocorrem "eventos típicos" com uma certa regularidade, que, considerados à luz das máximas da experiência adequadas, permitiria extrair conclusões sobre o fato específico a ser provado[154].

Como exemplo, pode-se citar alguém que, caminhando na rua, é atingido por um tijolo que se desprendeu de um edifício em construção. Pelo que a experiência ensina, fatos dessa natureza ocorrem

152 SANTOS, Moacyr Amaral. **Prova judiciária no cível e no comercial**: v. V. São Paulo: Max Limonad, 1968, p. 503.

153 TARUFFO. Michele. **La Prueba de los hechos**. Tradução: Jordi Ferrer Beltrán. 2 ed. Madrid: Editoral Trotta, 2005, p. 507.

154 TARUFFO. Michele. *La Prueba de los hechos*, cit., p. 513.

por culpa do construtor, que não tomou os cuidados necessários para evitar tal tipo de acidente.

Pela hipótese exemplificada, fica claro que não se tem delineada a estrutura da prova indiciária, porque o *fato principal* já está provado (a queda do tijolo do prédio), inexistindo qualquer inferência quanto a ele a partir de um fato secundário (indício), portanto.

O que mostra essencial para fins de resolução da respectiva pretensão indenizatória é a demonstração da *culpabilidade* do responsável pela obra[155]. E aqui a máxima de experiência mostra sua serventia: levar à inferência *prima facie* da *culpa* – e não de um *fato* propriamente dito –, decorrente da conformidade com aquilo que ordinariamente acontece, que é próprio da ordem natural das coisas. Com isso, uma vez provado que o tijolo caiu do edifício, *ipso facto*, a consequência jurídica de indenizar a vítima será atribuída ao responsável, que deveriam ter cercado melhor a obra.

Noutras palavras, na prova *prima facie* não se fala em fato secundário, porque o *fato principal* já está provado, de modo que a distinção em relação ao raciocínio presuntivo – que caracteriza a prova indiciária – se evidencia, portanto. Como elucida Alexandre Gastal[156]:

> a presunção é [...] operação lógica que parte do concreto (o fato secundário) para o abstrato (o fato presumido), a prova *prima facie* não se vale de nenhum elemento concreto: vai do abstrato (a máxima de experiência) ao abstrato (o fato que o juiz terá por fixado, dada a credibilidade de que se reveste a sua afirmação).

Tanto é que o grande "mérito" da criação teórica do instituto – cuja gênese teórica do instituto remonta ao direito alemão, no início do século XX – é justamente decotá-lo do quadro das presunções, às quais encontrava-se associado, diante da não percepção da sua autonomia[157].

---

155 Em sentido contrário, Eduardo Cambi (CAMBI, Eduardo. **A prova civil**: admissibilidade e relevância. São Paulo: Revista dos Tribunais, 2006, p. 385-386) entende que a presunção judicial e a prova *prima facie* se trata do mesmo fenômeno visto por perspectivas diferentes.

156 GASTAL, Alexandre Fernandes. **A suficiência do juízo de verossimilhança para a decisão das questões fáticas**. 2006. Tese (Doutorado em Direito) – Faculdade de Direito, Universidade Federal do Rio Grande do Sul, Porto Alegre, 2006, p. 109.

157 Arruda ARRUDA ALVIM. **Curso de direito processual civil**: v. I. São Paulo: Revista dos Tribunais, 1972, p. 459. Verificou-se que a origem do instituto não é unânime, tendo em vista que alguns

Vista a distinção em relação à prova indiciária, pode-se arrematar a análise anotando que a prova *prima facie*, para ter sua força probatória reconhecida, deve ser condicionada à dificuldade de provar-se a culpabilidade, ou, mais precisamente, o nexo de causalidade entre a conduta do causador do dano e do fato determinante de um acidente.

De qualquer forma, trata-se de uma figura bastante *controversa* do direito probatório, refutado por parte da doutrina[158], de tal sorte que seu emprego deve ser cuidadosamente avaliado no caso concreto.

4.3. O SISTEMA PROCESSUAL E A PROVA INDICIÁRIA

Uma vez sedimentada toda a estrutura conceitual dos indícios e da prova indiciária, com a apresentação dos aspectos fundamentais para o seu correto entendimento, e feita a devida distinção em relação aos institutos afins, pode-se avançar no estudo e adentrar no campo legislativo especificamente.

Passa-se a examinar o sistema processual, inicialmente como um todo, englobando o penal e o civil, para então se deter propriamente ao sistema processual civil, com o intuito último de aferir a admissibilidade da prova indiciária nessa esfera em particular.

Pensa-se que, para tal investigação seja mais proveitosa, é importante se contextualizar a prova indiciária à luz: (i) da história do Direito brasileiro, procedendo-se uma breve apresentação das principais legislações existentes ao longo dos anos – e verificando se elas versaram sobre o tema, e de que forma –, o que permite demonstrar a evolução da *cultura* de um país ao longo dos tempos sobre o instituto; (ii) do direito estrangeiro, com uma incursão nas disposições legais atinentes à matéria, permitindo contrastar com a experiências de outros ordenamentos jurídicos. Tudo isso a fim de se obter o melhor "modelo" e aperfeiçoar o sistema pátrio vigente.

---

autores atribuem ao Direito inglês, a exemplo de João de Castro Mendes (MENDES, João de Castro. **Do conceito de prova em processo civil**. Lisboa: Ática, 1961, p. 668).

158 Taruffo (TARUFFO. Michele. **La Prueba de los hechos**. Tradução: Jordi Ferrer Beltrán. 2 ed. Madrid: Editoral Trotta, 2005, p. 514) critica a noção de prova *prima facie*, reputando-a inútil e inconsistente, especialmente por não se fazer clara a natureza da "aparência de fato" que seria derivada das "circunstâncias típicas" pela utilização das máximas de experiência. João de Castro Mendes (MENDES, João de Castro. *Do conceito de prova em processo civil*, cit., p. 669), por sua vez, não concorda com a classificação da prova *prima facie* como figura do direito probatório, já que ela importaria uma inversão do ônus da prova, o que é permitido apenas nas hipóteses previstas em lei.

4.3.1. Notícia histórica

Partindo-se do período do Brasil Império[159], após a declaração da independência em 07 de setembro de 1822, ocasião em que a até então colônia estava sob o regime jurídico das chamadas *Ordenações do Reino*[160], fortemente influenciadas pelo Direito Romano[161].

Nessa "fase de transição", permaneceu vigorando o sistema jurídico de Portugal[162], como estabeleceu os arts. 1º e 2º da Lei de 20 de outubro de 1823[163], pelos quais se "mandou observar no Brasil, enquanto não se organizasse o novo Código ou não fossem especialmente alteradas, as Ordenações Filipinas, leis, regimentos, alvarás, decretos e resoluções portuguesas em vigor até 25 de abril de 1821 (data do embarque de D. João VI para Portugal)"[164].

---

159 Para um estudo do Direito vigente no período anterior, isto é, do Brasil Colônia, ver Antonio WOLKMER, Antônio Carlos. **História do Direito no Brasil**. 3 ed. Rio de Janeiro: Forense, 2003, p. 35; CASTRO, Flávia Lages de. **História do Direito Geral e Brasil**. 5 ed. Rio de Janeiro: Lumen Juris, 2007, p. 297-318.

160 JÚNIOR, Humberto Theodoro. **Curso de Direito Processual Civil**: v. 1. 56 ed. Rio de Janeiro: Forense, 2015, p. 11. *E-book*.

161 A exemplo do que ocorreu com tantos outros países da Europa, as Ordenações do Reino são baseadas no *Direito Romano*, "o qual vigorou como *direito comum* em diversos países da Europa, desde a sua recepção na Idade Média até à codificação do direito privado em cada um deles". (Matos Peixoto, citado em GAVAZZONI, Aluisio. **História do Direito**: dos sumérios até a nossa era. 2 ed. Rio de Janeiro: Freitas Bastos, 200, p. 123). Foram três "Ordenações": as Afonsinas (1446), substituídas pelas Manuelinas (1521) e, por fim, as Filipinas (1603), que permanecerem em vigor quando da independência do Brasil (WOLKMER, Antônio Carlos. *História do Direito no Brasil*, cit., p. 44). Para uma análise aprofundada acerca das Ordenações do Reino, ver CASTRO, Flávia Lages de. *História do Direito Geral e Brasil*, cit., p. 272-291.

162 ARRUDA ALVIM. **Curso de direito processual civil**: v. II. São Paulo: Revista dos Tribunais, 1972, p. 265.

163 "Art. 1º As Ordenações, Leis, Regimentos, Alvarás, Decretos, e Resoluções promulgadas pelos Reis de Portugal, e pelas quaes o Brazil se governava até o dia 25 de Abril de 1821, em que Sua Magestade Fidelissima, actual Rei de Portugal, e Algarves, se ausentou desta Côrte; e todas as que foram promulgadas daquella data em diante pelo Senhor D. Pedro de Alcantara, como Regente do Brazil, em quanto Reino, e como Imperador Constitucional delle, desde que se erigiu em Imperio, ficam em inteiro vigor na pare, em que não tiverem sido revogadas, para por ellas se regularem os negocios do interior deste Imperio, emquanto se não organizar um novo Codigo, ou não forem especialmente alteradas. Art. 2º Todos os Decretos publicados pelas Côrtes de Portugal, que vão especificados na Tabella junta, ficam igualemnte valiosos, emquanto não forem expressamente revogados. Paço da Assembléa em 27 de Setembro de 1823".

164 GAVAZZONI, Aluisio. *História do Direito*, cit., p. 123.

Feito esse introito, cabe mencionar que as referidas Ordenações do Reino (Afonsinas, Manuelinas e as Filipinas), não trataram especificamente dos indícios, a não ser indiretamente ou de passagem[165]. No mais, como estabelecido por João Ferreira Henrique[166]:

> Nem é conveniente, todavia extrair outros exemplos concretos e dignos de verificação, pois nessa época além da legislação não observar padrão técnico e científico, constituindo-se em descrições sem método, nenhuma preocupação existia com a observância aos direitos fundamentais, de modo que predominando o terror as crenças religiosas, inclusive feitiçarias, impediam a análise crítica dos institutos estudados.

A primeira referência mais efetiva à prova indiciária ocorreu com o "Código de Processo Criminal de Primeira Instância"[167], promulgado em 29 de novembro de 1832[168].

Pela primeira vez, uma legislação cuidou de reservar um capítulo (título II, capítulo VII) exclusivamente para tratar "Das provas" no âmbito do processo. Porém, as disposições versaram exclusivamente sobre a prova testemunhal (arts. 84 a 91 e 95), documental (art. 92 e 93) e a "confissão do reo" (art. 94)[169]. A referência aos indícios foi

165 Como, por exemplo, no seguinte texto, constante do Livro Quinto, Título VI, parágrafo 29 ("Do crime de Lesa Magestade): "E em todos os casos deste titulo, não gozará o acusado de privilegio algum para não dever ser mettido a tormento, nem haver pena vil, porque de todo he privado. E para ser mettido a tormento, bastarão mais pequenos indícios, que onde taes qualidades não concorrerem". Disponível em http://www1.ci.uc.pt/ihti/proj/filipinas/l5p1157.htm. Acesso em 12 de setembro de 2020.

166 FERREIRA, João Henrique. **Indícios, presunções e ficções no direito penal**: aspectos principais. 2006. Dissertação (Mestrado em Direito) – Faculdade de Direito, Pontifícia Universidade Católica de São Paulo, São Paulo, São Paulo. 2016, p. 155

167 Anota Flávia de Castro (CASTRO, Flávia Lages de. **História do Direito Geral e Brasil**. 5 ed. Rio de Janeiro: Lumen Juris, 2007, p. 371-372) que: "Desde a Proclamação da Independência em setembro de 1822 entendia- se a necessidade de regular os vários aspectos da vida nacional", sendo que "Em 1827 o Imperador enfatizou a urgência de elaborar-se a codificação civil e criminal". Assim, em 08 de janeiro de 1831 entrou em vigor um Código Criminal – sem disposições atinentes à prova indiciária, somente algumas esparsas referentes às presunções – e em 29 de novembro de 1832, o "Codigo do Processo Criminal de primeira instancia".

168 Antes disso, em 25 de março de 1824 foi outorgada a primeira Constituição do Brasil, sem qualquer disposição relativa às provas judiciais, tampouco qualquer menção à prova indiciária.

169 No capítulo subsequente, era previsto e regulado o interrogatório do acusado (arts. 98 e 99).

feita, de forma esparsa, em outros capítulos, todavia era possível se inferir sua força probante, a exemplo dos arts. 145[170] e 190[171].

Com a Proclamação da República, foi editado e publicado o "Código Penal Brasileiro" (Decreto nº 847, de 11 de outubro de 1890), sem qualquer disposição acerca da prova indiciária. Apenas no Decreto nº 848, publicado no mesmo dia, e visando a organizar a então chamada Justiça Federal, admitiu-se nos respectivos arts. 63[172] e 64[173] o indício como meio de prova. Posteriormente, foi "aprovado" o Decreto nº 3084, de 05 de novembro de 1898 (Denominado "Consolidação das Leis referentes à Justiça Federal"), e, na parte segunda (referente ao "Processo Criminal"), Título III ("Das provas"), art. 171, previu-se expressamente, inclusive em capítulo próprio, os indícios como meio de prova.

Pode-se estabelecer um período posterior, no qual foram promulgados os Códigos de Processo Penal dos Estados, sendo que, em alguns deles, os indícios foram previstos expressamente como meio de prova - a exemplo do Rio Grande do Sul (art. 183) e Minas Gerais (art. 261)[174]. Ocorre que, em cada desses Estados, foi apresentada uma conceituação diversa, o que veio a ser consolidado - encerrando referido período - apenas com a edição do Decreto nº 3.689, de 03 de outubro de 1941, que instituiu o Código de Processo Penal em vigor, trazendo no seu art. 239 um conceito legal de indício e o prevendo como meio de prova[175].

Feito esse panorama geral da evolução legislativa da prova indiciária, deve-se mencionar que, especificamente em relação ao processo civil brasileiro, este só foi objeto de legislação nacional por ocasião do

---

170 Art. 145. Quando o Juiz não obtenha pleno conhecimento do delicto, ou indicios vehementes de quem seja o delinquente (não se tratando de crimes politicos), declarará por seu despacho nos autos que não julga procedente a queixa, ou denuncia

171 Art. 190. Não se dará jamais um mandado de busca sem vehementes indicios firmados com juramento da parte, ou de uma testemunha.

172 Art. 63. Si das peças do processo resultar pleno conhecimento do delicto e indicios vehementes, que devam convencer o juiz de quem seja o delinquente, assim o declarará aquelle em seu despacho, pronunciando o réo especificadamente e obrigando-o á prisão, nos casos em que esta tem logar e sempre a livramento, arbitrada a fiança, si for caso della.

173 Art. 64. Quando o juiz não obtenha pleno conhecimento do delicto ou indicios despacho nos autos, que não julga procedente a queixa ou denuncia.

174 PITT, Gioconda Fianco. **Prova indiciária e convencimento judicial no processo civil**. 2008. Dissertação (Mestrado em Direito) – Faculdade de Direito, Universidade Federal do Rio Grande do Sul, Porto Alegre, 2008, p. 27.

175 Ver item 4.3.2.

Decreto nº 763, de 1890, o qual determinou a aplicação ao fato cível o Regulamento nº 737, de 1850, editado para o processamento de causas comerciais. Tal regulamento, porém, nada disciplinou sobre os indícios, tão somente impôs tarifações acerca da avaliação da prova[176].

Ato contínuo, foram editados diversos Códigos Estaduais, até que no ano de 1939, o Decreto-Lei nº 1.608, de 18 de setembro de 1939 instituiu o primeiro Código de Processo Civil, o qual tratava expressamente "Das Presunções e Dos Indícios" no capítulo VI, dos arts. 251 a 253.

Como anotado por Custódio Miranda[177], tal código "disciplinava apenas os indícios como meio de prova (arts. 252 e 253[178]), limitando-se a prescrever, quanto às presunções, a admissibilidade de prova contra a presunção legal, salvo quando a própria lei a excluísse".

O Código de Processo Civil posterior (CPC/73), em oposição ao de 1939, nada dispôs, de forma *expressa*, acerca da prova indiciária, tampouco das presunções[179].

Por fim, vale destacar que o Brasil, se considerada a data da sua independência e a de vigência do primeiro Código Penal, demorou consideravelmente para promulgar um Código Civil[180], o que veio a ocorrer somente em 1916 (Lei nº 3.071, de 1º de janeiro de 1916), todavia sem menção nenhuma à prova indiciária.

---

176 PITT, Gioconda Fianco. *Prova indiciária e convencimento judicial no processo civil*, cit., p. 25.

177 MIRANDA, Custódio da Piedade Ulbadino. Indícios e presunções como meio de prova. **Revista de processo**, v. 10, n. 37, p. 52-57, jan/mar, 1985, p. 1.

178 Art. 251. A prova contra presunção legal será sempre admitida, salvo quando a própria lei a excluir.

Art. 252. O dólo, a fraude, a simulação e, em geral, os atos de má fé poderão ser provados por indícios e circunstâncias.

Art. 253. Na apreciação dos indícios, o juiz considerará livremente a natureza do negócio, a reputação dos indiciados e a verosimilhança dos fatos alegados na inicial e na defesa.

179 É bem verdade que o art. 334, inciso IV, estabelecia que não dependem de provas os fatos "em cujo favor milita presunção legal de existência ou de veracidade", ocorre que se trata de uma disposição esparsa (assim como se verifica nos arts. 368, *caput*, e 375, inseridos no capítulo das provas), não tendo havido uma sistematização mínima sequer da matéria.

180 Flávia de Castro (CASTRO, Flávia Lages de. **História do Direito Geral e Brasil**. 5 ed. Rio de Janeiro: Lumen Juris, 2007, p. 434-435) afirma, a respeito, que "O país ainda era subordinado a leis de uma metrópole que não existia mais, as Ordenações Filipinas e foram precisos quase com anos para que isto mudasse". O principal motivo, sustenta a autora, foi o fato da população do país ser constituída majoritariamente por escravos e "os Códigos Civis que foram feitos após o Código Civil Napoleônico – portanto os que merecem este nome – tratavam de direitos e deveres de cidadãos, igualando-os todos", de modo que não se tinha uma definição clara de quem eram os cidadãos que deveriam contar com a proteção do Código, e tal definição "poderia levar a uma abrangência não muito interessante para uma maioria da elite brasileira".

4.3.2. O direito comparado

Para a elaboração do presente item, optou-se por realizar uma análise breve e objetiva, focada nas legislações processuais civis de cada país, notadamente os respectivos diplomas regentes - como o CPC o é no Brasil.

Foram escolhidos países cujo Direito igualmente integram a tradição romano-germânica, como é o caso do Brasil, sendo: na Europa, Espanha e Itália, em razão da grande influência legislativa e/ou doutrinária que exercem no estudo da ciência processual civil no Brasil; na América do Sul e Central, Colômbia, Panamá e Peru, pela proximidade territorial e linguística, bem como pelo fato das respectivas legislações civis conterem disposições específicas acerca do objeto de estudo.

Assim, não se tem a pretensão de realizar um estudo analítico acerca das legislações estrangeiras escolhidas, ou de aprofundar o posicionamento doutrinário e jurisprudencial existente de cada país, mas apenas mostrar como a prova indiciária é regulada por elas.

4.3.2.1. Itália

Em que pese seja o país precursor no estudo das bases dogmáticas para sua estruturação, o *Codice de Procedura Civile* silencia quanto à prova indiciária. O *Codice Civile*, disciplina, ao menos, as presunções judiciais no seu art. 2.729[181], prevendo que: "As presunções não estabelecidas por lei são deixadas à prudência do juiz, o qual só deve admitir presunções graves, precisas e concordantes".

Deve-se, porém, fazer referência ao *Codice de Procedura Penale*, o qual, ainda que de forma singela e esparsada, alude à prova indiciária, com destaque para o art. 192, II[182], inserido em capítulo relativo à *valoração da prova*, com disposição semelhante à do *Codice Civile*, todavia este faz menção às presunções e aquele aos indícios, exigindo que sejam "graves, precisos e concordantes" para que um fato possa ser deles deduzido.

---

181 "Le presunzioni non stabilite dalla legge sono lasciate alla prudenza del giudice, il quale non deve ammettere che presunzioni gravi, precise e concordanti. Le presunzioni non si possono ammettere nei casi in cui la legge esclude la prova per testimoni".

182 "L'esistenza di un fatto non puo' essere desunta da indizi a meno che questi siano gravi, precisi e concordante".

4.3.2.2. Espanha

A Ley 1/2000 de Enjuiciamento Civil contém apenas disposições esparsas acerca dos indícios, sem que nenhuma seja relevante sob o aspecto probatório.

Ressalte-se, entretanto, que se prevê expressamente, em seu art. 386[183], a possibilidade de emprego das presunções judiciais, e se extrai da redação dada a típica estrutura da prova indiciária, em que a presunção é o resultado da operação mental feita a partir do fato "admitido ou provado" e com base "nas regras dos critérios humanos" (máximas de experiência). Confira-se:

> Artigo 386. Presunções judiciais. 1. De um fato admitido ou provado, o tribunal poderá presumir a certeza, para efeitos do processo, de outro fato, se entre o admitido ou provado e o presumido houver vínculo preciso e direto segundo as regras dos critérios humanos.

4.3.2.3. Colômbia

O "Código General del Processo"[184] colombiano considera, dentro de sua normativa, expressamente os indícios como meio de prova, especificamente no art. 165[185], inserido no Livro segundo ("Atos processuais"), Seção terceira ("Regime probatório"), Título único ("Provas"), Capítulo I ("Disposições gerais").

A regulamentação é feita no Capítulo VIII, dos arts. 240[186] ao 242, sendo que o primeiro impõe o requisito de que o fato esteja devidamente provado para ser considerado como indício, e o art. 242[187] estabelece como parâmetro para valoração dos indícios que o

---

183 Le Artículo 386. Presunciones judiciales. 1. A partir de un hecho admitido o probado, el tribunal podrá presumir la certeza, a los efectos del proceso, de otro hecho, si entre el admitido o demostrado y el presunto existe un enlace preciso y directo según las reglas del criterio humano.

184 Apesar ser nominado como um código "geral" de processo, tem por objeto, a teor do seu art. 1º, regular a atividade processual nos assuntos civis, comerciais, de família e agrários, de modo que não abrange o processo penal.

185 ARTÍCULO 165. MEDIOS DE PRUEBA. Son medios de prueba la declaración de parte, la confesión, el juramento, el testimonio de terceros, el dictamen pericial, la inspección judicial, los documentos, los indicios, los informes y cualesquiera otros medios que sean útiles para la formación del convencimiento del juez.

186 ARTÍCULO 240. REQUISITOS DE LOS INDICIOS. Para que un hecho pueda considerarse como indicio deberá estar debidamente probado en el proceso.

187 ARTÍCULO 242. APRECIACIÓN DE LOS INDICIOS. El juez apreciará los indicios en conjunto, teniendo en consideración su gravedad, concordancia y convergencia, y su relación con las demás pruebas

juiz os aprecie em conjunto, levando em consideração sua gravidade, concordância e convergência, e sua relação com as demais provas do processo.

4.3.2.4. *Panamá*

A "Código Judicial de la República de Panamá" é o diploma regente tanto do processo civil, como do processo penal panamenho, tendo caráter unitário, portanto[188].

Em seu livro segundo, tem-se a regulamentação do processo civil, e no Título VII ("Provas), Capítulo I ("Normas gerais"), art. 780, são previstos os meios de prova admitidos, dentre os quais expressamente se contemplam os indícios.

A regulamentação da prova indiciária é feita no capítulo X ("Indícios"). Destacam-se: (i) o art. 982[189], que traz a definição de indício como sendo o "fato certo que indica a existência de outro" e a exigência de que, para ser considerado como tal, esteja "devidamente provado no processo"; (ii) o art. 983[190], pelo qual os indícios "têm mais ou menos valor, dependendo da maior ou menor relação que existe entre os fatos que os constituem e aqueles a serem estabelecidos"; (iii) os arts. 985[191] e 986[192], que definem parâmetros de valoração da prova indiciária, devendo o juiz levar em conta a gravidade, concordância e convergência dos indícios - em conjunto - e as demais provas produzidas no processo, de acordo com as regras da "sana crítica".

4.3.2.5. *Peru*

O *Código Procesal Civil* peruano certamente é o que contém a regulamentação mais interessante e completa, dentre todas as legislações analisadas, sobre as provas judiciais, apresentando um raro

---

que obren en el proceso.

188 É um exemplo concreto da simbiose entre o processo penal e o processo civil, aplicada ao direito probatório, defendida no item 2.1

189 ARTÍCULO 982. Se llama indicio cierto hecho que indica la existencia de otro. Para que un hecho pueda considerarse como indicio, deberá estar debidamente probado en el proceso.

190 ARTÍCULO 983. Los indicios tienen más o menos valor, según sea mayor o menor la relación que exista entre los hechos que los constituyen y los que se trata de establecer.

191 ARTÍCULO 985. El juez apreciará los indicios teniendo en cuenta su gravedad, concordancia y convergencia y las demás pruebas que obren en el proceso.

192 ARTÍCULO 986. El juez apreciará los indicios en conjunto, con arreglo a las reglas de la sana crítica.

detalhamento dos aspectos fundamentais destas (ou "problemas de ordem *geral* da prova"[193])

Já na disposição inaugural do título relativo aos "meios probatórios", capítulo I ("disposições gerais"), o art. 188[194] ("Finalidade") prescreve que "Os meios probatórios têm por finalidade provar os fatos apresentados pelas partes, produzir certeza no juiz quanto aos pontos controversos e fundamentar suas decisões".

No art. 192 prevê expressamente os "meios probatórios típicos" e, no art. 193[195], os "meios probatórios atípicos", definindo-os como "aqueles não previstos no art. 192 e estão constituídos por auxílios técnicos ou científicos que permitem atingir a finalidade dos meios de prova", estabelecendo ainda que a apreciação deles será feita "por analogia com os meios típicos e de acordo com o que o juiz decidir".

No tocante ao indício em particular, *não* os prevê como meio típico, mas como "sucedâneo probatório", ao lado das presunções (legais, absolutas e relativas, e judiciais) e das "ficções".

Indo além, no art. 275[196], em que pese a epígrafe "finalidade dos sucedâneos", acaba também os conceituando como "auxílios instituídos por lei ou presumidos pelo Juiz para o alcance da finalidade dos meios probatórios, corroborando, complementando ou substituindo o valor ou abrangência".

Já o art. 276[197] versa especificamente sobre o indício, com a seguinte redação: "O ato, circunstância ou sinal suficientemente demonstrados através dos meios probatórios, adquirem significado como um todo quando conduzem o juiz à certeza sobre um fato desconhecido relacionado à controvérsia".

---

193 Conforme expressão empregada no item 3.1.

194 Artículo 188.- Finalidad. Los medios probatorios tienen por finalidad acreditar los hechos expuestos por las partes, producir certeza en el Juez respecto de los puntos controvertidos y fundamentar sus decisiones.

195 Artículo 193.- Medios probatorios atípicos. Los medios probatorios atípicos son aquellos no previstos en el Artículo 192 y están constituidos por auxilios técnicos o científicos que permitan lograr la finalidad de los medios probatorios. Los medios de prueba atípicos se actuarán y apreciarán por analogía con los medios típicos y con arreglo a lo que el Juez disponga.

196 Artículo 275.- Finalidad de los sucedáneos – Los sucedáneos son auxilios establecidos por la ley o asumidos por el Juez para lograr la finalidad de los medios probatorios, corroborando, complementando o sustituyendo el valor o alcance de éstos.

197 "Artículo 276.- Indicio – El acto, circunstancia o signo suficientemente acreditados a través de los medios probatorios, adquieren significación en su conjunto cuando conducen al Juez a la certeza en torno a un hecho desconocido relacionado con la controversia"

Vê-se, então, que o próprio *Codigo* apresenta dois requisitos para que um "ato circunstância ou sinal" seja considerada um indício: (i) estar suficientemente demonstrado pelos meios de prova; (ii) permitir ao juiz certeza ter certeza sobre um fato desconhecido relacionado à controvérsia.

E, complementando o anterior, o art. 277 define a presunção como o "raciocínio lógico-crítico que, a partir de um ou mais fatos indicativos, conduz o Juiz à certeza do fato investigado".

Oportuna, ainda, é a transcrição do art. 191 ("idoneidade dos meios de prova"):

> Todos os meios de prova, bem como os seus sucedâneos, ainda que não sejam tipificados neste Código, são idôneos para cumprir a finalidade prevista no artigo 188. Os sucedâneos dos meios de prova complementam a realização de sua finalidade.

Do cotejo de todos esses artigos, pode-se inferir que o Código de Processo Civil peruano estabelece uma espécie de meio de prova em *sentido lato* como gênero, tendo os meios de prova em *sentido estrito* e os sucedâneos legais como espécies, sendo que ambas se complementam e são idôneas para cumprir a finalidade da prova, que é basicamente o esclarecimento dos fatos controvertidos pelo juiz o mais próximo possível à realidade.

Sem dúvida, abstraindo-se de algumas terminologias empregadas e de eventuais *excessos* conceituais pelo legislador, a regulamentação dada pelo código peruano às provas judiciais e aos indícios é de grande valia para o estudo da matéria e especialmente para a otimização do sistema processual civil de tantos outros países, como o Brasil, que nada – ou pouco – dispõem sobre a prova indiciária.

4.3.3. Código de Processo Penal

O Decreto-Lei nº 3.689, de 03 de outubro de 1941, que instituiu o Código de Processo Penal, previu expressamente os indícios como meio de prova no seu no art. 239[198], inserido no Livro I ("Do processo em geral"), Título VII ("Das provas"), Capítulo X ("Dos indícios").

198 Art. 239. Considera-se indício a circunstância conhecida e provada, que, tendo relação com o fato, autorize, por indução, concluir-se a existência de outra ou outras circunstâncias.

O dispositivo definiu o que seja indício, exigindo que, para se qualificar como tanto, a "circunstância" seja "conhecida e provada" e autorize, por raciocínio indutivo, "concluir-se a existência de outra ou outras circunstâncias"[199].

Ao contrário de outros países, como a Colômbia, Panamá e Peru, não foi feita uma regulamentação sistematizada da prova indiciária. Ressalte-se, porém, que os indícios foram previstos também em artigos esparsos ao longo de todo o código, como uma espécie de "*parâmetro*" probatório de comprovação fática para a incidência das consequências jurídicas nele previstas.

Vale também notar que tal *parâmetro* não apresenta uma uniformidade terminológica ao longo do código, encontrando-se as seguintes variações: i) "indícios veementes", *v.g.* art. 126[200]; (ii) "indícios suficientes de autoria", no plural, *v.g.* art. 413, *caput*[201]; (iii) "indício suficiente de autoria", no singular, *v.g.* art. 312, *caput*[202]; (iv) apenas "indícios", *v.g.* 290, § 1°, *b*[203] (v) "indícios de autoria", *v.g.* art. 417[204].

---

199 Reproduzem-se aqui as duas críticas feitas por Maria Thereza Moura (MOURA, Maria T. Rocha de Assis. **A prova por indícios no processo penal**. São Paulo: Saraiva, 1994, p. 39) ao dispositivo, quanto ao emprego dos termos "circunstância" e "indução", mesmo porque vão ao encontro do quanto defendido nos itens anteriores: (i) "o conceito de indício como fato teria sido de melhor técnica, pois já vimos que indício diz com fato conhecido e provado, relacionado a outro, que se deseja conhecer e tornar conhecido"; (ii) "em relação à expressão indução, esta foi empregada pelo Código em seu sentido vulgar, não rigorosamente técnico de inferência conjectural, de ato reconstrutivo do pensamento". Ver, ainda, ALVES, Roque de Brito. **Dos indícios no processo penal**. Recife: Grafica Ipanema, 1964, p. 94-96.

200 Art. 126. Para a decretação do seqüestro, bastará a existência de indícios veementes da proveniência ilícita dos bens.

201 Art. 413. O juiz, fundamentadamente, pronunciará o acusado, se convencido da materialidade do fato e da existência de indícios suficientes de autoria ou de participação.

202 Art. 312. A prisão preventiva poderá ser decretada como garantia da ordem pública, da ordem econômica, por conveniência da instrução criminal ou para assegurar a aplicação da lei penal, quando houver prova da existência do crime e indício suficiente de autoria e de perigo gerado pelo estado de liberdade do imputado.

203 Art. 290. Se o réu, sendo perseguido, passar ao território de outro município ou comarca, o executor poderá efetuar-lhe a prisão no lugar onde o alcançar, apresentando-o imediatamente à autoridade local, que, depois de lavrado, se for o caso, o auto de flagrante, providenciará para a remoção do preso. § 1º – Entender-se-á que o executor vai em perseguição do réu, quando: [...] b) sabendo, por indícios ou informações fidedignas, que o réu tenha passado, há pouco tempo, em tal ou qual direção, pelo lugar em que o procure, for no seu encalço.

204 Art. 417. Se houver indícios de autoria ou de participação de outras pessoas não incluídas na acusação, o juiz, ao pronunciar ou impronunciar o acusado, determinará o retorno dos autos ao Ministério Público, por 15 (quinze) dias, aplicável, no que couber, o art. 80 deste Código.

4.3.4. Código de Processo Penal Militar

O Decreto-Lei nº 1.002, de 21 de outubro de 1969, que instituiu o Código de Processo Penal Militar, também prevê expressamente os indícios como meio de prova no Livro I, Título XV ("Dos atos probatórios"), Capítulo X ("Dos indícios").

Diferentemente do CPP, houve o fracionamento em dois artigos: (i) 382[205], que cuidou da definição de indício, como a circunstância *ou fato* "conhecido e provado, de que se induz a existência de outra circunstância ou fato, de que não se tem prova"; (ii) 383[206], que prescreveu dois requisitos cumulativos "para que o indício constitua prova", sendo eles: "a) que a circunstância ou fato indicante tenha relação de causalidade, próxima ou remota, com a circunstância ou o fato indicado" e "b) que a circunstância ou fato coincida com a prova resultante de outro ou outros indícios, ou com as provas diretas colhidas no processo"[207].

Anote-se, por fim, que a referida falta de uniformidade terminológica também se faz presente no Código de Processo Penal Militar, quando os indícios são empregados como *parâmetro* probatório de comprovação fática.

4.3.5. O sistema processual civil

De antemão, deve-se dizer, como o fez Barbosa Moreira[208] à luz do CPC/73, que a "à primeira vista, a investigação aqui não promete muito".

Isso porque, à semelhança do CPC revogado, o CPC/15 não fez referência expressa aos indícios, ou mesmo às presunções judiciais,

205 Art 382. Indício é a circunstância ou fato conhecido e provado, de que se induz a existência de outra circunstância ou fato, de que não se tem prova.

206 Art. 383. Para que o indício constitua prova, é necessário: a) que a circunstância ou fato indicante tenha relação de causalidade, próxima ou remota, com a circunstância ou o fato indicado; b) que a circunstância ou fato coincida com a prova resultante de outro ou outros indícios, ou com as provas diretas colhidas no processo.

207 A teor do apontado por Maria Thereza Moura (MOURA, Maria T. Rocha de Assis. **A prova por indícios no processo penal**. São Paulo: Saraiva, 1994, p. 41), "embora não prime pelo rigor técnico-jurídico, o Código fixa parâmetros para a aplicação dos indícios como prova, o que representa um avanço em relação aos demais diplomas legais".

208 BARBOSA MOREIRA, Jose Carlos. As presunções e a prova, p. 55-71. *In* **Temas de Direito Processual Civil**. São Paulo: Saraiva, 1977, p. 68.

seja no Capítulo XII do Título I, Livro I, da Parte Especial ("Das provas") ou em qualquer outro.

Valendo-se mais uma vez da doutrina do referido autor[209], inexistiria qualquer vantagem prática em se revolver - ao menos em se considerando os objetivos do presente estudo - os possíveis motivos pelos quais o legislador optou por não positivar, de *nenhuma* forma expressa os indícios[210] e/ou as presunções. Eventual análise ficaria no "reino das conjecturas", razão pela qual não se vislumbra proveito acadêmico ou científico em se aprofundar a questão.

É certo, porém, que o sistema processual civil não se limita ao Código de Processo Civil, como visto[211].

Daí porque é de rigor se ampliar a investigação para além das suas disposições.

Em primeiro lugar, cite-se o Código Civil, que, não obstante - a rigor - verse sobre direito material, contém disposições de natureza processual e/ou híbridas, dentre as quais a do art. 1.605, inciso II[212].

O dispositivo estabelece expressamente que, "na falta, ou defeito, do termo de nascimento" a prova da filiação poderá se dar "por qualquer modo admissível em direito", na hipótese de "existirem veementes presunções resultantes de fatos já certos".

É nítida aqui a referência implícita à prova indiciária, que, como visto, tem como ponto de partida um fato certo (indício), a partir do qual se *presume* um fato desconhecido, sendo tal presunção o resultado de uma operação mental fundada nas máximas de experiência.

Conclui-se que tais "fatos já certos" nada mais são do que indícios, porquanto de natureza secundária e que levam à inferência do fato desconhecido (a filiação). Exemplificando: conversas de aplicativo de troca instantânea de mensagens que demonstram a existência de relação íntima entre o suposto pai e a genitora; após a mulher co-

209 BARBOSA MOREIRA, Jose Carlos. As presunções e a prova, cit., p. 68.

210 É bem verdade que o termo "indícios" consta do art. 532 do CPC/15, todavia não tem finalidade processual-probatória relevante, sendo disposição *específica* para o caso de o juiz vislumbrar a prática de *crime* de abandono material pelo executado no trâmite de cumprimento de sentença que reconheça a exigibilidade de obrigação de prestar alimentos.

211 Ver Item 1.3.

212 Art. 1.605. Na falta, ou defeito, do termo de nascimento, poderá provar-se a filiação por qualquer modo admissível em direito: [...] II – quando existirem veementes presunções resultantes de fatos já certos.

municar a gravidez, o homem perguntou acerca do ciclo menstrual daquela e, ato contínuo, solicitou a realização de exame de DNA para comprovar a paternidade.

Avançando para à denominada "legislação extravagante", colhe-se da Lei nº 12.318, de 26 de agosto de 2010, que dispõe sobre a "alienação parental"[213], duas referências a "indício", no *caput* dos respectivos arts. 4º[214] e 5º[215]. Não se tratam, porém, de disposições que outorguem aos indícios força probante bastante para levar à comprovação do fato principal e solucionar a causa, mas apenas servir de parâmetro para incidência das consequências nele previstas. Dessa forma, apesar de válida a menção, não preveem ou regulam de forma efetiva a prova indiciária.

Pelos mesmos motivos, vale apenas citar a Lei nº 8.560, de 29 de dezembro de 1992, que regula a "investigação de paternidade dos filhos havidos fora do casamento", especificamente os arts.: (i) 2º-A que reproduz a regra contida no art. 369 do CPC, prevendo, no *caput*, que "Na ação de investigação de paternidade, todos os meios legais, bem como os moralmente legítimos, serão hábeis para provar a verdade dos fatos" e, no parágrafo único, que "A recusa do réu em se submeter ao exame de código genético – DNA gerará a presunção da paternidade, a ser apreciada em conjunto com o contexto probatório"[216]; (ii) 6º, *caput*, que prescreve "Das certidões de nascimento não constarão indícios de a concepção haver sido decorrente de relação extraconjugal".

---

213 O art. 2º conceitua ato de alienação parental como sendo "a interferência na formação psicológica da criança ou do adolescente promovida ou induzida por um dos genitores, pelos avós ou pelos que tenham a criança ou adolescente sob a sua autoridade, guarda ou vigilância para que repudie genitor ou que cause prejuízo ao estabelecimento ou à manutenção de vínculos com este".

214 Art. 4º Declarado indício de ato de alienação parental, a requerimento ou de ofício, em qualquer momento processual, em ação autônoma ou incidentalmente, o processo terá tramitação prioritária, e o juiz determinará, com urgência, ouvido o Ministério Público, as medidas provisórias necessárias para preservação da integridade psicológica da criança ou do adolescente, inclusive para assegurar sua convivência com genitor ou viabilizar a efetiva reaproximação entre ambos, se for o caso.

215 Art. 5º Havendo indício da prática de ato de alienação parental, em ação autônoma ou incidental, o juiz, se necessário, determinará perícia psicológica ou biopsicossocial.

216 Como anota Rolf Madaleno (MADALENO, Rolf. **Direito de Família**. 8 ed. Rio de Janeiro: Forense, 2018, p. 480): "O efeito da presunção pela recusa já era previsto pelos arts. 231 e 232 do Código Civil, e determinado pela Súmula n. 301 do STJ, ao enunciar que: "em ação investigatória, a recusa do suposto pai a submeter-se ao exame de DNA induz presunção juris tantum de paternidade".

A grande disposição que se colhe – inclusive guardando relação com o referido artigo do Código Civil – é aquela do art. 6º[217] da Lei nº 11.804, de 5 de novembro de 2008, que disciplinou o direito ao chamados alimentos gravídicos[218].

Diz-se a "grande" disposição porque é a única integrante do sistema processual civil que fez menção expressa aos indícios como meio de prova. Ressalte-se, ainda, que é a única de conteúdo probatório prevista na lei, de modo que a prova indiciária, então, adquire importância essencial.

E não podia ser diferente, tendo em vista que, considerando o risco ao feto – e à própria gestação – de realização de exame de DNA no líquido amniótico (isto é, de forma intrauterina e invasiva, portanto)[219], é difícil se conceber a existência de *prova direta* para comprovação da paternidade nesses casos: o fato de a genitora ter que ajuizar uma ação própria para pleitear tais alimentos, indica que o suposto pai nega a paternidade e se recusa a prestar a assistência financeira, de modo que somente os elementos de prova *indireta/indiciária* poderão ajudar no esclarecimento do fato principal.

---

217 Art. 6º. Convencido da existência de indícios da paternidade, o juiz fixará alimentos gravídicos que perdurarão até o nascimento da criança, sopesando as necessidades da parte autora e as possibilidades da parte ré.

218 O próprio art. 2º da referida lei traz a explicação do que consistem tais alimentos: " Os alimentos de que trata esta Lei compreenderão os valores suficientes para cobrir as despesas adicionais do período de gravidez e que sejam dela decorrentes, da concepção ao parto, inclusive as referentes a alimentação especial, assistência médica e psicológica, exames complementares, internações, parto, medicamentos e demais prescrições preventivas e terapêuticas indispensáveis, a juízo do médico, além de outras que o juiz considere pertinentes".

219 Destaque-se, a esse respeito, que o art. 8º do Projeto de Lei nº 7.376/2006, que originou a Lei de Alimentos Gravídicos, assim dispunha: "Havendo oposição à paternidade, a procedência do pedido do autor dependerá da realização de exame pericial pertinente". Tal artigo foi objeto de voto presidencial pelas seguintes razões: "O dispositivo condiciona a sentença de procedência à realização de exame pericial, medida que destoa da sistemática processual atualmente existente, onde a perícia não é colocada como condição para a procedência da demanda, mas sim como elemento prova necessário sempre que ausente outros elementos comprobatórios da situação jurídica objeto da controvérsia". Disponível em https://www2.camara.leg.br/legin/fed/lei/2008/lei-11804-5-novembro-2008-583181-veto-106008-pl.html. Acesso em 25 outubro. 2020. Sobre o tema, ver, FREITAS, Douglas Philips. **Alimentos gravídicos**: comentários a Lei n. 11.804/2008. 3. Ed. Rio de Janeiro: Forense, 2011, p. 77; TOMASI, César; MARIN, Jeferson. Aspectos controvertidos da lei dos alimentos gravídicos (Lei n. 11.804/2008). **Revista Síntese Direito de Família**, v. 13, n. 68, out./nov. 2011, p. 98.

4.3.5.1. A admissibilidade da prova indiciária no sistema processual civil

Recordando-se as principais noções expostas no item 3.5.2, a *admissibilidade* consubstancia os limites ao direito fundamental à prova, visando à *seleção* ou *filtragem* dos *meios de prova* - e não das *fontes de prova* - que podem ser empregados no processo, a partir de critérios de ordem *jurídica* (limitações subjetivas, objetivas e extraprocessuais) e *lógica* (relativa à relevância).

Viu-se também que é possível distinguir a *admissibilidade lato sensu*, aquela que abrange todos os referidos critérios, da *admissibilidade stricto sensu*, que se limita ao critério jurídico, em especial à previsão, não proibição ou (in)compatibilidade do meio de prova com sistema processual vigente. Quanto a esta, anotou-se que, devido à matriz cultural importada dos sistemas jurídicos de tradição europeia continental, é a que mais se aplica na prática forense e se discute na doutrina pátria.

Daí porque, para se considerar a admissibilidade *da prova indiciária*, com a estrutura a ela inerente, será dado enfoque ao critério de ordem *jurídica* - isto é, se ela é prevista, não proibida pelo ordenamento jurídico ou com ele (in)compatível -, mesmo porque o critério de ordem *lógica* é verificado no *caso concreto*, não se podendo fazer generalizações, portanto.

E, imbuído desse propósito, nesse primeiro momento não importa investigar se os indícios podem ser *qualificados* tecnicamente como *meio* ou *fonte* de prova, ou se seriam simples "elementos de prova", tampouco se representam prova típica ou atípica, o que fica relegado ao item subsequente, em que se analisará a sua força probante.

Feitas tais considerações, pode-se analisar se a *prova indiciária* é *admissível* por duas frentes.

A *primeira* mediante a procura de previsão no sistema processual como um todo, inicialmente, e, ato contínuo, no sistema processual civil em particular.

Considerado o sistema processual em sentido amplo, foi visto que a prova indiciária é prevista expressamente no processual penal, de tal sorte que se pode estender tal previsão ao sistema processual civil, fundamentalmente pelas seguintes razões[220]:

---

220 Conforme detalhado nos itens 1.2. e 1.3, aos quais se remete.

(i) sob a ótica epistemológica, a prova é a mesma no processo civil e penal, assim como a *finalidade* por ela perseguida;

(ii) existe uma *simbiose* entre tais sistemas, podendo haver um "diálogo" entre eles, caso não haja incompatibilidade de ordem material, o que inexiste em relação aos meios de prova.

Especificamente em relação ao sistema processual *civil*, é certo que existe previsão expressa na Lei de Alimentos Gravídicos. E, considerando tal sistema como um todo, não se pode negar, portanto, que a prova indiciária encontra, sim, previsão expressa de admissibilidade, mesmo que unitário e em lei específica.

Pode-se retomar, também, a supramencionada sugestão feita por Didier, Braga e Oliveira[221] para "salvar a dicção normativa" do art. 212 do Código Civil, no sentido de que o legislador teria autorizado expressamente a prova indiciária, uma vez que, quando se refere à presunção, na verdade está a referir-se ao indício. Se aceita tal sugestão, com as ressalvas anteriormente feitas[222], ter-se-ia mais uma previsão expressa de admissibilidade da prova indiciária.

A *segunda* frente de análise é verificar se existe alguma *proibição* à prova indiciária no sistema processual civil, ou se com ele pode *extrair* alguma *incompatibilidade*, acarretando a inobservância do referido critério jurídico.

Fala-se "extrair" porque inexiste disposição, em *nenhum dos elementos* componentes do referido sistema, que proíba expressamente a prova indiciária[223]. Assim, a opção viável é investigar os principais preceitos sobre o tema das provas, de maior carga axiológica, e ver se deles se pode dessumir alguma incompatibilidade, mesmo que implicitamente.

Pensa-se que, para tal empreitada, os principais preceitos são os dos arts. 369, 370 e 371 do CPC/15, porquanto contêm a essência da regulamentação da prova em relação aos sujeitos processuais.

---

221 DIDIER JR, Fredie; BRAGA, Paula Sarna; OLIVEIRA, Rafael Alexandria de. **Curso de direito processual civil**: v. 2. 10 ed. Salvador: Juspodivm, 2016, p. 74.

222 Ver item 4.2.2.2.

223 O que mais se aproximava, uma vez que restringia o uso de presunções judiciais "nos casos em que a lei exclui a prova testemunhal", era o art. 230 do Código Civil, que, como visto no item 4.2.2.1, restou revogado expressamente pelo CPC/15.

Indo a fundo, o art. 369[224] prevê às partes o *direito* de empregar *todos* os meios de prova legais e moralmente legítimos "para demonstrar a verdade dos fatos"[225]. A teor do quanto abordado no item 1.2., é a consagração expressa da prova enquanto *direito fundamental* – corolário do *devido processo legal* –, cujo conteúdo engloba a admissão no processo dos meios de prova idôneos para provar o fundamento das suas alegações de fato.

Vale repisar que quaisquer possíveis meios de prova podem, e devem, comportar utilização no processo, a garantir a formação do mais poderoso arsenal probatório, sendo preferível um *superávit* a um *déficit*. Não importa para tal fim se a prova leva ao conhecimento *direto* ou *indireto* do fato principal, mas sim que a alegação pela qual foi deduzido seja devidamente esclarecida e se possa solucionar a causa da melhor forma.

Partilhando desse entendimento, à luz ainda do art. 332 do CPC/73 (que correspondia ao art. 369 do atual) Helder Câmara anota[226]

> A bem da verdade, cremos que da redação ampliativa trazida pelo já mencionado artigo 332 do Código de Processo Civil só tem razão de ser quando, dentre outras coisas, se compreende que há formas distintas de se obter a veracidade e de se demonstrar ao órgão julgador que determinados fatos, antecedentes lógicos da decisão que se está a perseguir, efetivamente ocorreram.

Também sob a égide do CPC/73, mesmo sem constar expressamente o termo "*direito*" na redação do art. 332, Barbosa Moreira[227] já entendia que a falta de uma discriminação *exaustiva* dos meios de prova permitia concluir que "as presunções judiciais (ou, quem sabe,

---

224 Art. 369. As partes têm o direito de empregar todos os meios legais, bem como os moralmente legítimos, ainda que não especificados neste Código, para provar a verdade dos fatos em que se funda o pedido ou a defesa e influir eficazmente na convicção do juiz.

225 Dispõe na mesma linha o art. 32 da Lei nº 9.099/95, que regulamenta o procedimento das causas que tramitam perante o Juizado Especial Cível: "Art. 32. Todos os meios de prova moralmente legítimos, ainda que não especificados em lei, são hábeis para provar a veracidade dos fatos alegados pelas partes.".

226 CÂMARA, Helder Moroni. **Prova indiciária no processo civil contemporâneo**. *In*: NETO, Olavo de Oliveira; NETO, Elias Marques de Medeiros; LOPES, Ricardo Augusto de Castro (coord.). A prova no direito processual civil: estudos em homenagem ao professor João Batista Lopes. São Paulo: Verbatim, 2013, p. 247.

227 BARBOSA MOREIRA, Jose Carlos. As presunções e a prova, p. 55-71. *In* **Temas de Direito Processual Civil**. São Paulo: Saraiva, 1977, p. 68. No mesmo sentido: JÚNIOR, Humberto Theodoro. **Curso de Direito Processual Civil**: v. 1. 56 ed. Rio de Janeiro: Forense, 2015, p. 1150. *E-book*.

os indícios) poderiam reputar-se abrangidos pela cláusula genérica, tendo-se apenas desconsiderado desnecessária a inserção de regras que traçassem, a tal respeito, disciplina particular"[228].

Da mesma forma, válida é a indagação feita por Custódio Miranda[229]:

> se o art. 332 admite todos os meios de prova moralmente legítimos, e ainda que a *ratio* deste preceito, de inegável alcance, ante as rápidas transformações que caracterizam a nossa civilização, tenha sido o de sancionar os novos meios de prova, que a técnica venha a inventar porque não acobertar, com a amplitude dessa norma jurídica, a admissibilidade dos indícios?

Visto que a prova indiciária comporta *admissão* pela perspectiva do *direito* das *partes* de empregar todos os meios de prova idôneos, pode-se verificá-la também pela perspectiva do *juiz*, especialmente a partir da prerrogativa de *livremente* avaliar as provas por elas produzidas. E nesse sentido é o art. 371[230], que estabelece a adoção do *sistema da persuasão racional* e, por consequência, a liberdade de apreciação da prova que lhe é inerente[231] - obviamente, desde que condicionada ao *dever* de motivação das decisões.

Se reconhecido que a prova indiciária detém uma estrutura própria e autonomia probatória[232] - como se demonstrou –, ela pode muito bem servir ao esclarecimento dos fatos e influir no convencimento racional do juiz, ao qual não se impõe, em regra, "amarras legais" na atividade de valoração da prova.

---

228 Igualmente Maria Thereza Moura (MOURA, Maria T. Rocha de Assis. **A prova por indícios no processo penal**. São Paulo: Saraiva, 1994, p. 40) afirma que o art. 332 deixou "aberta a possibilidade de se provar por indícios".

229 MIRANDA, Custódio da Piedade Ulbadino. Indícios e presunções como meio de prova. **Revista de processo**, v. 10, n. 37, p. 52-57, jan/mar, 1985, p. 8.

230 Art. 371. O juiz apreciará a prova constante dos autos, independentemente do sujeito que a tiver promovido, e indicará na decisão as razões da formação de seu convencimento.

231 Nesse sentido: FERREIRA, William Santos. **Princípios fundamentais da prova cível**. São Paulo: Revista dos Tribunais, 2014, p. 320; BARBOSA MOREIRA, José Carlos. As presunções e a prova, p. 55-71. *In* **Temas de Direito Processual Civil**. São Paulo: Saraiva, 1977, p. 68.

232 A respeito, Patrícia Pereira (PEREIRA, Patrícia Silva. **Prova indiciária no âmbito do processo penal**: admissibilidade e valoração. Coimbra: Almedina, 2017, p. 50) anota: "se o indício, ou o facto base, é validamente produzido ou admitido não se vê em que medida o raciocínio inferencial que conduzirá ao facto presumido, esse sim atinente ao *thema probandum*, possa constituir prova proibida".

Como assevera Vito Gianturco[233] em sua clássica obra, ainda no de 1958:

> As necessidades práticas da vida do direito, não menos que o desenvolvimento das doutrinas jurídicas [...] e o espírito iluminista dos novos tempos, deram lugar a uma metamorfose completa da prova indiciária, no moderno sistema probatório do livre convencimento.

No mais, é evidente que as causas de ilicitude - que poderiam levar à proibição ou incompatibilidade da prova – se aplicam indistintamente a ambos os tipos (*direta* e *indireta*), bem como que a regra é a *admissibilidade* dos meios de prova, e a *inadmissibilidade* é exceção, como se depreende da disposição do art. 370, parágrafo único, do CPC[234]. E mais: o *caput* impõe ao juiz deveres-poderes instrutórios ("determinar as provas necessárias ao julgamento do mérito") sem fazer qualquer distinção entre a forma direta ou indireta.

Fundamental, ainda, é o art. 375[235] do CPC, que prevê expressamente as máximas ou regras de experiências. Ora, se retomado o quando exaustivamente exposto nos itens anteriores, não se terá dificuldade "em perceber quão intimamente se podem relacionar essas 'regras de experiência', a que alude o dispositivo, com as presunções judiciais, formadas a partir dos indícios"[236].

De tais razões, deflui-se que, se o CPC prevê que as partes têm o *direito* a empregar todos os meios de prova idôneos, ainda que não previstos expressamente, e o juiz tem a liberdade de valorar livremente tais meios, inclusive podendo empregar as máximas de experiência para tanto (que tem como função servir de *critério cognitivo* na operação mental própria da prova indiciária), a admissibilidade da prova

---

233 GIANTURCO, Vito. **La Prova indiziaria**. Milano: Dott. A Giuffré Editore, 1958, p. 7. No original: "La necessità pratiche della vita del diritto, non meno dello sviluppo delle dottrine giuridiche [...] e dello spirito illuministico dei tempi nuovi, diedero luogo a una completa metamorfosi della prova indiziaria, nel sistema probatorio moderno del libero convincimento".

234 Ver item 3.5.4.

235 Art. 375. O juiz aplicará as regras de experiência comum subministradas pela observação do que ordinariamente acontece e, ainda, as regras de experiência técnica, ressalvado, quanto a estas, o exame pericial.

236 BARBOSA MOREIRA, José Carlos. As presunções e a prova, p. 55-71. *In* **Temas de Direito Processual Civil**. São Paulo: Saraiva, 1977, p. 68.

por indícios se faz um corolário lógico-jurídico, sendo irrelevante a omissão legislativa[237].

Ou, por outro ângulo, mais direto, pode-se reproduzir a conclusão obtida por Patrícia Pereira[238], em análise acerca da prova indiciária à luz do ordenamento jurídico português:

> na ausência de normas que versem sobre a prova indiciária, nada existe no modelo da prova livre e de livre apreciação dos factos que obste à utilização de prova indiciária. É exatamente por estas razões que a jurisprudência portuguesa tanto bebe da produção jurisprudencial e doutrinária de ordenamentos jurídicos próximos na matéria.

Tal conclusão pode ser importada para o ordenamento jurídico brasileiro, especialmente na seara civil, que não regula expressamente a prova indiciária em nenhum momento, de modo que a experiência do direito estrangeiro, especialmente do caso peruano, é de suma importância para a evolução "doméstica" da matéria, tanto no âmbito legislativo, como no doutrinário e jurisprudencial.

Do quanto exposto, tem-se que, não obstante a ausência de proibição já bastaria, por si só, para gerar a admissibilidadc da prova indiciária, não se pode negar os principais preceitos do sistema processual civil que versam sobre provas oferecem um "reforço normativo", mesmo que de ordem axiológica e implícita, para sua admissão.

A prova indiciária, por consequência, não apenas é absolutamente *compatível* com o sistema processual civil, como é, inclusive, nele consagrada, razão pela qual sua admissibilidade é patente. Não bastasse tais fatos, "trata-se, assim, de uma espécie probatória de indiscutível alcance e relevância, sendo, pois, admissível, com ou sem previsão legislativa"[239].

---

237 Nesse sentido: MEDINA, Paulo Roberto de Gouvêa. A prova das intenções. **Revista de processo**, vol. 115/2004, p. 74/86, Maio-Jun//2004, p. 8; MIRANDA, Custódio da Piedade Ulbadino. Indícios e presunções como meio de prova. **Revista de processo**, v. 10, n. 37, p. 52-57, jan/mar, 1985, p. 11. Anota este autor, que "a admissibilidade das máximas de experiência e de quaisquer outros meios desde que moralmente legítimos é de molde a suprir a omissão".

238 PEREIRA, Patrícia Silva. **Prova indiciária no âmbito do processo penal**: admissibilidade e valoração. Coimbra: Almedina, 2017, p. 58.

239 COELHO, Walter. **Prova indiciária em matéria criminal**. Porto Alegre: Sergio Antonio Fabris Editor, 1996, p. 109. O autor vai além e, aludindo à doutrina de Magalhães Noronha de que a prova indiciária se faz através de construção lógico-crítica, afirma que seria um "contra-senso, para não dizer um flagrante absurdo, que a lei pudesse insurgir-se contra os ditames da lógica, ou que o legislador, extravasando as lindes jurídicas, pretendesse ignorar ou revogar, não uma norma de direito, mas

4.4. A FORÇA PROBANTE DOS INDÍCIOS

Os indícios, por si só, enquanto "meros" fatos conhecidos em si mesmo, são desprovidos de qualquer força probante[240] ou, mais didaticamente, "o indício, por si só, não é bom nem mal"[241].

Parra Quijano[242] aponta que a natureza probatória do indício "não está *in re ipsa*", mas advém do momento dinâmico em que se relaciona com "a pequena história do processo e a regra de experiência".

Já Carnelutti[243]: "um fato não é indício de *per si*, mas tal *se torna* enquanto uma regra de experiência o ponha com o fato a ser provado numa relação lógica, que consinta deduzir daquele a existência ou não existência deste".

É o que Moacyr Amaral Santos[244] chama de "estado potencial" do indício, no qual não tem qualquer valor ou força probante, e somente o terá quando for relacionado com outro fato, mediante uma operação mental de ordem lógica, informada por uma máxima de experiência, para que dele se extraia uma significação.

Partindo da mesma ideia, Walter Coelho[245] considera o termo "indício" em *sentido amplo* para se referir ao fato naquele "estado potencial", e quando correlacionado com o fato probando, seria indício em *sentido estrito.*

---

sim inovar e incursionar nos páramos da filosofia, com total indiferença e descaso pela teoria do conhecimento".

240 Nesse sentido: Bentham (BENTHAM, Jeremías. **Tratado de las Pruebas**. Tomo Segundo. Paris: Bossange Freres, 1825, p. 222) observa que os fatos "circunstanciais" em si mesmos parecem insignificante e são negligenciados no processo, todavia o que importa mesmo é a inferência que dele se pode deduzir, e se sucede frequentemente que esta inferência se estabelece posteriormente a partir do concurso de outras circunstâncias, que acabam por evidenciar a importância daquela. No mesmo sentido: LOPES, João Batista. **A prova no direito processual civil**. São Paulo: Revista dos Tribunais, 2000, p. 59; CAMBI, Eduardo. **A prova civil**: admissibilidade e relevância. São Paulo: Revista dos Tribunais, 2006, p. 362-363; DIDIER JR, Fredie; BRAGA, Paula Sarna; OLIVEIRA, Rafael Alexandria de. **Curso de direito processual civil**: v. 2. 10 ed. Salvador: Juspodivm, 2016, p. 72.

241 MUÑOZ SABATÉ, Luis. **Tecnica probatória**: estudios sobre las dificultades de prueba en el proceso. Barcelona: Editorial Praxis, 1967, p. 224.

242 PARRA QUIJANO, Jairo. **Tratado de la prueba judicial**: v. 4. 3 ed. Bogotá: Ediciones Librería del Professional, 1997, p. 7.

243 CARNELUTTI, Francesco. **A prova civil**. Tradução: Amilcare Carletti.São Paulo: Leud, 2002, p. 215.

244 SANTOS, Moacyr Amaral. **Primeiras linhas de direito processual civil**: vol. 2. 27 ed. São Paulo: Saraiva, 2011, p. 537.

245 COELHO, Walter. **Prova indiciária em matéria criminal**. Porto Alegre: Sergio Antonio Fabris Editor, 1996, p. 51.

Imagine-se o exemplo de uma ação indenizatória, em que o réu é regularmente citado no endereço residencial X. Posteriormente, com a julgamento de procedência e o início do cumprimento de sentença para pagamento do *quantum* condenatório, não se encontra qualquer patrimônio em seu nome. Feitas diligências pelo exequente, este descobre que o imóvel situado no endereço X está registrado em nome da empresa Y, cujos sócios são a tia de 95 anos e um sobrinho do réu, sendo que este consta como "proprietário" no respectivo endereço eletrônico. O autor, visando a apurar o aparente abuso da personalidade jurídica e a blindagem patrimonial, pede a instauração de incidente de desconsideração da personalidade jurídica, sendo uma das provas justamente o aviso de recebimento da carta de citação assinado pelo réu.

Esse exemplo demonstra que um fato provado, *secundário* e aparentemente indiferente para a solução da causa (como no caso do referido aviso de recebimento que indica o provável endereço da residência do réu) pode se tornar um *fato indiciário*, e adquirir força probante, se vinculado a uma máxima de experiência (quem recebe correspondência em uma residência, nela reside) mediante a presunção judicial que nela se baseia, e se tornar *logicamente relevante* para inferir um fato principal a ser esclarecido (blindagem patrimonial do executado e o abuso da personalidade jurídica da empresa Y). O indício detém, então, *aptidão* para o juiz dele inferir logicamente o fato desconhecido que se investiga, baseado na experiência humana ou em conhecimentos técnicos ou científicos especializados[246].

À vista de tal *aptidão*, se devidamente provada a ocorrência de um fato e tal relevância lógica, a ele pode ser perfeitamente atribuída, em razão do raciocínio presuntivo[247], força probante a influir no esclarecimento do *thema probandum*, tanto na fase de conhecimento, como na fase de execução do processo.

---

246 ECHANDIA, Hernando Davis. **Teoria general de la prueba judicial**: t. II. 3 ed. Buenos Aires: Editor Alberti, 1976, p. 611/623.

247 Por isso se afirmou no item 4.3.1 que o indício, enquanto o *fato conhecido*, tem natureza jurídica de *fonte de* presunção. Nesse sentido Eduardo Cambi (CAMBI, Eduardo. **A prova civil**: admissibilidade e relevância. São Paulo: Revista dos Tribunais, 2006, p. 310) assevera que "os fatos secundários relevantes são indícios que, uma vez conhecidos, podem servir de fonte de presunção".

Nesse sentido Taruffo[248] anota que qualquer fato pode ser qualificado como um *factum probans* e configurar uma prova indiciária exclusivamente com base na relevância para conduzir a uma conclusão relativa ao *factum probandum*. E complementa o autor:

> No núcleo desse raciocínio estão os critérios de acordo com os quais o julgador pode realizar as inferências que vinculam esses dois fatos. Os critérios usuais são generalizações fornecidas – e justificadas – pelo senso comum, a experiência ou a cultura média da época e do lugar nos quais se toma a decisão. Essas noções são chamadas de *Erfahrungssätze* ou máximas de experiência.

Enfim, a partir de tal construção, pode-se estabelecer que "isoladamente, em si mesmo, antes do processamento dessa operação mental, não constitui o indício senão prova no estado potencial"[249], podendo vir a se tornar um *meio de prova*.

Como explica Custódio Miranda[250]:

> os indícios funcionam como autêntico meio de prova, quando encarados em correlação (na sua ligação causal de acordo com as máximas de experiência) com o fato principal, ainda que se chegue a este através de uma cadeia de presunções. [...] Sendo os indícios os próprios fatos auxiliares (fatos indiciários) revestem a natureza de verdadeiro meio de prova [indireta] em sentido objetivo, e não apenas mero processo para se chegar ao fato probando.

No ensejo do apontamento doutrinário, e firmada a premissa de que os indícios *podem ter* força probante, cumpre agora se enfrentar a temática da qualificação do indício enquanto um *meio* ou *fonte* de prova, ou ainda simples *elemento de prova*, quando não se enquadrar em nenhuma outra categoria.

Pois bem. É certo que a prova é um *método* de *verificação* das alegações de fato deduzidas pelas partes, especificamente para aferir

---

248 TARUFFO. Michele. **A prova**. Tradução: João Gabriel Neto. São Paulo: Marcial Pons, 2014, p. 102-103.

249 SANTOS, Moacyr Amaral. **Primeiras linhas de direito processual civil**: vol. 2. 27 ed. São Paulo: Saraiva, 2011, p. 537.

250 MIRANDA, Custódio da Piedade Ulbadino. Indícios e presunções como meio de prova. **Revista de processo**, v. 10, n. 37, p. 52-57, jan/mar, 1985, p. 7/11

se elas "correspondem à realidade"[251], aos fatos ocorridos no mundo fenomênico.

Viu-se no item 3.5.1 que as *fontes de prova* são elementos ou meios instrumentais *externos* ao processo, enquanto os *meios de prova* são fenômenos *internos* a ele e ao procedimento. Estes representam o veículo que conduzem aquelas ao processo (*vehículos de la prueba*), pelos quais o juiz *conhece* a *fonte do fato* e desta deduz o fato a ser provado[252], seja de forma direta ou indireta.

Logo, em se tratando os indícios de *fatos* provados e existentes no "interior" do processo, e que permitem ao juiz deduzir o fato probando, ainda que forma indireta, é inegável - apesar dos posicionamentos em sentido contrário[253] - a sua natureza de *meio de prova*[254].

Esclarece Echandia[255], a esse respeito, que não se pode considerar o fato secundário em si mesmo, separada da inferência probatória que dele se opera e constitui sua força probatória; e confundir o prova do fato *secundário* com o indício que este contém e que constitui um meio autônomo de prova do fato *principal*:

> a circunstância de que o fato indiciário seja objeto de prova não exclui sua condição de meio de prova em relação ao fato indicado, da mesma forma que a confissão extrajudicial, a judicial e os depoimentos ou perícias produzidos em outro processo, são meios autônomos de

---

251 MELENDO, Santiago Sentis. **La prueba**: los grandes temas del derecho probatoria. Buenos Aires: Ediciones Jurídicas Europa-America,1978, p. 144.

252 ECHANDIA, Hernando Davis. **Teoria general de la prueba judicial**: t. II. 3 ed. Buenos Aires: Editor Alberti, 1976, p. 271.

253 Ver Carnelutti, CARNELUTTI, Francesco. **A prova civil**. Tradução: Amilcare Carletti. São Paulo: Leud, 2002, p. 215-219; CAMBI, Eduardo. **A prova civil**: admissibilidade e relevância. São Paulo: Revista dos Tribunais, 2006, p. 43-44.

254 Nesse sentido: Jairo Parró (PARRA QUIJANO, Jairo. **Tratado de la prueba judicial**: v. 4. 3 ed. Bogotá: Ediciones Librería del Professional, 1997, p. 667). O autor afirma que o indício "ao nos apontar, indicar outro fato (aquele que nos interessa para a investigação) cumpre sua função de meio de prova"; DELLEPIANE, Antonio. **Nova teoria da prova**. Tradução: Erico Maciel. Campinas: Minelli, 2004, p. 69-71; ALVES, Roque de Brito. **Dos indícios no processo penal**. Recife: Grafica Ipanema, 1964, p. 38-39; MOURA, Maria T. Rocha de Assis. **A prova por indícios no processo penal**. São Paulo: Saraiva, 1994, p. 39; DIDIER JR, Fredie; BRAGA, Paula Sarna; OLIVEIRA, Rafael Alexandria de. **Curso de direito processual civil**: v. 2. 10 ed. Salvador: Juspodivm, 2016, p. 74.

255 ECHANDIA, Hernando Davis. *Teoria general de la prueba judicial*: t. II, cit., p. 603-604. No original: "La circunstancia de que el hecho indiciario sea objeto de prueba, no excluye su condición de medio de prueba respecto al hecho indicado, de la misma manera como la confesión extrajudicial, la judicial y los testimonios o peritaciones producidos en otro proceso, son medios autónomos de prueba, no obstante que también necesitan ser probados mediante testimonios o por las copias legalmente expedidas".

prova, embora também devam ser provados por meio de depoimentos ou de cópias legalmente expedidas.

Arremata o autor:

> Esse indício, provado por outros meios, é por sua vez o veículo ou canal que fornece ao juiz os argumentos probatórios, para formar seu convencimento sobre o fato que está investigando. Ou seja, os indícios são um dos vários tipos de prova que devem ser provados, por sua vez, por outros meios[256].

E, entendida a prova como método, será *meio* de prova o que – respeitado os limites impostos pelo ordenamento – se prestar a *verificar* a correspondência das alegações de fato à realidade, ainda que em termos de probabilidade, que é o que basta no processo, em que se busca a verdade ou a certeza, em termos *relativos*. Se não bastasse, uma vez aceito – como é amplamente – que tais meios podem ser diretos ou indiretos, e considerando que por intermédio dos indícios se pode chegar à almejada veracidade das alegações de fato – como se demonstrou – não se afigura crível negar a eles, até mesmo por se tratar de uma consequência lógico-jurídica, a natureza de prova, ou especificamente, de *meio de prova*.

Ainda que por outra perspectiva, Barbosa Moreira[257] consente em incluir os indícios como *meio de prova*, se considerado o termo em seu sentido amplo, a abranger todos os "elementos que desempenham, no descobrimento da verdade pelo juiz, papel *instrumental*". O autor, porém, deixa claro que:

> [...] À presunção judicial é que *jamais* se há de reconhecer lugar entre os meios prova, porque o seu papel não é de modo algum instrumental em relação ao estabelecimento dos fatos: o fato presumido, com efeito, não vai servir ao juiz, ainda uma vez, de trampolim para o conhecimento de *outro* fato. Não se observa, aqui, a função *ambiva-*

---

256 No original: "Ese indicio, probado por otros medios, es a su vez el vehículo o conducto que le suministra al juez los argumentos probatorios, para formar su convencimiento sobre el hecho que investiga. Es decir, los indicios son una de las varias clases de prueba que deben ser probadas, a su vez, por otros medios".

257 BARBOSA MOREIRA, José Carlos. As presunções e a prova, p. 55-71. *In* **Temas de Direito Processual Civil**. São Paulo: Saraiva, 1977, p. 59.

> *lente* do indício: o fato presumido corresponde a um conhecimento *adquirido*, e basta".

Compreendido, então, o indício como um *meio* de prova, cabe agora verificar sua (a)tipicidade.

Aqui é essencial retomar o quanto exposto no item 3.5.3, em que se propôs uma nova abordagem do tema da (a)tipicidade dos meios probatórios, com base na compreensão do tipo e do método tipológico.

Por esse prisma, os meios de prova podem ser concebidos como um *tipo*, extraído do sistema processual, e tudo aquilo que se amoldar ao seu núcleo ontológico, mediante um exercício qualitativo de comparação, será *típico.*

Em linhas gerais: estar-se-á diante de um meio de prova *típico* se for cumprida a finalidade de veículo que conduz as fontes de prova aos autos, visando ao esclarecimento do *thema probandum* e obedecer a regra de *licitude*, independentemente de se referir ao fato secundário (prova indireta) ou ao fato principal (prova direta), estar ou não previsto expressamente na legislação.

Daí porque, se feita a correta leitura do método tipológico, sem dúvida o indício será um meio de prova *típico*, porquanto hábil ao esclarecimento do *thema probandum*, a não ser que esbarre em alguma ilicitude.

E tal forma de se enxergar os meios de prova é a que se afigura mais adequada sob a ótica epistemológica, de modo que não se deve parar no tempo com classificações estribadas em conceitos gerais-abstratos, de bases sólidas e fixas, que impossibilitam uma maleabilidade estrutural. Aliás, como se viu, é o que já acontece na prática forense cível há tempos, não se importando os rigorismos de ordem formal.

Não se pode olvidar, ademais, que o sistema processual civil possui previsão expressa dos indícios como meio de prova na Lei de Alimentos Gravídicos, razão pela qual pode ser considerado um meio de prova típico *também* pela abordagem tradicional que se faz da (a)tipicidade dos meios probatórios.

Para arrematar a análise da força probante dos indícios, um último esclarecimento é necessário: a qualificação dos fatos secundários que *não* se relacionarem logicamente com o fato principal.

Uma vez ausente tal correlação, é certo que não se estará autorizada a formação de uma presunção simples e, por consequência, a estruturação da prova indiciária. Todavia, não seria razoável excluir tais fatos do âmbito do material probatório apenas porque não há nenhum nome *ad hoc* disponível.

Para resolver tal indefinição, duas soluções se apresentam.

A primeira é a proposta por Taruffo[258], para quem tais fatos "sejam de alguma forma significativos para o conhecimento do fato a ser provado e não se enquadrem em nenhuma outra categoria" podem ser denominados, genericamente, de *elementos de prova*. Ressalta o autor, por outro lado, que seu valor probatório terá necessariamente de ser inferior ao das presunções simples, no tocante ao grau de confirmação da hipótese sobre o fato a ser provado.

A segunda solução é extraída da obra de Muñoz Sabaté. O autor estabelece uma distinção, levando em consideração a força do fato-base (indício) no caso concreto e da inferência lógica dele extraída, entre *presunção* e *indicação*. Ambas são inferências lógicas que partem de um indício como fato base, todavia, na *indicação*, os resultados da inferência lógica não atingem níveis médios de probabilidade que caracterizam o raciocínio presuntivo. Dessa forma: "toda inferência obtida a partir de um indício e que não seja presunção, será necessariamente inferência indicativa". Por consequência, um mesmo indício pode em um caso ser "bom" por se extrair dele uma presunção, e em outra tido por "mal" simplesmente por originar uma indicação. O fato de um indício levar a uma indicação não significa, porém, descartá-lo, porque podem vir a ser útil, gerar novas inferências indiciárias, afinal também traduz uma conclusão lógica e pode, portanto, "desempenhar um papel interessante no processo".

Firmadas tais premissas, especialmente que o indício pode ter força probante e se qualificar como *meio de prova*, a próxima etapa metodológica é confrontar a prova indiciária com as demais provas. Feito isso, estar-se-á habilitado para perquirir a *valoração* da prova indiciária, ou os parâmetros para tanto, o que fica relegado ao item 4.5.

---

258 TARUFFO. Michele. **La Prueba de los hechos**. Tradução: Jordi Ferrer Beltrán. 2 ed. Madrid: Editoral Trotta, 2005, p. 480.

4.4.1. A prova indiciária no contexto geral das demais provas: hierarquia, subsidiariedade ou equivalência?

Se devidamente analisado o longo caminho que se percorreu para chegar ao atual estágio do estudo, uma série de conclusões despontam quase que espontaneamente. Citem-se duas das mais relevantes para a elaboração do presente item.

A primeira, ainda que não se tenha colocado expressamente, é de que a prova indiciária caminha "de mãos dadas" com a prova direta, entendida esta como a que tem por objeto o próprio fato a provar, e aquela, a que parte de um fato secundário para chegar ao fato a provar.

A segunda, é de que o direito probatório está repleto de "lugares comuns", inclusive se enfrentou alguns deles.

E, seja pelas raízes culturais, ou pela superficialidade da abordagem normalmente dada ao tema (tanto pelos que se prestam a estudá-lo, como pelas legislações e os tribunais), aquele caminhar de mão dadas geralmente remete a um outro lugar comum.

Picó I Junoy[259] representa esse lugar comum (ou "falso tópico", na expressão por ele empregada) pela afirmação "a prova direta é superior à indireta (ou indiciária)". Para autor, trata-se de uma das "afirmações categóricas" constantemente repetidas que causam a "desvalorização" da prova por indícios na prática judicial, e deve ser superada, assim como todas as ilações dela decorrentes. Para tanto, sustenta que:

> Não é verdade: ambos os métodos de prova devem ser usados igualmente para considerar os fatos controvertidos como provados judicialmente. Dependendo do fato concreto – e de sua natureza mais ou menos subjetiva ou mais ou menos complexa – a prova indiciária terá maior ou menor utilidade.

O autor defende, ainda, que inexiste relação de subsidiariedade entre elas, no sentido de que somente se poderia admitir a prova indireta se não tiver nenhuma prova direta: "quando nos deparamos

---

259 PICÓ I JUNOY, Joan, Los Indicios En La Prueba De La Simulación Contractual (Circumstantial Evidence in the Proof of the Contractual Simulation) (July 1, 2017). **InDret**, Vol. 3, 2017, p. 9-10. Disponível em SSRN: https://ssrn.com/abstract=3032010). Acesso em 03 de outubro de 2020. No original "No es cierto: ambos métodos de prueba deben ser igualmente utilizados a efectos de dar por acreditados judicialmente los hechos litigiosos. Dependiendo del concreto hecho – y su naturaleza más o menos subjetiva o su carácter más o menos complejo – tendrá mayor o menor utilidad la prueba indiciaria".

com dois métodos de prova plenamente complementares, não faz sentido falar de uma preferência geral de um deles sobre o outro"[260].

Echandia[261] também aborda a problemática, assentando que, em regra, quanto mais direto o contato do juiz com o fato a ser provado, "maior será o valor que a prova pode ter" e, por consequência, "pode-se dizer que, em geral, a prova direta é melhor do que a indireta". O autor defende, entretanto, que "essa afirmação é de valor relativo", pois uma prova indireta pode produzir a mesma certeza sobre o fato que aquela dada pela percepção direta do juiz, e, por outro lado, na atividade perceptiva sempre existe a possibilidade de erro e às vezes requer conhecimentos especiais para poder apreciar o que se percebe. A certeza absoluta não é alcançada no processo, com qualquer tipo de prova, mas apenas uma certeza subjetiva e relativa, sempre suscetível a erro.

Danilo Knijnik[262] igualmente constata esse lugar comum: "é comum a assertiva de que a prova indiciária seria um *minus* em relação à prova direta", rechaçando-o veementemente, sob dois fundamentos: (i) a rigor, inexiste distinção ontológica entre prova direta e prova indireta ou indiciária, tendo em vista que "nenhuma prova é puramente direta [...] toda e qualquer prova é sempre indireta em alguma medida" e, além disso, "em determinados casos, será inviável a chamada prova direta, em razão da natureza do fato probando", como na simulação, no desvio de finalidade e na boa-fé; (ii) "no princípio do livre convencimento, não há hierarquia entre as provas", de modo que há igualdade entre os indícios e a prova "direta".

Não obstante as explicações fornecidas pelos referidos autores bastem, *per se*, para combater esse "lugar comum probatório", outras considerações podem ser acrescentadas para reforçar.

O indício é, na grande maioria das vezes[263], um fato conhecido por intermédio de *prova direta*. E tal fato, quando pode ser correla-

---

260 No original: "al encontrarnos ante dos métodos de prueba plenamente complementarios, carece de sentido hablar de preferencia general de uno de ellos sobre el otro".

261 ECHANDIA, Hernando Davis. **Teoria general de la prueba judicial**: t. II. 3 ed. Buenos Aires: Editor Alberti, 1976, p. 525

262 KNIJNIK, Danilo. **A prova nos juízos cível, penal e tributário**. Rio de Janeiro: Forense, 2007, p. 25-29.

263 Os casos excepcionais se dão nas hipóteses de presunção da presunção ou indícios de segundo grau, como visto.

cionado logicamente com outro fato desconhecido e que se busca provar, mediante um raciocínio presuntivo, ganha força probatória autônoma. Isso implica que o indício enquanto simples fato provado em si mesmo não se confunde com o indício como o *fato base* integrante da estrutura da prova indiciária, do qual se pode extrair uma inferência lógica acerca de outro fato e levar ao esclarecimento do *thema probandum*.

Repisa-se a afirmação de Echandia[264], porquanto fulcral nesse ponto, de que não se pode considerar o fato secundário em si mesmo, separado da inferência probatória que dele se opera e constitui sua força probatória; e confundir o prova do fato *secundário* com o indício que este contém e que constitui um meio autônomo de prova do fato *principal*.

Nessa perspectiva, portanto, os indícios, se relacionados logicamente ao que se pretende provar no processo, serão exímios *meios de prova*, e a prova indiciária, com a estrutura aqui apresentada, terá a mesmo força probante que a dita prova *direta*[265].

Daí porque se concluir que não existe qualquer relação de subsidiariedade ou de hierarquia entre os meios de prova – salvo nas hipóteses de prova legal, quando a lei expressa e excepcionalmente assim determinar –, sejam diretos ou indiretos, tampouco entre os nominados ("típicos") ou não ("atípicos") na lei. E mais: dentre os

264 ECHANDIA, Hernando Davis. **Teoria general de la prueba judicial**: t. II. 3 ed. Buenos Aires: Editor Alberti, 1976, p. 603-604.

265 Nesse sentido: RUSSO, Vicenzo. **La prova indiziaria e il giusto processo**. Napoli: Jovene, 2001, p. 196; MARQUES, José Frederico. **Elementos de direito processual penal**: v. II. 2 ed. Rio de Janeiro: Forense, 1965, p. 378. AZEVEDO, Vicente de. **Curso de direito judiciário penal**: v. II. São Paulo: Saraiva, 1958, p. 12; PIERANGELLI, José Henrique. Da prova indiciária. **Revista dos Tribunais**, São Paulo, v. 75, n. 610, p. 283-303, ago. 1986, p. 4; COELHO, Walter. **Prova indiciária em matéria criminal**. Porto Alegre: Sergio Antonio Fabris Editor, 1996, p. 14-15; JÚNIOR, Humberto Theodoro. **Curso de Direito Processual Civil**: v. 1. 56 ed. Rio de Janeiro: Forense, 2015, p. 114. *E-book*; PITT, Gioconda Fianco. **Prova indiciária e convencimento judicial no processo civil**. 2008. Dissertação (Mestrado em Direito) – Faculdade de Direito, Universidade Federal do Rio Grande do Sul, Porto Alegre, 2008, p. 130. Ressalte-se a doutrina de Bruno Cavallone (CAVALLONE, Bruno. Critica della teoria delle prove atipiche. **Rivista de Diritto Processuale**, ano 33, 2ª série, n. 4, p. 679-740, 1978), um dos processualistas italianos que combateu amplamente parte da doutrina do seu país que estabelece uma hierarquia entre a prova direta (e típica) e a indireta (e indiciária/atípica), reforçando que a prova indiciária nem sempre servirá ao julgador como mero «argumento de prova». Em sentido contrário, Antônio Magalhães Gomes (GOMES FILHO, Antônio Magalhães. Notas sobre a terminologia da prova (reflexos no processo penal brasileiro. In YARSHELL, Flávio Luiz. MORAES, Maurício Zanoide de (org.). **Estudos em homenagem à professora Ada Pellegrini Grinover**. São Paulo: DPJ Editora, 2005, p. 311) afirma que o indício é "elemento de menor valor persuasivo", que não autoriza "uma inferência segura sobre o fato a ser demonstrado".

"típicos", da mesma forma, não há hierarquia entre as modalidades que se encaixam na categoria[266] – pela abordagem tradicional –, sendo exemplo clássico da assertiva o teor do art. 479[267] do CPC, pelo qual o juiz não está adstrito ao laudo pericial, podendo basear seu convencimento nos outros meios de prova existentes (*v.g.* testemunhas, laudo do assistente técnico, indícios etc.).

Especificamente no âmbito normativo, tal conclusão é corroborada sobretudo pela consagração do princípio da persuasão racional, no art. 371 do CPC, que garante a liberdade do juiz na apreciação da prova – com as ressalvas vistas no item 3.6.1. Extrai-se, em *ultima ratio*, que a relatividade dos meios de prova é da própria essência do sistema da persuasão racional.

Some-se a isso o fato já abordado de que, na essência, toda prova é indireta, bem como que, pela (a)tipicidade proposta no presente estudo, não se faz distinção entre os meios de prova, desde que sejam úteis para o esclarecimento de *thema probandum.*

Por outro lado, correto é considerar a força probante dos meios de prova no *caso concreto*, à vista do direito material em discussão e a partir de uma análise qualitativa, referindo-se à aptidão que cada um tem, seja direito ou indireto, nominado ou não, para cumprir a finalidade essencial de esclarecer o *thema probandum*[268]. *Quando muito*, admite-se uma "preferência pela prova típica", na forma como

---

266 Uma constatação relevante é aquele feita por João Batista Lopes (LOPES, João Batista. **A prova no direito processual civil**. São Paulo: Revista dos Tribunais, 2000, p. 49-50), consistente no "desapreço do legislador em relação à prova testemunhal tida por falha e deficiente pela doutrina", podendo ser dado como exemplo o art. 443 do CPC vigente, que permite ao juiz indeferir "a inquirição de testemunhas sobre fatos: I – já provados por documento ou confissão da parte; II – que só por documento ou por exame pericial puderem ser provados". É certo, todavia, como salienta o autor, que tal disposição ser considerada como exceção "ao princípio geral de que as provas têm valor relativo e de que cabe ao juiz apreciá-las segundo o critério da persuasão racional".

267 Art. 479. O juiz apreciará a prova pericial de acordo com o disposto no art. 371 , indicando na sentença os motivos que o levaram a considerar ou a deixar de considerar as conclusões do laudo, levando em conta o método utilizado pelo perito.

268 Mirando esse aspecto casuístico, Darci Ribeiro (RIBEIRO, Darci Guimarães. **Provas atípicas**. Porto Alegre: Livraria do Advogado, 1998, p. 44) entende que certamente não existe uma hierarquia *objetiva* (considerando o critério objetivo do conceito de prova), mas existiria, *sim*, uma hierarquia *subjetiva* entre os meios de prova, se levando em conta o critério *subjetivo*, no qual a prova legal goza de uma preferência no momento da apreciação. No mesmo sentido, Fabiana Tomé (TOMÉ, Fabiana Del Padre. **A prova no direito processual civil**. 3 ed. São Paulo: Noeses, 2011, p. 294) adota a terminologia "hierarquia axiológica das provas".

regulada pelo legislador, diante da maior facilidade para sua admissão, produção e valoração[269]. Ou, ainda, como anota João Batista Lopes[270]:

> apenas a título de parâmetro valorativo, para guiar o julgamento do juiz, pode-se estabelecer uma prevalência na carga de eficácia dos meios de prova, na seguinte ordem 1. prova legal; 2. confissão; 3. prova pericial indispensável; 4. prova documental; 5. prova testemunhal; 6. prova por indícios e presunções.

Ato contínuo, inexistindo qualquer diferença ontológica entre a prova direta e indireta, tampouco que esta seja subsidiária àquela – ao revés, muitas as vezes, é a única possível[271] –, pode-se reconhecer apenas uma mera diferença *de grau*: a prova indireta requer um processo inferencial do juiz – não é imediata, portanto – e, por isso, exige uma postura mais ativa na sua colheita e maior cuidado na sua valoração[272], uma vez que a *verificação* da alegação de fato à realidade revela-se mais complexa[273].

Outro ponto a se destacar é a possível desarmonia entre a prova indiciária e a prova direta. Nesses casos, com Walter Coelho[274], a apreciação deve ser feita conforme a persuasão racional do magistrado, de maneira a ponderar todo o conjunto probatório, pois a carga de relevância de uma frente à outra é definida pelo seu conteúdo e fundamento da inferência em que se apoia, e não pela categoria da prova.

Por fim, para corroborar a sustentada ausência de hierarquia entre as provas diretas e a indiretas, bem como a importância do estudo e da aplicação prática da prova indiciária, adentra-se brevemente na seara jurisprudencial, a fim de reproduzir a valiosa contribuição

---

269 BARBOSA MOREIRA, José Carlos. Provas Atípicas. **Revista de Processo**, nº 76. São Paulo: Revista dos Tribunais, 1994, p. 114-126, p. 125.

270 LOPES, João Batista. Hierarquia das provas, **Revista de Processo**, vol. 6/1977, p. 293-296, Abr-Jun/1977, p. 295.

271 VISHINSKI, Andre. **A prova judicial no direito soviético**. Tradução: Roberto Pereira de Vasconcelos. Rio de Janeiro: Editora Nacional de Direito, 1957, p. 205), em obra destinada a analisar a prova no Direito Soviético, no capítulo intitulado "Teoria dos indícios (provas indiretas)" ressalta que "na prática, a importância das provas indiretas determina-se pelo fato de que, com frequência, são as únicas provas da causa" e, "não é por acaso que os processualistas mostram grande interesse pela teoria dos indícios".

272 MEDINA, Paulo Roberto de Gouvêa. A prova das intenções. **Revista de processo**, vol. 115/2004, p. 74/86, Maio-Jun//2004, p. 85.

273 KNIJNIK, Danilo. **A prova nos juízos cível, penal e tributário**. Rio de Janeiro: Forense, 2007, p. 28.

274 COELHO, Walter. **Prova indiciária em matéria criminal**. Porto Alegre: Sergio Antonio Fabris Editor, 1996, p. 46.

extraída da "antecipação ao voto" proferido pelo então Ministro do STF, Cezar Peluso, por ocasião do julgamento da Ação Penal nº 470[275], que envolveu o esquema de compras de votos parlamentares que ficou conhecido como "Mensalão":

> "[...] conveniência de relembrar tema muito importante nesta causa e que é a questão dos 'indícios' ou da chamada 'prova indiciária'. [...] Na verdade, o indício prova, de maneira indireta, o fato objeto da pesquisa probatória. Nisso, está toda a gente de acordo. [...] Porque, no sistema processual, e não apenas no sistema processual penal, a eficácia retórica dos indícios ou da prova indiciária é a mesma da eficácia das provas diretas ou histórico-representativas [...] Eu não vou cansar Vossas Excelências, chamando à colação, a respeito, a doutrina, que é corriqueira entre nós, mas gostaria de acentuar, para deixar mais claro, que Espínola Filho, por exemplo, já acentuava que não existe nenhuma hierarquia entre as provas, entre as diretas e os indícios. Mas vou mais longe. Frederico Marques, o grande Frederico Marques, era muito incisivo. E dizia textualmente: 'O valor probante dos indícios e presunções ...' - conceitos que ele equiparava - 'no sistema de livre convencimento que o Código adota, é em tudo igual ao das provas diretas.' Tampouco deixa dúvida a propósito, a doutrina atual". (fls. 53771/53774 dos autos, ps. 2156/2159 do acórdão).

No mesmo sentido, colhe-se o seguinte excerto do voto proferido pela Ministra Rosa Weber no referido julgamento:

> Não há justificativa de ordem lógica ou racional a amparar a pretensão de se impingir, à prova indiciária, a pecha de subprova ou prova menor. "A eficácia do indício", ensina Luchinni, citado por Espíndola Filho, "não é menor do que a da prova direta, tal como não é inferior a certeza racional à histórica e física". Continua o autor: "O indício é somente subordinado à prova, porque não pode subsistir

---

275 STF – AP MG. Relator: Min. JOAQUIM BARBOSA, Data de Julgamento: 18/09/2013, Tribunal Pleno, Data de Publicação: ACÓRDÃO ELETRÔNICO DJE-032 DIVULG 14-02-2014 PUBLIC 17-02-2014. Trata-se, possivelmente, do julgamento mais paradigmático da história do Poder Judiciário brasileiro, ao menos desde que se adotou o regime do Estado Democrático de Direito, representando um marco no combate à corrupção no país, tendo sido condenados criminalmente agentes políticos do mais alto escalão do Executivo e do Legislativo. O Ministro Luiz Fux, no voto então apresentado, destacou a grandiosidade também pelo aspecto físico do processo "a difícil função de julgar um processo materialmente complexo porquanto composto de mais de 235 volumes, centenas de apensos, mais de 500 depoimentos, cuja digitalização posto não comportar num hard disk de inúmeros computadores, mereceu um HD à parte que contém mais de 40 gigabytes de documentos" (fl. 53105 dos autos e p. 1490 do acórdão).

> sem uma premissa, que é a circunstância indiciante, ou seja, uma circunstância provada; e o valor crítico do indício está em relação direta com o valor intrínseco da circunstância indiciante. Quando esteja bem estabelecido, pode o indício adquirir uma importância predominante e decisiva no Juízo (fs. 52706/52707 dos autos, ps. 1091-1092 do acórdão).

4.5. A VALORAÇÃO DA PROVA INDICIÁRIA

4.5.1. Aspectos fundamentais

Para encerrar o presente capítulo, referente aos aspectos teóricos dos indícios e da prova indiciária, o subtema a se debruçar - assim como feito no capítulo sobre teoria geral da prova - diz respeito à sua valoração.

É certo que todas as considerações feitas sobre a valoração da prova no capítulo anterior se aplicam aos indícios, sejam aquelas mais gerais (*v.g.* no que consiste a valoração, seu mecanismo de funcionamento etc.), como as mais específicas (*v.g.* o modelo de valoração adotado no sistema probatório brasileiro).

Na prova indiciária, portanto, o pano de fundo quando se fala em valoração, sem dúvida, é o sistema de persuasão racional, com a liberdade apreciativa a ele inerente, bem como as respectivas limitações. Dito de outra forma, o valor das provas, em geral, é dado livremente pelo juiz, o que certamente não é diferente com a prova indiciária, de tal sorte que as balizas impostas ao convencimento do juiz acerca da prova indiciária são as mesmas que as existentes para as provas diretas.

E mais: todas as observações de cunho crítico feitas a tal sistema não apenas se aplicam no caso da prova indiciária, mas se agravam.

Isso porque se trata de prova de ordem eminentemente *lógica*, obtida por intermédio de uma inferência presuntiva baseada em máximas de experiência. O valor ou a força probante da prova indiciária depende, portanto, da *qualidade*[276] dos indícios sobre a qual se

---

276 PICÓ I JUNOY, Joan, Los Indicios En La Prueba De La Simulación Contractual (Circumstantial Evidence in the Proof of the Contractual Simulation) (July 1, 2017). **InDret**, Vol. 3, 2017, p. 11. Disponível em SSRN: https://ssrn.com/abstract=3032010). Nesse sentido anota Walter Coelho (COELHO, Walter.

sustenta, isto é, será naturalmente maior, ou menor, segundo o nexo de relevância inferencial entre o fato base (*factum probans*) e o fato consequência (*factum probandum*), seja mais ou menos estreito[277]. Com efeito, Echandia[278] assevera que:

> a força probatória do indício, assumindo a comprovação dos fatos indiciários, depende da maior ou menor conexão lógica que o juiz encontra entre eles e o fato desconhecido que investiga, com base nas regras gerais de experiência ou técnicas, conforme o caso.

No mesmo sentido, Taruffo[279] sintetiza:

> A valoração da prova baseada em meios de prova indiretos deve culminar na definição do grau de confirmação lógica e epistêmica que esses podem conferir ao enunciado acerca do fato principal: esse grau de confirmação é o valor das provas indiretas.

Isso evidencia que a operação mental-cognitiva, ou a atividade valorativa, realizada decerto é mais complexa do que nas provas diretas, o que leva a um cuidado maior do juiz no *dever* de justificação das razões que o levaram a decidir em um sentido e não em outro, ou a acolher uma hipótese e não a outra.

Em última análise, remete-se à questão do controle da racionalidade das decisões judiciais, que é mais *difícil* no sistema da persuasão racional, por ser excessivamente *aberto* e não se ter critérios objetivos estabelecidos para a efetiva valoração das provas. Dada essa ausência

---

Prova indiciária em matéria criminal. Porto Alegre: Sergio Antonio Fabris Editor, 1996, p. 67): "no exame da prova indiciária, a questão não se restringe a uma pura expressão numérica de simples somatório. Os indícios devem entrosar-se, harmonicamente, numa pauta de tonalidades lógicas, que visam, mais que quantidade, a qualidade de fornecer uma resultante com força capaz de gerar um maior ou menor convencimento".

277 AZEVEDO, Vicente de. **Curso de direito judiciário penal**: v. II. São Paulo: Saraiva, 1958, 1958, p. 12.

278 ECHANDIA, Hernando Davis. **Teoria general de la prueba judicial**: t. II. 3 ed. Buenos Aires: Editor Alberti, 1976, p. 626. No original: "la fuerza probatoria de los indicios, supuesta la prueba plena de los bechos indiciarios, depende de la mayor o menor conexión lógica que el jnez encuentra entre aquéllos y el hecho desconocido que investiga, con fundamento en las reglas generales de la experiencia o en las técnicas, según el caso';". Nesse sentido: MOURA, Maria T. Rocha de Assis. **A prova por indícios no processo penal**. São Paulo: Saraiva, 1994, p. 81.

279 TARUFFO. Michele. **A prova**. Tradução: João Gabriel Neto. São Paulo: Marcial Pons, 2014, p. 138. O autor também faz breve referência a situações mais complexas, como ocorre com as "provas em cascata" (*cascaded evidence*) – às quais se aludiu no item 4.2.2.3 (nota de rodapé nº 717) – ressaltando que se trata de hipótese logicamente complicada, com características sofisticadas, e se limita a afirmar "em termos muito amplos, que o valor probatório final atribuído às provas em cascata depende de todos os elos incluídos na cadeia de inferências que liga o *factum probans* ao *factum probandum*".

de parâmetros mínimos que *orientem* o julgador como proceder na atividade, é necessário se fornecer um ferramental *epistemológico* para reparar tal "defeito"[280].

Enfim, para se evitar os supramencionados riscos inerentes a essa liberdade, ainda mais em se tratando da prova por indícios, é necessário se estabelecer "modelos racionais que se esperam sejam utilizados pelo julgador como guias no processo de decisão", a fim de "reduzir os perigos do uso indevido ou mal-entendidos nas decisões judiciais baseadas em provas circunstanciais"[281]

Nessa perspectiva, duas soluções se mostram potencialmente relevantes, e serão apresentadas nos itens subsequentes.

A primeira é aquela adotada nas legislações francesa (art. 1.382 do Código Civil) e italiana (arts 192, inciso II, do CPP italiano e art. 2.729 do Código Civil)[282], que impõe sejam os indícios (ou as "presunções") "graves, precisos e concordantes". A partir de tais exigências, três teorias foram desenvolvidas pela doutrina italiana.

A segunda é a adoção de modelos de constatação ou *standards* de prova, na forma como visto no item 3.6.3, mas com atenção às peculiaridades inerentes à prova indiciária.

Por fim, é importante mencionar que muitos doutrinadores[283] que se lançaram a escrever sobre o tema conceberam verdadeiras "fórmulas" para valoração da prova indiciária, muitas das vezes pretendendo, de certa forma, "automatizar" tal atividade. Ocorre que esta é de ordem essencialmente *lógico-cognitiva*, de modo que não se pode impor critérios rígidos para seu desenvolvimento, como se fosse uma "receita de bolo".

---

280 Repisa-se a doutrina de Badaró (BADARÓ, Gustavo Henrique. **Epistemologia judiciária e prova penal**, p. 214) sobre o tema: "o vazio deixado pelo livre convencimento deve ser preenchido pela epistemologia, na qual se deve buscar o método adequado de valoração racional da prova, seja com vistas a assegurar melhores condições de obter um conhecimento verdadeiro, seja para permitir um controle intersubjetivo dos seus resultados".

281 TARUFFO. Michele. **A prova**. Tradução: João Gabriel Neto. São Paulo: Marcial Pons, 2014, p. 104.

282 O mesmo critério era adotado no art. 1.253 do Código Civil espanhol, todavia o dispositivo foi derrogado expressamente pela Ley 1/2000 de Enjuiciamento Civil.

283 Citem-se: MITTERMAIER, C.J. A. **Tratado da prova em matéria criminal**. 5 ed. Campinas: Bookseler, 2008, p. 513; DELLEPIANE, Antonio. **Nova teoria da prova**. Tradução: Erico Maciel. Campinas: Minelli, 2004, p. 103/106, COELHO, Walter. **Prova indiciária em matéria criminal**. Porto Alegre: Sergio Antonio Fabris Editor, 1996, p. 62.

Respeitado o trabalho de tais autores, pensa-se que seria até mesmo pretensioso almejar a concepção de uma espécie de *script* valorativo-decisório a ser seguido, passo-a-passo, pelo juiz, ainda mais em se tratando de prova indiciária, considerando que esta não se ajusta facilmente a regras analíticas e a restrições formais, motivo pela qual as garantias necessárias devem fundar-se, com maior razão, na racionalidade das inferências extraídas pelo julgador[284].

Isso porque, adotado o sistema da persuasão racional, com a consequente inexistência de hierarquia absoluta entre os meios de prova – e, sendo os indícios um meio de prova, na forma vista no item 4.4 –, para que se proceda à sua avaliação é necessária seguir o supramencionado mecanismo de valoração da prova, apenas com o acréscimo de uma etapa prévia: a aferição da ligação lógico-inferencial entre o fato indiciário – de natureza secundária – provado e o fato principal, cuja ocorrência se pretende por meio dele demonstrar, que se dá pelo *critério* das máximas de experiência.

Ao cabo, todas as provas devem ser apreciadas criticamente à luz do *conjunto probatório*, e não é diferente com os indícios, uma vez que nenhum tipo de prova *pesa* mais que outro no sistema da persuasão racional[285]. Se não bastasse, no processo, o conhecimento obtido acerca da verdade é eminentemente *relativo*, sendo bastante o atingimento de uma probabilidade *suficiente*, baseada em uma prevalência positiva de elementos de prova acerca de uma alegação de fato – ou o conjunto delas –, em oposição à prevalência negativa, de modo a corroborar, de forma racional e verificável, que a alegação é verdadeira e a hipótese nela contida deve ser adotada para julgamento do mérito.

Em resumo, o grande *fio da meada* para o correto entendimento do tema é que prova indiciária não pode ser apreciada apriorística ou abstratamente, mas apenas em confronto com *todas as provas* amealhadas *no caso concreto*, inclusive outras de natureza indiciária – sejam favoráveis ou contrárias à dada hipótese fática –, se existentes; apenas assim se poderá aferir a maior ou menor força probante da

---

284 TARUFFO. Michele. **A prova.** Tradução: João Gabriel Neto. São Paulo: Marcial Pons, 2014, p. 105.

285 LACERDA, Dennis Otte. **Breve perspectiva da prova indiciária no Processo Penal**. Curitiba: JM Livraria, 2006, p. 53.

prova direta em relação à prova indiciária e vice-versa e, *principalmente*, quais alegações de fato podem tidas por verdadeiras a partir da análise *qualitativa* do *conjunto probatório*, para então se concluir acerca da existência de *prova suficiente*[286] hábil, fundada em razões transubjetivas, a autorizar a eleição de uma ou outra hipótese fática[287].

O que se pode vislumbrar, sem que se "perturbe a liberdade de apreciação do juiz"[288], são diretrizes racionais, porém gerais e flexíveis, que *auxiliem* – e não substituam – a atividade crítica de valoração das provas, sejam elas diretas ou indiciárias. E isso sem garantia de segurança plena ou que seja válida para toda a casuística indiciária[289].

4.5.2. Indícios graves, precisos e concordantes

Os requisitos de gravidade, precisão e concordância dos indícios consubstanciam o mais tradicional parâmetro de valoração da prova indiciária, sendo proveniente das legislações francesa e italiana[290].

A primeira estabelece no art. 1.382[291] do *Code Civil* que:

> As presunções que não estejam previstas na lei são deixadas ao critério do juiz, que só as deve admitir se forem graves, precisas e concordantes, e apenas nos casos em que a lei admitir a prova por qualquer meio.

---

286 Ver item 3.6.1.

287 SCAPINI, Nevio. **La prova per indizi nel vigente sistema del processo penale**. Milano: Giuffrè, 2001, p. 165.

288 SANTOS, Moacyr Amaral. **Prova judiciária no cível e no comercial**: v. V. São Paulo: Max Limonad, 1968, p. 493.

289 PITT, Gioconda Fianco. **Prova indiciária e convencimento judicial no processo civil**. 2008. Dissertação (Mestrado em Direito) – Faculdade de Direito, Universidade Federal do Rio Grande do Sul, Porto Alegre, 2008, p. 117.

290 Cite-se, no mesmo sentido, o CPC colombiano, que, ao regular os indícios, estabelece: Art. 250.- Apreciação dos indícios. O juiz apreciará os indícios em conjunto, tendo em consideração sua gravidade, concordância e convergência e sua relação com as demais provas do processo.

291 Les présomptions qui ne sont pas établies par la loi, sont laissées à l'appréciation du juge, qui ne doit les admettre que si elles sont graves, précises et concordantes, et dans les cas seulement où la loi admet la preuve par tout moyen. Originalmente, a disposição estava contida no art. 1.353, o qual previa que as presunções somente seriam admitidas "nos casos em que a lei admitir prova testemunhal, salvo que o ato seja contestado por fraude ou dolo". A alteração legislativa se deu por força da "Portaria nº 2016-131, de 10 de fevereiro de 2016 – art. 4".

Na legislação italiana, o art. 2.729[292] do *Codice Civile* dispõe:

> As presunções não estabelecidas pela lei são deixadas ao critério do juiz, o qual só deve admitir presunções graves, precisas e concordantes. As presunções não se podem admitir nos casos em que a lei exclui a prova por testemunhas.

E no art. 192, II[293], do *Codice de Procedura Penale* mais especificamente: "A existência de um fato não pode ser deduzida de indícios a menos que sejam graves, precisos e concordantes".

Se analisados os dispositivos dos códigos civis francês e italiano à luz da estudada distinção existente entre indício e presunção, exsurge uma nítida atecnia. Isso porque a presunção é o resultado da operação mental realizada a partir do indício. Assim, com Parra Quijano[294], embora os legisladores tenham tratado do tema no capítulo referente às presunções simples, estavam se referindo aos *indícios* quando dispuseram que devem ser graves, precisos e concordantes.

A redação do art. 192, II, do *Codice de Procedura Penale* não deixa dúvida quanto a isso quando determina que os *indícios* devem cumprir tais requisitos para que deles se possa extrair a existência de um fato desconhecido[295].

Estabelecido isso, cabe agora verificar no que consiste cada um desses requisitos.

A gravidade diz respeito à efetiva potencialidade de esclarecimento do fato probando, e serão *graves* os indícios que cumprirem tal papel objetivamente, produzindo uma probabilidade suficiente quanto à existência daquele, desvinculado de subjetivismos do sujeito que os analise, bem como se mostrarem resistentes a negações ou interpretações contrárias acerca da sua relação lógica com aquele. Para tanto, faz-se necessário que as inferências realizadas baseiem em

---

292 Le presunzioni non stabilite dalla legge sono lasciate alla prudenza del giudice, il quale non deve ammettere che presunzioni gravi, precise e concordanti. Le presunzioni non si possono ammettere nei casi in cui la legge esclude la prova per testimoni.

293 L'esistenza di un fatto non puo' essere desunta da indizi a meno che questi siano gravi, precisi e concordante.

294 PARRA QUIJANO, Jairo. **Tratado de la prueba judicial**: v. 4. 3 ed. Bogotá: Ediciones Librería del Professional, 1997, p. 301.

295 Nesse sentido: PITT, Gioconda Fianco. **Prova indiciária e convencimento judicial no processo civil**. 2008. Dissertação (Mestrado em Direito) – Faculdade de Direito, Universidade Federal do Rio Grande do Sul, Porto Alegre, 2008, p. 67.

máximas de experiência consolidadas, e não naquelas que se revelem arbitrárias, por falta de respaldo empírico.

Parra Quijano[296] sintetiza:

> Há indício grave quando entre o fato comprovado (indício) e o fato a comprovar existe uma relação lógica imediata [...] a relação deve ser lógica, ou seja, deve surgir da realidade e não da imaginação ou arbitrariedade; portanto, a relação entre o fato base e o fato presumido deve ter um fundamento real, objetivo, independente do sujeito que a pensa"

Para que se atenda à exigência de *precisão*, é necessário que os indícios sejas *unívocos*, tenha um sentido único e definido, conduzindo necessariamente ao fato probando – ou melhor, a um juízo certeiro sobre a existência deste –, segundo o que ordinariamente acontece; ao revés, são imprecisos ou vagos – e, portanto, inidôneos – indícios vagos ou equívocos, que podem conduzir a tantos outros fatos desconhecidos, não apenas o que constitui objeto da prova[297].

Nesse sentido afirma Moacyr Amaral Santos[298] que: "um indício permite supor um, vários ou muitos fatos [...] *um indício tanto mais e melhor indica um fato quanto menor número de fatos diferentes indicar*".

Finalmente, são *concordantes* os indícios – graves e precisos – que não se contradizem, entre eles mesmo e com outros eventuais meios de prova acerca do mesmo fato, convergindo para uma única direção na finalidade de esclarecimento do fato probando. Certamente isso não ocorrerá quando algum deles estiver em contraste com outro, ensejando dúvida sobre a correção da inferência realizada. Tem-se, portanto, que a gravidade e a precisão são características individuais dos indícios, enquanto a concordância é aferida levando em conta o conjunta de todos os meios probatórios constantes do processo, razão

---

296 PARRA QUIJANO, Jairo. **Manual de Derecho Probatorio**. 16 ed. Bogotá: Librería Ediciones Del Professional, 2007, p. 680. No original: "Existe indicio grave cuando entre el hecho demostrado (indicio) y el hecho a probar, exista una relación lógica inmediata [...] relación debe ser lógica, es decir, surgir de la realidad y no de la imaginación, ni de la arbitrariedad; por tanto, la relación entre el hecho base y el hecho presunto ha de tener un fundamento real, objetivo, independiente del sujeto que lo piensa".

297 Nesse sentido: GASCÓN ABELLÁN, Marina. **Los hechos en el derecho**: bases argumentales de la prueba. 3 ed. Madrid: Marcial Pons, 2010, p. 139.

298 SANTOS, Moacyr Amaral. **Prova judiciária no cível e no comercial**: v. V. São Paulo: Max Limonad, 1968, p. 484.

pela qual a exigência de *concordância* somente se justifica quando presente uma pluralidade de indícios ou de um indício e outros meios de prova[299].

Em resumo, tem-se que os três critérios acabam por se complementar, uma vez que a *gravidade* faz referência ao adequado grau de probabilidade da inferência extraída do indício acerca do fato probando, a *precisão* garante a univocidade do resultado da inferência com relação a esse fato e a *concordância* indica a necessidade da pluralidade de indícios (ou meios de prova, em geral) apontar para um mesmo resultado.

Seguindo tal parâmetro, os indícios somente sairão do referido "estado potencial" e serão dotados de força probatória autônoma, de acordo com uma *probabilidade suficiente*, para esclarecimento do *factum probandum* se foram graves, precisos e concordantes.

4.5.2.1. As teorias de valoração dos indícios

Dando prosseguimento ao item anterior, cumpre agora examinar sucintamente as três teorias (ou métodos) de valoração dos indícios que foram desenvolvidas pela doutrina italiana, com base na metodologia de análise das aludidas exigências impostas pela legislação. São elas, conforme a doutrina de Danilo Knijnik[300]: a *tradicional*, a da *múltipla conformidade* (ou da convergência ou da confluência positiva e a *eclética* (ou *mediana*).

A primeira, concebida originariamente para o processo penal, é a de cunho mais garantista, porquanto demanda que *cada* indício reúna, em si mesmo e concomitantemente, as exigências de gravidade, precisão e concordância (com o fato probando) para que tenha força probante.

---

299 RUSSO, Vicenzo. **La prova indiziaria e il giusto processo**. Napoli: Jovene, 2001, p. 185. Convém destacar que uma parcela da doutrina faz a distinção terminológica entre "concordância" e "convergência" dos indícios. Por todos, Walter Coelho (COELHO, Walter. **Prova indiciária em matéria criminal**. Porto Alegre: Sergio Antonio Fabris Editor, 1996, p. 66-67) anota que a concordância "diz respeito ao coerente relacionamento dos indícios entre si, isto é, ao acordo dos fatos, passíveis de coexistir, no tempo e no espaço, obedecidas as relações lógicas que os entrelaçam. Uma vez estabelecida a concordância, parte-se, então para a visualização pretendida, ou seja, o fato probando, em toda a sua complexidade e suas circunstâncias. A 'convergência', pois, não está nos indícios, mas nas inferências ou conclusões lógicas que deles se vai extrair, apontando nessa ou naquela direção".

300 KNIJNIK, Danilo. **A prova nos juízos cível, penal e tributário**. Rio de Janeiro: Forense, 2007, p. 49-57. Saliente-se que referida obra serviu de base para a elaboração do presente item.

Com isso, não se admite que a "certeza" sobre o fato probando seja alcançada pela conjugação de dois ou mais indícios. Em razão do rigor extremo, tal teoria tem sido abandonada.

A segunda teoria, no extremo oposto à teoria tradicional, é da múltipla conformidade, preconizando que os indícios devem ser valorados *unicamente* em sem conjunto, de forma global e unitária. Assim, o conjunto formado pelos indícios, e não estes considerados individualmente, devem atender às exigências de gravidade, precisão e concordância. Por isso se pode afirmar que é a "teoria da 'convergência dos múltiplos': o que vale é apenas o resultado final da operação de co-valoração dos indícios"[301].

A terceira teoria, representando uma mediana entre as outras duas, é a eclética. Sob uma ótica diversa, estabelece que a valoração dos indícios deve ocorrer por um método bifásico: na primeira fase, cada indício é valorado individualmente, aferindo-se as exigências de gravidade e precisão; ato contínuo, na segunda fase, as inferências extraídas dos indícios "que resistiram ao exame de gravidade e certeza" são apreciadas a partir do seu *conjunto*, em termos de verificação da exigência de concordância.

Aqui também se exclui a possibilidade de um juízo de "certeza" sobre os fatos a partir de um único indício, ainda que grave e preciso, uma vez que se requer uma pluralidade de indícios para realizar o juízo de concordância (entre os indícios). Em que pese tal fato, é a teoria que goza de maior prestígio na jurisprudência italiana[302].

Por fim, realizando-se uma breve análise crítica das três teorias, à luz das premissas firmadas no presente estudo e ausentes razões de ordem material e principiológicas – como ocorre no processo penal[303], tem-se que a teoria da múltipla conformidade é aquela mais ade-

---

301 KNIJNIK, Danilo. **A prova nos juízos cível, penal e tributário**. Rio de Janeiro: Forense, 2007, p. 52.

302 No mesmo sentido: RUSSO, Vicenzo. **La prova indiziaria e il giusto processo**. Napoli: Jovene, 2001, p. 28.

303 No âmbito penal, Danilo Knijnik (KNIJNIK, Danilo. *A prova nos juízos cível, penal e tributário*, cit., p. 55) observa que a teoria da múltipla conformidade é compatível apenas com o *processo penal cautelar*, uma vez ser "perfeitamente possível a atividade de suplência dos indícios através do seu conjunto" para levar ao convencimento do juiz sobre a existência dos pressupostos legitimadores da medida cautelar pessoal. No *processo penal condenatório*, por outro lado, existe *incompatibilidade*, porquanto este é "avesso a tal atividade de suplência *contra reo*, mormente porque o modelo de constatação aplicável ao processo penal indiciário é o da *prova incompatível com qualquer hipótese de inocência*", razão pela qual deve prevalecer aqui a teoria mediana.

quada para servir de parâmetro na valoração da prova indiciária *no processo* civil.

Daí porque é possível que o julgador supra a ausência de *gravidade* ou *precisão* exigida para cada indício quando da apreciação do *conjunto probatório*. Noutras palavras, se realizada a valoração *global* de todos os indícios disponíveis, o resultado atender às exigências de gravidade, precisão e concordância, permitindo, em associação aos demais meios de prova presentes no processo[304], chegar à probabilidade suficiente acerca da existência ou não do fato probando.

A título ilustrativo, colhe-se da jurisprudência pátria exemplo[305] de adoção expressa da teoria da múltipla conformidade para valoração dos indícios no processo civil: em sede de ação de cobrança, o fato probando era a existência de contratação de locação de painéis de LED para utilização em determinado evento. O pedido foi julgado procedente em primeiro grau de jurisdição e, interposto recurso de apelação, a sentença foi mantida, consignando-se nas razões de decidir que:

> [...] a reunião dos diversos documentos trazidos com a inicial aponta, de forma concatenada, a contratação do serviço de locação e a efetiva utilização dos equipamentos locados na realização do evento. A propósito, bem elencou o juiz sentenciante [...] Aplicável à espécie a teoria da múltipla conformidade, autorizando a análise dos diversos indícios e elementos indiretos por uma operação simultânea de valoração, formando-se um conjunto probatório satisfatório em demonstrar o direito autoral, a despeito da ausência de formalização do contrato mediante instrumento assinado [...] Assim, comprovada a contratação e utilização do serviço de locação de equipamentos, é de rigor o pagamento da respectiva contraprestação pecuniária, sob pena de enriquecimento ilícito (art. 884 e ss. do Código Civil).

304 Nesse sentido: RUSSO, Vicenzo. **La prova indiziaria e il giusto processo**. Napoli: Jovene, 2001, p. 37.

305 TJMG – Apelação Cível 1.0024.13.366221-3/002, Relator(a): Des.(a) José Augusto Lourenço dos Santos , 12ª CÂMARA CÍVEL, julgamento em 23/11/0016, publicação da súmula em 30/11/2016.

4.5.3. Modelos de constatação (ou *standards* de prova) e a prova indiciária

Visto de que forma a exigência de gravidade, precisão e concordância pode funcionar para racionalizar e controlar o livre convencimento do juiz, e os riscos a ele inerentes, na valoração da prova indiciária, cumpre agora analisar a segunda solução possível de ser adotada para esse problema.

Voltam à tona aqui os modelos de constatação ou *standards* de prova, com as características essenciais apresentadas no item 3.7.3.

Em resumo, trata-se de *ferramentas* que se prestam a fixar qual o *grau de probabilidade* necessário para que se considere provada uma ou outra hipótese fática e lhe conceda os efeitos jurídicos abstratamente previstos no ordenamento jurídico, servindo de diretrizes para a valoração das provas no contexto da decisão final sobre os fatos em litígio.

Viu-se também que os modelos de constatação podem ser de quatro espécies, sendo aplicável *tradicionalmente* ao processo civil o da "preponderância de provas", cujo conteúdo pode ser resumido na enunciação: *é provável que algo tenha ocorrido.*

E tais modelos adquirem importância quando se faz presente no processo a prova indiciária[306], uma vez que esta exige cautelas adicionais, diante da maior probabilidade de erro, notadamente na sua valoração, auxiliando no estabelecimento da *quantidade de prova* necessária para que o julgador considere uma alegação de fato como provada. E isso não decorre propriamente da fraqueza da prova indiciária, mas da falibilidade do homem diante da maior complexidade do raciocínio e da formação do convencimento em relação às provas diretas.

Em complemento, repisa-se que *toda* decisão judicial envolve certo *grau de probabilidade*, em razão das limitações do conhecimento, de modo que "tudo que as partes podem fazer é 'convencer (o juiz), *com determinado grau de certeza*, de que um fato é provavelmente verdadeiro'". É necessário o estabelecimento, como *questão prévia*, de critérios que escalonam esses graus de probabilidade no processo judicial. E, uma vez proferida a decisão de acordo com o critério

306 Nesse sentido: TARUFFO. Michele. **A prova**. Tradução: João Gabriel Neto. São Paulo: Marcial Pons, 2014, p. 138.

requerido (preponderância de provas, no civil), o fato é tido por verdadeiro para fins de resolução do conflito[307].

Fazendo-se um contraponto, pensa-se os cuidados especiais que a prova indiciária exige não é acentuada ao ponto de exigir a formulação de um *novo* modelo de constatação, assim como uns pregam para o "processo penal indiciário" - em que se tem o modelo específico da "*prova razoável excludente de qualquer hipótese de inocência*".

A formulação desse quarto - e novo modelo de constatação, em relação aos tradicionalmente reconhecidos -, saliente-se, é fruto do entendimento de *parte* da jurisprudência norte-americana, isto é, não se trata de uma posição majoritária ou consolidada, conforme revelado pelo estudo feito por Danilo Knijnik[308]. Com efeito, não se pode compactuar com esse posicionamento: uma coisa é estabelecer um modelo de constatação diverso para o processo penal por força da consagração do princípio da presunção de inocência no texto constitucional, outra, totalmente diversa, é pregar a necessidade de um modelo específico para a prova indiciária, em razão apenas das suas especificidades ou natureza lógica. Em última análise, significa impor a ela a pecha de "prova inferior", "prova imperfeita" ou de menor hierarquia em relação às provas diretas, que vai diametralmente de encontro com o quanto defendido no presente estudo.

Esclarecido isso, afigura-se mais adequado ao sistema da persuasão racional, e consentâneo com o sistema processual civil brasileiro em geral, se fixar como "*regra geral*", nos moldes visto no item 3.6.3., a utilização do modelo da: (i) *preponderância de provas* no "processo civil tradicional, no qual são discutidas questões meramente patrimoniais"; (ii) *prova clara e convincente* no "processo civil especial", entendido aqui como as "determinados processos não-penais, cujos valores transcendem à dimensão meramente patrimonial"[309].

Ademais, é certo que a linha divisória entre o processo civil "tradicional" e o "especial" pode ser bem tênue na prática, sendo extremamente árduo - quiçá impossível - traçar uma fórmula geral e abstrata que permita quantificar o grau de probabilidade, ou certeza em termos relativos, a todo e qualquer processo de natureza

307 KNIJNIK, Danilo. **A prova nos juízos cível, penal e tributário**. Rio de Janeiro: Forense, 2007, p. 35-36.

308 KNIJNIK, Danilo. *A prova nos juízos cível, penal e tributário*, cit., p. 41-43.

309 KNIJNIK, Danilo. *A prova nos juízos cível, penal e tributário*, cit., p. 38-39.

não penal. Em aspectos práticos, é até mesmo intuitivo que o grau de probabilidade exigido para se julgar uma demanda que envolve a modificação de guarda de um menor deve ser maior do que um pedido de indenização por danos morais em razão de avarias causadas a um veículo.

Dessa forma, ficará ao encargo do juiz a definição, como questão jurídica prévia à valoração da prova, do modelo aplicável ao caso concreto, à luz do direito material e dos valores consagrados no ordenamento jurídico. Acrescente-se que os modelos de constatação, assim como se sustentou para os "meios de prova", são dotados de elevado grau de abertura e flexibilidade, consubstanciando um "tipo ideal axiológico". Sobre o tema, Danilo Knijnik[310] assevera:

> Os modelos de constatação não são, como acertadamente observa Strache, regras configuradas conceitualmente, às quais se possa efetuar simplesmente a subsunção por via do procedimento silogístico, mas pautas "móveis", que têm de ser inferidas da conduta reconhecida como "típica", e que têm que ser permanentemente concretizadas em sua aplicação no caso [...] De mais a mais, é difícil, ou até mesmo impossível, traçar um esquema abstrato que permita quantificar o convencimento judiciário, razão pela qual o máximo que se pode pretender é o fornecimento de pautas ou critérios, auxiliares à tarefa judicial em questão.

Expostas as duas soluções que se mostram potencialmente relevantes para mitigar os erros inerentes à complexa atividade de valoração dos indícios, pensa-se que o estabelecimento de *standards* de prova se afigura mais adequado sob a ótica epistemológica, porquanto não limita de forma alguma o conhecimento possível de ser adquirido pelo juiz, mas tão somente oferece o ferramental necessário para auxiliá-lo na atividade de valoração, reduzindo o risco – inevitável – de erro.

Some-se a isso o fato de que o sistema processual brasileiro não previu os requisitos de gravidade e precisão e concordância dos indícios, e que estes podem ensejar potenciais afrontas à persuasão racional do juiz, especialmente se adotada a teoria tradicional de valoração dos indícios.

310 KNIJNIK, Danilo. **A prova nos juízos cível, penal e tributário.** Rio de Janeiro: Forense, 2007, p. 44-46.

O que se pode admitir, sim, é a adoção de tais requisitos, no âmbito jurisprudencial, mas em função do *conjunto* dos indícios, em consonância com a teoria da múltipla conformidade. Isso porque a preponderância de provas acerca do fato probando pode não restar configurada com a análise individualizada dos indícios, mas o poderá do cotejo entre eles, em associação aos demais meios de prova.

No âmbito legislativo, o ideal seria a positivação pelo legislador pátrio nos moldes feitos no "Código Judicial de la República de Panamá"[311], em que se previu expressamente que os indícios serão apreciados *em conjunto*, inclusive com os demais meios de prova, com apoio nas regras de "sana crítica".

Pode-se admitir, igualmente, a fusão das duas soluções: a utilização do *standard* da preponderância de provas para valoração do conjunto probatório, sendo que a prova indiciária somente será nele incluído na medida em que se verificar a exigência de precisão, gravidade e concordância dos indícios em seu conjunto. Caso se tenha apenas prova indiciária produzida, esta representará todo o conjunto probatório.

A título conclusivo, é imperioso esclarecer que não existe uma solução perfeita e acabada, ou que se pode reputar como certa ou errada, para o *problema* da valoração da prova indiciária no processo civil, sendo que tantas outras soluções podem ser concebidas, além das duas aqui apresentadas.

Por tudo isto, tem-se que o fundamental não foi feito no sistema processual civil brasileiro, que é a previsão expressa dos indícios como meio de prova e a regulação da prova indiciária. E, como anota Custódio Miranda[312], isso não tanto para se definir a questão da sua admissibilidade, que sempre poderá fundamentar-se nos citados arts. 369 e 375 do CPC, "mas especialmente para se disciplinar esse meio de prova, no sentido de se eliminarem as possibilidades de erro, com o estabelecimento de certas normas que, pelo menos, delimitassem a amplitude de sua aceitação, em confronto, por exemplo, com o processo penal".

---

311 Ver item 4.3.2.5.

312 MIRANDA, Custódio da Piedade Ulbadino. Indícios e presunções como meio de prova. **Revista de processo**, v. 10, n. 37, p. 52-57, jan/mar, 1985, p. 11.

4.5.4. Unitariedade ou pluralidade de indícios

O próprio título dado ao presente estudo, bem como a muitos dos seus itens, é um indicativo do *problema* que agora se analisará.

O indício geralmente não se manifesta sozinho, ele é, em regra, acompanhado por outro indício ou mais de um. Daí porque se costuma empregar o termo *indícios*, no plural, para se referir ao *meio de prova*, e não *indício*, no singular[313].

E aqui surge a indagação: é possível que a *prova indiciária* seja baseada em apenas *um* indício, ou é necessária uma *pluralidade* de indícios, para fundamentar idoneamente a formação do convencimento judicial sobre os fatos e as respectivas decisões?

Em linhas gerais, esse é um *problema* que divide opiniões no âmbito doutrinário e jurisprudencial, e diz respeito à unitariedade ou pluralidade de indícios.

A doutrina, quando se presta a analisar essa questão, geralmente recorre às referidas classificações dos indícios, principalmente aquela que leva em conta o resultado da operação mental realizada, subdividindo os indícios em *necessários* e *contingentes*[314].

Embora se vislumbre um aspecto positivo em tal classificação, no sentido de que possa servir como ferramenta de auxílio na valoração da prova indiciária, pensa-se que este não é o melhor caminho a se trilhar.

Isso porque as classificações dos indícios, em geral, despertam uma série de ressalvas[315], não fornecendo um critério adequado para, à luz do sistema da persuasão racional, apreciar a sua força probatória[316].

E mais: a força dos indícios se verifica *in concreto*, isto é, a valoração da prova indiciária é sobremaneira casuística, depende sensivelmente das particularidades fáticas *do caso concreto*[317], razão

---

313 DE PLÁCIDO E SILVA. **Vocabulário jurídico**. 31 ed. Rio de Janeiro, Forense, 2014, p. 4096. *E-book*, p. 1779.

314 Veja-se, por exemplo, ECHANDIA, Hernando Davis. **Teoria general de la prueba judicial**: t. II. 3 ed. Buenos Aires: Editor Alberti, 1976, p. 652.

315 Ver item 4.1.5.

316 SANTOS, Moacyr Amaral. **Prova judiciária no cível e no comercial**: v. V. São Paulo: Max Limonad, 1968, p. 484.

317 Nesse sentido: MALATESTA, Nicola Framarino Dei. **A lógica das provas em matéria criminal.** Tradução: de J. Alves de Sá. Lisboa: Livraria Clássica Editora, 1927, p. 266; TOMÉ, Fabiana Del Padre. **A prova no direito processual civil**. 3 ed. São Paulo: Noeses, 2011, p. 159.

pela qual não se pode determinar, *in abstrato*, que um dado indício seja "necessário" ou "contingente", capaz ou incapaz de esclarecer, por si só, a existência ou não do fato principal. Do contrário, haveria o risco de se pré-conceber qual indício seria "necessário" e quais seriam "contingentes" conforme o objeto da demanda, reaproximando-se do sistema da tarifa legal.

Afigura-se mais adequado, portanto, não empregar os termos indícios necessários e indícios contingentes. Por outro lado, o *conteúdo* de tal classificação pode, e deve, ser acatado.

Não obstante a utilidade da prova indiciária, *em geral*, resida no concurso ou na pluralidade de indícios[318], não se pode fechar as portas para que um *único* indício seja suficiente, *no caso concreto*, para levar à escolha de uma hipótese fática em detrimento de outra, servindo de fundamento idôneo para formação do convencimento judicial[319].

Como anota Marina Gascón Abellán[320]: "Nada, em princípio, exclui que um determinado fato possa ser provado a partir de um único indício se sua qualidade epistemológica e, portanto, seu valor probatório, é muito alto".

Acrescente-se o quanto observado por Walter Coelho[321], de que exigência "da pluralidade (dois, três ou mais), como prelecionam alguns doutrinadores ou mesmo certas legislações apegadas ainda a resquícios da fase das 'provas legais'".

Patrícia Pereira[322] igualmente rechaça a exigência de uma pluralidade de indícios, porquanto acabaria por diminuir o seu valor

318 Como asseverado por Patrícia Pereira (PEREIRA, Patrícia Silva. **Prova indiciária no âmbito do processo penal**: admissibilidade e valoração. Coimbra: Almedina, 2017, p. 138), não se pode negar o incontornável. "Tal como no que se refere à prova direta, a pluralidade aumenta a probabilidade".

319 No mesmo sentido: SCAPINI, Nevio. **La prova per indizi nel vigente sistema del processo penale**. Milano: Giuffrè, 2001, p. 119; CAVALLONE, Bruno. **Il giudice e la prova nel processo civile**. Padova: Cedam, 1991, p. 375; DELLEPIANE, Antonio. **Nova teoria da prova**. Tradução: Erico Maciel. Campinas: Minelli, 2004, p. 105.

320 GASCÓN ABELLÁN, Marina. **Los hechos en el derecho**: bases argumentales de la prueba. 3 ed. Madrid: Marcial Pons, 2010, p. 139. No original: "nada excluye en principio que un cierto hecho pueda ser probado a partir de un solo indicio si su calidad epistemológica, y por tanto su valor probatorio, es muy elevada".

321 COELHO, Walter. **Prova indiciária em matéria criminal**. Porto Alegre: Sergio Antonio Fabirs Editor, 1996, p. 69.

322 PEREIRA, Patrícia Silva. **Prova indiciária no âmbito do processo penal**: admissibilidade e valoração. Coimbra: Almedina, 2017, p. 79. Para um aprofundamento do tema à luz da jurisprudência da *Corte Suprema di Cassazione* (Itália), do *Tribunal Supremo* (Espanha) e do *Supremo Tribunal de Justiça* (Portugal), ver a análise feita pela autora (*op. cit.*, p. 78-80, 93-95 e 135-140.

probatório, sendo uma "limitação à livre apreciação do juiz". Ressalta, porém, a possibilidade da decisão da causa se fundar em apenas um indício não significa admitir que pode levar em conta simples "suspeitas, subjetivismos e suposições".

Imagine-se o caso em que não existem provas diretas sobre as alegações de fato, mas tão somente um indício que permite inferir o *factum probandum*. Certamente esse único indício, independentemente da classificação que lhe seja dada, poderá levar ao julgamento favorável à hipótese fática que ele sustenta. Nas demandas em que se pleiteiam alimentos gravídicos, por exemplo, o fato de o réu ter exigido a realização de exame de DNA quando a genitora comunicou a gravidez, já bastaria o esclarecimento do fato principal e subsidiar o acolhimento do pedido.

Em última análise, a questão se remete ao quanto estabelecido no item anterior: todos os meios de prova, independente de diretos ou indiciários em relação ao fato probando, devem ser avaliados em *conjunto*. Se esse conjunto for composto somente por provas indiciárias, ou se elas prevalecerem sobre uma determinada prova direta, certamente será capaz de fundamentar uma decisão definitiva sobre o mérito da causa ou outra questão controvertida que se revele pertinente e relevante.

Daí porque, com Echandia[323], "a prova indiciária, como qualquer outra, pode desempenhar duas funções no processo: dar ao juiz plena convicção apenas sobre os fatos ou contribuir para esse resultado de acordo com outras provas".

4.5.5. Os limites da prova indiciária

Atingida a presente fase do estudo, pensa-se ter construído um acervo teórico suficiente para se defender o emprego dos indícios como legítimo, típico e valioso *meio de prova* no sistema processual civil, bem como esclarecido de que forma deve se dar a sua valoração, fornecendo subsídios gerais para tanto.

323 ECHANDIA, Hernando Davis. **Teoria general de la prueba judicial**: t. II. 3 ed. Buenos Aires: Editor Alberti, 1976, p. 691. No original: "Es decir, la prueba indiciaria, como otra cualquiera, *puede desempeñar dos funciones en el proceso;* darle al juez por sí sola la convicción plena sobre los hechos o contribuir a ese resultado en concordancia con otras pruebas".

Agora cabe apresentar o lado "oposto", indispensável a qualquer instituto jurídico: os seus limites.

A teor do quanto se expôs no capítulo acerca da teoria geral da prova[324], a relatividade é uma característica de absolutamente todos os direitos, inclusive os erigidos ao patamar de *fundamentais*, dentre os quais se inclui o *direito à prova*.

Restou demonstrado, ainda, de que forma o direito à prova sofre substanciais limitações, tanto de ordem *jurídica* como de ordem *lógica*.

Adotado o entendimento de que a prova por indícios é um meio de prova como outro qualquer, em relação à sua admissibilidade e força probatória, é natural que aquelas limitações se apliquem a ela também.

Alguns autores vão além e elencam *requisitos taxativos* para a existência jurídica, validade e eficácia probatória dos indícios e da prova indiciária em geral[325]. Porém, se analisados detidamente, ver-se-á que, em sua maioria, decorrem da admissibilidade da prova ou são inerentes à atividade de valoração de qualquer meio de prova, ou, ainda, dizem respeito à própria estrutura da prova indiciária[326].

Desse modo, sem pretensão de esgotar, tampouco fazer uma enumeração taxativa, alguns *requisitos* fundamentais podem ser estabelecidos à luz dos planos de *existência*, *validade* e *eficácia*. É o que se passa a fazer, de forma objetiva, para não se ter uma indesejada, e despicienda, repetição de ideias.

---

324 Ver item 3.5.2.

325 Ver ECHANDIA, Hernando Davis. **Teoria general de la prueba judicial**: t. II. 3 ed. Buenos Aires: Editor Alberti, 1976, p. 628-677 e **Compendio de la prueba judicial**: t. II. Buenos Aires: Rubinzal – Culzoni Editores. 1984, p. 278-295; MOURA, Maria T. Rocha de Assis. **A prova por indícios no processo penal**. São Paulo: Saraiva, 1994, p. 82-98.

326 Ver item 4.1.4.

4.5.5.1. Requisitos dos indícios e da prova indiciária: existência, validade e eficácia

4.5.5.1.1. Requisitos de existência dos indícios

No plano da existência, os requisitos podem ser condensados na enunciação: *o fato indiciário deve estar provado*[327] *e ter relação lógica com o fato probando* (fato consequência).

Como já exposto no item 4.1.4.1, trate-se do requisito mais importante dentre todos, e amplamente reconhecido nos ordenamentos estrangeiros, nos níveis legislativo, jurisprudencial e doutrinário.

Segundo Maria Thereza Moura[328], "O elemento fundamental da prova indiciária está na certeza do fato ou circunstância indiciante. [...] O juiz não pode apoiar-se em dado meramente provável, nem hipotético: a base da argumentação, que é o fato conhecido, deve ser certa".

Afinal, para que a prova indiciária se constitua, é premissa elementar que exista um fato conhecido e provado. Além disso, tal fato deve ser logicamente relevante em relação ao fato probando, permitindo se construir uma presunção simples acerca da ocorrência deste, por intermédio das máximas de experiência, que devem ser reconhecidas e consolidadas no momento da aplicação.

Enfim, sem o pleno *conhecimento* do fato indiciário, nenhuma relação lógica em potencial com o fato probando poderá ser feita; e mais, não se pode sequer se chegar a analisar os demais requisitos.

4.5.5.1.2. Requisitos de validade da prova indiciária

Reconhecida a *existência* dos indícios, deve-se cuidar para que não estejam eivados de alguma *nulidade*, a fim de que sejam considerados como meio de prova válidos. Para tanto, os seguintes requisitos são indispensáveis.

---

327 Nesse sentido: PARRA QUIJANO, Jairo. **Manual de Derecho Probatorio**. 16 ed. Bogotá: Librería Ediciones Del Professional, 2007, p. 68; GASCÓN ABELLÁN, Marina. **Los hechos en el derecho**: bases argumentales de la prueba. 3 ed. Madrid: Marcial Pons, 2010, p. 137.

328 MOURA, Maria T. Rocha de Assis. **A prova por indícios no processo penal**. São Paulo: Saraiva, 1994, p. 82.

O primeiro é a *licitude da prova do fato indiciário*, que advém da proibição geral de emprego de meios de prova ilícitos no processo, consagrada no art. 5º, inciso LVI, da CF/88. Com isso, em sendo constatada alguma *ilicitude* (*lato sensu*)[329], seja de direito material ou de direito processual, seja na obtenção da prova do fato indiciário (que, geralmente, se dá por meios de prova diretos) ou no procedimento como um todo, e que resvalar na prova indiciária, esta será nula e não poderá influir no convencimento judicial.

Outros dois importantes requisitos de validade são colhidos do art. 386, 1 e 2[330], da Ley de *Enjuiciamento Civil*, que regula a aplicação das presunções judiciais.

A *Ley* dispõe que a sentença deve incluir "o raciocínio com base no qual o tribunal estabeleceu a presunção", isto é, o juiz deve fundamentar o enlace lógico pelo qual o indício fez presumir o fato probando. Em essência, pode-se formular o requisito da *fundamentação do raciocínio presuntivo.*

Trate-se, em uma última análise, de exigência elementar aplicável a qualquer decisão judicial – e que se reveste de maior importância diante de uma prova indiciária – com respaldo expresso no art. 93, IX, da CF/88, cujo conteúdo foi reproduzido no art. 11 do CPC/15, sendo alçado ao patamar de "norma fundamental do processo".

É o que permite: (i) em linhas gerais, aferir a "justeza da decisão consoante o direito aplicável aos factos apurados" e às partes "ficar na posse dos instrumentos de que necessitará para a eventual impugnação da decisão"; (ii) especificamente quanto à prova indiciária, verificar a "aceitabilidade do indício, da máxima de experiência ou da norma de critério humano (como preferencialmente lhe chama a jurisprudência

---

329 Ver item 3.5.3.3.2.

330 Artículo 386. Presunciones judiciales.

1. A partir de un hecho admitido o probado, el tribunal podrá presumir la certeza, a los efectos del proceso, de otro hecho, si entre el admitido o demostrado y el presunto existe un enlace preciso y directo según las reglas del criterio humano.

La sentencia en la que se aplique el párrafo anterior deberá incluir el razonamiento en virtud del cual el tribunal ha establecido la presunción.

2. Frente a la posible formulación de una presunción judicial, el litigante perjudicado por ella siempre podrá practicar la prueba en contrario a que se refiere el apartado 2 del artículo anterior.

espanhola) e a aceitabilidade e solidez da presunção delas resultante, antes mesmo de se tomar uma decisão"[331].

Gianturco[332] assevera que a força probante da prova indiciária no Direito moderno remonta ao momento em que a livre valoração da prova pelo juiz se associou ao dever deste em justificar seu juízo, por meio da motivação da sentença.

Extrai-se da *Ley* espanhola também o requisito da *garantia de prova contrária*, isto é, ante a possível formulação de uma presunção judicial, o litigante por ele prejudicado poderá sempre produzir prova em contrário, a fim de demonstrar tanto a inexistência do fato presumido quanto a demonstração de que não há, no caso em questão, o vínculo que deve existir entre o fato presumido e o fato provado ou admitido que fundamenta a presunção.

É garantia inerente ao direito fundamental à prova, e o seu cerceamento pode levar à nulidade da decisão proferida.

4.5.5.1.3. Requisitos de eficácia dos indícios

Superados o plano da existência e da validade, cumpre, por fim, verificar os dois requisitos atinentes à eficácia dos indícios, sendo a observância necessário para que possam produzir plenos efeitos probantes.

O primeiro é a *exclusão da hipótese de azar e de falsificação da prova do fato indiciário.*

Isso equivale dizer que no "balanço de probabilidades" que consubstancia a valoração probatória, notadamente da prova indiciária, deve se excluir a "hipótese do azar", que se faz sempre presente. Nesse sentido afirma Dellepiane[333] que o azar vem a ser no universo algo assim como a desordem ou a "ausência de ordem", sendo imprevisível e inevitável.

A conexão entre o fato indiciário e o fato consequência não pode ser *falsa*, ou "criada por obra do azar, em seu significado de sorte (boa ou má), e, principalmente, acaso", o que levaria a um

---

331 PEREIRA, Patrícia Silva. **Prova indiciária no âmbito do processo penal**: admissibilidade e valoração. Coimbra: Almedina, 2017, p. 97/100.

332 GIANTURCO, Vito. **La Prova indiziaria**. Milano: Dott. A Giuffré Editore, 1958, p. 8.

333 DELLEPIANE, Antonio. **Nova teoria da prova**. Tradução: Erico Maciel. Campinas: Minelli, 2004, p. 96.

nexo de relevância inferencial meramente *aparente* entre tais fatos[334]. Daí porque o enlace lógico deve ser concreto e real – e para isso as máximas de experiência servem de critério cognitivo –, sob pena de retirar a eficácia probante dos indícios.

A segunda "falsa causa" que pode produzir uma força probante apenas aparente dos indícios é a *falsificação* da prova do fato indiciário, isto é, a adulteração praticada no conteúdo que leva a um equívoco interpretativo acerca do fato indiciário. É o que Dellepiane[335] chama de "mão oculta que os simula intencionalmente", dando o exemplo de um terceiro, verdadeiro autor do crime, que presenteia o acusado A com o anel da vítima, para sobre ele atrair as suspeitas.

O segundo, e derradeiro, requisito é a *eliminação de contraindícios e de outras hipóteses ou motivos infirmantes da conclusão.*

Os contraindícios, pelo conceito trazido por Echandia[336], são "os fatos indicadores a partir dos quais é obtida uma inferência contrária àquela fornecida por outros indícios". Existindo indícios e contraindícios acerca do fato probando, rompe-se a conexão e unidade do conjunto[337] e o juiz não poderá obter, então, um convencimento racional a partir dos indícios, "a não ser que disponha de outros meios pelos quais possa resolver esse desacordo entre os fatos indicadores, excluindo o mérito probatório de alguns e a confirmação de outros".

Um outro fenômeno que pode ocorrer é o conjunto dos fatos indiciários conduzir a tantos outros fatos desconhecidos, não apenas o que constitui objeto da prova, fazendo com que a conclusão acerca da ocorrência ou não deste se torne *equívoca*. Não se tem, então, propriamente *contraindícios*, mas indícios *equívocos*, que podem levar a diferentes conclusões.

---

334 Nesse sentido: ECHANDIA, Hernando Davis. **Teoria general de la prueba judicial**: t. II. 3 ed. Buenos Aires: Editor Alberti, 1976, p. 642.

335 DELLEPIANE, Antonio. *Nova teoria da prova*, cit., p. 105.

336 ECHANDIA, Hernando Davis. *Teoria general de la prueba judicial*: t. II, cit., p. 661. No original: "los hechos indicadores de los cuales se obtiene una inferencia contraria a la que suministran otros indicios".

337 Como anota Malatesta (MALATESTA, Nicola Framarino Dei. **A lógica das provas em matéria criminal.** Tradução: de J. Alves de Sá. Lisboa: Livraria Clássica Editora, 1927, p. 229): "a força probatória do indício está, assim, em razão direta da frequência do fato indicado, e na razão inversa da multiplicidade e frequência dos fatos contrários".

Faz-se necessário, nesses casos, eliminar os possíveis *motivos infirmantes da conclusão adotada*[338], realizando-se o "balanço de probabilidades", o sopesamento das hipóteses fáticas apresentadas, por critérios razoáveis, à luz do conjunto probatório, para que se verifique referida conclusão prevalece, e possa se alcançar o grau de probabilidade suficiente, necessário para se considerar provada ou não a respectiva alegação.

4.5.5.2. Apontamentos conclusivos

Apresentado o "outro lado da moeda", fica claro que o fato de se defender aqui o emprego da prova indiciária não significa afirmar, como o fez Dellepiane[339], que um dia "se converterá na prova por excelência, na rainha das provas (*probatio probatissima*, como se disse da confissão)". Reproduzindo o quanto anotado por Roque de Brito Alves[340], isso seria "algo muito apaixonado ou produto de entusiasmo", tanto é o jurista fez essa afirmação no ano de 1964 e, confirmando suas suspeitas, nos dias atuais ainda se faz vigente.

Pensa-se, sim, que o preconceito e o misticismo que ronda a prova indiciária desde a época dos "indícios supersticiosos" devem ser finalmente superados, mesmo porque a ciência processual avançou exponencialmente desde então, inclusive ganhou autonomia científica, bem como a epistemologia.

Isso implica dizer que se tem, atualmente, amplo substrato jurídico-processual e epistemológico para que seja devidamente compreendida e, principalmente, mais bem aproveitada no direito probatório, haja vista o seu imenso potencial de esclarecimento dos fatos em juízo civil[341].

---

338 Nesse sentido: ALVES, Roque de Brito. **Dos indícios no processo penal**. Recife: Grafica Ipanema, 1964, p. 105.

339 DELLEPIANE, Antonio. **Nova teoria da prova**. Tradução: Erico Maciel. Campinas: Minelli, 2004, p. 76.

340 ALVES, Roque de Brito. *Dos indícios no processo penal*, cit., p. 16.

341 Essa desconfiança acerca da prova indiciária no processo civil tanto não se justifica que Bentham (BENTHAM, Jeremías. **Tratado de las Pruebas**. Tomo Primero. Paris: Bossange Freres, 1825, p. 111), no longínquo ano de 1825, afirmou que "a prova circunstancial se encontra igualmente no civil e no criminal: variarão conforme a natureza dos casos, e admitem uma diversidade verdadeiramente infinita".

Na mesma linha é a conclusão apresentada por José Henrique Pierangelli[342]: "O desenvolvimento histórico desse meio de prova, realmente, se não permite um vaticínio de que, em futuro próximo, a prova indiciária tornar-se-á *probatio probatissima*, possibilita acreditar-se que ela romperá com todos os tabus que a cercam, ainda atualmente, em parte da doutrina".

Destarte, a apresentação dos limites da prova indiciária nesse item final da parte teórica teve o condão de mostrar que não se pretende *sobrevalorizar* tal prova, e mostrar apenas os seus "pontos positivos", razão pela qual se deixou claro que ela também encontra limites como todas as outras, inclusive mais rigorosos no tocante à sua apreciação.

O que se quer, ao cabo, é apenas *valorizá*-la, sem excessos, dar o devido valor que ela merece, mostrar que o preconceito e a "crença inconsciente"[343] que a circundam não se justificam num sistema processual em que o direito fundamental à prova e a persuasão racional se fazem presentes, muito menos sob a ótica epistemológica, que fornece ferramentas valiosas à racionalidade da valoração das provas, e é tão cara – e necessária – hoje para se enxergar devidamente o fenômeno jurídico, especialmente o fenômeno *probatório*.

342 PIERANGELLI, José Henrique. Da prova indiciária. **Revista dos Tribunais**, São Paulo, v. 75, n. 610, p. 283-303, ago. 1986, p. 289.

343 Roque de Brito Alves (ALVES, Roque de Brito. **Dos indícios no processo penal**. Recife: Grafica Ipanema, 1964, 107) assenta, com escólio em obra de Theodor Reik (REIK, Theodor, El asesino desconocido: psicoanálisis de los procedimientos criminológicos. Tradução: Simón Wencelblat]. Buenos Aires: Asociación Psicoanalítica Argentina, 1943, p. 205-206) – na qual analisa a prova indiciária pela ótica psicológica – que a evolução do caráter geral da evolução da prova indiciária ao longo dos tempos, isto é, da mágica antiga, passando pela fase posterior lógico-jurídica, formal, até chegar na moderna, de cunho técnico-científico, não impediu que o dito poder mágico ainda se faça presente, permanecendo como crença inconsciente, não obstante a interpretação científica, do próprio homem moderno.

CAPÍTULO 5

OS INDÍCIOS E O PROCESSO CIVIL: ASPECTOS PRÁTICOS

Finalizada a parte estrutural do estudo, acredita-se que estão postos os substratos teóricos indispensáveis para que se possa fazer a análise dos aspectos práticos que circundam os indícios e a prova indiciária na prática civil brasileira.

A distinção clássica entre teoria e prática leva em conta que a primeira é um conjunto de informações que tem por objetivo explicar determinada realidade e, a segunda, a própria realidade explicada tal qual ela se apresenta. Fala-se, então, que a teoria explica a prática e a prática confirma ou infirma a teoria. Como afirmado por Aurora Carvalho[1]:

> Não existe prática sem teoria e nem teoria sem prática. Nenhum caso concreto é conhecido ou resolvido sem um conjunto de proposições que o explique e nenhum conjunto de proposições explicativas é construído sem uma concretude que o reclame [...] De nada serve sabermos uma teoria se não conseguimos aplicá-la para explicar a concretude experimentada. Do mesmo modo, de nada adianta experimentarmos uma concretude se não temos uma teoria para compreendê-la, em nenhum dos casos conheceremos o objeto.

O que se pretende com essa parte final do presente estudo é justamente perquirir a realidade acerca dos indícios e da prova indiciária tal qual ela se apresenta, e nada melhor que a verificação dos julgados proferidos pelos tribunais brasileiros a respeito do tema.

---

1 CARVALHO, Aurora Tomazini De. **Teoria geral do Direito**: o Constructivismo Lógico-Semântico. 2009. Tese (Doutorado em Direito) – Faculdade de Direito, Pontifícia Universidade Católica de São Paulo, São Paulo, 2009, p. 19-20.

Tendo em vista o amplo campo amostral, optou-se por estabelecer o seguinte corte metodológico: (i) realizar uma análise de ordem eminentemente expositiva, sem tecer maiores comentários de ordem crítica aos entendimentos adotados nos julgamentos; (ii) foram eleitos quatro grandes "temas", os quais refletem as matérias que usualmente mais reclamam a utilização da prova indiciária no processo civil.

Enfim, não se busca fazer um apanhado analítico da jurisprudência, mas tão somente ilustrar o quanto apresentado na parte teórica do estudo, fazendo-se uso dos apontamentos doutrinários pertinentes, com o fim último de demonstrar que os indícios e a prova indiciária têm ampla relevância no processo civil brasileiro, em que pese o déficit legislativo e doutrinário.

5.1. A ESSENCIALIDADE DA PROVA INDICIÁRIA PARA COMPROVAÇÃO DE FRAUDES

Fraude – do latim *fraus, fraudis* (engano, má-fé, logro)[2] – nada mais é do que o ato praticado com um fim dissimulado em relação ao que aparenta, visando a enganar alguém, fugir ao cumprimento de um dever ou burlar a lei[3].

Do próprio conceito apresentado, pode-se verificar que as fraudes representam um grande "problema" no âmbito jurídico, uma vez que dão ensejo a inúmeros ilícitos, tanto de ordem penal, como de ordem civil.

A respeito do tema, confira-se um elucidativo julgado do STJ, em que se adotou o entendimento de que *inexiste* qualquer distinção *ontológica* entre a fraude civil e a fraude penal, porquanto ambas são alcançadas pela ideia de utilização de "meios fraudulentos para a obtenção de vantagem ilícita em prejuízo alheio":

> PENAL E PROCESSUAL PENAL. HABEAS CORPUS SUBSTITUTIVO DE RECURSO ORDINÁRIO. ART. 171, CAPUT, DO CÓDIGO PENAL. TRANCAMENTO DA AÇÃO PENAL. AUSÊNCIA DE JUSTA CAUSA. INÉPCIA DA DENÚNCIA. INOCORRÊNCIA.

---

2 DE PLÁCIDO E SILVA. **Vocabulário jurídico**. 31 ed. Rio de Janeiro, Forense, 2014, p. 4096. *E-book*, p. 1562.

3 Nesse sentido é a definição encontrada no Dicionário Aulete (FRAUDE. *In* Dicionário Aulete. Disponível em http://www.aulete.com.br/fraude. Acesso em 01 nov 2020): "Ação desonesta realizada com o propósito de enganar alguém ou burlar regras e leis vigentes".

> ALEGAÇÃO DE OCORRÊNCIA DE MERO INADIMPLEMENTO CONTRATUAL. FRAUDE CIVIL E FRAUDE PENAL.
>
> I - O trancamento de ação por falta de justa causa, na via estreita do writ, somente é viável desde que se comprove, de plano, a atipicidade da conduta, a incidência de causa de extinção da punibilidade ou ausência de indícios de autoria ou de prova sobre a materialidade do delito, hipóteses não ocorrentes na espécie (Precedentes).
>
> II - Ontologicamente não há qualquer distinção entre a fraude civil e a fraude penal, é dizer, uma e outra estão reunidas num mesmo conceito: utilização de meio fraudulentos para a obtenção de vantagem ilícita em prejuízo alheio. Não há por assim dizer, diferenças estruturais entre a lesão patrimonial per fraudem realizada quer na esfera civil, quer na esfera penal. A fraude é uma só!
>
> III - Na hipótese, a simples existência de um contrato de compra e venda entre o paciente e a suposta vítima não afasta a possibilidade de ocorrência do delito de estelionato. É que, não raro, o contrato se presta para a prática do delito. Com efeito, há casos em que o inadimplemento contratual é o efeito de um pré-constituído propósito fraudulento, onde o contrato nada mais é do que o meio utilizado pelo agente para induzir a vítima em erro e obter vantagem ilícita em prejuízo de seu patrimônio. [...]. Habeas corpus denegado[4].

Tanto o é que algumas espécies de fraudes se tornaram verdadeiros institutos jurídicos e foram expressamente positivadas no sistema processual civil, a exemplo da "fraude contra credores" - prevista no art. 158 do Código Civil como um dos "defeitos do negócio jurídico" - e a "fraude à execução" (art. 792 do CPC/15).

Extrai-se do conceito trazido também o fato de quem pratica uma fraude o faz de forma enganosa, dissimulada, tomando os cuidados necessários para que ela não seja descoberta. E tais "cuidados" significam lançar mão de expedientes ardilosos, manobras escusas para dificultar o conhecimento do *verdadeiro* fim colimado.

Nesse cenário, tratando-se de fraudes, que por essência são sempre ocultas, não há como sequer imaginar a possibilidade de produzir provas diretas a seu respeito. Afinal, ninguém assina um "contrato de fraude", um "termo de confissão de fraude" ou algo do gênero.

4 HC 76.106/CE, Rel. Ministro FELIX FISCHER, QUINTA TURMA, julgado em 14/06/2007, DJ 24/09/2007, p. 339 – grifo nosso

A exceção fica justamente por conta dos fatos que lhes são adjacentes ou indiretos, cuja verificação se faz necessariamente por indícios e o raciocínio presuntivo formado a partir deles.

A doutrina ensina que a prova indiciária é justamente o principal meio de prova de fraudes. Nas palavras de Moacyr Amaral Santos[5]: "A prova indiciária tem grande aplicação, principalmente a apuração de dolo, da fraude, da simulação e, em geral, dos atos de má-fé"[6]. Por tal razão, inclusive, anota o autor que o art. 252 do CPC/39 estabeleceu o "princípio assente na doutrina e na jurisprudência" de que "O dolo, a fraude, a simulação e, em geral, os atos de má fé poderão ser provados por indícios e circunstâncias", cabendo ao juiz a sua livre apreciação.

Igualmente De Plácido e Silva[7] afirma que: "a prova da fraude se faz por todos os meios permitidos em Direito", admitindo-se, assim, o emprego dos indícios.

E mais: quando se fala em fraudes, situações praticadas ardilosamente e sem deixar rastros, não seria razoável que a extrema dificuldade (ou até a impossibilidade) de se obter provas diretas se torne um benefício para aquele que agiu ilegalmente.

Fazendo esta reflexão, Carlos Alberto Dabus Maluf[8] disserta: "em matéria de fraude, e, em geral, quanto à prova de todo ato em que se procura iludir a outrem, admite-se como de grande relevo, não a prova incisiva, mas a certeza inferida de indícios e circunstâncias."

No mesmo sentido, Isabela Rosoni[9] aponta que, ainda na Idade Média, Farinaccio assentou a máxima ""“presumptiones et indicia sufficiunt ad condemnandum in delictis occultis et difficilis probationis" ("as presunções e os indícios são suficientes para a condenação em delitos ocultos e de prova difícil"), citando como exemplos a fraude, a simulação e o incêndio.

---

5 SANTOS, Moacyr Amaral. **Primeiras linhas de direito processual civil**: vol. 2. 27 ed. São Paulo: Saraiva, 2011, p. 504.

6 SANTOS, Moacyr Amaral. **Prova judiciária no cível e no comercial**: v. V. São Paulo: Max Limonad, 1968, p. 85.

7 DE PLÁCIDO E SILVA. **Vocabulário jurídico**. 31 ed. Rio de Janeiro, Forense, 2014, p. 4096. *E-book*, p. 1562.

8 MALUF, Carlos Alberto Dabus Maluf. As presunções na teoria da prova. **Revista Da Faculdade De Direito,** 79, 1984, Universidade De São Paulo, 192-223, p. 208.

9 ROSONI, Isabella. **Quae singula non prosunt collecta iuvant**: La teoria della prova indiziaria nell'età medievale e moderna. Milano: Giuffrè, 1995, p. 193.

O STJ já ressaltou a força dos indícios para demonstração de atos dissimulados, tais como as fraudes e as simulações:

> Aliás, estes atos, neste tipo de negócio fraudulento, são praticados justo para dar foros de legalidade a tais contratações. Daí porque o magistrado, para chegar à conclusão da existência da simulação, obriga-se a investigar nas franjas da negociação para extrair o vício. E assim é porque "a prova da simulação é difícil, pois se deve demonstrar que há um negócio aparente, que esconde ou não outro ato negocial, por isso o Código de Processo Civil, nos arts. 332 e 335, dá, implicitamente, ao magistrado o poder de valer-se de indícios e presunções para pesquisar a simulação" (DINIZ. Maria Helena, in Curso de Direito Civil Brasileiro. São Paulo: Saraiva, 1991, pág.256)" (STJ - Edcl no Agravo em Recurso Especial Nº 497.484 - SC 2014/0079968-3 - Relatora Ministra Maria Isabel Gallotti - J. 21/11/2015).

E, para os fins da presente análise – mesmo porque seria tarefa impossível catalogar todas as espécies existentes –, duas espécies de fraudes importam: as patrimoniais e/ou societárias, e as que envolvem as intenções das partes em geral, os atos de má-fé, especialmente na celebração de negócios jurídicos.

5.1.1. Fraudes patrimoniais e societárias

As fraudes patrimoniais que aqui importam são aquelas perpetradas com o fim de *blindagem patrimonial*, de ocultação do patrimônio do devedor, mediante a transferência de bens para terceiros, pessoas físicas e/ou jurídicas, podendo se constituir sob as mais variadas formas.

Em regra, a fraude patrimonial geralmente é acompanhada de uma fraude *societária*, sendo o exemplo mais conhecido a constituição de empresas cujos sócios são comumente denominados de "testas-de-ferro" ou "laranjas" (pessoas em cujo nome os bens são registrados) do devedor[10].

10 Munõz Sabaté (MUÑOZ SABATÉ, Lluiz. **El Testaferro**: su prueba em el Derecho y la Politica: Madrid: La Ley, 2015, p. 15) é o autor de uma obra na qual esmiúça a figura do "testa-de-ferro", à qual se remete para análise mais aprofundada. Dado os limites traçados para essa parte do estudo, importa apenas se transcrever o seguinte excerto da obra: "testa-de-ferro é o termo usado na literatura, nas leis e na psicologia para indicar a pessoa que se faz passar por, se esconde ou se disfarça legalmente, emprestando seu nome e identidade, assinatura ou sua personalidade, seja física ou juridicamente, emulando o papel social da pessoa mandante a quem, no fundo, representa".

E essas fraudes podem ocorrer antes ou depois da cobrança judicial da dívida. No primeiro caso, o devedor aliena/oculta/blinda o que possui antes mesmo de ser executado ou réu em um processo em que a dívida lhe seja cobrada; no segundo aliena/oculta/blinda depois de ser réu ou executado[11].

Tem-se exemplos de figuras públicas no Brasil, de grande fama e que fizeram carreira nos variados segmentos (música, futebol, automobilismo), que são devedores contumazes e não declaram qualquer patrimônio, em que pese sejam notoriamente detentores de um elevado padrão de vida.

E se tem igualmente inúmeros casos de pessoas que não são necessariamente públicas ou famosas, mas ostentam *status* de vida faraônico perante terceiros (principalmente nas redes sociais), e não cumprem com suas obrigações pecuniárias em juízo.

Outro fato a se destacar é que as fraudes societárias se aprimoraram ao longo dos anos, sendo que hoje existem modalidades mais complexas, podendo se citar duas principais:

(i) as chamadas empresas *offshore* (ou *offshore companies*), sociedades anônimas sediadas nos chamados "paraísos fiscais" (*tax haven*), sem exercício de atividade empresarial propriamente dita, cujas ações são emitidas ao portador, o que lhes permite manter oculto o nome do verdadeiro proprietário e controlador. Além disso, as aplicações de recursos sem origem comprovada são aceitas e o sigilo bancário é garantido, sendo um notório exemplo as Ilhas Cayman.

Por primeiro, vale a ressalva feita por Fábio Ulhoa Coelho[12] de que as *offshore companies* nem sempre são instrumentos de fraude,

---

11 RODRIGUES, Marcelo Abelha. O que fazer quando o executado é um "cafajeste"? Apreensão de passaporte? Da carteira de motorista? Disponível em:http://www.migalhas.com.br/dePeso/16,-MI245946,51045-O+que+f azer+quando+o+executado+e+um+cafajeste+Apreensao+de+passaporte.. **Migalhas**, Set. 2016. Acesso em 03 fevereiro 2020. É o que o autor chamou de "executado ou devedor cafajeste", em artigo jurídico que apresenta, de forma bastante lúdica, o tema das "técnicas coercitivas na execução para pagamento de quantia". Complementa o autor: "O primeiro é cafajeste profissional o segundo é amador. Sim, porque no primeiro caso o credor/exequente só poderá valer-se da infindável ação pauliana para reconhecer a ineficácia dos atos jurídicos já cometidos e que são pretéritos ao processo, e, no segundo caso haverá a fraude à execução que, em tese, sempre em tese, é um caminho que pode ter fim pelo reconhecimento da ineficácia do ato de alienação/blindagem/ocultação".

12 COELHO, Fábio Ulhoa. **Curso de Direito Comercial**: v. 2. 19 ed. São Paulo: Saraiva, 2015, p. 70-71.

sendo dotadas de legitimidade para a realização de determinadas operações mercantis, legais sob o ponto de vista do direito brasileiro, com o objetivo de planejamento tributário ou fluxo de pagamentos e recebimentos em moeda estrangeira.

Ocorre que referida legitimidade é ferida de morte quando se "pratica atos ou titulariza bens estranhos a qualquer atividade empresarial", e as *offshore* acabam se tornando "uma das alternativas mais empregadas pelos devedores para ocultar bens de credores, dificultando a execução de suas obrigações". Explica o autor que, em tais casos, em linhas gerais, o esquema é o seguinte:

> o interessado adquire a participação societária de uma sociedade sediada em outro país, passando a controlá-la. Note-se que, em alguns lugares - conhecidos geralmente pela expressão "paraísos fiscais", em virtude da sua política de tributação menos gravosa para o contribuinte -, o direito vigente admite a constituição de sociedades cujo capital social é todo representado por ações ao portador, com objeto social extraordinariamente largo [...] Uma vez adquiridas as ações ao portador representativas do capital social da *offshore company*, o devedor transfere para o domínio da pessoa jurídica os seus principais bens, como imóveis, veículos e quotas ou ações de sociedades brasileiras. Os que vier a adquirir já serão também registrados em nome da pessoa jurídica estrangeira. Em seu próprio nome não se encontra nenhum bem de expressão econômica.

(ii) os grupos econômicos *de fato*, representando um conjunto de pessoas jurídicas que, embora conservem a sua própria autonomia jurídica, encontram-se subordinadas a uma direção económica unitária exercida por uma outra sociedade, tendo todas elas fins comuns, notadamente fraudulentos, sem a devida formalidade perante a lei.

Sobre tais grupos, breves considerações devem ser feitas.

A toda evidência, a formação de grupos econômicos, ou grupo de sociedades empresárias, não traz em si qualquer ilicitude[13]. Ao revés, é uma exigência do sistema econômico contemporâneo, cujo

13 Salienta-se que, pelos motivos ora apresentados, serão utilizadas à frente no trabalho as expressões "grupos econômicos fraudulentos", "grupos econômicos de fato" ou apenas "grupos econômicos" sempre se referindo aos grupos econômicos, ou grupo de sociedades, que se constituam pela modalidade "de fato", e com fins fraudulentos.

modelo predominante é cada vez mais globalizado, tornando obsoleto o modelo tradicional de sociedade comercial "individual" ou "unissocietária"[14]. O ordenamento jurídico pátrio, inclusive, incorporou a ideia de que os grupos econômicos podem existir licitamente, a teor da previsão expressa do art. 265[15] da Lei nº 6.404/76 (Lei das Sociedades Anônimas) e da respectiva regulamentação, prevista nos artigos subsequentes, dentre os quais se destaca o art. 266, o qual assegura que "cada sociedade conservará personalidade e patrimônios distintos".

Indo a fundo, as sociedades componentes do grupo econômico, não obstante a unidade de comando, mantêm a sua autonomia jurídica e patrimonial, de tal sorte que cada uma preserva sua personalidade individual, não se personificando o grupo propriamente dito. Formalmente e, em regra, portanto, cada uma tem as suas responsabilidades e patrimônio próprio, desvinculado do patrimônio e não respondendo solidariamente por dívida das demais[16].

O problema reside nos grupos "de fato", os quais, diferentemente dos "de direito", não são organizados juridicamente, materializados em uma convenção que é registrada na Junta Comercial, tampouco têm uma estrutura organizacional formalmente definida[17]. Se não bastasse essa "brecha" na própria raiz do instituto, o ordenamento jurídico pátrio não regula de forma adequada os grupos econômicos, coexistindo conceitos e requisitos variados para sua configuração, a depender da ótica do ramo do Direito em que esteja sendo considerado[18].

---

14 ANTUNES, José Engrácia. Estrutura e responsabilidade da empresa: o moderno paradoxo regulatório **Revista Direito GV**, São Paulo, v.1, n.2, p. 29-68, jun-dez. 2005, p. 36.

15 "Art. 265. A sociedade controladora e suas controladas podem constituir, nos termos deste Capítulo, grupo de sociedades, mediante convenção pela qual se obriguem a combinar recursos ou esforços para a realização dos respectivos objetos, ou a participar de atividades ou empreendimentos comuns".

16 Apenas circunstâncias excepcionais e legalmente previstas ensejam a responsabilização patrimonial compulsória das empresas integrantes de um grupo econômico do qual participa empresa que figura no polo passivo de um processo judicial. Citem-se, como exemplo: (i) a hipótese de infração de ordem econômica (art. 33 da Lei 12.529/2011); (ii) cumprimento de obrigações previdenciárias (art. 30, IX, da Lei 8.212/91), consumeristas (art. 28, §2º, do Código de Defesa do Consumidor) ou dívidas trabalhistas (art. 2º, §2º, da Consolidação das Leis do Trabalho); (iii) por deliberação do próprio grupo, que pode estabelecer eventual solidariedade passiva entre elas em contrato (art. 265 do Código Civil).

17 COELHO, Fábio Ulhoa. **Curso de Direito Comercial**: v. 2. 19 ed. São Paulo: Saraiva, 2015, p. 469.

18 Com efeito: (i) o referido art. 2.º, § 2.º, da CLT considera existir grupo econômico 'sempre que uma ou mais empresas, tendo, embora, cada uma delas, personalidade jurídica própria, estiverem sob a direção, controle ou administração de outra, constituindo grupo industrial, comercial ou de qualquer outra atividade econômica"; (ii) na esfera do direito Direito Societário, a Lei 6.nº 404/1976 prevê os conceitos de sociedades coligadas, grupos de sociedades e consórcio (art. 243 e seguintes); (iii) o Código de Defesa do Consumidor disciplina a matéria ao prever a possibilidade de desconsideração

Assim, somada essa multifacetada configuração do próprio conceito de grupo econômico, o risco – ou até o mesmo o caos – se torna iminente. Em síntese, em se tratando de grupos econômicos, o risco patológico se concentra naqueles não institucionalizados, ou conforme ponderado por Gustavo Viegas Marcondes[19]: "aqueles grupos econômicos meramente de fato, nos quais inexiste qualquer relação institucional entre as sociedades integrantes do grupo, nada obstante se observe intensa comunhão de ações empresárias entre elas".

Dessa forma, se constatado o uso abusivo do grupo econômico de fato, ou seu direcionamento para perpetração de fraude[20], geralmente a partir da confusão entre as empresas componentes, seja relativa à denominação, à organização ou ao patrimônio, aliada à insolvência da sociedade devedora, deve haver a intervenção do Estado-juiz para realizar a necessária repressão.

Ora, se a independência jurídica e a separação patrimonial das empresas, características que decerto motivaram a formação do grupo pelo sócio controlador, está sendo utilizado para o "mau", está sendo desrespeitada, não há por que os juízes tenham que respeitá-las.

Vista as formais mais modernas de fraudes societárias, é imperativo que, quanto mais complexa a estrutura fraudatória, mais difícil é a sua desconstituição e a identificação dos verdadeiros responsáveis.

Diante dessa "evolução" das fraudes societárias, os respectivos mecanismos de combate devem – ao menos tentar, por se tratar de missão extremamente árdua – andar no mesmo passo.

No Direito Processual Civil, o mecanismo de combate mais comum é a desconsideração da personalidade jurídica[21], prevista no

---

da personalidade jurídica (art. 28), prescrevendo ser extensíveis os efeitos da desconsideração às sociedades componentes dos grupos societários e sociedades controladas.

19 MARCONDES, Gustavo Viegas. O incidente de desconsideração da personalidade jurídica e sua aplicação ao reconhecimento, incidenter tantum, da existência de grupos econômicos. **Revista de Processo**, São Paulo, v. 41, n. 252, p. 41-57, fev. 2016, p. 11.

20 Oportuna é a transcrição da seguinte afirmação de Fábio Ulhoa Coelho (COELHO, Fábio Ulhoa. **Desconsideração da personalidade jurídica**. São Paulo: Revista dos Tribunais, 1989, p. 60): "Diferem-se fraude e abuso de direito, para a formulação subjetiva da teoria da desconsideração, quanto às intermediações entre a intenção de prejudicar o terceiro e o dano. Enquanto na fraude, inexiste elemento intermediário, no abuso de direito, a intenção de prejudicar terceiro procura se viabilizar através do exercício de um direito, porém de forma distorcida".

21 A *teoria* pela qual se concebeu a desconsideração da personalidade jurídica (*doctrine of disregard of legal entity* ou *lifting the corporate veil*, no sistema da *common law*) surgiu com o desvirtuamento da autonomia patrimonial que caracteriza as pessoas jurídicas, com a realização das primeiras fraudes e uso abusivo de direitos na esfera societária, justamente se aproveitando daquela separação de

art. 50 do Código Civil e regulamentada nos arts. 133 e seguintes do CPC, "sendo no todo irrelevante se a sociedade desconsiderada é uma *offshore company* ou uma companhia brasileira"[22].

É certo que tal mecanismo foi concebido originariamente para atingir apenas os sócios da empresa cujo véu da autonomia dos direitos de personalidade foi levantado, ou a própria empresa, no caso da modalidade inversa. Teria, assim, efeitos *diretos* ou *intrínsecos*, restritos ao âmbito da própria pessoa jurídica, estendendo a responsabilidade patrimonial pelas dívidas da sociedade tão somente aos sócios que compõem o ente.

Entretanto, verificada uma forma alternativa de fraude, tem-se uma mudança no plano dos *fatos*, diferente daqueles que motivaram a elaboração da norma do art. 50 do Código Civil, mas que com eles guardam relação direta de identidade. E, considerando que o *valor* que incidiu sobre a base de fato na origem da norma é o mesmo valor presente para este fato "novo", é possível se verificar a variação semântica no sentido da norma[23], a englobar este outro fato, e justificar a aplicação da consequência prevista na lei (extensão da responsabilidade patrimonial) também para pessoas físicas e/ou jurídicas que não compõem formalmente a pessoa jurídica devedora.

Dito de forma mais direta, faz-se necessário dar uma "nova roupagem" para a desconsideração da personalidade jurídica, de modo a abranger os denominados conglomerados econômicos fraudulentos. Esse entendimento foi expressamente adotado pelo STJ quando do julgamento do REsp nº 1.259.018[24], com voto condutor de lavra da Ministra Nancy Andrighi:

> É possível coibir esse modo de atuação mediante o emprego da técnica da desconsideração da personalidade jurídica, ainda que, para isso, seja necessário dar-lhe nova roupagem. Para as

patrimônios, para fins de blindagem de patrimônio. Nesse contexto, abriu-se campo na dogmática para o surgimento da referida teoria, elaboração teórica destinada a coibir práticas fraudulentas que se valem do instituto da pessoa jurídica.

22 COELHO, Fábio Ulhoa. **Curso de Direito Comercial**: v. 2. 19 ed. São Paulo: Saraiva, 2015, p. 72.

23 O fundamento teórico-jurídico que legitima tal possibilidade é a teoria tridimensional do Direito, na forma pensada por Miguel Reale pela qual propugna o direito como sendo uma relação de dialeticidade entre fato, valor e norma, sendo que a norma jurídica contempla uma elasticidade própria e limitada, para se adequar o sentido pretendido com a norma à realidade fático-social, e garantir sua essência. Ver REALE, Miguel. **Teoria tridimensional do Direito**. 5 ed. Saraivajur: São Paulo, 2017.

24 REsp n. 1.259.018, Rel: Ministra NANCY ANDRIGHI, Data de Julgamento: 09/08/2011.

modernas lesões, promovidas com base em novos instrumentos societários, são necessárias soluções também modernas e inovadoras. A desconsideração da personalidade jurídica é técnica desenvolvida pela doutrina diante de uma demanda social, nascida da praxis, e justamente com base nisso foi acolhida pela jurisprudência e pela legislação nacional. Como sói ocorrer nas situações em que a jurisprudência vem dar resposta a um anseio social, encontrando novos mecanismos para a atuação do direito, referida técnica tem de se encontrar em constante evolução para acompanhar todas as mutações do tecido social e coibir, de maneira eficaz, todas as novas formas de fraude mediante abuso da personalidade jurídica.

É o que se depreende também do seguinte julgado proveniente do Tribunal de Justiça de São Paulo[25]:

> Ante a evidente fraude, há de se ter a respectiva forma de combatê-la, mesmo que se tenha de desapegar da letra fria da prescrição legal, em prol da efetividade da tutela jurisdicional e da garantia das normas fundamentais aplicáveis. Com efeito, é o caso de estender a interpretação dada ao artigo 50 do Código Civil, para se contemplar a aplicação da teoria da desconsideração da personalidade jurídica, seja na sua forma direta ou inversa, aos grupos econômicos e a todos as sociedades e pessoas físicas envolvidas na fraude, que se constituem no plano fático e se aproveitam da informalidade societária para se sustentar. É a forma necessária, e jurídica, de se legitimar a ação na mesma velocidade que as manobras fraudulentas se aprimoram.

Firmadas essas premissas, o caso prático a seguir detalhado serve de valioso exemplo para ilustrar todo o exposto, demonstrando como as fraudes perpetradas para ocultação de patrimônio podem ser sofisticadas, inclusive fundindo todas as formas até aqui vistas.

Cingindo-se às informações processuais mais relevantes, trata-se de ação monitória convertida em execução, em trâmite perante o Foro Central da Comarca da Capital do Estado de São Paulo, sendo um dos coexecutados um consagrado ex-jogador de futebol e comentarista esportivo.

25 TJSP; Agravo de Instrumento 2161601-54.2018.8.26.0000; Relator (a): Moreira Viegas; Órgão Julgador: 5ª Câmara de Direito Privado; Foro de São Carlos – 4ª. Vara Cível; Data do Julgamento: 10/09/2018; Data de Registro: 10/09/2018.

Na hipótese, foram esgotados todos os meios possíveis e tradicionais para a localização de patrimônio aparente dos devedores, sem qualquer êxito, de modo que se iniciaram diligências investigatórias para localização de patrimônio latente, direcionadas para o ex-jogador de futebol.

Localizou-se, então, em diversas reportagens extraídas da rede mundial de computadores que ele era o *suposto* proprietário de um complexo hoteleiro/esportivo situado no interior do Estado, razão pela qual se iniciou um profundo trabalho investigativo com vistas a apurar tal informação.

O resultado de tal apuração foi uma série de fatos secundários e provados (indícios), a partir dos quais se podia presumir que ele o proprietário de fato do imóvel em que está localizado o referido complexo, mediante a constituição de sociedades *offshore* para blindagem patrimonial, figurando o executado como "sócio oculto". A partir de tais indícios, então, requereu-se a instauração de incidente de desconsideração da personalidade jurídica inversa das referidas empresas, com o reconhecimento do grupo econômico de fato e a qualidade do coexecutado como sócio oculto das *offshore*.

Foram apresentados os seguintes indícios:

(i) o coexecutado assinou, perante o Ministério Público, Termo de Ajustamento de Conduta (TAC) na condição de proprietário do imóvel em que se situa o complexo hoteleiro;

(ii) o sócio-administrador formal do resort prestou depoimento policial e afirmou que "emprestou" seu nome para o coexecutado abrir um resort na cidade em que fica situado o complexo;

(iii) uma funcionária do Resort relatou a um oficial de justiça que o resort é de propriedade do coexecutado;

(iv) o coexecutado foi citado no mesmo endereço em que também foram citadas as empresas que são, respectivamente, proprietária formal do imóvel e responsável pelas obras de implementação do complexo turístico. Acrescente-se que ambas têm como sócios empresas *offshore*;

(v) o coexecutado e uma das empresas têm o mesmo procurador;

(vi) o coexecutado é irmão do sócio e procurador da outra empresa;

(vii) o coexecutado contratou, em seu próprio nome, advogados para prestar serviços a uma das empresas e a todas as coexecutadas.

(viii) o coexecutado afirmou em entrevista concedida a um grande veículo de comunicação, quase à época dos fatos, que é tinha sido bem sucedido na vida profissional e pessoal.

Em primeiro e segundo grau de jurisdição, o pedido foi negado, sob o entendimento de que não se tinha provas acerca da relação societária do coexecutado com as *offshore*. Interposto recurso especial, este foi conhecido e provido, conforme acórdão abaixo reproduzido:

> CIVIL E PROCESSUAL CIVIL. RECURSO ESPECIAL. AÇÃO MONITÓRIA. CONVERSÃO. CUMPRIMENTO DE SENTENÇA. COBRANÇA. HONORÁRIOS ADVOCATÍCIOS CONTRATUAIS. TERCEIROS. COMPROVAÇÃO DA EXISTÊNCIA DA SOCIEDADE. MEIO DE PROVA. DESCONSIDERAÇÃO INVERSA DA PERSONALIDADE JURÍDICA. OCULTAÇÃO DO PATRIMÔNIO DO SÓCIO. INDÍCIOS DO ABUSO DA PERSONALIDADE JURÍDICA. EXISTÊNCIA. INCIDENTE PROCESSUAL. PROCESSAMENTO. PROVIMENTO.
>
> 1. O propósito recursal é determinar se: a) há provas suficientes da sociedade de fato supostamente existente entre os recorridos; e b) existem elementos aptos a ensejar a instauração de incidente de desconsideração inversa da personalidade jurídica.
>
> 2. A existência da sociedade pode ser demonstrada por terceiros por qualquer meio de prova, inclusive indícios e presunções, nos termos do art. 987 do CC/02.
>
> 3. A personalidade jurídica e a separação patrimonial dela decorrente são véus que devem proteger o patrimônio dos sócios ou da sociedade, reciprocamente, na justa medida da finalidade para a qual a sociedade se propõe a existir.
>
> 4. Com a desconsideração inversa da personalidade jurídica, busca-se impedir a prática de transferência de bens pelo sócio para a pessoa jurídica sobre a qual detém controle, afastando-se momentaneamente o manto fictício que separa o sócio da sociedade para buscar o patrimônio que, embora conste no nome da sociedade, na realidade, pertence ao sócio fraudador.

> 5. No atual CPC, o exame do juiz a respeito da presença dos pressupostos que autorizariam a medida de desconsideração, demonstrados no requerimento inicial, permite a instauração de incidente e a suspensão do processo em que formulado, devendo a decisão de desconsideração ser precedida do efetivo contraditório.
>
> 6. Na hipótese em exame, a recorrente conseguiu demonstrar indícios de que o recorrido seria sócio e de que teria transferido seu patrimônio para a sociedade de modo a ocultar seus bens do alcance de seus credores, o que possibilita o recebimento do incidente de desconsideração inversa da personalidade jurídica, que, pelo princípio do tempus regit actum, deve seguir o rito estabelecido no CPC/15.
>
> 7. Recurso especial conhecido e provido[26].

À luz de tais indícios, aos quais se reconheceu força probante, foi autorizada a abertura de incidente de desconsideração da personalidade jurídica, sendo expressamente ressaltada a incidência do art. 987 do Código Civil[27], pelo qual os terceiros podem provar a existência de participações societárias irregulares ou não formais "de qualquer modo"[28].

Com efeito, é certo que foram demonstrados "*apenas*" indícios, sem nenhuma prova *direta* da fraude societária. E o conjunto de tais indícios certamente autorizavam a instauração do incidente, pois a constituição fraudulenta da sociedade *offshore* e o papel do executado como sócio oculto poderia se presumir com alta probabilidade. Ademais, não foram apresentados pela parte contrária nenhuma prova em contrário, aliás, sequer se manifestou quando dada a oportunidade.

Dessa forma, reforça-se a importância da prova indiciaria, e o fato de que ela pode ser a única presente em determinados casos,

---

26 REsp 1647362/SP, Rel. Ministra NANCY ANDRIGHI, TERCEIRA TURMA, julgado em 03/08/2017, DJe 10/08/2017.

27 Art. 987. Os sócios, nas relações entre si ou com terceiros, somente por escrito podem provar a existência da sociedade, mas os terceiros podem prová-la de qualquer modo.

28 Especificamente sobre o artigo em questão, oportuna é a transcrição do excerto do voto condutor de outro julgado do STJ, também de lavra da Ministra Nancy Andrighi: ""Restringir a prova da sociedade de fato apenas a documentos escritos resultaria no esvaziamento do instituto em si, que decorre, em regra, de mera situação fática. Em consequência, se permitiria albergar o enriquecimento sem causa, tão repudiado pelo sistema jurídico brasileiro. Apesar da nova redação do dispositivo legal, a regra dele extraída a partir de uma interpretação sistemática permanece essencialmente a mesma. É clara a intenção do legislador de se proteger terceiros que venham a se relacionar com sociedades empresariais irregulares, e ao mesmo tempo induzir nos agentes a constituição regular das sociedades" (REsp 1430750/SP, Rel. Ministra NANCY ANDRIGHI, TERCEIRA TURMA, julgado em 21/08/2014, DJe 08/09/2014).

inclusive na fase de execução do processo. É o que se mostra no item subsequente.

5.1.1.1. Os indícios e a prova indiciária como forma de garantir a efetividade dos atos executivos

Pelo que se depreende do art. 4º do CPC, a tutela jurisdicional só pode ser considerada efetiva[29] quando ocorre a satisfação integral do direito reconhecido na fase de conhecimento do processo, ou no título exequendo (seja judicial ou extrajudicial), de forma mais genérica[30]. Isso principalmente nas ações de natureza condenatória, que culminam - em regra - em uma sentença de mérito que reconhece a exigibilidade de obrigação de pagar quantia certa.

Ocorre que existe um "fenômeno" amplamente conhecido de quem atua na prática civil, consistente na *ausência* de cumprimento espontâneo de tal obrigação pelos devedores. Isto é, na grande maioria dos casos, o executado não cumpre voluntariamente a obrigação de pagar a quantia a ele imposta na sentença.

Assim, faz-se necessária a realização de atos executivos para localização de patrimônio "aparente", sendo as mais comum as pesquisas realizadas por intermédio dos "sistemas eletrônicos" conhecidos como BACENJUD, RENAJUD e INFOJUD, que interligam, respectivamente, o Poder Judiciário com as instituições financeiras, o Departamento Nacional de Trânsito (DENATRAN) e a base de dados da Secretaria da Receita Federal do Brasil[31].

É certo, outrossim, que tais pesquisas raramente retornam positivas, não logrando êxito em localizar patrimônio do devedor, e,

---

29 Sobre o conceito de efetividade da tutela jurisdicional, ver LOPES, Maria Elizabeth de Castro. **O juiz e o princípio dispositivo**. São Paulo: Revista dos Tribunais, 2006, p. 73-77; MELLO, Rogerio Licastro Torres de. **Responsabilidade executiva secundária**: a execução em face do sócio, do cônjuge, do fiador e afins. 2 ed. São Paulo: Revista dos Tribunais, 2015, p. 45-48.

30 Como anota Rogerio Licastro Torres de Mello (Rogerio Licastro Torres de. **Responsabilidade executiva secundária**: a execução em face do sócio, do cônjuge, do fiador e afins. 2 ed. São Paulo: Revista dos Tribunais, 2015, p. 42-43): "a própria lei processual, visando à afirmação do direito material insculpido no título executivo, ampliou no âmbito do processo executivo a abrangência das possíveis invasões patrimoniais para satisfação do crédito do exequente, que assim deixaram de se circunscrever à pessoa do devedor e são passíveis de ocorrência relativamente a pessoas outras que mantenham com o devedor algum vínculo jurídico que justifique essa responsabilidade patrimonial secundária".

31 Para maiores detalhes, ver https://www.stf.jus.br/repositorio/cms/portalStfInternacional/portalStfCooperacao_pt_br/anexo/INFOJUD__RENAJUD__BACENJUD_Magistrados_do_BRIC.pdf. Acesso em 04 nov. 2020.

quando isso ocorre, o montante não basta para a satisfação integral do *quantum* exequendo.

Pode-se estabelecer, com isso, um contexto fático-jurídico comum a tantas ações de execução e processos em fase de cumprimento de sentença, em que o exequente tenta por anos a fio identificar bens do executado que possui inúmeras outras condenações para pagar quantia, sem lograr êxito efetivo.

Diante desse cenário, incumbe ao exequente a árdua tarefa de "sair à caça" de alguma forma "alternativa" de recebimento do quanto lhe é devido. Para tanto, alguns instrumentos são fornecidos pela própria legislação, como as denominadas "medidas executivas atípicas", previstas no art. 139, inciso IV[32], do CPC/15 (v.g. apreensão de documentos, como passaporte e CNH, bloqueio de cartão de crédito etc.)[33], a prisão civil do devedor de alimentos (art. 528, § 3º, CPC), o protesto da decisão judicial (art. 571, *caput*, CPC). Trata-se de meios *coercitivos*, indiretos, - não sancionatórios, portanto - que buscam fazer uma "pressão psicológica" no devedor, a fim de que este pague o que deve.

Muitas das vezes, porém, todas essas medidas também não bastam e a alternativa é partir para a busca de patrimônio "latente" do executado, pelo qual se deve entender aquele que não é *diretamente* identificável, que foi transferido ardilosamente para terceiros, a fim de frustrar o recebimento por parte de credores; ou, em termos mais diretos, o que está *escondido*, em razão de uma blindagem ou ocultação patrimonial.

E aqui voltam à tona as fraudes societárias, na forma vista no item anterior, e a essencialidade da prova indiciária para sua comprovação e desconstituição.

Em resumo, uma vez localizada a existência de um esquema de blindagem patrimonial por intermédio de uma fraude e/ou patrimonial, a prova necessariamente envolverá os indícios colhidos com as diligências investigatórias realizadas pelo exequente. Cabe a este

---

32 Art. 139. O juiz dirigirá o processo conforme as disposições deste Código, incumbindo-lhe: [...] IV – determinar todas as medidas indutivas, coercitivas, mandamentais ou sub-rogatórias necessárias para assegurar o cumprimento de ordem judicial, inclusive nas ações que tenham por objeto prestação pecuniária;

33 Para um estudo aprofundado, ver AURELLI, Arlete Inês. medidas executivas atípicas no código de processo civil brasileiro. **Revista de Processo**, vol. 307/2020, p. 99–121, Set/2020.

organizá-las da melhor forma, a fim de demonstrar o fato probando – que é justamente a blindagem patrimonial com fins fraudulentos – visando a frustrar credores e a própria execução.

Pode-se concluir, portanto, que a prova indiciária é a única esperança para se conseguir satisfazer o direito reconhecido no título exequendo e, em última análise, dar efetividade à tutela jurisdicional e aos próprios atos executivos.

5.1.2. Os indícios como instrumento de comprovação das intenções

Em artigo científico sobre o tema relativo à "prova das intenções no processo civil", Paulo Medina[34] elenca as diferentes hipóteses em que o Direito leva em conta a intenção das pessoas, como:

(i) elemento integrativo de uma situação jurídica (*v.g.* configuração do domicílio, art. 70 do Código Civil);

(ii) forma de manifestação da vontade (*v.g.* na retomada de imóveis locados, quando seja de presumir a sinceridade do pedido, incumbindo ao locatário o ônus da prova contrária, arts. 47, III, e 52, II, da Lei 8.245/1991);

(iii) requisito da boa-fé (como na cláusula geral estabelecida no art. 113 do Código Civil);

(iv) expressão de um vício que inquina a prática do ato (como nos casos envolvendo defeitos do negócio jurídico, previstos nos arts. 138 a 165 do Código Civil[35]).

Salvo raras exceções, como complementa o autor:

> o problema de apurar a real intenção mostra-se eriçado de dificuldades. Raramente a *prova direta*, colhida em depoimentos ou expressa em documentos, será apta, por si só, a revelar uma intenção. Será necessário recorrer, quase sempre, à prova indireta, para esse fim. E esta é, sem dúvida, mais complexa e de mais difícil realização

---

34 MEDINA, Paulo Roberto de Gouvêa. A prova das intenções. **Revista de processo**, vol. 115/2004, p. 74/86, Maio-Jun//2004, p. 1-2.

35 Em complemento, o legislador do Código Civil de 2002 incluiu a *simulação* no capítulo referente à "invalidade do negócio jurídico", como causa de *nulidade*, e não no capítulo dos "defeitos do negócio jurídico", como no art. 147, II, do Código Civil de 1916, como causa de *anulabilidade*.

Daí conclui que "Os indícios constituem, realmente, o meio de prova adequado à prova das intenções". E, de forma geral, "A boa-fé ou má-fé não são coisas que possam ser apreendidas pelos sentidos [...] o mais que, quanto a isso, se pode fazer é concluir-se por raciocínio"[36].

No mesmo sentido é a doutrina de Parra Quijano[37], Taruffo[38] e Marina Gascón Abellan[39], os quais utilizam a terminologia "fatos psíquicos ou psicológicos", sendo aqueles "internos à esfera mental, cognitiva ou emocional" de um sujeito, e exigem para serem descobertos ou inferidos outros fatos externos, de modo que o conhecimento é sempre *indireto*.

Visto isso, a grande valia dos indícios para comprovação das intenções é verificada em especial nos casos de *simulação*, sendo o exemplo frequentemente dado por aqueles que se dispõem a falar sobre os aspectos práticos dos indícios.

Info a fundo, a simulação – do latim *simulatio*, de *simulare* (usar fingimento, usar artifício) –, no sentido jurídico, é ato ou negócio "aparentado enganosamente ou com fingimento, para esconder a real intenção ou para subversão da verdade". É a doação que se faz sob aparência de venda, a venda que se promove sob aspecto de um depósito ou a locação contratada sob modalidade de venda[40].

Muños Sabaté[41], ao discorrer sobre o que denomina de "potência sindrômica dos indícios", ou a "capacidade do indício para determinar uma presunção por si só ou acumulado com outras provas", utiliza

---

36 ALMEIDA COSTA, Mario Júlio de. **Responsabilidade civil pela ruptura das negociações preparatórias de um contrato**. Coimbra: Almedina, 1984, p. 19.

37 PARRA QUIJANO, Jairo. **Manual de Derecho Probatorio**. 16 ed. Bogotá: Librería Ediciones Del Professional, 2007, p. 137.

38 TARUFFO. Michele. **La Prueba de los hechos**. Tradução: Jordi Ferrer Beltrán. 2 ed. Madrid: Editoral Trotta, 2005, p. 159.

39 GASCÓN ABELLÁN, Marina. **Los hechos en el derecho**: bases argumentales de la prueba. 3 ed. Madrid: Marcial Pons, 2010, p. 70.

40 DE PLÁCIDO E SILVA. **Vocabulário jurídico**. 31 ed. Rio de Janeiro, Forense, 2014, p. 4096. *E-book*, p. 3124-3125. Para análise mais detalhada do instituto, ver GONÇALVES, Carlos Roberto. **Direito Civil brasileiro**: v. 1. 8 ed. São Paulo: Saraiva, 2010, p. 481-488. Na página 484, o autor estabelece a distinção fundamental entre simulação e dissimulação, nos seguintes termos: "*Simulação* não se confunde, pois, com *dissimulação*, embora em ambas haja o propósito de enganar. Na simulação, procura-se. aparentar o que não existe; na dissimulação, oculta-se o que é verdadeiro. Na simulação, há o propósito de enganar sobre a existência de situação não verdadeira; na dissimulação, sobre a inexistência de situação real.".

41 MUÑOZ SABATÉ, Luis. **La prueba de la simulación**. Barcelona: Editorial Hispano-Europea, 1972, p. 225-226. O autor, aliás, tem uma obra destinada especificamente ao tema, à qual se remete para estudo mais aprofundado.

a prova da *simulação* para trazer um exemplo prático de *presunção* polibásica (formada por vários indícios)[42], que ele reputa a "presunção ideal":

O exemplo consiste em uma compra e venda de uma fazenda, sendo a simulação na celebração do contrato *presumida* a partir dos seguintes indícios:

> Não está provado que o vendedor, no momento da assinatura do contrato, apresentava dificuldades financeiras que o levassem a realizar a venda (A), nem parece que tinha dívidas pendentes no momento da assinatura (B), nem parece que estava com extrema necessidade de vender a fazenda alguns meses após a venda de outra (C), sem demonstrar que o comprador tinha possibilidades econômicas suficientes para adquirir a fazenda (D), dada a circunstância de ser sobrinha de sua segunda esposa (E), podendo presumir um vínculo afetivo fácil de inclinar a vontade de um homem de 85 anos (F), o valor da venda não aparece com o falecimento do Sr. ... (G) e por fim, o Notário autorizador não deu fé da efetiva entrega do preço (H)[43].

Igualmente, Eduardo Cambi[44] enumera os indícios que geralmente se prestam a provar a ocorrência de simulação (a declaração enganosa da vontade, visando produzir efeitos diversos do pretendido) em uma compra e venda:

> Parentesco ou amizade íntima entre os contratantes; preço vil dado em pagamento para coisa valiosa; falta de possibilidade financeira do adquirente (que pode ser demonstrada pela requisição de sua declaração de Imposto de Renda); não-transferência de numerário no ato, nas contas bancárias dos participantes; continuação do alienante

---

42 Ver item 4.2.1.

43 No original: "No aparece demostrado que el vendedor, en el momento de otorgar el contrato tuviese dificultades *económicas* que le impulsasen a llevar a cabo la enajenación (A), ni consta que tuviese deudas pendientes en el momento de suscribirlo (B), ni aparece se encontrase en la obligada necesidad de vender la finca unos meses después de otorgada la otra venta (C), sin demostrarse tampoco que la compradora contase con posibilidades económicas suficientes para adquirir la finca (D), dándose la circunstancia de ser sobrina de la segunda esposa (E), pudiéndose presumir un vínculo de afecto fácil de inclinar la voluntad de un anciano de 85 años (F), no apareciendo la cantidad importe de la compraventa al fallecer don... (G) y por último, no dando fe el Notario autorizante de la entrega efectiva del precio".

44 CAMBI, Eduardo. **Direito constitucional à prova no processo civil**. São Paulo: Revista dos Tribunais, 2001, p. 364. No mesmo sentido: PARRA QUIJANO, Jairo. **Tratado de la prueba judicial**: v. 4. 3 ed. Bogotá: Ediciones Librería del Professional, 1997, p. 16.

na posse da coisa alienada; o fato de o adquirente não conhecer a coisa adquirida

Adentrando-se no campo jurisprudencial especificamente, o reconhecimento de que a prova indiciária é hábil para comprovação de atos simulados advém de longa data, como se pode verificar do seguinte julgado do STF, ainda ano de 1969:

> SIMULAÇÃO. INDICIOS VARIOS E CONCORDANTES SÃO PROVA. NÃO SE CONHECE DO RECURSO EXTRAORDINÁRIO SE A DECISÃO ASSENTA AOS FATOS E PROVAS E NÃO SE DEMONSTROU O DISSIDIO NA FORMA DA SÚMULA N. 291[45].

O mesmo entendimento se faz presente atualmente, conforme se depreende do julgado abaixo referido:

> Apelação. Escritura de compra e venda de imóvel com retrovenda. Ação declaratória de nulidade do negócio jurídico em razão de simulação destinada a encobrir negócio usuário. Acolhimento. Negócio desprovido de qualquer interesse econômico para os adquirentes, envolvendo bem gravado com usufruto, cuja pose permaneceu com os alienantes. Ausência de registro, deixando os adquirentes sem qualquer garantia quanto à eficácia do negócio perante terceiros. Venda realizada em contexto de elevado endividamento dos vendedores para com a adquirente. Conjunto de indícios que atribuem verossimilhança à alegação de negócio usuário, carreando ao credor o ônus da prova da regularidade do contrato (Medida Provisória nº 2.172-32/2001). Sentença mantida. Alteração da base de cálculo dos honorários, com adoção do valor atualizado do negócio cuja nulidade de declarou. Recurso parcialmente provido[46].
>
> APELAÇÃO CÍVEL. EMBARGOS DE TERCEIRO. SIMULAÇÃO. INDÍCIOS SUFICIENTES. NULIDADE DA TRANSFERÊNCIA DOMINIAL DECLARADA. BEM DO EXECUTADO. POSSIBILIDADE DE CONSTRIÇÃO. 1. Indícios e presunções precisos e concordantes são hábeis à comprovação da simulação, dada a dificuldade de se obter prova direta do vício. 2. É anulável o ato jurídico por vício resultante de simulação, realizado com o objetivo de produzir efeito

45 STF – RE: 68006 MG, Relator: ALIOMAR BALEEIRO, Data de Julgamento: 31/12/1969, PRIMEIRA TURMA, Data de Publicação: DJ 14-11-1969 PP-*****)

46 TJSP; Apelação Cível 1008508-52.2014.8.26.0510; Relator (a): Enéas Costa Garcia; Órgão Julgador: 1ª Câmara de Direito Privado; Foro de Rio Claro – 1ª Vara Cível; Data do Julgamento: 06/08/2019; Data de Registro: 06/08/2019.

> diverso do ostensivamente indicado. Destarte, evidenciados nos autos indícios suficientes de simulação de negócio jurídico, correta a sentença que declara a nulidade da transferência dominial dos imóveis objeto do litígio e possibilita a constrição. APELO CONHECIDO E IMPROVIDO[47].

Procedida à pesquisa na jurisprudência do STJ, também se identificou julgado no qual se reconhece a plena força probante dos indícios e sua essencialidade diante de negócio jurídico simulado:

> RECURSO ESPECIAL. CIVIL, EMPRESARIAL E PROCESSUAL CIVIL. AÇÕES. COMPRA E VENDA. PODER DE CONTROLE. ACORDO DE ACIONISTAS. DIREITO DE PREFERÊNCIA. DESCUMPRIMENTO. SIMULAÇÃO. AQUISIÇÃO POR INTERPOSTA PESSOA. NEGÓCIO JURÍDICO. NULIDADE.
>
> 1. Ação ordinária por intermédio da qual se busca a declaração de nulidade da compra e venda de ações efetuadas em possível descumprimento a acordo de acionistas e mediante simulação.
>
> 2. O acordo de bloqueio, ainda que entabulado apenas pelos acionistas majoritários, deve ser respeitado por quem se obrigou a não efetuar a compra das ações sem antes conceder o direito de preferência, nada importando se o vendedor tinha ciência da avença em questão.
>
> 3. Há simulação, causa de nulidade do negócio jurídico, quando, com o intuito de ludibriar terceiros, o negócio jurídico é celebrado para garantir direitos a pessoas diversas daquelas às quais realmente se conferem ou transmitem.
>
> 4. Hipótese em que, diante da impossibilidade de aquisição das ações diretamente pelo acionista principal, que se comprometera a observar o direito de preferência, o negócio jurídico operou-se por intermédio de seu filho, com dinheiro aportado pelo pai.
>
> 5. Tratando-se de sociedade anônima de capital fechado que sempre esteve dividida entre dois núcleos familiares muito bem definidos, é pouco provável que qualquer um dos sócios não soubessem das condições avençadas pelos principais acionistas.
>
> 6. O arquivamento do acordo de acionistas na sede da companhia impõe à própria sociedade o dever de observância quanto ao que fora pactuado, inclusive perante terceiros quando averbados nos livros de

47 TJGO, APELACAO CIVEL 388867-62.2010.8.09.0051, Rel. DES. NELMA BRANCO FERREIRA PERILO, 4A CAMARA CIVEL, julgado em 18/02/2016, DJe 1980 de 02/03/2016.

> registro e nos certificados das ações, se emitidos, consoante o disposto no § 1º do art. 118 da Lei nº 6.404/1976.
>
> 7. Diante da enorme dificuldade de produção de prova cabal e absoluta da ocorrência de simulação, é facultado ao julgador valer-se das regras de experiência, bem como de indícios existentes no processo para considerar presente o vício que invalida o negócio jurídico.
>
> 8. Recurso especial provido[48].

Oportuna, ainda, é menção ao aresto abaixo referido, proferido no âmbito do Tribunal Regional da 4ª Região, do qual se colhem considerações precisas acerca da importância da prova indiciária na prova da simulação:

> [...] exsurge a questão da prova da simulação. Não há dúvida de que é deveras difícil ou até mesmo impossível provar diretamente o ato simulado, pois a simulação envolve um elemento subjetivo – a divergência entre a vontade interna (real) e a vontade exteriorizada (declarada), pactuada pelas partes – cuja comprovação mostra-se espinhosa [...] Assim, a simulação pode ser provada mediante indícios que conduzam o juízo à probabilidade de certeza. Nesse caso, a única prova é a indiciária, inexistindo subsidiariedade em relação à prova direta; por isso, recomenda-se cuidado no processo de colheita e de valoração das provas, visto que os indícios são apenas o ponto de partida para a construção do raciocínio dedutivo, do qual surge o fato probando. Os indícios devem demonstrar o fato de forma clara e convincente, afastando-se a inferência por conjeturas e especulações. Justamente porque o juízo se embasa na prova indiciária e a possibilidade de erro é muito maior do que no juízo advindo da prova direta, não basta ser provável que o fato tenha ocorrido; é preciso que a ocorrência do fato seja altamente provável[49].

Ante a inegável dificuldade em se provar por meios diretos a prática de *simulação* nos negócios jurídicos, é fundamental se recorrer aos indícios e à prova indiciária os indícios para que a realidade do contrato simulado seja verificada no processo[50]. Como anota Picó I

---

48 REsp 1620702/SP, Rel. Ministro RICARDO VILLAS BÔAS CUEVA, TERCEIRA TURMA, julgado em 22/11/2016, DJe 29/11/2016.

49 TRF4, APELREEX 2006.71.10.004101-8, PRIMEIRA TURMA, Relator para Acórdão ÁLVARO EDUARDO JUNQUEIRA, D.E. 06/04/2011.

50 Nesse sentido: ARENHART, Sérgio Cruz; MARINONI, Luiz Guilherme. **Prova e convicção**. 4 ed. São Paulo: Revista dos Tribunais, 2018, p. 262.

Junoy[51], "aqui radica a extraordinária força probante dos indícios. E isso é reiteradamente afirmado pelo Tribunal Supremo [espanhol]".

Por fim, pode-se ir além e estabelecer, com Danilo Knijnik[52], que "em se tratando de simulação, a única prova possível há de ser a indiciária cujo módulo varia, conforme o processo de que se cuide".

5.2. O COMPORTAMENTO DAS PARTES EM JUÍZO: INDÍCIOS ENDOPROCESSUAIS

O comportamento dos sujeitos processuais *em juízo*[53], em especial das partes, tem grande relevância para o desenvolvimento e o desfecho do processo, tanto que o próprio CPC estabelece uma série de regras de conduta para os partícipes, a fim de garantir a probidade e lealdade processual, bem como o devido processo legal[54].

Sob o aspecto probatório, o comportamento das partes no curso do processo, revelado através dos atos que praticam (*v.g.* a destruição de provas, afirmações inverídicas etc.) e das atividades que omitem (a recusa em depor, a falta de impugnação específica ou de contestação etc.), é considerado fato jurídico que pode se revestir de elevada relevância[55].

Vale aqui mencionar que alguns ordenamentos jurídicos estrangeiros preveem expressamente que o juiz poderá "deduzir indícios da

---

51 PICÓ I JUNOY, Joan, Los Indicios En La Prueba De La Simulación Contractual (Circumstantial Evidence in the Proof of the Contractual Simulation) (July 1, 2017). **InDret**, Vol. 3, 2017, p. 7. Disponível em SSRN: https://ssrn.com/abstract=3032010).

52 KNIJNIK, Danilo. **A prova nos juízos cível, penal e tributário**. Rio de Janeiro: Forense, 2007, p. 167.

53 Ressalte-se o comportamento verificado em juízo porque os comportamentos *extraprocessuais* poderão chegar ao processo por outros meios de prova, como testemunhal, pericial ou documental (FERREIRA, William Santos. **Princípios fundamentais da prova cível**. São Paulo: Revista dos Tribunais, 2014, p. 79). No mesmo sentido: MEDINA, Paulo Roberto de Gouvêa. A prova das intenções. **Revista de processo**, vol. 115/2004, p. 74/86, Maio-Jun//2004, p. 5-7.

54 Para uma análise aprofundada do tema, ver MUÑOZ SABATÉ, Luis. **Tecnica probatória**: estudios sobre las dificultades de prueba en el proceso. Barcelona: Editorial Praxis, 1967, p. 389-408; ARENHART, Sérgio Cruz; MARINONI, Luiz Guilherme. **Prova e convicção**, cit, p. 418.

55 RIGHI, Ivan. Eficácia Probatória do Comportamento das Partes. **Revista da Faculdade de Direito UFPR**, Curitiba, PR, Brasil, dez. 1981, p. 2-3. O autor salienta que a confissão em si não é consequência probatória da conduta da parte, mas, sim, do ato dispositivo de produção de prova. Entretanto, a confissão ficta, resultado do ato processual de não contestar, caracteriza um efeito probatório do comportamento.

conduta processual das partes", a exemplo do *Código General del Processo* colombiano[56] e do *Código Judicial de la República de Panamá*[57].

No caso brasileiro, em que pese não se tenha tal previsão de forma expressa, o CPC traz exemplos de relevância do comportamento das partes para a formação do convencimento do juiz, como no caso da revelia (art. 344), da não apresentação de documento que esteja em posse da parte (art. 400) etc. Assim, a própria lei faz incidir efeitos probantes da conduta processual dos sujeitos do processo.

Indo a fundo, a rigor técnico, o comportamento das partes *em juízo*, pode ser considerado – ainda que fora das hipóteses previstas pelo código – um *indício endoprocessual*[58], porquanto consubstanciam fatos secundários ocorridos no "interior" do próprio processo, a partir do quais se pode extrair, por raciocínio presuntivo, a existência de certo fato probando. Autoriza-se a falar também, a teor da doutrina de Muñoz Sabaté[59], em "inferência endoprocessual sobre conduta da parte. Quando se alude metaforicamente à atmosfera processual, um novo instrumento de prova está realmente sendo tipificado".

Com Eduardo Cambi[60], as seguintes condutas podem ser consideradas pelo juiz no momento da valoração da prova:

> i) a negativa de exibir documentos ou coisas; ii) a informação de endereços falsos para evitar intimações; iii) o desconhecimento malicioso de uma assinatura em um documento; iv) a dedução de nulidades e incidentes infundados; v) a ausência voluntária de depósito das custas processuais/antecipação dos honorários do perito; vi) a falta de

56 ARTÍCULO 241. LA CONDUCTA DE LAS PARTES COMO INDICIO. El juez podrá deducir indicios de la conducta procesal de las partes.

57 ARTÍCULO 984. El juez podrá deducir indicios de la conducta procesal de las partes.

58 A terminologia é empregada por Pico I Junoy (PICÓ I JUNOY, Joan, Los Indicios En La Prueba De La Simulación Contractual (Circumstantial Evidence in the Proof of the Contractual Simulation) (July 1, 2017). **InDret**, Vol. 3, 2017, p. 15. Disponível em SSRN: https://ssrn.com/abstract=3032010)), que apresenta o seguinte conceito: "Indícios endoprocessuais são aqueles que decorrem da conduta adotada pelas partes em um processo e, normalmente, resultam de uma ação contrária às regras de boa-fé processual".

59 MUÑOZ SABATÉ, Luis. **Tecnica probatória**: estudios sobre las dificultades de prueba en el proceso. Barcelona: Editorial Praxis, 1967, p. 393-394. No original: "la inferencia *endoprocesal* sobre conducta de la parte. Cuando se alude metafóricamente a *atmósfera procesal* se está veras un nuevo instrumento de prueba.".

60 CAMBI, Eduardo. Conduta processual das partes (e de seus procuradores) como meio de prova e teoria narrativista do Direito. **Revista de Doutrina da 4ª Região**, Porto Alegre, n. 57, dez. 2013. Disponível em: http://www.revistadoutrina.trf4.jus.br/artigos/edicao057/Eduardo_Cambi.html Acesso 03.11.2020.

colaboração maliciosa ou infundada com os peritos; vii) a obstrução injustificada na produção de uma prova; viii) a resistência injustificada de reconhecimento de pessoa ou de coisa; ix) as respostas dadas pelas partes ao serem interrogadas ou ao prestarem informações ou quando são demandas pela parte contrária; x) o não comparecimento aos atos processuais; xi) a obstrução ao curso regular do processo; xii) a formulação de impugnações manifestamente improcedentes.

Ivan Righi[61] resume a explicação teórica, fornecendo um elucidativo exemplo prático:

> o Juiz pode extrair eficácia probatória do comportamento processual das partes. O comportamento processual das partes pode servir de indício, e conjugado a uma regra de experiência, baseada naquilo que de ordinário acontece, leva a uma presunção sobre os fatos da causa", o que se extrai da aplicação da regra geral que prevê os poderes instrutórios amplos do juiz. Apresenta alguns exemplos: "suponha-se que determinado litigante inutilize um documento juntado pela parte contrária aos autos do processo; ele comete com isso crime de supressão de documento, previsto pelo art. 356 do Cód. Penal. Mas esse seu proceder é indiciário de que dito documento lhe era prejudicial; fazia prova em benefício da parte contrária; o Juiz pode extrair essa consequência probatória do comportamento da parte. Ele sai de um indício, fato secundário provado, supressão do documento, conjuga o indicio a uma regra de experiência, baseada naquilo de que ordinário ocorre, quem inutiliza o documento o faz normalmente, porque esse documento lhe é prejudicial, produz prova em benefício do adversário, logo, é a presunção que o Juiz pode extrair no caso dos autos, o documento que é inutilizado fazia boa prova em benefício da parte contrária a respeito do fato 'A' ou a respeito do fato 'B'.

Visto isso, é importante aqui se fazer uma diferenciação.

O art. 116, § 2º, do CPC italiano[62] prevê expressamente a possibilidade do juiz "inferir argumentos de prova [...] em geral, do comportamento das partes".

61 RIGHI, Ivan Ordine. Os Poderes do Juiz. **Jurisprudência Brasileira** n. 169, p. 41-50, Curitiba, jan.-mar. 1993, p. 42.

62 Art. 116. [...] Il giudice può desumere argomenti di prova dalle risposte che le parti gli danno a norma dell'articolo seguente, dal loro rifiuto ingiustificato a consentire le ispezioni che egli ha ordinate e, in generale, dal contegno delle parti stesse nel processo".

Os argumentos de prova seriam *ferramentas* para auxiliar o juiz na valoração das provas no *caso concreto*, e não *meios de prova* em si mesmo considerados[63]. Assim, o *comportamento das partes* pode servir tanto como *indício*, como *dele* se extrair argumentos probatórios para a atividade de valoração das provas, ou do conjunto como um todo[64].

Firmadas tais premissas, os seguintes julgados podem ser colacionados, a fim de corroborar o quanto exposto acerca do comportamento das partes em juízo como indício endoprocessual.

Primeiramente no âmbito do STJ:

> RECURSO ORDINÁRIO EM MANDADO DE SEGURANÇA - AÇÃO DE REPETIÇÃO DE INDÉBITO C/C INDENIZAÇÃO POR DANO MORAL - INTIMAÇÕES REALIZADAS EM NOME DE CAUSÍDICO DIVERSO DO QUE REQUERIDO NA CONTESTAÇÃO - TESE DE NULIDADE PROCESSUAL VENTILADA APÓS A PROLAÇÃO DE SENTENÇA EM AUDIÊNCIA - ORDEM DENEGADA NA ORIGEM. INSURGÊNCIA DA INSTITUIÇÃO FINANCEIRA.
>
> 1. Cerceamento de defesa por inobservância de requerimento de publicação de intimação em nome de advogado específico. Nulidade não caracterizada. Atendimento a diversas intimações realizadas de modo diverso daquela pleiteada, com a prática de vários atos processuais em defesa dos interesses da instituição financeira. Incidência da vedação de comportamento contraditório (venire contra factum proprium), em sua vertente processual (lealdade processual e boa-fé objetiva). Preclusão.
>
> 2. Evidenciado o comportamento processual contraditório da parte, pode-se, em caráter excepcional, afastar a tese de nulidade por

63 Sobre o tema, Comoglio, Ferri e Taruffo (COMOGLIO, Luigi Paolo; FERRI, Corrado; TARUFFO, Michele. **Lezioni sul processo civile**. 5 ed. Bologna: Il Mulino, 2011, p. 509) anotam que: "A determinação do valor probatório a ser atribuído aos argumentos de prova parece controversa. A tese que parece dominante na doutrina exclui que os argumentos de prova são por si só capazes de estabelecer o acertamento dos fatos: afirma-se que se trata de elementos de julgamento acessórios, secundários e não dotados de eficácia autônoma, dos quais o juiz poderia se servir apenas para integrar e completar a avaliação das provas reais, mas que não poderiam ser usados na ausência de provas, e menos ainda para contrastar o êxito das provas no sentido adequado".

64 Nesse sentido: ROSITO, Francisco. **Direito probatório: as máximas de experiência em juízo**. Porto Alegre: Livraria do Advogado, 2007, p. 99-101. Como assevera o autor, os argumentos de prova diferenciam-se das máximas de experiência: "as máximas de experiência expressam juízos de caráter geral, cujo valor cognitivo se estende a casos similares diversos daqueles observados [...] por seu turno os argumentos de prova expressam eventos e acontecimentos que ocorrem concretamente no processo, os quis não podem ser aplicados, de forma abstrata e indistinta, a casos futuros, sob pena de incorrer em generalizações e arbitrariedades".

inobservância do pedido de publicação de intimação unicamente em nome de determinado advogado, sobretudo quando o interessado comparece aos autos e atende as diversas intimações realizadas de modo diverso daquele pleiteado.

3. No caso em tela, está presente a aludida peculiaridade, uma vez que a atuação do recorrente evidencia a adoção de posturas antagônicas, já que durante o intervalo de 8 (oito) meses, respondeu a todas as intimações endereçadas a causídico inicialmente integrante da sociedade advocatícia que não detinha a prerrogativa de ser comunicado com exclusividade sobre os atos processuais, e, posteriormente, insurge-se contra estas mesmas intimações irregulares, alegando a impossibilidade de comparecimento a audiência de instrução e julgamento, em face da ausência de comunicação adequada.

4. Ademais, o STJ assentou o entendimento de que "eventual vício existente na regularidade da intimação deve ser alegado e provado no devido tempo, ou seja, deve ser apresentado pela parte interessada na primeira oportunidade de se manifestar nos autos, sob pena de preclusão." (REsp 1336340/PE, Rel. Ministro HERMAN BENJAMIN, SEGUNDA TURMA, julgado em 25/09/2012, DJe 03/10/2012) 5. Recurso ordinário a que se nega provimento.

(RMS 33.204/RJ, Rel. Ministro MARCO BUZZI, QUARTA TURMA, julgado em 02/04/2013, DJe 01/07/2013)

PROCESSUAL CIVIL. COMPETÊNCIA INTERNA. AÇÃO RESCISÓRIA. "ERRO DE FATO". AÇÃO REVISIONAL. ARRENDAMENTO MERCANTIL. REAJUSTE DE CONTRATO VINCULADO À VARIAÇÃO DO DÓLAR. AUSÊNCIA DE ESTIPULAÇÃO CONTRATUAL.

COMPORTAMENTO PROCESSUAL CONTRADITÓRIO.

I – Compete à Seção julgar as ações rescisórias movidas contra decisões monocráticas dos ministros que a integram.

II – A decisão impugnada revisou o contrato de arrendamento mercantil para mitigar a cláusula que vinculava contrato à variação cambiária do dólar. Afirmou que a majoração repentina e excessivamente onerosa havida a partir de janeiro de 1999 deveria incidir pela metade nos termos da jurisprudência desta Corte.

III – Sucede que o contrato não previa, como forma de reajuste, a variação da moeda americana.

IV – Apesar disso não se pode reconhecer a existência de "erro de fato" apto a autorizar a rescisão do julgado (artigo 485, IX, do Código de Processo Civil), porque foi o próprio autor do recurso que indu-

> ziu a erro o órgão julgador quando afirmou que o contrato estava vinculado à variação do dólar.
>
> V – Não se admite, assim, que venha a parte, agora, em ação rescisória, buscar a correção de erro a que ela própria deu causa. O sistema processual civil não se compraz com o comportamento processual contraditório.
>
> VI – Ação rescisória improcedente.
>
> (AR 3.579/MG, Rel. Ministro SIDNEI BENETI, SEGUNDA SEÇÃO, julgado em 27/10/2010, DJe 07/02/2011)

Já dos tribunais estaduais, igualmente se pode retirar alguns exemplos:

> AGRAVO DE INSTRUMENTO – Decisão agravada que indeferiu o pedido de suspensão da Carteira Nacional de Habilitação (CNH), apreensão do passaporte e bloqueio dos cartões de crédito da executada – Embora possível a autorização de meios executivos atípicos, com fundamento no art. 139, IV, do CPC/15, a adoção de tais medidas possui caráter excepcional, justificável após demonstração de frustradas tentativas de satisfação do direito do exequente por meios regulares e típicos – Indícios de ocultação patrimonial e sinais externos de riqueza incompatíveis com a situação de inadimplência da devedora – Executada que não se manifestou nos autos sequer para impugnar o bloqueio parcial de seus ativos financeiros – Conduta processual não condizente com a situação de isenta do IRPF, pois o valor constrito, em tese, comprometeria sua própria subsistência e de sua família – Circunstâncias que autorizam o deferimento das medidas coercitivas postuladas pelo credor – RECURSO PROVIDO[65].

> RESPONSABILIDADE CIVIL DO *MÉDICO. ERRO MÉDICO.* INADEQUADO TRATAMENTO DE FRATURA. AMPUTAÇÃO DE MEMBRO. INVERSÃO DO ÔNUS DA PROVA. TEORIA DA CARGA PROBATÓRIA DINÂMICA. Malgrado não reste cabalmente demonstrado o agir negligente do *médico*, o conjunto de *indícios* da existência do tratamento inadequado, associado ao exame do seu *comportamento processual*, permite o juízo de procedência da ação indenizatória. Optou o réu por quedar-se inerte no que tange a produção

---

65 TJSP; Agravo de Instrumento 2179399-57.2020.8.26.0000; Relator (a): Luis Fernando Nishi; Órgão Julgador: 32ª Câmara de Direito Privado; Foro Regional II – Santo Amaro – 6ª Vara Cível; Data do Julgamento: 15/10/2020; Data de Registro: 16/10/2020.

> de provas, não procurando demonstrar o acerto no procedimento que adotou, ônus que lhe cabia, considerando que se está diante de caso a ser solucionado sob a luz do Código de Defesa do Consumidor e que, em que pese não haver a responsabilização independente de culpa, há possibilidade da inversão do ônus da prova. Ademais, ainda que se pretenda questionar a inversão do ônus da prova, não se pode esquecer que incumbe à parte diligenciar a juntada da prova, quando esta se encontra em seus próprios arquivos. Ganha importância, na hipótese, a teoria da carga probatória dinâmica, segundo a qual há de se atribuir o ônus de provar àquele que se encontre no controle dos meios de prova e, por isso mesmo, em melhores condições de alcançá-las ao destinatário, o juiz. APELAÇÃO PROVIDA, POR MAIORIA[66].

Destarte, em sendo o comportamento das partes em juízo verdadeiro fato jurídico que pode vir a operar consequências relevantes para o processo e, acima de tudo, o esclarecimento do *thema probandum*, é imperativo que, uma vez conjugado a uma regra de experiência, seja considerado um indício com plena força probante para auxiliar na formação do convencimento judicial sobre os fatos da causa.

5.3. A PROVA INDICIÁRIA NAS DEMANDAS ENVOLVENDO DIREITO DE FAMÍLIA

Nas demandas que versam sobre direito de família, certamente, é onde a prova indiciária encontra campo mais fértil para sua aplicação no processo civil, o que pode ser corroborado até mesmo na seara legislativa, uma vez que é a única matéria que conta com previsão expressa dos indícios como meio de prova, como se viu na Lei de Alimentos Gravídicos.

Diversos exemplos podem ser extraídos da jurisprudência, sendo certo que se destacam os casos em que são empregados para comprovação da prática de atos de alienação parental e, em especial, da filiação em geral[67], notadamente em demandas objetivando

---

66 Apelação Cível, Nº 70015920739, Nona Câmara Cível, Tribunal de Justiça do RS, Relator: Marilene Bonzanini, Julgado em: 16-08-2006.

67 Para análise aprofundada, ver DINIZ, Maria Helena. **A prova da filiação**. *In*: NETO, Olavo de Oliveira; NETO, Elias Marques de Medeiros; LOPES, Ricardo Augusto de Castro (coord.). A prova no direito processual civil: estudos em homenagem ao professor João Batista Lopes. São Paulo: Verbatim, 2013, p. 479-496; DIAS, Maria Berenice. **Manual de direito das famílias**. 4 ed. São Paulo: Revista dos Tribunais, 2016. *E-book*, p. 688-754.

a concessão de alimentos gravídicos, ou a próprio reconhecimento da paternidade (declaração da parentalidade[68]) – e, por óbvio, a sua contraface negatória.

Isso porque, não obstante a regra de que "a filiação prova-se pela certidão do termo de nascimento registrada no Registro Civil" (art. 1.603 do Código Civil), em grande parte dos casos, tal registro inexiste, incidindo a disposição do art. 1.605 do Código Civil, pelo qual "Na falta, ou defeito, do termo de nascimento, poderá provar-se a filiação por qualquer modo admissível em direito"[69].

Nesses casos, os avanços da pesquisa genética pelos marcadores de DNA serviram para construir "uma nova verdade na filiação"[70] e a prova pericial (exame de DNA) assumiu relevância central para comprovação do fato probando[71].

A grande e notória controvérsia reside na hipótese de haver negativa à sua realização ou quando o resultado estiver em conflitos com outras provas constantes dos autos[72]. Como anota Maria Helena Diniz[73]:

> Havendo dúvida quanto à filiação, o interessado pode ingressar em juízo para investigar sua paternidade biológica, por ter o direito de saber sua identidade genética. Nesta ação, bastante difícil é a questão das provas da filiação, porque as relações sexuais são, na maior parte dos casos, impossíveis de ser comprovadas, devendo-se então, contar com indícios e presunções mais ou menos certos e seguros [...] Ninguém poderá, ante o direito à privacidade tutelado constitucional-

---

68 Maria Berenice Dias (DIAS, Maria Berenice. *Manual de direito das famílias*, cit., p. 688) critica o emprego da expressão "investigação de paternidade", sustentando ser dotada de certo ranço cultural. Em contrapartida, em razão da eficácia declaratória da demanda (a pretensão do autor é de que seja declarada o seu vínculo parental com o réu) e da possibilidade de identificação da verdade biológica por meio de ações de declaração de maternidade, anulatória de registro, declaratória de filiação, negatória de paternidade, declaratória da ascendência genética, de filiação socioafetiva etc., sugere o emprego da expressão "declaração de parentalidade".

69 Ver item 4.3.5.

70 MADALENO, Rolf. **Direito de Família**. 8 ed. Rio de Janeiro: Forense, 2018, p. 478.

71 Nesse sentido: "[...] Com o avanço das pesquisas tecnológicas, o exame de DNA surge com importância visceral para se aferir a filiação, acarretando profundo impacto na dinâmica das ações investigatórias, permitindo-se adeterminação biológica com precisão científica em razão da carga genética do indivíduo, de forma simples, rápida e segura" [...] (AgInt no REsp 1563150/MG, Rel. Ministro LUIS FELIPE SALOMÃO, QUARTA TURMA, julgado em 11/10/2016, DJe 19/10/2016).

72 KNIJNIK, Danilo. **A prova nos juízos cível, penal e tributário**. Rio de Janeiro: Forense, 2007, p. 190.

73 DINIZ, Maria Helena. **Compêndio de introdução à ciência do direito**. 20 ed. São Paulo: Saraiva, 2009, p. 490-493.

> mente, ser constrangido a fazer, produzindo prova contra si mesmo exames médicos, envolvendo, p. ex., coletas de sangue ou retirada de amostra de tecidos [...] é preciso não olvidar que o teste de DNA não é uma prova infalível, logo não se devem excluir os demais meios probatórios e o juiz deve avaliar, prudentemente, o resultado, pois é preciso averiguar não só a credibilidade do laboratório, a técnica utilizada, mas também se houve ou não uso de marcadores genéticos adequados, se não houve troca de amostrar, falha na leitura ou na transcrição dos dados obtidos, etc.

Para ilustrar, confira-se o seguinte julgado proveniente do STJ:

> CIVIL. PROCESSUAL CIVIL. FAMÍLIA. INVESTIGAÇÃO DE PATERNIDADE. PROTEÇÃO À DIGNIDADE DA PESSOA HUMANA E TUTELA DO DIREITO À FILIAÇÃO, À IDENTIDADE GENÉTICA E À BUSCA PELA ANCESTRALIDADE. REALIZAÇÃO DE NOVO EXAME DE DNA FACE A SUSPEITA DE FRAUDE NO TESTE ANTERIORMENTE REALIZADO. POSSIBILIDADE. PROVA IRREFUTÁVEL DA FRAUDE. REDUÇÃO DA EXIGÊNCIA PROBATÓRIA, REVALORAÇÃO DAS PROVAS PRODUZIDAS E NECESSIDADE DE EXAURIMENTO DA ATIVIDADE INSTRUTÓRIA. INÉRCIA PROBATÓRIA DA PARTE ADVERSA. VALORAÇÃO DA CONDUTA NA FORMAÇÃO DO CONVENCIMENTO JUDICIAL. POSSIBILIDADE. TESTE DE DNA. VALOR PROBANTE RELATIVO, A SER EXAMINADO EM CONJUNTO COM OS DEMAIS ELEMENTOS DE PROVA. COISA JULGADA. AFASTAMENTO NA HIPÓTESE. [...] <u>7- Embora de valiosa importância para as ações investigatórias ou negatórias de paternidade, o exame de DNA, por se tratar de prova técnica suscetível a falhas ou vícios, não pode ser considerado como o único meio de prova apto a atestar a existência ou não de vínculo paterno-filial, devendo o seu resultado ser cotejado com as demais provas produzidas ou suscetíveis de produção, sobretudo diante da célere e constante evolução científica e tecnológica</u>[74].

Em se tratando especificamente de alegação de prática de atos de alienação parental por um dos genitores, os indícios servem como parâmetro probatório mínima para o juiz determinar: (i) as "medidas provisórias necessárias para preservação da integridade psicológica da criança ou do adolescente, inclusive para assegurar sua convivência

74 REsp 1632750/SP, Rel. Ministro MOURA RIBEIRO, Rel. p/ Acórdão Ministra NANCY ANDRIGHI, TERCEIRA TURMA, julgado em 24/10/2017, DJe 13/11/2017.

com genitor ou viabilizar a efetiva reaproximação entre ambos, se for o caso"; (ii) se necessário, "perícia psicológica ou biopsicossocial"[75].

Vejam-se os seguintes exemplos retirados da jurisprudência:

> DIREITOS DA CRIANÇA E DO ADOLESCENTE - AÇÃO DE REGULAMENTAÇÃO DO DIREITO DE VISITAS - AMPLIAÇÃO DAS VISITAS DO GENITOR - INCONFORMISMO DA GENITORA - SITUAÇÃO DE RISCO AO MENOR - INCOMPROVAÇÃO - PARECERES SOCIAL E PSICOLÓGICO FAVORÁVEIS - OBSTRUÇÃO DO CONVÍVIO ENTRE PAI E FILHO - INDÍCIO DE PRÁTICA DE ALIENAÇÃO PARENTAL - VIOLAÇÃO A DIREITO FUNDAMENTAL DA CRIANÇA - AMPLIAÇÃO DAS VISITAS PATERNAS - POSSIBILIDADE - INTERESSES DO MENOR PRESERVADOS - DECISÃO MANTIDA - PROVIMENTO NEGADO A suspensão ou restrição do direito de visitas do genitor ao filho menor viola o direito fundamental da criança à convivência familiar. Havendo indicativos de prática de ato de alienação parental, cabe ao juiz tomar as medidas provisórias necessárias para assegurar a convivência do menor com os pais, dentre as quais a ampliação do regime de visitas, nos termos da Lei n. 12.318/2010[76].

> AGRAVO DE INSTRUMENTO. Ação de modificação de guarda c/c busca e apreensão. Decisão que deferiu a guarda provisória do menor ao genitor, autorizando as visitas maternas. Insurgência da genitora, que alega a inexistência de alienação parental. Descabimento. Noticiado por ela, nos autos, abuso sexual praticado pelo pai contra o próprio filho. Constatação, em inquérito policial, da inexistência de lesão corporal e ato libidinoso. Petiz que, ao ser avaliado pela equipe técnica do juízo, nega qualquer violência sexual, afirmando que a genitora o orientara a mentir. Indícios de alienação parental de parte da mãe e da avó materna. Proibição das visitas da genitora e dos familiares maternos ao menino. Deferimento no agravo de instrumento interposto pelo Ministério Público contra a mesma decisão. Dever geral de prevenção. Princípio da proteção integral. Inteligência dos arts. 70, 1ª e 100, par. único, II, do ECA. RECURSO NÃO PROVIDO[77].

---

75 Ver item 4.3.5.

76 TJSC, Agravo de Instrumento n. 2010.084104-3, de Joinville, rel. Monteiro Rocha, Quinta Câmara de Direito Civil, j. 13-09-2012.

77 TJSP; Agravo de Instrumento 2160697-97.2019.8.26.0000; Relator (a): Sulaiman Miguel; Órgão Julgador: Câmara Especial; Foro de São Sebastião – Vara Criminal; Data do Julgamento: 13/11/2019; Data de Registro: 13/11/2019.

> Ação cominatória visando à abstenção de publicações em rede social e da prática de alienação parental, cumulada com o pedido de indenização por danos morais – Improcedência da ação – Descabimento do julgamento antecipado da lide diante da necessidade da produção de provas – Verificação de indícios de prática de ato de alienação parental nas mensagens trocadas entre o genitor e um dos filhos das partes – Necessidade da realização de perícia psicológica, sob pena de cerceamento de defesa e ofensa ao direito fundamental dos menores de convivência familiar saudável – Anulação do julgado com a remessa dos autos à origem para a produção de referida prova – Necessidade de tramitação prioritária e de participação do Ministério Público no processo – Inteligência dos arts. 3.º a 5.º da Lei n. 12.318/10 – Recurso provido[78].

> Apelação. Ação de regulamentação de visitas c.c. oferta de alimentos. Parcial procedência. Inconformismo da ré. Realização de estudo psicológico para a apuração dos indícios de instalação de alienação parental ou sua síndrome. Questão que pode e deve ser analisada a qualquer tempo, em atendimento ao melhor interesse da criança. Julgamento convertido em diligência[79].

Vale repisar que os indícios aqui adquirem protagonismo, sim, em se tratando de alimentos gravídicos, haja vista a impossibilidade de realização doo exame de DNA no líquido amniótico, em razão dos riscos ao feto e à própria gestação. Inúmeros julgados vão nesse sentido, colacionando-se os seguintes para corroborar:

> ALIMENTOS GRAVÍDICOS. Sentença que julgou procedente o pedido inicial, fixando a verba alimentar em 30% dos rendimentos líquidos do alimentante, devida desde a citação e até 6 meses após o parto. Insurgência do réu. Existência de indícios suficientes da paternidade. Exame de DNA dispensável. Obrigação alimentar que se revela excessiva, devendo ser reduzida para o patamar de 20% dos rendimentos líquidos do alimentante. Sentença reformada. RECURSO PARCIALMENTE PROVIDO[80].

---

78 TJSP; Apelação Cível 1004880-20.2019.8.26.0271; Relator (a): César Peixoto; Órgão Julgador: 9ª Câmara de Direito Privado; Foro de Itapevi – 1ª Vara Cível; Data do Julgamento: 18/06/2020; Data de Registro: 18/06/2020. Grifo nosso.

79 TJSP; Apelação Cível 1002069-98.2018.8.26.0505; Relator (a): Pedro de Alcântara da Silva Leme Filho; Órgão Julgador: 8ª Câmara de Direito Privado; Foro de Ribeirão Pires – 3ª Vara; Data do Julgamento: 20/06/2020; Data de Registro: 20/06/2020.

80 TJSP; Apelação Cível 1014340-44.2019.8.26.0008; Relator (a): Clara Maria Araújo Xavier; Órgão Julgador: 8ª Câmara de Direito Privado; Foro Regional VIII – Tatuapé – 1ª Vara da Família e Sucessões; Data do Julgamento: 16/03/2020; Data de Registro: 16/03/2020.

Agravo de Instrumento. Alimentos Gravídicos. Decisão que, após reconhecer indícios de paternidade, fixa alimentos gravídicos à razão de 12% dos rendimentos líquidos do agravante. Lei nº 11.804/2008 que se contenta com indícios de paternidade. Agravante que não nega encontro íntimo com a agravada à época da concepção. Necessidades do nascituro e da gestante que se presumem. Ausente comprovação de impossibilidade do agravante para fazer frente aos alimentos no valor fixado. Agravo desprovido[81].

AGRAVO DE INSTRUMENTO. *ALIMENTOS GRAVÍDICOS*. LEI *11.804/08* - ART. 6º. POSSIBILIDADE DIANTE DE *INDÍCIOS DA* PATERNIDADE. Diante da existência de *indícios* da paternidade apontada, mostra-se cabível a fixação de *alimentos* em favor do nascituro, destinados à mantença da gestante, até que seja possível a realização do exame de *DNA*. AGRAVO DE INSTRUMENTO PARCIALMENTE PROVIDO[82].

AGRAVO DE INSTRUMENTO. AÇÃO DE ALIMENTOS GRAVÍDICOS. INDÍCIOS DE PATERNIDADE. RAZOABILIDADE NO VALOR ARBITRADO. I - Os alimentos gravídicos são fixados mediante indícios da paternidade do demandado, trazidos pela autora na inicial, visando atender as despesas adicionais do período de gravidez e que seja dela decorrentes, 'ex vi' do artigo 6º, da lei nº 11.804/08. II - Nestes termos, havendo indícios da paternidade apontada, é cabível a fixação de alimentos em favor do nascituro, destinados à gestante, até que se ultime a realização do exame de DNA. III - Para a fixação do 'quantum' da verba alimentar, deve-se levar em conta as necessidades básicas da gestante e a capacidade financeira do alimentante, considerando-se a contribuição que também deverá ser dada por aquela, na proporção dos recursos de ambos, nos termos do artigo 2º, da lei nº 11.804/08. RECURSO PROVIDO[83].

81 TJSP; Agravo de Instrumento 2143015-66.2018.8.26.0000; Relator (a): Maria de Lourdes Lopez Gil; Órgão Julgador: 7ª Câmara de Direito Privado; Foro de Itupeva – Vara Única; Data do Julgamento: 08/02/2019; Data de Registro: 08/02/2019.

82 Agravo de Instrumento, Nº 70081489452, Sétima Câmara Cível, Tribunal de Justiça do RS, Relator: Sandra Brisolara Medeiros, Julgado em: 28-08-2019.

83 TJGO, Agravo de Instrumento (CPC) 5154238-70.2017.8.09.0000, Rel. DELINTRO BELO DE ALMEIDA FILHO, 4ª Câmara Cível, julgado em 20/11/2017, DJe de 20/11/2017.

5.4. O PAPEL DOS INDÍCIOS NAS TUTELAS INIBITÓRIAS

A tutela inibitória é a espécie de tutela jurisdicional *preventiva* que – diversamente da *tutela ressarcitória* – se volta para o *futuro*, a fim de impedir a prática de ato contrário ao direito (ou ato ilícito), que está na iminência de ocorrer – ou a sua repetição ou continuação –, independentemente da demonstração de dano e de culpa[84].

Daí porque se pode dizer que "a tutela inibitória não pune quem pode praticar o ilícito, mas apenas impede que o ilícito seja praticado. Se alguém, ainda que sem culpa, está na iminência de praticar um ilícito, a tutela inibitória deve ser concedida"[85].

Cite-se, a título corroborativo, a disposição do parágrafo único do art. 497 do CPC/15: "Para a concessão da tutela específica destinada a *inibir*[86] a *prática*, a *reiteração* ou a *continuação* de um *ilícito*, ou a sua remoção, é *irrelevante* a demonstração da ocorrência de *dano* ou da existência de *culpa* ou dolo"[87].

Nesse contexto exsurge a premissa central de que a tutela inibitória tem por objeto um *fato futuro* e, como é cediço, "ninguém pode supor que um fato futuro pode ser *diretamente* provado"[88].

---

84 Como observado por João Batista Lopes e Maria Elizabeth de Castro Lopes (LOPES, João Batista, LOPES, Maria Elizabeth de Castro. Tutela inibitória. Enciclopédia jurídica da PUC-SP. Celso Fernandes Campilongo, Alvaro de Azevedo Gonzaga e André Luiz Freire (coord.). Tomo: Processo Civil. Cassio Scarpinella Bueno, Olavo de Oliveira Neto (coord. de tomo). 1. ed. São Paulo: Pontifícia Universidade Católica de São Paulo, 2017, p. 3. Disponível em: https://enciclopediajuridica.pucsp.br/verbete/164/edicao-1/tutela-inibitoria. Acesso em 22. Nov. 2020): "A definição do perfil da tutela inibitória deve-se, em grande parte, à doutrina italiana, particularmente a Aldo Frignani e Cristina Rapisarda". No âmbito doméstico, destacam-se os pioneiros estudos de Luiz Guilherme Marinoni, em especial na obra intitulada "Tutela inibitória: individual e coletiva", publicada pela Editora Revista dos Tribunais.

85 MARINONI, Luiz Guilherme. Tutela inibitória do direito do autor. **Soluções Práticas** – Marinoni, vol. 1, p. 139-159, Out/2011, p. 144.

86 Acerca da terminologia, anota Medina (MEDINA, José Miguel Garcia. **Curso de direito processual civil moderno**. 3 ed. São Paulo: Revista dos Tribunais, 2017, p. 59. *E-book*) que: "Embora a lei processual, seguindo expressiva doutrina tenha optado pela expressão "tutela inibitória", preferimos utilizar o termo "tutela preventiva", pois aquela expressão, tal como utilizada no direito italiano, de onde foi importada, liga-se, originariamente, à tutela que visa a *impedir (que é sinônimo de inibir) a prática de um ato. A tutela preventiva é mais ampla, podendo dizer respeito, p.ex., também à imposição da prática* (como ação positiva, portanto) de um ato que alguém, devendo fazê-lo, ameaça não realizar".

87 Grifo nosso. Para uma análise aprofundada, ver LOPES, João Batista, LOPES, Maria Elizabeth de Castro. Tutela inibitória. Enciclopédia jurídica da PUC-SP. Celso Fernandes Campilongo, Alvaro de Azevedo Gonzaga e André Luiz Freire (coord.). Tomo: Processo Civil. Cassio Scarpinella Bueno, Olavo de Oliveira Neto (coord. de tomo). 1. ed. São Paulo: Pontifícia Universidade Católica de São Paulo, 2017, p. 5-8.

88 ARENHART, Sérgio Cruz; MARINONI, Luiz Guilherme. **Prova e convicção**. 4 ed. São Paulo: Revista dos Tribunais, 2018, p. 266. Como destaca o autor em outra obra (MARINONI, Luiz Guilherme. **Tutela de urgência e tutela da evidência**. São Paulo: Revista dos Tribunais, 2017, p. 63): "No caso em que o ato contrário ao direito ainda não foi praticado, devem estar presentes elementos ou circunstâncias de fato que permitam ao juiz concluir, ainda que com base em probabilidade, que o ilícito é iminente.

Assim, mais uma vez os indícios e a prova indiciária adquirem papel fundamental, agora em relação ao objeto da prova da ação inibitória.

Como sintetiza Marinoni[89]:

> Tratando-se de tutela inibitória, ou seja, de tutela voltada para o futuro, alega-se a ocorrência de um fato passado (fato indiciário) que, uma vez provado (prova indiciária), permite, por meio de determinada forma de raciocínio (presuntivo), a formação de uma presunção e de um juízo de probabilidade de que um fato futuro (temido) provavelmente será praticado. Portanto, a prova indiciária, se pode ser considerada auxiliar importante em face das tradicionais ações repressivas, assume lugar de destaque e importância perante a ação inibitória.

Igualmente afirma Marcio Bovino[90]:

> Na ação inibitória destinada a prevenir a prática de ato ilícito, a prova da intenção revela-se, dentre outros, grande desafio. Invariavelmente os fatos afirmados pelo autor, nesta situação, são fatos indiciários que permitem ao juiz, na melhor das hipóteses, estabelecer uma presunção dos fatos afirmados. Nesse contexto a prova indiciária assume relevante e fundamental importância, podendo ser o único meio de prova no caso concreto

Os exemplos de casos que reclamam a concessão de tutela inibitória são numerosos, podendo-se citar, dentre outros: ordem para dono de bar abster-se de produzir ruídos no seu estabelecimento em período noturno; impedimento de apresentação de espetáculo teatral com cenas racistas; proibição de publicação de biografia com informações falsas sobre artista; mandado para restabelecimento de serviço de fornecimento de água; interrupção de atividade poluidora[91].

Quando o ato contrário ao direito já foi praticado, da sua modalidade e da sua natureza é possível inferir com notável aproximação a probabilidade da sua continuação ou repetição no futuro".

89 MARINONI, Luiz Guilherme. Tutela inibitória do direito do autor. **Soluções Práticas** – Marinoni, vol. 1, p. 139-159, Out/2011, p. 145.

90 BOVINO, Marcio Lamonica. O desafio da escassez probatória na tutela inibitória preventiva judicial: o que pode mudar com o Novo Código de Processo Civil. *In In* **Direito probatório**. JOBIM, Marco Félix e FERREIRA, William Santos (coord.). Salvador: Juspodivm, 2015, p. 889-911.

91 Os exemplos são fornecidos por João Batista Lopes e Maria Elizabeth de Castro Lopes (LOPES, João Batista, LOPES, Maria Elizabeth de Castro. Tutela inibitória. Enciclopédia jurídica da PUC-SP. Celso Fernandes Campilongo, Alvaro de Azevedo Gonzaga e André Luiz Freire (coord.). Tomo: Processo

É bem verdade, vale ressaltar, que as hipóteses mais comumente verificadas são aquelas envolvendo atos de natureza continuativa, como a poluição ambiental, ou uma pluralidade de atos suscetíveis de repetição, a exemplo dos atos de concorrência desleal ou difusão de notícias lesivas à personalidade individual.

E mais: adentrando-se na seara jurisprudencial, verifica-se, da pesquisa realizada, que, na maior parte dos casos, é indispensável a concessão de tutela provisória de urgência de natureza antecipada para que se cesse a prática, repetição ou continuação de ato ilícito[92].

Passando-se para os casos práticos, a hipótese fática objeto do julgado abaixo é um exemplo de tutela inibitória para impedir que um ato ilícito iminente seja praticado. Objetivou-se, em primeiro lugar, a concessão de tutela de urgência para proibir a comercialização de uma biografia em razão de ofensa à honra do irmão da biografada. Concedida a tutela, esta restou mantida quando da prolação da sentença, bem como em segundo grau de jurisdição. Transcreve-se o excerto pertinente da ementa do voto condutor do julgamento:

> APELAÇÕES CÍVEIS. AÇÃO INIBITÓRIA. PROIBIÇÃO DA COMERCIALIZAÇÃO, EM TERRITÓRIO NACIONAL, DE LIVRO SOBRE A BIOGRAFIA DE LILY SAFRA. POSSIBILIDADE. OBRA QUE COLOCA EM DÚVIDA A HONRADEZ E FERE A IMAGEM DO FALECIDO IRMÃO DA BIOGRAFADA, PAI DO AUTOR DA AÇÃO, DESFIGURANDO SUA IDENTIDADE E SUGERINDO QUE ELE PODERIA TER PARTICIPADO DO HOMICÍDIO DO CUNHADO. LEGITIMIDADE PASSIVA TANTO DA EDITORA QUANTO DA AUTORA. INTELIGÊNCIA DOS ARTIGOS 22 E 28 DA LEI Nº 9.610/1998. (...).[93]

Já nos julgados seguintes, visou-se coibir a *continuação* ou *reiteração* da prática do ato ilícito no tempo:

Civil. Cassio Scarpinella Bueno, Olavo de Oliveira Neto (coord. de tomo). 1. ed. São Paulo: Pontifícia Universidade Católica de São Paulo, 2017, p. 8-9).

92 Aqui se faz a distinção entre a tutela inibitória: *inicial* ou *antecipada*, concedida em sede de cognição sumária, sendo ordenada para fazer cessar imediatamente, *sem acertamento de direitos*, um ato ilícito; *final*: dada em sede de cognição exauriente, *com o acertamento de direitos* (ASSIS, Carlos Augusto de; LOPES, João Batista. **Tutela Provisória**. Brasília, DF: Gazeta Jurídica, 2018, p. 94-95)

93 TJPR – 9ª C.Cível – 0027539-97.2012.8.16.0001 – Curitiba – Rel.: Desembargadora Vilma Régia Ramos de Rezende – J. 14.02.2019.

Agravo de instrumento. Propriedade industrial. Marca. TUTELA INIBITÓRIA. Decisão que indeferiu a antecipação da tutela por não vislumbrar a probabilidade do direito da agravante, tendo em vista que as partes estão sediadas em estados distintos. PRINCÍPIO DA TERRITORIALIDADE. Registro da marca mista "CONSTRUCLIMA" junto ao INPI que confere à agravante direito de exclusividade sobre todo o território nacional (LPI, art. 129). Agravada que utiliza a mesma expressão como marca. Elemento nominativo idêntico e elementos visuais semelhantes, aptos, ao menos em sede de cognição sumária, a gerar confusão e desvio de clientela. NOME DE DOMÍNIO. Partes que exploram o mesmo ramo mercadológico e divulgam seus serviços pela internet, diluindo as fronteiras geográficas. Agravada que registrou o mesmo nome de domínio da agravante com acréscimo apenas da expressão "eng". Indícios convincentes de aproveitamento parasitário pela agravada. Circunstância que autoriza a antecipação da tutela inibitória, com base no ilícito. Decisão reformada. Recurso provido[94].

AGRAVO DE INSTRUMENTO. AÇÃO CIVIL PÚBLICA.DEFERIMENTO DE MEDIDA LIMINAR IMPONDO A IMEDIATA CESSAÇÃO DAS ATIVIDADES QUE ENVOLVAM A UTILIZAÇÃO DE SOM MECÂNICO OU AO VIVO NO ESTABELECIMENTO DO CLUBE RÉU, ENQUANTO NÃO FOR ELABORADO, EXECUTADO E IMPLEMENTADO PROJETO DE ISOLAMENTO ACÚSTICO. POLUIÇÃO SONORA E AMBIENTAL CONSTATADA MEDIANTE INSPEÇÃO IN LOCO PROMOVIDA POR EQUIPE DO CENTRO DE APOIO OPERACIONAL DAS PROMOTORIAS DE JUSTIÇA DE PROTEÇÃO AO MEIO AMBIENTE. NÃO COMPROVAÇÃO DE QUE AS PROVIDÊNCIAS ADOTADAS PELO CLUBE FORAM SUFICIENTES PARA SOLUCIONAR OS PROBLEMAS.PERTURBAÇÃO DO SOSSEGO DA VIZINHANÇA.PREVALÊNCIA DO INTERESSE PÚBLICO SOBRE O PARTICULAR. PRESENÇA DOS REQUISITOS AUTORIZADORES DA TUTELA INIBITÓRIA. DECISÃO MANTIDA. RECURSO CONHECIDO E NÃO PROVIDO[95].

RECURSO DE AGRAVO DE INSTRUMENTO – AÇÃO CIVIL PÚBLICA – INTERDIÇÃO DE CASA ESPÍRITA – *INDÍCIOS* DA PRÁTICA DE *ESTELIONATO*, EXERCÍCIO ILEGAL DA MEDICINA,

94 TJSP; Agravo de Instrumento 2021130-85.2018.8.26.0000; Relator (a): Hamid Bdine; Órgão Julgador: 1ª Câmara Reservada de Direito Empresarial; Foro Central Cível – 2ª VARA EMPRESARIAL E CONFLITOS DE ARBITRAGEM; Data do Julgamento: 17/05/2018; Data de Registro: 17/05/2018.

95 TJPR – 4ª C.Cível – AI – 1140300-0 – Castro – Rel.: Desembargador Guido Döbeli – Unânime – J. 20.05.2014.

> ARTE OU OFÍCIO E CURANDEIRISMO EVIDENCIADOS EM PROCEDIMENTO INVESTIGATÓRIO PRELIMINAR - *TUTELA* DA COLETIVIDADE - PRELIMINAR INÉPCIA DA PETIÇÃO INICIAL - AFASTADA - LIBERDADE DE CULTO - PROVAS QUE CORROBORAM COBRANÇA PELO TRATAMENTO ESPIRITUAL - PROTEÇÃO DA SAÚDE PÚBLICA - AGRAVO DESPROVIDO. [...] A questão em debate não se volta à ingerência do poder público no direito à liberdade religiosa, prerrogativa reconhecida pela atual Carta Magna, que propugna o laicismo estatal, mas na proteção da saúde pública, direito não somenos importante, cuja *tutela inibitória* de interdição do estabelecimento religioso se mostra necessária no momento, de modo a obstaculizar a pratica de condutas lesivas à saúde da coletividade, já que para a realização das mencionadas "cirurgias espirituais", segundo investigação preliminar, muitas vezes o médium valia-se de procedimentos invasivos e prescreviam "beberagens", chás ou águas temperadas", além de medicamentos, cujas praticas são proibidas, porquanto, criminalizadas pela legislação penal [art. 282, 283 e 284 do CP]. Recurso desprovido[96].

Em resumo, tem-se que a prova dos fatos na tutela inibitória, notadamente quando o ilícito ainda não ocorreu e se visa a prevenir sua prática, se dá por intermédio dos indícios existentes no caso concreto, que permitem a formação de uma presunção, em juízo de probabilidade, acerca do seu cometimento iminente.

96 TJ-MT, Agravo de Instrumento nº 1002571-51.2017.8.11.0000, CÂMARAS ISOLADAS CÍVEIS DE DIREITO PÚBLICO, ANTONIA SIQUEIRA GONCALVES, Segunda Câmara de Direito Público e Coletivo, Julgado em 06/02/2018, Publicado no DJE 09/04/2018.

CONCLUSÃO

A partir das premissas postas no decorrer do desenvolvimento do presente estudo, podem ser formulados os seguintes apontamentos conclusivos:

1) O termo "prova" para o direito processual não é unívoco, assumindo diferentes acepções e, se considerada a pluralidade do termo, tem uma natureza *tripartida*, podendo assumir as características tanto de *direito*, de *garantia* ou, ainda, de *aspecto do contraditório*.

2) O *direito* à prova, em que pese não tenha sido previsto expressamente na CF/88, é um corolário do *devido processo* legal, de modo que assume *status* constitucional. Além disso, pode-se reconhecer a existência de um direito *subjetivo*, *autônomo* e *fundamental* das partes de ter admitida e produzida a prova necessária para comprovação das alegações de fato deduzidas em juízo.

3) O direito à prova engloba *múltiplas faculdades*, sendo, portanto, um "direito pluridimensional".

4) As normas que disciplinam a introdução das fontes de prova no processo, sua admissibilidade, produção e valoração, nada mais são do que uma forma de viabilizar o exercício pleno e efetivo daquele direito à prova, razão pela qual detêm conteúdo eminentemente assecuratório e, por consequência, a prova pode ser enquadrada na natureza jurídica de *garantia*.

5) A prova pode ser enquadrada, ainda, na categoria de aspecto do contraditório, vez que a *participação* efetiva no procedimento probatório, por intermédio dos meios de prova aportados, garante a possibilidade de influenciar no esclarecimento dos fatos probandos, na formação do

convencimento do órgão julgador e até mesmo o controle da valoração a ser feito por ele.

6) O direito processual é fundamentalmente *uno*, um tronco comum do qual ramifica dois ramos principais: o Direito Processual Civil e o Direito Processual Penal. O instituto da prova judicial espelha essa nota fundamental da teoria geral do processo e, quando estudada sob o viés epistemológico, autoriza-se se falar em uma teoria geral da prova judicial, ou um *direito probatório*.

7) A noção de *sistema* remete a um conjunto de elementos (partes, frações) que interagem entre si de forma ordenada, dando origem a um todo harmônico, para a consecução de uma finalidade, e a partir de um referencial comum.

8) Podem ser concebidas as seguintes *diretrizes* para estabelecer quais atributos devem estar presentes num sistema aberto: não somatividade; interação; retroalimentação (*feedback*) e equifinalidade.

9) O Direito possui uma *estrutura* tridimensional, composta por três elementos: fato, valor e norma, os quais se implicam e se exigem reciprocamente, configurando uma "dialética de complementaridade". As normas que integram o sistema processual devem ser interpretadas considerando os fatos e valores que ensejaram a sua criação, bem como as exigências *fáticas* e *axiológicas* que a norma positivada suscita no seio do ordenamento e no meio social.

10) O sistema processual civil pode ser conceituado como *o conglomerado composto essencialmente pela CF, CPC, legislação extravagante, jurisprudência e doutrina, considerado em perspectiva ordenada, cujos elementos se inter-relacionam harmonicamente e formam um todo unitário, com a finalidade última de regular a resolução de conflitos de interesses em juízo, e fora dele, pelos meios alternativos previstos em lei.*

11) A verdade possui os seguintes traços característicos que compõem a sua *"essência"*: (i) está inserida no universo da linguagem; (ii) é sempre *relativa* no plano físico, e não *absoluta*; (iii) o que se pode atingir é o *conhecimento* da

verdade, a partir das proposições que descrevem os fatos e as coisas, e não os fatos e as coisas propriamente ditos; (iv) para se apurar a verdade de uma proposição, é necessário que se tenham razões suficientes para se crer que os fatos se verificaram no mundo fenomênico conforme enunciado.

12) O processo deve ser entendido como um método de *conhecimento* (ou cognição), que tem como: (i) *objeto*, a pretensão deduzida em juízo, e todo o plexo de questões de fato e de direito que nele surgirem; (ii) *sujeito cognoscente*, o órgão julgador. Em regra, apenas as questões de fato exigem a produção de prova e a respectiva valoração, sendo os *meios de prova* os instrumentos responsáveis por cumprir essa função de subsidiar o *conhecimento* do juiz acerca da ocorrência ou inocorrência de tais fatos no mundo fenomênico.

13) O que se viabiliza pelo processo é o *conhecimento* da verdade das alegações de fato, e não da verdade dos fatos *ocorridos*. Pode-se conceber uma acepção técnica do termo *conhecimento* no âmbito processual própria do método científico, no sentido de um corpo de "asserções garantidas", que poderá ser *reconstruído, e controlado*, a partir das alegações, das questões formadas e das provas produzidas, isto é, poderá se ter uma *verificação* se analisada as bases que o sustentam.

14) A busca da verdade no processo é um problema eminentemente *epistemológico*, e toca às características e modalidade de conhecimento de um fato. Portanto, é totalmente descabido se falar em verdade "formal" ou "relativa" e verdade "material", "real" ou "absoluta". A própria estrutura lógica da verdade por correspondência ("x" é uma sentença verdadeira se e somente se "p") não permite a criação de "verdades" distintas.

15) No processo, especialmente na seara probatória, "o fato" é o que se diz sobre um fato, é a alegação do fato, e não o objeto empírico que é enunciado. Assim, o que se deve provar no processo são as *alegações de fatos* e não os fatos em si mesmo considerados, tendo em vista que estes não

se incorporam ao processo tal qual ocorridos no mundo fenomênico.

16) É possível se falar em "verdade dos fatos", mas se deve levar em conta o correto significado epistemológico: a verdade *relativa*, a única alcançável dentro ou fora do âmbito judicial. No contexto processual, é aquela que emerge, de forma *objetiva*, das "demonstrações" da veracidade das alegações de fato deduzidas pelas partes, feita por intermédio dos meios de provas (elementos cognoscitivos) aportados aos autos.

17) A verdade em si considerada, é *objetiva*; o que é *subjetiva*, é o juízo de certeza que se pode fazer acerca da percepção da verdade. Enquanto juízo preliminar, a certeza exige um juízo *subsequente*, que tem a função de legitimar essa certeza e o aperfeiçoar, denominado *convencimento racional* e, sendo este necessário para *julgar*, chama-se de *convencimento judicial*.

18) Se entendida a certeza *em termos relativos*, pode-se falar, sim, em certeza no processo, quando o espírito não tiver dúvidas acerca dos fatos. Para tanto, não se pode ter qualquer espécie de obstáculos mentais que digam o contrário. Quando se admite a existência de motivos negativos ou divergentes, mesmo que possam ser desconsiderados, estar-se-á no campo da *probabilidade* (qualidade de *provável*).

19) Provável é o que pode demonstrar por intermédio de provas, mas não o suficiente para se ter certeza, de modo a se ter fundadas razões de que seja verdade, justificando a formação de um convencimento racional. Um "fato provado", para adquirir essa qualidade, precisa ser nada mais do que um fato provável (*probabilidade dita suficiente ou prevalente*), ou que se pode demonstrar por intermédio de provas.

20) As qualificações de verdade e probabilidade, especialmente desta, referem-se à existência de elementos de prova que justificam a crença na veracidade da afirmação, seu grau de fundamentação, e não à "semelhança com a verdade" da afirmação, razão pela qual se deve refutar a ideia de verossimilhança é sinônimo de probabilidade. É mais adequado

epistemologicamente se adotar a *probabilidade*, e não a verossimilhança, como critério para a tomada de decisões sobre fatos no processo, uma vez fundada em *provas*, e não na "mera ordem normal das coisas".

21) Tanto o juízo de certeza como o juízo de probabilidade resultam apenas em *probabilidade*, sendo que a tomada de decisões no processo deve se dar a partir do segundo.

22) Se, por um lado, a descoberta da verdade não é o fim último, tampouco único do processo *ou* da prova judicial, por outro, não se deve ter uma aversão a ela. A apuração adequada da verdade dos fatos é uma das *condições necessárias* para que se fale em precisão, legitimidade e justiça da decisão (*concepção epistêmica da prova*). Em resumo, a verdade consubstancia um *valor* essencial que permeia toda a atividade probatória.

23) Os problemas de ordem *geral* da prova que mais interessam ao presente estudo podem ser sistematizados nas algumas indagações: a) O que é a prova?; b) o que se prova?; c) com que se prova?; d) para quem se prova?; e) que valor tem a prova?

24) Pelo sentido comum, prova é tudo aquilo que pode servir ao convencimento de outrem acerca da veracidade de algo. Pelo sentido estritamente processual, a prova é um *método de verificação das alegações das deduzidas partes* no processo. Quanto aos sentidos inerentes ao conceito jurídico, o termo pode ser representado pelo trinômio *atividade-meio-resultado*.

25) A prova também pode se prestar a demonstração de algo que é temido, aquilo que não deve ou que deve acontecer, ou seja, apontar algum fato a ocorrer, e que merece a proteção da norma. Integra a concepção da prova, portanto, a demonstração da ocorrência do fato alegado, ocorrência que pode ser e geralmente é pretérita, mas que também pode ser presente e até futura.

26) A *finalidade* da prova não é tão somente formar a convicção do juiz acerca dos fatos da causa, mas, acima de tudo, levar

ao esclarecimento das alegações de fatos que integram o *thema probandum*, revelando a veracidade – ou não – destas.

27) O objeto da prova no processo são as *alegações* sobre fatos, e não os fatos isoladamente considerados em sua realidade empírica ou material. Subdivide-se em: objeto *em abstrato*: qualquer fato material ou psicológico, que se pode provar em geral; objeto *em concreto*: fatos, que direta ou indiretamente, têm alguma relação com as pretensões das partes no contexto de um processo em particular. É o chamado *tema* ou *necessidade da prova* (*thema probandum*), que é delimitado por três critérios fundamentais: controvérsia, relevância e pertinência das alegações de fato.

28) Os "fatos da causa", que são objeto das alegações das partes podem ser de dois tipos: (i) os fatos *principais* (*factum probandum*), que são *juridicamente relevantes* porque correspondem à "fattispecie abstrata", definida pela regra substantiva, podendo ser ligados a uma eficácia constitutiva, extintiva, impeditiva ou modificativa do direito afirmado em juízo; (ii) fatos *secundários* (*factum probans*), também chamados de *indícios* ou *fatos indiciários*, que são *logicamente relevantes*, sendo capazes de constituir a premissa de inferências lógicas destinadas a confirmar ou negar a veracidade das alegações relativas aos fatos principais.

29) Fala-se em prova *direta* quando o objeto da prova é uma alegação concernente a um fato *principal*, enquanto se fala de prova *indireta* se seu objeto é uma alegação relativa a um fato secundário (indício). Está é a *summa divisio* da prova. A rigor conceitual e epistemológico, *toda prova é indiciária*, considerando que jamais toca ao objeto a que se refere, e que esta se equivale à *prova indireta*.

30) Os destinatários da prova são todos aqueles que, dentro dos limites legais, têm interesse jurídico na formação do acervo probatório. Como ocorre com os fatos, pode-se fazer a distinção entre o destinatário *principal* (juiz) e os destinatários *secundários* da prova (partes, terceiros intervenientes, "terceiros" alheios ao processo).

31) As *fontes* de prova representam tudo aquilo a partir do que se pode obter as provas, sendo elementos ou meios instrumentais *externos* ao processo; os *meios* de prova são os *instrumentos* ou *atividades* para obter o conhecimento das *fontes* de prova, a forma pelas quais estas são trazidas ao processo, sendo fenômenos *internos* a ele e ao procedimento.

32) O direito à prova, como todos os demais, também é passível de limitações, que podem ser de ordem *jurídica* e *lógica*, e são verificadas na etapa de *admissibilidade dos meios prova*. Esta se divide em: admissibilidade *lato sensu*: envolve todos os referidos os critérios de ordem lógica e jurídica; admissibilidade *stricto sensu*: limita-se à previsão, não proibição ou (in)compatibilidade do meio de prova com sistema processual vigente.

33) O conceito de (a)típico não se confunde com o de (i)nominado. O fato de um meio de prova estar nominado pela lei, *por si só*, não o torna necessariamente típico, e vice-versa. A prova, enquanto *meio*, é um *tipo*: os *meios de prova*, sob o aspecto ontológico, encerram um núcleo mínimo de elementos determinantes que os caracterizam, definindo um *modelo*. Tudo que se amoldar a tal modelo, mediante um exercício qualitativo de comparação, será *típico*, isto é, tudo que se prestar ao esclarecimento do *thema probandum* poderá ser considerada prova típica.

34) A *valoração* é o momento processual em que se procede à verificação da veracidade das alegações de fato deduzidas pelas partes, reputando-as como *provadas* ou *não*. Para tanto, no primeiro momento, leva-se em conta cada fato integrante do *thema probandum* considerado *isoladamente*; no segundo, e principal momento, tais fatos, são analisados em seu *conjunto* e criticamente.

35) Uma alegação de fato é considerada provada quando existentes razões suficientes (*prova suficiente*), para crer que os fatos se verificaram no mundo fenomênico conforme enunciado, autorizando a eleição de uma entre as hipóteses possíveis em torno da veracidade daquela.

36) Os critérios tradicionais de valoração das provas não se afiguram *suficientes*, sob a ótica epistemológica, para garantir o controle das decisões judiciais. É necessário, assim, fornecer o ferramental *epistemológico* necessário para corrigir esse problema, com a determinação de *standards* racionais – ou modelos de constatação – que possam auxiliar o juiz na atividade cognitiva de valoração e, a partir dos quais, esta é realizada de forma a se poder ter um *controle* objetivo.

37) Sob a ótica geral ou comum, indício é o *fato conhecido a partir do qual é possível se inferir a existência ou inexistência de um ou mais fatos desconhecidos*. Pela ótica jurídico-processual, é o *fato secundário, conhecido e logicamente relevante à luz do caso concreto, a partir do qual é possível se inferir, por raciocínio presuntivo, a existência ou inexistência de um ou mais fatos principais, desconhecidos*. Em resumo, transmite a ideia de *inferência do fato principal (factum probandum) pelo fato indiciário (factum probans)*.

38) O indício, por si só, nada mais é do que o *fato conhecido* que, respeitadas as exigências lógicas-legais, serve de substrato para a concepção de um tipo específico de *prova*, justamente a dita *prova indiciária*, aquela fundada em fatos secundários, não em fatos principais, como geralmente ocorre na *prova direta*.

39) O indício, em sentido amplo, possui uma natureza bipartida: (i) *fato conhecido e secundário* que leva ao conhecimento indireto de outro fato, desconhecido e principal, mediante um raciocínio presuntivo; (ii) *prova indireta*, se entendido o indício pelo seu aspecto estritamente jurídico-probatório, analise-se a *prova por indícios* ou *prova indiciária*, isto é, o indício enquanto prova-meio.

40) A estrutura dos indícios é composta por três elementos: (i) *fato indiciário* ou fato base: fato conhecido em que se funda o raciocínio presuntivo e leva ao conhecimento do fato desconhecido que se quer provar; (ii) *fato indiciado* ou fato consequência: fato cujo conhecimento se alcança, de forma indireta, pela inferência lógica realizada a partir do fato indiciário, ou conclusão a que se chega do raciocínio presuntivo feito sobre o fato conhecido; (iii) *raciocínio pre-*

suntivo: operação mental característica da prova indiciária, que consubstancia uma *presunção simples* e permite apurar ao *nexo* lógico entre o fato conhecido e o fato desconhecido, funcionando as máximas de experiência como *critério cognitivo*.

41) Indício e presunção simples não se confundem. Aquele é o ponto de partida da presunção *simples*, fazendo parte da cadeia presuntiva. A presunção, por sua vez, é *consequência* ou *resultado da operação mental* (ou o *processo mental*) extraída do conhecimento de um fato certo. Por tal razão, a presunção *jamais* pode ser considerada, sob o aspecto técnico, um *meio de prova*. Ainda, não se pode excluir *a priori* a *praesumptum de praesumpto* ou os denominados *indícios de segundo grau*.

42) Os indícios são previstos expressamente como meio de prova no Código de Processo Penal e no Código de Processo Penal Militar vigentes. No âmbito processual civil, foram previstos apenas no CPC/39, sendo que o CPC/15, a semelhança do código revogado, não fez referência a eles, ou mesmo às presunções judiciais. Ampliando a análise para todo o sistema processual civil vigente, a grande disposição que se colhe é aquela do art. 6º da Lei de Alimentos Gravídicos, fazendo menção expressa aos indícios como meio de prova.

43) A prova indiciária é absolutamente *compatível* com o sistema processual civil, não se encontrando qualquer disposição em sentido contrário. Somado ao fato de que é nele consagrada expressamente, conclui-se que sua admissibilidade é patente. Além disso, os principais preceitos do sistema processual civil que versam sobre provas oferecem um "reforço normativo", mesmo que de ordem axiológica e implícita, para sua admissão.

44) Um fato provado, *secundário* e aparentemente indiferente para a solução da causa pode se tornar um *fato indiciário*, e adquirir força probante, se vinculado a uma máxima de experiência mediante a presunção judicial que nela se baseia, e se tornar *logicamente relevante* para inferir um fato principal a ser esclarecido. Em se tratando os indícios de *fatos* provados e existentes no "interior" do processo, e

que permitem ao juiz deduzir o fato probando, ainda que forma indireta, é inegável a sua natureza de *meio de prova.*

45) Concebidos os meios de prova como um *tipo*, serão típicos se for cumprida a finalidade de *veículo* que conduz as fontes de prova aos autos, visando ao esclarecimento do *thema probandum*, e obedecer a regra de *licitude*, independentemente de se referir ao fato secundário (prova indireta) ou ao fato principal (prova direta), estar ou não previsto expressamente na legislação. Portanto, feita a correta leitura do método tipológico, o indício é um meio de prova *típico.*

46) O indício é, na grande maioria das vezes, um fato conhecido por intermédio de *prova direta*, todavia não se pode confundir o prova do fato *secundário* com o indício que este contém e que constitui um meio autônomo de prova do fato *principal.*

47) Não existe qualquer relação de subsidiariedade ou de hierarquia entre os meios de prova – salvo nas hipóteses de prova legal –, sejam diretos ou indiretos, tampouco entre os nominados ("típicos") ou não ("atípicos") na lei. O que se deve considerar é a força probante dos meios de prova no *caso concreto*, à vista do direito material em discussão e a partir de uma análise qualitativa.

48) O valor ou a força probante da prova indiciária depende, portanto, da *qualidade* dos indícios sobre a qual se sustenta, e será naturalmente maior ou menor segundo o nexo de relevância inferencial entre o fato base e o fato consequência, seja mais ou menos estreito.

49) Todas as provas devem ser apreciadas criticamente à luz do *conjunto probatório*, e não é diferente com os indícios, uma vez que nenhum tipo de prova *pesa* mais que outro no sistema da persuasão racional. O grande *fio da meada* para o correto entendimento do tema é que prova indiciária não pode ser apreciada apriorística ou abstratamente, mas apenas em confronto com *todas as provas* amealhadas *no caso concreto.*

50) Em se tratando de prova indiciária, a atividade valorativa realizada decerto é mais complexa do que nas provas di-

retas, o que leva a um cuidado maior do juiz no *dever* de justificação das razões que o levaram a acolher uma hipótese e não a outra. Dada ausência de parâmetros mínimos que *orientem* o julgador como proceder na atividade valorativa, duas soluções se mostram potencialmente relevantes: (i) a concorrência dos requisitos de gravidade, precisão e concordância dos indícios, de modo que o *conjunto* formado pelos indícios, e não estes considerados individualmente, devem atender a tais exigências (teoria da múltipla conformidade); (ii) adoção de modelos de constatação ou *standards* de provas, com atenção às peculiaridades inerentes à prova indiciária, ficando ao encargo do juiz a definição, como questão jurídica prévia à valoração da prova, do modelo aplicável ao caso concreto, à luz do direito material e dos valores consagrados no ordenamento jurídico.

51) Apesar da utilidade da prova indiciária, *em geral*, residir no concurso ou na pluralidade de indícios, não se pode descartar a possibilidade que um *único* indício seja suficiente, *no caso concreto*, para levar à escolha de uma hipótese fática em detrimento de outra, servindo de fundamento idôneo para formação do convencimento judicial.

52) A prova indiciária sofre as limitações, de ordem jurídica e lógica, inerentes ao direito à prova. Em complemento, alguns *requisitos* fundamentais podem ser estabelecidos à luz dos planos da: (i) *existência*: o fato indiciário deve estar provado e ter relação lógica com o fato probando; (ii) *validade*: licitude da prova do fato indiciário, deve-se fundamentar o enlace lógico pelo qual o indício fez presumir o fato probando, bem como ter garantia de prova contrária; (iii) *eficácia*: exclusão da hipótese de azar e de falsificação da prova do fato indiciário e eliminação de contraindícios e de outras hipóteses ou motivos infirmantes da conclusão.

53) Tratando-se de fraudes, que por essência são sempre ocultas, não há como sequer imaginar a possibilidade de produzir provas diretas a seu respeito. A exceção fica por conta dos fatos que lhes são adjacentes ou indiretos, de modo que a prova indiciária é o principal meio de prova de fraudes, em especial as patrimoniais e/ou societárias, e as que en-

volvem as intenções das partes em geral, os atos de má-fé, especialmente na celebração de negócios jurídicos.

54) Localizada a existência de um esquema de blindagem patrimonial por intermédio de uma fraude e/ou patrimonial, a prova necessariamente envolverá os indícios colhidos com as diligências investigatórias realizadas pelo exequente. Em tais casos, a prova indiciária é a única esperança para se conseguir satisfazer o direito reconhecido no título exequendo e, em última análise, dar efetividade à tutela jurisdicional e aos próprios atos executivos.

55) A grande valia dos indícios para comprovação das intenções é verificada em especial nos casos de *simulação*, sendo o exemplo frequentemente dado por aqueles que se dispõem a falar sobre os aspectos práticos dos indícios.

56) O comportamento das partes *em juízo* pode ser considerado um *indício endoprocessual*, e, uma vez conjugado a uma regra de experiência, terá plena força probante para auxiliar na formação do convencimento judicial sobre os fatos da causa.

57) Nas demandas que versam sobre direito de família é onde a prova indiciária encontra campo mais fértil para sua aplicação no processo civil, destacando-se os casos em que são empregados para comprovação da prática de atos de alienação parental e, em especial, da filiação em geral, notadamente em demandas objetivando a concessão de alimentos gravídicos, ou a próprio reconhecimento da paternidade (declaração da parentalidade) e a sua contraface negatória.

58) A prova dos fatos na tutela inibitória, notadamente quando o ilícito ainda não ocorreu e se visa a prevenir sua prática, se dá por intermédio dos indícios existentes no caso concreto, que permitem a formação de uma presunção, em juízo de probabilidade, acerca do seu cometimento iminente.

POSFÁCIO

Convidado a posfaciar o bem escrito livro do jovem e promissor advogado Renato Vaquelli Fazanaro sobre os indícios e a prova indiciária no processo civil brasileiro, não posso ocultar a alegria com que o faço.

Trata-se de trabalho de fôlego, que resultou ao autor a obtenção do título de Mestre em Processo Civil pela renomada Faculdade de Direito da Pontifícia Universidade Católica de São Paulo.

A obra ora publicada pela editora Juspodivm dispensa maiores comentários. Um verdadeiro tratado, que reclamou do autor largo e paciente esforço de pesquisa e inaudita coragem para enfrentar problemas inúmeros, resolvidos aqui e ali da mais diversa forma, exigindo, acima de tudo, a mais sortida e variada biblioteca e autoridade intelectual indisfarçável.

Como destacado no quadro resumo: "O tema relativo aos indícios e à prova indiciária é, ao mesmo tempo, e por todos os planos que se possa analisar (legal, doutrinário ou jurisprudencial), um dos mais atuais, relevantes e, principalmente, deficitários do Direito Processual Civil. Exige-se, há muito, uma resposta acadêmica adequada, e este é o objetivo central do presente estudo: resolver tal déficit jurídico-científico que foi verificado. Para tanto, inicialmente foram colocadas as premissas propedêuticas essenciais à compreensão do tema, passando-se a esclarecer a correlação entre verdade, prova e processo, bem como se apresentou os aspectos fundamentais da teoria geral da prova judicial, para então se ingressar na análise dos aspectos teóricos e práticos que circundam os indícios e a prova indiciária, com o devido enfoque no Direito Processual Civil. O método empregado para elaboração do estudo foi o hipotético-dedutivo, essencialmente pelo procedimento de revisão bibliográfica, com a consulta a livros e artigos científicos (impressos e eletrônicos) de variados ramos do Direito, em especial aqueles relativos ao direito processual e probatório em geral, e escritos por autores de diversas nacionalidades, dos clássicos aos modernos. Ao final, verificou-se que a prova indiciária possui uma estrutura própria, sendo os indícios o ponto de partida para que se conheça – por via indireta e lógica – o fato que se objetiva provar no processo e, se devidamente compreendida tal estrutura, como ela opera no caso concreto e os cuidados que exige, pode-se atribuir ao indício a natureza de meio de prova, à luz do sistema processual civil e dos postulados de teoria geral da prova judicial".

Chamo especial atenção do leitor para o capítulo que trata da essencialidade da prova indiciária na comprovação de fraudes patrimoniais ou societárias (item 5.1.1 da obra). De fato, tratando-se de fraudes, que por essência são sempre ocultas, não há como sequer imaginar a possibilidade de produzir provas diretas a seu respeito. Afinal, ninguém assina um "contrato de fraude", um "termo de confissão de fraude" ou algo do gênero.

Discutir tais temas e assuntos, sem perder de vista que a finalidade da prova não é outra, senão convencer o juiz da verdade dos fatos, sobre os quais ela versa, é o que, com particular acuidade e indiscutível talento, conseguiu o autor realizar neste livro. Cumprimento-o, pois, pela iniciativa.

São Paulo, dezembro de 2021

João Francisco Moreira Viegas
Desembargador do Tribunal de Justiça de São Paulo

REFERÊNCIAS

ABBAGNANO, Nicola. **Dicionário de filosofia**. Tradução: Alfredo Bosi. São Paulo: Martins Fontes, 2007.

ACCHINI, Nicole Mazzoleni. Prova presuntiva e indiciária e a teoria das máximas da experiência (art. 335 do CPC): uma breve sistematização. **Conteudo Juridico**, Brasilia. Disponivel em: https://conteudojuridico.com.br/consulta/Artigos/41307/prova-presuntiva-e-indiciaria-e-a-teoria-das-maximas-da-experiencia-art-335-do-cpc-uma-breve-sistematizacao. Acesso em: 02 fevereiro 2020.

AGÊNCIA BRASILEIRA DE DESENVOLVIMENTO INDUSTRIAL (Brasil). **Manual da construção industrializada**: conceitos e etapas: V. 1: estrutura e vedação, 2015. Disponível em http://www.abramat.org.br/datafiles/publicacoes/manual-construcao.pdf.

AGUILAR, Julio César Cordón. **Prueba indiciaria y presunción de inocência em el processo penal**. 2011. Tese (Doutorado em Direito), Facultad de Derecho, Universidad de Salamanca, Salamanca, 2011.

ALEXY, Robert. **Teoria dos direitos fundamentais**. 5 ed. Tradução: Virgílio Afonso da Silva. Malheiros: São Paulo, 2008.

ALMEIDA, Carlos Assis de; BITTAR, Eduardo C. B. **Curso de Filosofia do Direito**. 11 ed. São Paulo: Atlas, 2015.

ALMEIDA, Cléber Lúcio de. **A prova como direito humano e direito fundamental das partes do processo judicial**. 2011. Tese (Doutorado em Direito) - Faculdade de Direito, Universidade Federal de Minas Gerais, Belo Horizonte, 2011.

ALMEIDA, Joaquim Canuto Mendes de. **Princípios fundamentais do processo penal**. São Paulo: Revista dos Tribunais, 1973.

ALMEIDA COSTA, Mario Júlio de. **Responsabilidade civil pela ruptura das negociações preparatórias de um contrato**. Coimbra: Almedina, 1984.

ALVES, Roque de Brito. **Dos indícios no processo penal**. Recife: Grafica Ipanema, 1964.

ALVIM, J. E. Carreira. **Teoria geral do processo**. 21 ed. Rio de Janeiro: Forense, 2018.

AMARAL, Guilherme Rizzo do Amaral. Verdade, justiça e dignidade da legislação: breve ensaio sobre a efetividade do processo, inspirado no pensamento de John Rawls e de Jeremy Waldron. *In* KNIJNIK, Danilo (coord.) **Prova Judiciária**: estudos sobre o novo direito probatório. Porto Alegre: Livraria do Advogado, 2007.

AMARAL, Paulo Osternack. **Provas**: atipicidade, liberdade e instrumentalidade. 2. ed. São Paulo: Revista dos Tribunais, 2017.

ANDOLINA, Italo; VIGNERA, Giuseppe. **Il modello costituzionale del processo civile italiano**: corso di lezioni. Giapicchelli, Torino, 1990.

ANTUNES, José Engrácia. Estrutura e responsabilidade da empresa: o moderno paradoxo regulatório **Revista Direito GV**, São Paulo, v.1, n.2, p. 29-68, jun-dez. 2005.

ARAÚJO, Luiz Alberto David; JÚNIOR, Vidal Serrano Nunes. **Curso de direito constitucional**. 16 ed. São Paulo: Verbatim, 2012.

ARENHART, Sérgio Cruz; MARINONI, Luiz Guilherme. **Prova e convicção**. 4 ed. São Paulo: Revista dos Tribunais, 2018.

______________; MARINONI, Luiz Guilherme; MITIDIERO, Daniel. **Novo curso de Direito Processual Civil:** vol. 1. 3 ed. São Paulo: Revista dos Tribunais, 2017. *E-book*.

______________. O indício e a prova no direito processual. *In*: DUARTE, Bento Herculano; DUARTE, Ronnie Preuss (coord.). **Processo civil**: aspectos relevantes. São Paulo: Método, 2006; p. 289-316.

ARISTÓTELES. **Metafísica**. Tradução: Leonel Vallandro. Porto Alegre: Globo, 1969.

AROCA, Juan Montero. **La prueba en el proceso civil**. 4 ed. Madrid: Thomson Civitas, 2005.

ARRUDA ALVIM. **Curso de Direito Processual Civil**: 2 V. São Paulo: Revista dos Tribunais, 1972.

ASSIS, Carlos Augusto de; LOPES, João Batista. **Tutela Provisória**. Brasília, DF: Gazeta Jurídica, 2018.

ATALIBA, Geraldo. **Sistema Constitucional Tributário Brasileiro.** São Paulo, Revista dos Tribunais, 1968.

AURELLI, Arlete Inês. Normas fundamentais no código de processo civil brasileiro". **Revista de Processo** 271/2017, p. 19-47, set/2017.

______________.; LEITE, Rita de Cássia Curvo. Admissibilidade da 'prova ilícita' em demandas envolvendo interesses de crianças". **Revista de Processo**, vol. 303/2020, p. 259-290, maio/2020, p. 263.

______________. Medidas executivas atípicas no código de processo civil brasileiro. **Revista de Processo**, vol. 307/2020, p. 99 - 121, Set/2020.

AZEVEDO, Vicente de. **Curso de direito judiciário penal**: v. II. São Paulo: Saraiva, 1958.

BADARÓ, Gustavo Henrique. Editorial dossiê "Prova penal: fundamentos epistemológicos e jurídicos". **Revista Brasileira de Direito Processual Penal**,

Porto Alegre, vol. 4, n. 1, p. 43-80, jan./abr. 2018. Disponível em: http://www.ibraspp.com.br/revista/index.php/RBDPP/article/view/138. Acesso em: 19 ago. 2019.

_______________. **Epistemologia judiciária e prova penal**. São Paulo: Revista dos Tribunais, 2019.

BARBOSA MOREIRA, José Carlos. **Novo Processo Civil brasileiro**: exposição sistemática do procedimento. 29 ed. Rio de Janeiro: Forense, 2012.

_______________. Processo civil e processo penal: mão e contramão mão e contramão. **Revista de Processo**, vol. 985/2017 | p. 385–399, Nov/2017.

_______________. Alguns problemas atuais da prova civil. In: **Doutrinas Essenciais de Processo Civil**, vol. 4, Revista dos Tribunais, p. 131, Out. 2011.

_______________. Provas Atípicas. **Revista de Processo**, nº 76. São Paulo: Revista dos Tribunais, 1994, p. 114-126.

_______________. As presunções e a prova, p. 55-71. *In* **Temas de Direito Processual Civil**. São Paulo: Saraiva, 1977.

_______________. Anotações sobre o título "Da prova" do Novo Código Civil. **Revista Trimestral de Direito Civil** - RTDC, Rio de Janeiro, v. 6, n. 22, p. 97-113, abr./jun. 2005.

BARROSO, Carlos Eduardo Ferraz de Mattos. **Teoria geral do processo e processo de conhecimento**. 3 ed. São Paulo: Saraiva, 2000.

BEDAQUE, José Roberto dos Santos. **Poderes instrutórios do juiz**. 2 ed. São Paulo: Revista dos Tribunais, 1994.

BELTRÁN, Jordi Ferrer. **Prova e verdade no direito** Tradução: Vitor de Paula Ramos. São Paulo: Revista dos Tribunais, 2017.

_______________. **La valoración racional de la prueba**. Madri: Marcial Pons, 2007.

BENTHAM, Jeremías. **Tratado de las Pruebas**. Tomo Primero. Paris: Bossange Freres, 1825.

BOBBIO, Norberto. **Teoria do ordenamento jurídico**. 6 ed. Brasília: Editora Universidade de Brasília, 1995.

BONAVIDES, Paulo. **Curso de direito constitucional**. 15 ed. São Paulo: Malheiros, 2004.

BOUDON, Raymond. **O justo e o verdadeiro**: estudos sobre a objetividade dos valores e do conhecimento. Lisboa: Instituto Piaget, 1998.

BOVINO, Marcio Lamonica. O desafio da escassez probatória na tutela inibitória preventiva judicial: o que pode mudar com o Novo Código de Processo Civil. *In In* **Direito probatório**. JOBIM, Marco Félix e FERREIRA, William Santos (coord.). Salvador: Juspodivm, 2015.

CALAMANDREI, Piero. **Eles, os juízes, vistos por um advogado**. Tradução: Eduardo Brandão. São Paulo: Martins Fontes, 1997.

______________. **Direito Processual Civil**: V. 3 Tradução: Luiz Abezia e Sandra Drina Fernanazdez Barbiery. Campinas: Bookseller, 1999.

______________. Verità e verosimiglianza nel processo civile. **Rivista di Diritto Processuale Civile**, Padova, CEDAM, v. 10, p. 164-192, 1955.

______________. La génesis lógica de la sentencia civil. **Estudios sobre el processo civil**. Tradução: Santiago Sentís Melendo. Buenos Aires: Editoral Bibliográfica Argentina, 1945.

CALMON DE PASSOS, J. J. Esboço para uma teoria das nulidades. **Revista de Processo**, vol 56/1989, p. 7-20, Out-Dez/1989.

CÂMARA, Alexandre Freitas. **Lições de Direito Processual Civil**: v. 1. 20 ed. Rio de Janeiro: Lumen Iuris, 2010.

______________. **O novo processo civil brasileiro**. 2 ed. São Paulo: Atlas, 2016.

______________. O objeto da cognicao no processo civil. *In*: **Livro de estudos jurídicos**, vol. XI. James Tubenchlak e Ricardo Bustamante (coord.). Niteroi: IEJ, 1995.

CÂMARA, Helder Moroni. **Prova indiciária no processo civil contemporâneo**. *In*: NETO, Olavo de Oliveira; NETO, Elias Marques de Medeiros; LOPES, Ricardo Augusto de Castro (coord.). A prova no Direito Processual Civil: estudos em homenagem ao professor João Batista Lopes. São Paulo: Verbatim, 2013.

CAMBI, Eduardo. **Direito constitucional à prova no processo civil**. São Paulo: Revista dos Tribunais, 2001.

______________. **A prova civil**: admissibilidade e relevância. São Paulo: Revista dos Tribunais, 2006.

______________. Conduta processual das partes (e de seus procuradores) como meio de prova e teoria narrativista do Direito. **Revista de Doutrina da 4ª Região**, Porto Alegre, n. 57, dez. 2013. Disponível em: http://www.revistadoutrina.trf4.jus.br/artigos/edicao057/Eduardo_Cambi.html Acesso 03.11.2020.

CANARIS, Claus-Wilheim. **Pensamento sistemático e conceito de sistema na ciência do direito**. Tradução: Eduardo Brandão. Antônio Menezes Cordeiro. 2 ed. Lisboa: Fundação Calouste Gulbenkian, 1996.

CANOTILHO, José Joaquim Gomes. **Direito Constitucional**. 6 ed. Coimbra: Almedina, 1993.

______________; MOREIRA, Vital. **Fundamentos da Constituição**. Coimbra: Coimbra, 1991.

CARNELUTTI, Francesco. **Sistema de Derecho procesal civil**: Tradução: Niceto Alcalá-Zamora Y Castillo e Santiago Sentís Melendo. Buenos Aires, 1944, Uteha Argentina. 4V.

______________. **Estudios de Derecho** Procesal: v. II. Tradução: Santiago Sentís Melendo. Buenos Aires, EJEA, 1952.

______________. **Instituciones del proceso civil**: v. 1. 5 ed. Tradução: Santiago Sentis Melendo. Buenos Aires: Ediciones Juridicas Europa-America. 1973.

______________. **A prova civil**. Tradução: Amilcare Carletti.São Paulo: Leud, 2002.

______________. Verità, dubbio, certezza. **Rivista di diritto procesuale**, 1965, p. 5-9.

CARVALHO, Aurora Tomazini De. **Teoria geral do Direito**: o Constructivismo Lógico-Semântico. 2009. Tese (Doutorado em Direito) - Faculdade de Direito, Pontifícia Universidade Católica de São Paulo, São Paulo, 2009.

CASTRO, Flávia Lages de. **História do Direito Geral e Brasil**. 5 ed. Rio de Janeiro: Lumen Juris, 2007.

CAVALLONE, Bruno. **Il giudice e la prova nel processo civile**. Padova: Cedam, 1991.

______________. Critica della teoria delle prove atipiche. **Rivista de Diritto Processuale**, ano 33, 2ª série, n. 4, p. 679-740.

CHIAVENTO, Idalberto. **Introdução à teoria geral da Administração**: uma visão abrangente da moderna administração das organizações. 7 ed. Rio de Janeiro: Elsevier, 2003.

CHIOVENDA, Giuseppe. **Instituições de Direito Processual Civil**. 4 ed. Campinas: Bookseller, 2009.

CHAUI, Marilena. **Convite à filosofia**. São Paulo: Ática, 2000.

CINTRA, Antonio Carlos de Araújo; DINAMARCO, Cândido Rangel; GRINOVER, Ada Pellegrini: **Teoria geral do process***o*. 26 ed. São Paulo: Malheiros, 2010.

COELHO, Walter. **Prova indiciária em matéria criminal**. Porto Alegre: Sergio Antonio Fabris Editor, 1996.

COELHO, Fábio Ulhoa. **Curso de Direito Comercial**: v. 2. 19 ed. São Paulo: Saraiva, 2015.

______________. **Desconsideração da personalidade jurídica**. São Paulo: Revista dos Tribunais, 1989.

COMOGLIO, Luigi Paolo. **Le prove civile**. 3 ed. MIlão: UTET, 2010.

______________. Garanzie constituzionali e 'giusto processo' (modelli a confronto). **Revista de processo**, ano 23, n. 90, p. 107-112, abr./jun. 1998.

______________; FERRI, Corrado; TARUFFO, Michele. **Lezioni sul processo civile**. 5 ed. Bologna: Il Mulino, 2011.

COSTA, Henrique Araújo. **Reexame de prova em recurso** especial: a súmula 7 do STJ. Brasília: Thesaurus, 2008.

COSTA, José de Faria. **Linhas de Direito Penal e de Filosofia: alguns cruzamentos reflexivos**. Coimbra: Coimbra Editora, 2005.

COUTURE, Eduardo J. **Fundamentos del derecho procesal civil**. 3 ed. Buenos Aires: Roque Depalma Editor, 1958.

DAVID, René. **Os grandes sistemas do direito contemporâneo.** Tradução: Hermínio A. Carvalho. 4 ed. São Paulo: Martins Fontes, 2002.

DE PLÁCIDO E SILVA. **Vocabulário jurídico**. 31 ed. Rio de Janeiro, Forense, 2014, p. 4096. *E-book*.

DERZI, Mizabel de Abreu Machado. **Direito tributário, direito penal e tipo**. São Paulo: Ed. RT, 1988.

DELLEPIANE, Antonio. **Nova teoria da prova**. Tradução: Erico Maciel. Campinas: Minelli, 2004.

DEMARI, Lisandra. Juízo de relevância da prova. *In*: KNIJNIK, Danilo (coord.) **Prova Judiciária**: estudos sobre o novo direito probatório. Porto Alegre: Livraria do Advogado, 2007.

DEWEY, John. **Logic**: The Theory of Inquiry. New York: Holt, Rinehart and Winston, 1960.

DIAS, Maria Berenice Dias. **Manual de direito das famílias**. 4 ed. São Paulo: Revista dos Tribunais, 2016. *E-book*.

DIDIER JR., Fredie; BRAGA, Paula Sarna; OLIVEIRA, Rafael Alexandria de. **Curso de Direito Processual Civil**: v. 2. 10 ed. Salvador: Juspodivm, 2012.

DIDIER JR., Fredie; BRAGA, Paula Sarna; OLIVEIRA, Rafael Alexandria de. **Curso de Direito Processual Civil**: v. 2. 10 ed. Salvador: Juspodivm, 2016.

DINAMARCO, Cândido Rangel. **Instituição de Direito Processual Civil**. 4 ed. São Paulo: Malheiros, 2004. 4 V.

______________. **Instrumentalidade do processo**. 9 ed. São Paulo: Malheiros, 2001.

______________. **Vocabulário do processo civil**. 2 ed. São Paulo: Malheiros, 2014.

______________; LOPES, Bruno Vasconcelos Carrilho. **Teoria Geral do Novo Processo Civil**. 2 ed. São Paulo: Malheiros, 2017.

______________. O conceito de mérito em processo civil. **Revista de Processo** vol. 34/1984, p. 20-46, Abr-Jun/1984.

DINIZ, Maria Helena. **Compêndio de introdução à ciência do direito**. 20 ed. São Paulo: Saraiva, 2009.

______________. **A prova da filiação**. *In*: NETO, Olavo de Oliveira; NETO, Elias Marques de Medeiros; LOPES, Ricardo Augusto de Castro (coord.). A prova no Direito Processual Civil: estudos em homenagem ao professor João Batista Lopes. São Paulo: Verbatim, 2013.

DOUGLAS, Carlos Roberto. **Tratado de fisiologia aplicada às ciências médicas**. 6 ed. Rio de Janeiro: Guanabara Koogan, 2006.

ECHANDIA, Hernando Davis. **Teoria general de la prueba judicial**. 3 ed. Buenos Aires: Editor Alberti, 1976. 2T.

______________. **Compendio de la prueba judicial**: tomo I. Buenos Aires: Rubinzal - Culzoni Editores. 1984.

FAVELA, José Ovalle. La teoría general de la prueba. **Revista de la Facultad de Derecho de México**, núms. 93-94, jan. jun. 1974, p 273-302.

FAZANARO, Renato Vaquelli; NETO, João Gava. (A)tipicidade dos meios de prova e das medidas executivas no processo civil: análise teórica e prática. **Revista de Direito Privado**, vol. 104/2020, p. 227-246, Mar - Abr /2020.

FERRAJOLI, Luigi. **Diritto e ragione**. Millano: Giuffré, 1992.

FERRAGUT, Maria Rita. **Presunções no direito tributário**. São Paulo: Dialética, 2001.

FERRAZ JR., Tércio Sampaio. **Conceito de sistema no direito**: uma investigação histórica a partir da obra jusfilosófica de Emil Lask. São Paulo: Revista dos Tribunais, 1976.

_______________. **Teoria da norma jurídica**: ensaio de pragmática da comunicação normativa. 4 ed. Rio de Janeiro: Forense, 2006.

_______________. **Introdução ao estudo do direito**: técnica, decisão, dominação. 4 ed. São Paulo: Atlas, 2004.

FERREIRA, Aurélio Buarque de Holanda. **Minidicionário Aurélio**. 8 ed. Curitiba: Editora Positivo, 2018.

FERREIRA, William Santos. **Princípios fundamentais da prova cível**. São Paulo: Revista dos Tribunais, 2014.

FERREIRA, João Henrique. **Indícios, presunções e ficções no direito penal**: aspectos principais. 2006. Dissertação (Mestrado em Direito) - Faculdade de Direito, Pontifícia Universidade Católica de São Paulo, São Paulo, São Paulo. 2016.

FILHO, Antônio Magalhães Gomes. **O direito à prova no processo penal**. São Paulo: Revista dos Tribunais, 1997.

_______________. Notas sobre a terminologia da prova (reflexos no processo penal brasileiro. In YARSHELL, Flávio Luiz. MORAES, Maurício Zanoide de (org.). **Estudos em homenagem à professora Ada Pellegrini Grinover**. São Paulo: DPJ Editora, 2005.

FILHO, Vicente Grecco. **Direito Processual Civil Brasileiro** V. 2. 16 ed. São Paulo: Saraiva, 2003.

FREITAS, Douglas Philips. **Alimentos gravídicos**: comentários a Lei n. 11.804/2008. 3. Ed. Rio de Janeiro: Forense, 2011.

GAMA, Tacio Lacerda. Sistema jurídico - Perspectiva dialógica. **Enciclopédia jurídica da PUC-SP**. Celso Fernandes Campilongo, Alvaro de Azevedo Gonzaga e André Luiz Freire (coord.). Tomo: Teoria Geral e Filosofia do Direito. Celso Fernandes Campilongo, Alvaro de Azevedo Gonzaga, André Luiz Freire (coord. de tomo). 1. ed. São Paulo: Pontifícia Universidade Católica de São Paulo, 2017. Disponível em: https://enciclopediajuridica.pucsp.br/verbete/100/edicao-1/sistema-juridico---perspectiva-dialogica.

GASCÓN ABELLÁN, Marina. **Los hechos en el derecho**: bases argumentales de la prueba. 3 ed. Madrid: Marcial Pons, 2010.

______________. Sobre la posibilidad de formular estándares de prueba objetivos. **Doxa – Cuadernos de Filosofía del Derecho**, v. 28, p. 127-139, 2005.

GASTAL, Alexandre Fernandes. **A suficiência do juízo de verossimilhança para a decisão das questões fáticas**. 2006. Tese (Doutorado em Direito) – Faculdade de Direito, Universidade Federal do Rio Grande do Sul, Porto Alegre, 2006.

GAVAZZONI, Aluisio. **História do Direito**: dos sumérios até a nossa era. 2 ed. Rio de Janeiro: Freitas Bastos, 2002.

GIANTURCO, Vito. **La Prova indiziaria.** Milano: Dott. A Giuffré Editore, 1958.

GIL, Fernando. **Provas**. Lisboa: Imprensa Nacional, 1979.

GOLDMAN, Alvin I. **Knowledge in a Social World**. Oxford: Oxford Universit Press, 1999.

GONÇALVES, Carlos Roberto. **Direito Civil brasileiro**: v. 1. 8 ed. São Paulo: Saraiva, 2010.

GONZAGA, Alvaro de Azevedo, ROQUE, Nathaly Campitelli. Tridimensional do Direito, Teoria. **Enciclopédia jurídica da PUC-SP**. Celso Fernandes Campilongo, Alvaro de Azevedo Gonzaga e André Luiz Freire (coord.). Tomo: Teoria Geral e Filosofia do Direito. Celso Fernandes Campilongo, Alvaro de Azevedo Gonzaga, André Luiz Freire (coord. de tomo). 1. ed. São Paulo: Pontifícia Universidade Católica de São Paulo, 2017.

GONZÁLES LAGIER, Hechos y argumentos la inferência probatória. In ***Quaestio*** **facti**. Ensayos sobre prueba, causalidade y acción. México D. F: Fontamara, 2013.

GOZAÍNI, Osvaldo Alfredo. **El debido processo**: estándares de la corte interamericana de derechos humanos. Tomo I. Buenos Aires: Rubinzal Culzoni, 2004.

GRINOVER, ADA Pellegrini. **Perícia complexa** – Parecer. Disponível em https://www.paginasdedireito.com.br/index.php/artigos/69-artigos-jan-2008/6142--pericia-complexa--parecer.

HAACK, Susan. **Filosofia das lógicas.** Tradução: Cezar Augusto Mortari e Luiz Henrique de Araújo Dutra. São Paulo: Unesp, 2002.

HESSEN, Johannes. **Teoria do conhecimento**. Tradução: João Vergílio Gallerani Cuter. São Paulo: Martins Fontes, 2000.

JOBIM, Marco Félix. **Cultura, escolas e fases metodológicas do processo**. 4 ed. Porto Alegre: Livraria do Advogado, 2018.

JUNIOR, Gofredo Telles. **Tratado da consequência**: curso de lógica formal. 6 ed. São Paulo. Juareza de Oliveira, 2003.

JÚNIOR, Humberto Theodoro. **Curso de Direito Processual Civil**: v. 1. 56 ed. Rio de Janeiro: Forense, 2015. *E-book.*

______________. O juiz, a prova e o processo justo. *In*: NETO, Olavo de Oliveira; NETO, Elias Marques de Medeiros; LOPES, Ricardo Augusto de Castro (coord). **A prova no Direito Processual Civil**: estudos em homenagem ao professor João Batista Lopes. São Paulo: Verbatim, 2013.

KIRKHAM, R. L. **Teorias da verdade**: uma introdução crítica. São Leopoldo: Unisinos, 2003.

KNIJNIK, Danilo. **A prova nos juízos cível, penal e tributário**. Rio de Janeiro: Forense, 2007.

______________. Os standards do convencimento judicial: paradigmas para o seu possível controle. **Revista Forense**, Rio de Janeiro, n. 353, jan.-fev. 2001.

LACERDA, Dennis Otte. **Breve perspectiva da prova indiciária no Processo Penal**. Curitiba: JM Livraria, 2006.

LAMY, Marcelo. **Metodologia da pesquisa jurídica**: técnicas de investigação, Argumentação e Redação. São Paulo: Campus Jurídico, 2011, p. 162-163. *E-book*.

LARENZ, Karl. **Metodologia da ciência do direito**. Tradução: José Lamego. 3. ed. Lisboa: Fundação Calouste Gulbenkian, 1997.

LEITE, Rodrigo; MERITI, Serginho. Clareou. *In*: PILARES, Xande de. **Perseverança**. Rio de Janeiro: Universal Music, 2014. 1 CD. Faixa 2.

LANES, Júlio Cesar; POZZATI, Fabrício Costa. O juiz como o único destinatário da prova? *In* **Direito probatório**. JOBIM, Marco Félix e FERREIRA, William Santos (coord). Salvador: Juspodivm, 2015.

LENZA, Pedro. **Direito constitucional esquematizado**. 16 ed. São Paulo: Saraiva, 2012.

LEONE, Giovanni. **Trattato di Diritto Processuale Penale**: v. II. Napoli: Casa Editrice Dott. Eugenio Jovene, 1961.

LESSONA, Carlos. **Teoría general de la prueba em derecho civil**. Madrid: Hijos de Res, 1906.

LIEBMAN, Enrico Tullio. **Manual de Direito Processual Civil**: v. 1. Tradução: Cândido Rangel Dinamarco. Rio de Janeiro: Forense, 1984.

LOPES, Maria Elizabeth de Castro. **O juiz e o princípio dispositivo**. São Paulo: Revista dos Tribunais, 2006.

______________. Direito à prova e motivação da sentença. *In*: NETO, Olavo de Oliveira; NETO, Elias Marques de Medeiros; LOPES, Ricardo Agusto de Castro (coord.). **A prova no Direito Processual Civil**: estudos em homenagem ao professor João Batista Lopes. São Paulo: Verbatim, 2013.

LOPES, João Batista. **Curso de Direito Processual Civil**: processo de conhecimento: v. 1. São Paulo: Editora Atlas, 2006.

______________. **A prova no Direito Processual Civil**. São Paulo: Revista dos Tribunais, 2000.

______________, Maria Elizabeth de Castro. Tutela inibitória. **Enciclopédia jurídica da PUC-SP**. Celso Fernandes Campilongo, Alvaro de Azevedo Gonzaga e André Luiz Freire (coord.). Tomo: Processo Civil. Cassio Scarpinella Bueno, Olavo de Oliveira Neto (coord. de tomo). 1. ed. São Paulo: Pontifícia Universidade Católica de São Paulo, 2017, p. 3. Disponível em: https://enciclopediajuridica.pucsp.br/verbete/164/edicao-1/tutela-inibitoria. Acesso em 22. Nov. 2020.

_______________. Direito à prova à luz do modelo constitucional de processo. **Revista de Processo**, vol. 300/2020, p. 17-29, Fev/2020.

_______________. Princípio da proporcionalidade e efetividade do processo civil, *In* **Estudos de Direito Processual Civil**: homenagem ao professor Egas Dirceu Moniz de Aragão. MARINONI, Luiz Guilherme (coord.). São Paulo: Revista dos Tribunais, 2006.

_______________. Iniciativas probatórias do juiz e os arts. 130 e 333 do CPC. *In* **Revista dos Tribunais**, nº 716, jun/95, p. 41-42.

_______________. Máximas de experiência no CPC/15. **Revista de Processo**, vol. 305/2020, p. 101-109, Jul/2020.

_______________. Hierarquia das provas, **Revista de Processo**, vol. 6/1977, p. 293-296, Abr-Jun/1977.

LUCON, Paulo Henrique dos Santos. **Devido processo legal substancial e efetividade do processo**. Disponível em http://lucon.adv.br/2016/wp-content/uploads/2018/07/Devido-processo-legal-substancial.pdf.

LUHMANN, Niklas. **Complejidad e y modernidade: de la unidad a la diferencia**. Tradução: Josetexo Berian e Jose Maria Blanco. Modrid: Trotta, 1998.

LYNCH, Michael P. **The nature of thuth**: classic anda contemporany perspectives. Massachusetts: The MIT Press, 2001.

LYNCH, Michael P. **True to life**: why truth matter. Massachusetts: The MIT Press, 2004.

MADALENO, Rolf. **Direito de Família**. 8 ed. Rio de Janeiro: Forense, 2018.

MALAGÓ, Fabio Machado. **Distribuição dinâmica do ônus da prova**. 2014. 260f. Dissertação (Mestrado em Direito) – Faculdade de Direito, Universidade de São Paulo, São Paulo, 2014.

MALATESTA, Nicola Framarino Dei. **A lógica das provas em matéria criminal.** Tradução: de J. Alves de Sá. Lisboa: Livraria Clássica Editora, 1927.

MALUF, Carlos Alberto Dabus Maluf. As presunções na teoria da prova. **Revista Da Faculdade De Direito,** 79, 1984, Universidade De São Paulo, 192-223.

MARCONDES, Gustavo Viegas. O incidente de desconsideração da personalidade jurídica e sua aplicação ao reconhecimento, incidenter tantum, da existência de grupos econômicos. **Revista de Processo**, São Paulo, v. 41, n. 252, p. 41-57, fev. 2016.

MARINONI, Luis Guilherme. **Antecipação de tutela**. 11 ed. São Paulo: Revista dos Tribunais, 2011.

_______________. **Tutela inibitória individual e coletiva**. 3 ed. São Paulo. Revista dos Tribunais, 2003.

_______________. **Tutela de urgência e tutela da evidência**. São Paulo: Revista dos Tribunais, 2017.

_______________. Tutela inibitória do direito do autor. **Soluções Práticas – Marinoni**, vol. 1, p. 139-159, Out/2011.

MARQUES, José Frederico. **Elementos de direito processual penal**: v. II. 2 ed. Rio de Janeiro: Forense, 1965.

MEDINA, José Miguel Garcia. **Curso de Direito Processual Civil moderno**. 3 ed. São Paulo: Revista dos Tribunais, 2017.

MEDINA, Paulo Roberto de Gouvêa. A prova das intenções. **Revista de processo**, vol. 115/2004, p. 74/86, Maio-Jun/2004.

MELENDO, Santiago Sentis. **La prueba**: los grandes temas del derecho probatoria. Buenos Aires: Ediciones Jurídicas Europa-America,1978.

_______________. La prueba en el proceso. Para quién se prueba. Principio de adquisición. **Revista de Derecho Procesal Iberoamericano**, 2/1977, p. 867-889.

MELLO, Rogerio Licastro Torres de. **Responsabilidade executiva secundária**: a execução em face do sócio, do cônjuge, do fiador e afins. 2 ed. São Paulo: Revista dos Tribunais, 2015.

MIRANDA, Custódio da Piedade Ulbadino. Indícios e presunções como meio de prova. **Revista de processo**, v. 10, n. 37, p. 52-57, jan/mar, 1985.

MIRANDA, Jorge. **Manual de Direito Constitucional**: Tomo. IV: Direito Fundamentais. 3 ed. Coimbra: Editora Coimbra, 1988.

MELLO, Celso Antônio Bandeira de. **Curso de Direito Administrativo**. 27 ed. São Paulo: Malheiros, 2010.

MENDES, João de Castro. **Do conceito de prova em proceso civil**. Lisboa: Ática, 1961.

MITIDIERO, Daniel. **Colaboração no processo civil**: *pressupostos* sociais, lógicos e *éticos*. 2. ed. São Paulo:. Revista dos Tribunais, 2011.

MITTERMAIER, C.J. A. **Tratado da prova em matéria criminal**. 5 ed. Campinas: Bookseler, 2008.

MONTORO, Franco. **Introdução à ciência do direito**. 29 ed. São Paulo: Revista dos Tribunais, 2011.

MOURA, Maria T. Rocha de Assis. **A prova por indícios no processo penal**. São Paulo: Saraiva, 1994.

MUÑOZ SABATÉ, Luis. **Tecnica probatória**: estudios sobre las dificultades de prueba en el proceso. Barcelona: Editorial Praxis, 1967.

_______________. **El Testaferro**: su prueba em el Derecho y la Politica: Madrid: La Ley, 2015.

_______________. **La prueba de la simulación**. Barcelona: Editorial Hispano Europea, 1972.

NASCENTES, Antenor. **Dicionário etimológico da língua portuguesa**. Tomo I. Rio de Janeiro, 1955.

NERY JR, Nelson. **Princípios do processo civil na Constituição Federal**. 8 ed. São Paulo: Revista dos Tribunais, 2016.

________________; NERY, Rosa Maria de Andrade. **Comentários ao Código de Processo Civil.** 3 ed. São Paulo: Revista dos Tribunais, 2018. *E-book*.

NEVES, Marcelo. **Teoria da inconstitucionalidade das leis**. São Paulo: Saraiva, 1988.

NEVES, Daniel Amorim Assumpção. **Manual de Direito Processual Civil**. 8 ed. Salvador: Juspodivm, 2016.

OLIVEIRA, Carlos Alberto Álvaro de. **Do formalismo no processo civil**: proposta de um formalismo-valorativo. 3 ed. São Paulo: Saraiva, 2009.

OSNA, Gustavo. **Processo civil, cultura e proporcionalidade**: análise crítica da teoria processual. São Paulo: Revista dos Tribunais, 2017.

PESSOA, Flávia Moreira Guimarães. **Máximas de Experiência no Processo Civil**. Aracajau: Evocati. 2006.

PICÓ I JUNOY, Joan. **El derecho a la prueba en el proceso civil**. Barcelona: Jose Maria Bosch Ed Ed, 1996.

________________, Los Indicios En La Prueba De La Simulación Contractual (Circumstantial Evidence in the Proof of the Contractual Simulation) (July 1, 2017). **InDret**, Vol. 3, 2017, Disponível em SSRN: https://ssrn.com/abstract=3032010).

________________I. Il Diritto Processuale tra il garantismo e l'efficacia: un dibattito mal impostat. In **Revista de Processo,** vol. 197/2011, p. 193-208, Jul/2011.

PARRA QUIJANO, Jairo. **Manual de Derecho Probatorio**. 16 ed. Bogotá: Librería Ediciones Del Professional, 2007.

________________. **Tratado de la prueba judicial**: v. 4. 3 ed. Bogotá: Ediciones Librería del Professional, 1997.

PEREIRA, Patrícia Silva. **Prova indiciária no âmbito do processo penal**: admissibilidade e valoração. Coimbra: Almedina, 2017.

PIERANGELLI, José Henrique. Da prova indiciária. **Revista dos Tribunais**, São Paulo, v. 75, n. 610, p. 283+-303, ago. 1986.

PISANI, Andréa Proto. **Lezioni di diritto processuale civile**. 4. ed. Napoli: Jovene Editore, 2002.

PITT, Gioconda Fianco. **Prova indiciária e convencimento judicial no processo civil**. 2008. Dissertação (Mestrado em Direito) – Faculdade de Direito, Universidade Federal do Rio Grande do Sul, Porto Alegre, 2008.

PROCACCINO, Angela. **Prove atipiche**. *In* GAITO, Alfredo (Org.): v. 1.: Il sistema della prova. Milano, Utet Giuridica, 2018, p. 265-294.

QUEIJO, Maria Elizabeth. **O direito de não produzir prova contra si mesmo**: o princípio do *nemo tenetur se detegere* e suas consequências no processo penal. 2 ed. São Paulo: Saraiva, 2012.

RAWLS, John. **Justiça como Equidade**. São Paulo: Martins Fontes, 2003.

RAMOS, Vitor de Paula. **Ônus da prova**: do ônus ao dever de provar. 2 ed. São Paulo: Revista dos Tribunais, 2018.

RAMOS, Vitor de Paula. Direito fundamental à prova. **Revista de Processo**, n. 224, out. 2013, p. 41-61.

REALE, Miguel. **Lições preliminares de direito**. 27 ed. São Paulo: Saraiva, 2004.

______________. **Direito natural e direito positivo**. São Paulo: Revista dos Tribunais, 1984.

______________. **Filosofia do Direito**. 19 ed. São Paulo: Saraiva: 1999.

______________. **Introdução à filosofia**. 4 ed. São Paulo: Saraiva, 2007.

______________. **Teoria tridimensional do Direito**. 5 ed. Saraivajur: São Paulo, 2017.

RIBEIRO, Darci Guimarães. **Provas atípicas**. Porto Alegre: Livraria do Advogado, 1998.

RIGHI, Ivan Ordine. Eficácia Probatória do Comportamento das Partes. **Revista da Faculdade de Direito UFPR**, Curitiba, PR, Brasil, dez. 1981.

______________. Os Poderes do Juiz. **Jurisprudência Brasileira** n. 169, p. 41-50, Curitiba, jan.-mar. 1993.

RIGUETTI, Gabriel Felipe Roqueto. Processo e verdade: brevíssimas considerações sobre funções e conceitos. **Revista de processo**. vol. 250/2015, p. 61-90, Dez/2015.

ROBLES, Gregorio. **O direito como texto**: quatro estudos de teoria comunicacional do direito. Tradução: Roberto Barbosa Alves. Barueri: Manole, 2005.

RODRIGUES, Marcelo Abelha. O que fazer quando o executado é um "cafajeste"? Apreensão de passaporte? Da carteira de motorista? **Migalhas**, Set. 2016. Disponível em: http://www.migalhas.com.br/dePeso/16,MI245946,51045--O+que+f azer+quando+o+executado+e+um+cafajeste+Apreensao+de+passaporte. Acesso em 03 fevereiro 2020.

ROSITO, Francisco. **Direito probatório: as máximas de experiência em juízo**. Porto Alegre: Livraria do Advogado, 2007.

ROSONI, Isabella. **Quae singula non prosunt collecta iuvant**: La teoria della prova indiziaria nell'età medievale e moderna. Milano: Giuffrè, 1995.

RUSSO, Vicenzo. **La prova indiziaria e il giusto processo**. Napoli: Jovene, 2001.

SANTOS, Gildo dos. **A prova no processo** civil. São Paulo: Saraiva, 1975.

SANTOS, Moacyr Amaral. **Primeiras linhas de Direito Processual Civil**: v.1. 12 ed. São Paulo, Saraiva,1985.

______________. **Prova judiciária no cível e no comercial**: vol. 1-5. São Paulo: Max Limonad, 1968.

______________. **Primeiras linhas de Direito Processual Civil**: vol. 2. 27 ed. São Paulo: Saraiva, 2011.

SARLET, Ingo Wolfgang. **A eficácia dos direitos fundamentais**. 12 ed. Porto Alegre: Livraria do Advogado, 2015.

SCAPINI, Nevio. **La prova per indizi nel vigente sistema del processo penale.** Milano: Giuffrè, 2001.

SEARLE, John R. **Mente, linguagem e** sociedade: filosofia no mundo real. Tradução: F. Rangel. Rocco: Rio de Janeiro, 2000.

SENADO FEDERAL. **Código de Processo Civil e normas correlatas**. 7 ed. Brasília: Senado Federal, 2015, p. 26. Disponível em https://www2.senado.leg.br/bdsf/bitstream/handle/id/512422/001041135.pdf.

SEVERINO, Antônio Joaquim. **Metodologia do Trabalho Científico**. 23 ed. São Paulo: Cortez, 2000.

SILVA, José Afonso da. **Curso de direito constitucional positivo**. 9 ed. São Paulo: Malheiros, 1994.

SILVA, Ovídio Araújo Baptista da. **Curso de processo civil**: v. 1.São Paulo: Revista dos Tribunais, 2001.

STEIN, Friedrich. **El conocimiento privado del juez**. Tradução: Andrés de la Oliva Santos. Madrid: Centro de Estudios Ramón Areces, 1990.

STRECK, Lenio Luiz. **Hermenêutica jurídica e(m) crise**: uma exploração hermenêutica da construção do Direito. Porto Alegre, Livraria do Advogado, 1999.

______________; RAATZ, Igor; DIETRICH, William Galle. Sobre um possível diálogo entre a crítica hermenêutica e a teoria dos standards probatórios: notas sobre a valoração probatória em tempos de intersubjetividade. *In* **Novos Estudos Jurídicos**, p. 390/416, v. 22, n. 2, maio/ago. 2017. (Versão eletrônica)., p. 399-400.

TARSKI, Alfred. **La concepción semântica de la verdade y los fundamentos de la semântica**. Buenos Aires: Nueva Visión, 1972.

______________. On the Concept of Truth in Formal Languages. 2 ed. **Em Logic, Semantics, Metamathematics**: Papers from 1923 to 1938, 152-278. London: Oxford University Press, 1983.

TARUFFO, Michele. **A prova**. Tradução: João Gabriel Neto. São Paulo: Marcial Pons, 2014.

______________. **La Prueba de los hechos**. Tradução: Jordi Ferrer Beltrán. 2 ed. Madrid: Editoral Trotta, 2005.

______________. **Uma simples verdade**: o juiz e a construção dos fatos. Tradução: Vitor de Paula Ramos. São Paulo: Marcial Pons, 2012.

______________. **Conocimiento científico y critérios da prova judicial**. *In:* TARUFFO, Michele; CARVAJAL, Diana Ramírez. *Conocimiento, prueba, pretensión e oralidade.* Lima: Ara Editores, 2009.

______________. Verità e probabilità nella prova dei fatti. **Revista de Processo**, vol. 154, Dez/2007 p. 207-222.

______________. **La veritá nel processo**. Revista de Processo, vol. 235/2014, p. 51-67, Set/2014.

______________. Il concetto di "prova" nel diritto processuale. **Revista de Processo**. vol. 229/2014, p. 75-87, Mar/2014.

______________. Modelli di prova e di procedimento probatório. **Revista di diritto Processualle**, p. 420-485, ano XLV, n. 2, Padova, abr.- jun.1990.

______________. Senso comum, experiência e ciência no raciocínio do juiz. **Revista da Escola Paulista da Magistratura**, v. 2, nº 2, p. 171-204, julho-dezembro/2001.

TOMASI, César; MARIN, Jeferson. Aspectos controvertidos da lei dos alimentos gravídicos (Lei n. 11.804/2008). **Revista Síntese Direito de Família**, v. 13, n. 68, out./nov. 2011.

TOMÉ, Fabiana Del Padre. **A prova no Direito Processual Civil**. 3 ed. São Paulo: Noeses, 2011.

UBERTIS, Giulio. **La ricerca dela verità giudiziale.** *In*: **La conoscenza del fatto nel processo penale**. Milano: Giuffré, 1992.

VISHINSKI, Andre. **A prova judicial no direito soviético**. Tradução: Roberto

WAMBIER, Teresa Arruda Alvim; CONCEIÇÃO, Maria Lúcia Lins; RIBEIRO, Leonardo Ferres da Silva; MELLO, Rogerio Licastro Torres. **Primeiros comentários ao Novo Código de Processo Civil**. São Paulo: 2016.

PEREIRA DE VASCONCELOS. Rio de Janeiro: Editora Nacional de Direito, 1957.

WATANABE, Kazuo. **Da cognição no processo civil**. 3 ed. São Paulo: Perfil, 2005.

WATSLAWICH, Paul. BEAVIN, Janet Helmick; JACKSON, Don D. **Pragmática da comunicação humana**. Tradução: Álvaro Cabral. São Paulo: Cultrix, 1967.

WOLKMER, Antônio Carlos. **História do Direito no Brasil**. 3 ed. Rio de Janeiro: Forense, 2003.

YARSHELL, Flávio Luiz. **Tutela jurisdicional**. São Paulo: Atlas, 1999.

ZAMPAR JÚNIOR, José Américo. **Produção de provas em sede recursal**. 2018. Dissertação (Mestrado em Direito) – Faculdade de Direito, Pontifícia Universidade Católica de São Paulo, São Paulo, São Paulo. 2018.

ZANETI JÚNIOR, Hermes. O problema da verdade no processo civil: modelos de prova e de procedimento probatório. **Revista de Processo**, v. 116, p. 338, São Paulo, jul-ago/2004.

EDITORA JusPODIVM
www.editorajuspodivm.com.br